《见微知著：地县媒体融合创新实践》
·················· 主 要 撰 稿 人 ··················

谢新洲　　朱垚颖　　柏小林　　黄　杨

石　林　宋　琢　杜　燕　温　婧

MEDIA
CONVERGENCE

见微知著

地县媒体融合创新实践

谢新洲　等著

人民出版社

本书为国家自然科学基金重点项目"新媒体发展管理理论与政策研究"（项目编号：71633001）的研究成果之一。

目　　录

代序
推动媒体融合向纵深发展

谢新洲

2019 年 1 月 25 日,习近平总书记在中央政治局第十二次集体学习时强调,推动媒体融合发展、建设全媒体成为我们面临的一项紧迫课题。要运用信息革命成果,推动媒体融合向纵深发展,做大做强主流舆论,巩固全党全国人民团结奋斗的共同思想基础,为实现"两个一百年"奋斗目标、实现中华民族伟大复兴的中国梦提供强大精神力量和舆论支持。[①] 认真学习贯彻这一重要讲话精神,我们要深刻认识推动媒体融合向纵深发展的重要意义,抓住信息革命机遇,打造新型主流媒体平台,奋力谱写新时代媒体融合发展新篇章。

一、深刻认识重要意义

面对信息社会不断发展、新兴媒体影响越来越大的形势,将推动媒体融合发展、建设全媒体作为一项紧迫课题具有重要意义。

适应时代发展的需要。随着我国信息基础设施日益完善、提速降费措施深入推进,互联网普及率越来越高。中国互联网络发展状况统计报告显示,截至 2018 年 12 月,我国网民规模达 8.29 亿,互联网普及率为 59.6%。正如习近平总书记所指出的,新闻客户端和各

---

① 参见《推动媒体融合向纵深发展　巩固全党全国人民共同思想基础》,《人民日报》2019年 1 月 26 日。

类社交媒体成为很多干部群众特别是年轻人的第一信息源,而且每个人都可能成为信息源。① 这意味着我们已进入了信息时代。信息的主体与客体是相互的、双向的,既是"人找信息",也是"信息找人"。媒体融合发展需要从"你就是我、我就是你"进化到"你找信息、信息找你"的智能化阶段。在这一阶段,媒体仅仅生产内容和信息已经不能满足需要,而要变得更智能,能够将信息精准分发给需要这条信息的那个人。

顺应信息技术发展趋势的需要。当今时代,技术进步是传媒发展的重要动力,核心技术是国家竞争力的关键要素。在过去的20多年里,我国通信技术实现了从"2G 跟随""3G 突破"到"4G 同步"的跨越,正朝着"5G 领跑"迈进。信息技术的迭代演进大幅提升了信息传输的速度和容量,让图文、视频、直播、虚拟现实等信息传播载体愈加丰富,新闻报道方式日益多元。主流媒体要跟上时代,就必须跟上信息革命的步伐,及时掌握和运用先进技术,不断提升传播力、引导力、影响力、公信力。

夯实全党全国人民共同思想基础的需要。人在哪儿,宣传思想工作的重点就在哪儿。网络空间已成为人们生产生活的新空间,也应该成为我们党凝聚共识的新空间。主流媒体只有把群众变成"用户",通过丰富的产品和优质的服务来增强对用户的吸引力、感染力,保持稳定增长的用户量和总用户时长,深入影响广大用户的思想和言行,才能充分发挥塑造主流社会价值、夯实共同思想基础的主渠道作用。

满足人民群众精神文化生活需求的需要。我国社会主要矛盾已经转化为人民日益增长的美好生活需要和不平衡不充分的发展之间的矛盾。如今,人们对更高质量、更高水平的精神文化生活需

---

① 参见习近平:《加快推动媒体融合发展　构建全媒体传播格局》,《求是》2019 年第 6 期。

求不断上升,很多人把互联网当作满足精神文化生活需求的重要渠道。如果主流媒体对网络文化产品和服务的生产与供给用力不够,就会失去赢得更多用户关注和使用的机会。媒体融合发展应超越新闻业务的限制,拓展内容建设的空间和领域,把丰富用户高质量精神文化生活作为重要发展方向。

二、切实增强紧迫感

当前,媒体智能化进入快速发展阶段,出现了全程媒体、全息媒体、全员媒体、全效媒体,信息无处不在、无所不及、无人不用,导致舆论生态、媒体格局、传播方式发生深刻变化,新闻舆论工作面临新的挑战。

媒体融合发展格局基本形成,但离构建媒体平台还有差距。从纵向发展看,这几年传统主流媒体发展新媒体的力度很大,融合发展程度不断加深,取得的成绩十分显著。例如,《人民日报》从阵地拓展上推动融合,截至 2018 年 6 月,人民日报客户端累计下载量已达 2.4 亿,微博总粉丝数突破 1 亿,微信公众号关注人数超过 2000 万,新媒体用户总数突破 3.5 亿。但从横向对比看,主流媒体与商业平台的差距仍然不小,在用户下载数量、打开频率、使用时长等方面都有较大差距。

新兴技术应用普遍,但技术驾驭与研发创新能力还有待提升。传统媒体在媒体融合过程中,普遍把网络信息前沿技术运用于新闻传播实践,互联网思维明显增强,在新技术应用上取得重大进展。但大多仍处于将别人的技术拿来用的状态,所运用的技术主要是别人开发的,所建设的各类媒体"云"大都嫁接在商业平台上,自主性不够强,影响范围和覆盖面比较有限。

融媒体内容创新得到社会认可,但可持续性还不够。媒体融合发展推动传播手段和话语方式创新,内容创作方式和表现形式日益丰富,涌现出大量有思想、有情感、有温度、有品质的融媒体精品力作。一些主流媒体推出的融媒体产品,因其优质、生动、亲切等特点赢得社会认可,受到网民欢迎,但也存在有爆款作品、无爆款产品的情况。究其原因,主要在于爆款产品的创作生产机制尚不完善,还没有形成可持续的内容生产力。

三、紧紧抓住关键环节

面对信息革命对新闻舆论工作带来的新挑战,主流媒体作为党的宣传舆论阵地,需要深入思考如何抢抓机遇、加快推动媒体融合发展,打造新型传播平台,建成新型主流媒体,扩大主流价值影响力版图,让党的声音传得更开、传得更广、传得更深入,让正能量更强劲、主旋律更高昂。

坚持一体化发展方向。媒体竞争本质上是对用户注意力的竞争。用户对媒体的使用频率越高,媒体的价值就越高、影响力就越大。一体化发展能够整合各种媒介资源、生产要素,聚合各种应用,催化融合质变,放大一体效能,增强媒体平台对用户的友好度和黏性,形成强大影响力和竞争力。媒体融合发展需要统筹处理好传统媒体和新兴媒体、中央媒体和地方媒体、主流媒体和商业平台、大众化媒体和专业性媒体的关系。坚持一体化发展方向,不是搞"一刀切"、"一个样",而是根据各自特色和优势实现错位发展,形成资源集约、结构合理、差异发展、协同高效的全媒体传播体系。

坚持移动优先策略。我国网民使用手机上网的比例达到98.6%,智能手机是最大的上网入口,移动互联网已成为信息传播主渠道。随着5G、人工智能等技术不断发展,移动媒体将进入加速发展的新阶段。主流媒体需要用好信息革命成果,加快建设自己的移动传播平台,用好商业化、社会化互联网平台,开发互动式、服务式、体验式等信息服务,借助移动传播牢牢占据舆论引导、思想引领、文化传承、服务人民的传播制高点。

坚持用主流价值驾驭新兴技术。技术是一把"双刃剑"。核心技术受制于人是我们面临的最大风险,研究突破关键核心技术、摆脱受制于人的局面是包括主流媒体在内的我国企事业单位的共同使命。需要注意的是,尽管我们重视技术、研究技术、开发技术、运用技术,着力用信息技术创新成果推动经济社会发展,但我们并不奉行技术中心主义,而是坚持用主流价值引导技术发展、规范技术运用,努力做到趋利避害、确保安全。

坚持内容生产供给侧结构性改革。准确、权威的信息得不到及时传播,虚假、歪曲的信息就会搞乱人心;积极、正确的思想舆论不发展壮大,消极、错误的言论观点就会肆虐泛滥。在信息生产领域,主流媒体既要通过理念、内容、形式、方法、手段等创新,及时提供更多真实客观、观点鲜明的信息内容,牢牢掌握舆论场主动权和主导权;又要开放媒体平台,构建内容生产、分发与收益机制,给各种内容生产者提供创作与展示空间,让用户、专业机构、社群等主体生产的内容进场,让内容生产变得更加多元、专业和智能,从而为主流媒体平台带来更加丰富、多样、生动、感性的网络信息,不断增强对用户的吸引力、感染力。同时,主流媒体应探索将人工智能运用于信息内容的采集、生产、分发、接收、反馈,提供千人千面、特色有效的信息,全面提高舆论引导的精确制导能力。

坚持依法管网与技术治网相结合。对网络内容治理与监管的相关法律规定进行系统梳理,对其中滞后的内容进行修改和完善,确保有章可循、有据可依。主流媒体可以探索与提供内容信息服务的网站和应用程序建立综合治理协作机制,开发网络内容管理与审核应用程序,将法律规定的内容和行业标准程序化、数据化、流程化,从管理体系、运行机制、保障机制、追责机制、技术支撑等方面建立一套系统完善的网络内容治理指令执行体系,提升内容管理智能化水平,确保网络生态健康有序。

第一章 县级融媒体中心建设中存在的几个问题

媒体融合政策从政府顶层设计到媒体机构、各单位具体落地执行,一直在实践中摸索我国新媒体发展的独特道路。如何建设具有传播力、引导力、影响力与公信力的内容载体,了解群众需求是关键环节。习近平总书记在 2018 年全国宣传思想工作会议上指出:"要扎实抓好县级融媒体中心建设,更好引导群众、服务群众。"目前我国媒体融合发展逐步由以中央媒体机构、地方传媒集团为主体的"规模型"融合,转向县级媒体机构为单位的"精准型"融合,这要求深耕基层群众内容需求①,自下而上地夯实我国媒体融合发展的基础构建。

县级媒体建设最初实践于广播电视领域,1983 年在"四级办台"的政策指导下县级广播电视台开始搭建②;伴随互联网技术快速发展,县级媒体紧跟主流媒体数字化的脚步,2003 年响应中央倡导建设县级新闻网站,进一步搭建与扩张县级媒体机构对外传播渠道。2012 年县级"两微一端一号"媒体平台建设全面铺开,实现从单一平台向多元平台的转变③。2018 年以来,"县级融媒体中心"在全国范围内的铺开,更是使县级融媒体中心建设成为当前媒体融合发展领域的关键。

自 2018 年 8 月至今,在"试点先行,全面铺开"的战略推广路线指导下,

---

① 参见谢新洲:《我国媒体融合的困境与出路》,《新闻与写作》2017 年第 1 期。

② 参见郑宇:《县级广播电视台发展研究综述》,《视听纵横》2013 年第 5 期。

③ 参见谢新洲、黄杨:《当理想照进现实——媒介融合的问题、原因及路径研究》,《出版发行研究》2018 年第 4 期。

县级融媒体中心建设在全国范围内如火如荼地开展着。但目前各县级单位媒体资源受到社会经济发展水平等因素影响,在技术创新、平台建设、人才管理等方面存在困难,县级融媒体中心建设仍然面临着发展路径、建设方式、管理模式和技术发展的选择难题。

本章结合北京大学新媒体研究院研究团队现已发表的相关论文成果,深入剖析当前县级融媒体中心发展的几个关键难题,试图从理论梳理、案例分析、实践思考等几个角度为县级融媒体中心建设勾勒问题和要点。

第一节 县级融媒体中心建设现状与发展路径

随着网络传播技术、移动传输技术的迅速发展以及互联网的广泛普及,"媒体融合"已经迅速成为国内学界、业界、政府讨论的热点话题。2014 年,中央全面深化改革领导小组第四次会议审议通过的《关于推动传统媒体和新兴媒体融合发展的指导意见》(以下简称《意见》)指出:"推动传统媒体和新兴媒体在内容、渠道、平台、经营、管理等方面的深度融合。"由此媒体融合正式成为我国媒体布局的战略决策,全国各级媒体单位开始积极探索媒体融合的转型之路。

在《意见》发布近六年的当下,媒体融合发展已经进入改革关键阶段。作为现代传播体系的基础和重要一环,县级融媒体中心的建设工作成为媒体融合领域的新热点和难点。2018 年 8 月,习近平总书记首次对"县级融媒体中心"的建设工作作出重要指示后不久,中宣部就在浙江省长兴传媒集团召开的县级融媒体中心建设现场推进会上,提出了 2018 年启动 600 个县级融媒体中心建设、2020 年底全国基本覆盖的工作安排。2018 年 11 月 14 日,习近平总书记主持召开中共中央全面深化改革委员会第五次会议,审议通过了《关于加强县级融媒体中心建设的意见》,提出"要深化机构、人事、财政、薪酬等方面改革,调整优化媒体布局,推进融合发展,不断提高县级媒体传播力、引导力、影响力"。由此,县级融媒体中心建设工作迎来发展关键期和机遇期。

2019 年 1 月 15 日,受中共中央宣传部委托,国家广播电视总局组织编制并审查了《县级融媒体中心省级技术平台规范要求》,规定了对县级融媒体中心提供业务和技术支撑的省级技术平台规范要求。中共中央宣传部和国家广播电视总局联合发布的《县级融媒体中心建设规范》则对县级融媒体中心技术系统的建设提出了总体架构、功能要求、基础设施配套要求、关键技术指标及验收要求等规范要求。① 这是国家层面对县级融媒体中心建设首次提出规范化的技术要求,从省级技术平台层面出发为县级融媒体中心建设提供了制度化的技术标准。2019 年 4 月 11 日,国家广播电视总局官网发布了《县级融媒体中心网络安全规范》,进一步对县级融媒体中心的安全建设进行规范和要求。

在国家政策引导和具体规范要求下,各地地方政府积极推进县级融媒体中心建设工作。本节将从组织架构、技术升级、人才队伍、经营管理四个角度分析目前县级融媒体中心建设现状,并归纳四个各具特色的县级融媒体中心发展路径。

一、县级融媒体中心建设现状

2018—2019 年,全国各省的县级融媒体中心数量不断增加。目前对部分省市县级融媒体中心建设状况统计显示,北京全市 16 个区级融媒体中心全部建成,天津全市 16 个区级融媒体中心全部建成,江苏全省县级融媒体中心全部建成,浙江省 53 个县级融媒体中心建成,江西省以"赣鄱云"系统为载体的48 个县级融媒体中心建成等②。

除了直观数量上的增长,各省的县级融媒体中心建设也表现出新的发展特征,下面从组织架构、技术升级、人才队伍、经营管理等方面进行总结和描述。

(一)组织架构

在组织架构上,各县的融媒体中心均对原有的媒体机构进行了调整,确立了新的组织架构和工作机制。无论是否有正式的机构番号作为统领,各县都

---

① 参见国家广播电视总局:《县级融媒体中心建设规范》,2019 年 1 月 15 日,http://www.nrta.gov.cn/art/2019/1/15/art_2081_40208.html。

② 参见中国互联网络信息中心:《第 44 次中国互联网络发展状况统计报告》,2019 年 8 月30 日,http://www.cnnic.net.cn/hlwfzyj/hlwxzbg/hlwtjbg/201908/P020190830356787490958.pdf。

有意识地将原有的各自为战的媒体资源,比如:广播电视台、县委宣传部和县网信办下属新闻媒体、政府网等,整合在一起,按照功能重新划分为总编室、采访部、编辑部、技术部等部门,在实践中打破工作壁垒,统一调度资源,再造新闻生产流程,促进各种报道资源充分共享、各种媒体互联互通、各种服务互相支持。

(二)技术升级

2018年北京大学新媒体研究院研究团队调研发现,面对市场上诸多的技术提供方,各县往往会结合自身具体情况选择不同的技术支持,纷纷搭建技术系统作为工作开展的基础。如东部地区浙江省长兴县和西部地区甘肃省玉门市使用了市场份额较大的第三方技术公司开发的系统,中部地区分宜县由江西省省级报社自主搭建的"赣鄱云"系统提供技术支持,东北地区农安县则是由新华社吉林省分社下属的技术公司提供技术系统。

而在2019年底北京大学新媒体研究院研究团队的调研回访中发现,各县级融媒体中心的技术支持发生了变化,很多都进行了技术升级。如吉林省农安县在2018年前期试点探索阶段由新华社新闻信息中心和新华移动传媒公司提供技术支持,而2019年全面融入吉林省网络广播电视台后,在平台运营方面,农安融媒体中心工作交由农安广播电视台负责;宣传部设立指挥调度中心,依托新闻指挥中心和指挥大屏开展指导工作。又如江西省分宜县2019年在保留江西日报社"赣鄱云"系统的基础上,接入江西广电"赣云"和新余广电"云",与省市媒体联网互通,升级融合指挥调度系统(移动采编)、移动直播、音视频在线非编、内容智能推送等功能模块。

总之,技术是媒体融合发展的重要推动力和支撑,为县级融媒体中心运作提供统一的工作平台和操作标准。目前来看,各县技术发展中都具备了移动采编、一键签发、数据挖掘与分析、舆情监测管理等功能。

(三)人才队伍

在人才队伍上,各县呈现出一些共性现象。在年龄上,各县从事融媒体中心工作的人员普遍年龄较大,主要集中在30—49岁。在学历上,以本科学历为主,专业结构较复杂。在编制上,基层单位编制较为紧缺,各县均有一半以上的工作人员为聘用和借调人员。除了发展较早、经济较为发达的县如浙江省长兴县和江西省分宜县建立起了较为完善的人才培养制度外,许多县均没有建立起行之有效的人才引进和奖惩制度。以上均有可能影响运营团队的专职化和专业化水平。

(四)经营管理

在经营管理上,以依赖政府"输血"为主,自身"造血"能力不足。调研的各县级融媒体中心在前期建设和后期运作中均依靠当地政府和一些文化专项资金的支持,经营模式单一,创新思维不足,价值变现能力薄弱。即便是市场化经营的长兴传媒集团,也由于体量较大、前期投入较多,还处在负债经营阶段,是否能形成良性的、可持续的赢利循环还有待时间验证。

二、县级融媒体中心发展路径

2014 年至今,"媒体融合"已经经历了从以人民日报"中央厨房"为代表的中央媒体融合到浙报传媒集团为代表的省级媒体融合,其纵深发展进入县级的媒体资源融合。相较于中央、省级媒体资源丰富、人才技术领先、资金充足的局面,县级媒体有着诸多先天不足,更需要集中有限的资源统一管理。在此背景下,融媒体中心这一机构的提出,能一定程度上解决县级媒体资源有限、机构难以协调的问题,但与此同时,各县级融媒体中心的建设程度不一,发展过程中呈现出多种实践路径。本节根据北京大学新媒体研究院研究团队调研的实际情况,梳理归纳了四种县级融媒体中心较具特色的发展路径,并结合一些具体案例来进行深入剖析。

(一)借助市场力量产业化运作

县级融媒体中心建设借助市场力量产业化运作,主要是为解决县级融媒体中心自身造血能力不足的问题。在组织架构上以事业单位企业化管理的形式运作融媒体中心,保证党委领导,内部设立董事会、编委会、经委会等,形成重大决策、舆论宣传、经营创收三大系统统一运行、互助发展的总体管理架构。

体制机制的突破便于激发商业活性。首先,可以实施融媒体广告战略,每一个媒体平台都可以独立或整合成为融媒体广告经营平台,再采取分行业经营与分平台经营相结合的方法,对市场进行细分,各平台之间优势互补,充分发挥融合效益。其次,把传统的"向客户卖广告"转型为"替客户卖产品",直接为客户创造销售额,增进内容本身及衍生产品的服务性。在产业链拓展方面,依托立体化的现代传播体系,发挥融媒体的集群优势,与电商公司合作,打造"县域+媒体+电商"的新型电子商务公共服务平台。在本县的经营收入达到饱和之后,可打破地域的限制,进行模式输出,提炼核心的广告产品,以"产品经理"和"风险投资"的思维去开拓跨区域的联合创收模式。

县级融媒体中心坚持社会效益优先,也要采取一些措施保障融媒体产业经营的健康良性发展,比如:多元布局,搭建经营平台;实行较为灵活的项目制,调动工作人员积极性;规范监审机制;强化社会责任,推进"绿色传媒"战略等。

浙江省长兴县融媒体中心建设就是这一发展路径的典型代表。2011年整合原有县级媒体机构成立的全国首家县级融媒体集团长兴传媒集团,在市场化经营方面成效突出,每年有近五千万的广告和经营收入,在全国位于领先地位。

这种"媒体+产业"的发展模式有助于帮助市场空间较为狭小的县域媒体突破单一的赢利模式,发挥媒体优势,借助跨界合作实现经营融合,向纵深方向延展产业链,既能培育强大的经营实力,为融媒体中心的运作注入活力,又带动了县域产业经济,赢得社会认可,形成品牌效应。

(二)机构融合倒逼媒体融合

机构融合倒逼媒体融合是指成立建制化的县级融媒体中心,将县内的主流媒体整合在一起,调整组织架构,激活县级传统媒体的生命力。

机构融合可以在整合原有媒体的人员配备、财物资源和业务职能后,重新调整组织架构,设立总编室、办公室、新闻采访部、编辑制作部和技术部等职能部门,利用技术平台优化生产流程。融媒体中心的工作人员每周一召开例会,策划选题,调度记者;前线记者利用移动采编系统将采集到的文字、图片、音视频资料等上传至共享云稿库,便于存档和随时取用;以"大编辑部+垂直采编团队"的模式,将云稿库中的素材进行个性化编辑,生成适用不同平台的稿件;经过审核的稿件,发送至融媒体中心下属的媒体平台,其他使用该平台的媒体工作人员也可进入共享稿库,对上传的新闻素材进行加工编辑后在自己的平台上发布。

相较于其他一些县级融媒体中心只有"牌子"而无正式编制的情况,此举在体制创新上实现了深度突破。正式的"番号"一是作为一种行政整合力量,解决了行政管理上的归属问题,黏合独立的部门,减少了沟通低效、资源浪费的现象;二是可以从整体工作的角度重新划分组织架构,对原有的资源进行扁平化重组,创新工作机制和工作流程,加强内部协调;三是便于获得人才培养、资金投入等方面的政策支持。

江西省分宜县融媒体中心建设实施了这一路径。江西省分宜县从2016年起在上级宣传部的支持下开展县属媒体融合试点工作,是全国较早推动媒体融合的区县之一。在具体的融合模式上,分宜县以机构融合倒逼媒体融合,于2016年9月率先成立了建制化的分宜县融媒体中心,将其升格为县委直属正科级全额拨款公益类事业单位,归口县委宣传部管理。在编人员全部划入县融媒体中心管理,人员原有身份、待遇和经费渠道维持不变,并增加人员编制,提高融媒体中心领导的行政级别。

(三)县级电视台为建设主体

选择以县级广播电视台为县级融媒体中心建设主体的县,其广播电视台实力较强、受众基础较广、发展理念紧跟时代。广播电视台具备较强的内容生产和经营管理实力,在人才、技术、资金等方面优势凸显,有条件和能力发挥核心的作用,引领融媒体中心的建设,确保每项措施落到实处。而且广播电视台作为县内规模最大、内容生产能力最强的传统媒体,在各方面都较为强势,建成后的融媒体中心在传统媒体和新媒体资源的调度和融合方面可以省去很多由机构壁垒导致的沟通低效问题。

融媒体中心可以整合和重组广播电视台原有的内部资源,包括媒体平台、工作人员、硬件设施等。在内部组织架构上,融媒体中心整合原有的新闻部、编辑部、新媒体部、技术部的人员力量,再造生产流程,完善管理机制。

在此过程中,县委宣传部虽然并没有直接介入融媒体中心建设,但是作为管理机构从宏观上对建设方案的整体方向进行把关,审定后批准实行。在融媒体中心的具体实践中,宣传部也可将下属的微博、微信账号纳入县级融媒体中心的平台,共享新闻内容。

甘肃省玉门市融媒体中心就是这一路径的代表。玉门市广播电视台于2018年3月15日和成都索贝数码科技股份有限公司签订合同,计划以玉门市广播电视台为主体搭建融媒体中心,投入资金为1200万(资金来源为广播电视台资金支持和国家财政文化专项 600 万资金),建成了以"一中心四系统"(数据融合中心、融媒体生产系统、融媒体报道指挥系统、融合媒资管理系统、全景演播室系统)+客户端为技术架构的集成工作平台。2018 年 8 月 15 日玉门市融媒体中心正式上线。2019 年,玉门市与甘肃省级平台——"新甘肃云"融合,实现指令下达、云稿库共用等功能。值得说明的是,2018 年玉门市融媒体中心主要由县级电视台进行主导建设,县级宣传部的介入程度不高,而在 2019 年回访中发现,玉门市宣传部已经直管融媒体中心,玉门市电视台主要是作为建设主体进行统筹建设。

(四)县委宣传部主导建设

县委宣传部主导建设县级融媒体中心,可以充分发挥宣传部的政治统领力量,在短时间内快速推进媒体融合工作。

在县文化体制改革时一些县的广播电视台、人民政府网站等媒体,划分到了宣传部。宣传部通过直接管理或间接任命的方式领导县内主流媒体,本身对县内新闻媒体的掌控力就较强。因此,由宣传部作为中心力量统筹融媒体中心建设的优势在于:一是有明确的核心枢纽发挥指挥引领作用,各机构之间沟通顺畅,执行指令高效迅速,方便整合和重组各类有效资源,比如人员、设备、信息等,避免了不同部门和媒体机构之间存在行政壁垒、调度困难、争夺主导权的现象;二是由宣传部把控方向,贯彻落实了党管媒体的原则,对于打造县级新型党媒、壮大主流舆论阵地、确保党的声音唱响在基层具有重要意义;三是由宣传部整合媒体资源、构建联系网络可以促进信息的共享互融,并且宣传部的行政指令可以自上而下地推动解决实际新闻生产中某些基层部门和机构不配合采访的问题。

吉林省农安县就是县委宣传部主导融媒体中心建设的典型例子。2018 年,农安县委宣传部在整合县内媒体资源后,与新华社吉林省分社下属的移动传媒公司合作,搭建了具备移动采编、舆情监控与管理、大数据分析等功能的技术平台和统一的管理指挥系统,以此作为融媒体中心工作的支撑。2019 年 6 月,农安融媒体中心按照全省"一盘棋、一张网、一键通"的标准和要求,在县委宣传部的指导下,对农安广播电视台进行升级改造,将其运营工作由宣传部全面移交到农安广播电视台。升级改造后的融媒体中心负责全县新闻宣传指挥调度及网络平台的信息发布,共有三大主要功能,分别是新闻信息采编发布、协同指挥调度和数据分析统计。

三、县级融媒体路径背后的逻辑交织:政治、技术、市场

在总结各县媒体融合发展路径的过程中不难发现,长兴县、分宜县、玉门市、农安县等四个县融媒体中心建设以地方背景为底色,并不存在一个统一的模板,但是从政治、技术、市场三重逻辑相互作用的角度考虑,还是展现出一定的相似性。

许多媒体机构的改革之路均显示,"政治逻辑是其遵循的主要规则,但会按照新的技术规范和市场规则作出某些调整。"①对四省四县的实地考察也可发现,四县的融媒体中心建设都遵循政治逻辑的主导,是对国家政策的响应与落实,由行政力量直接或间接推动,体现了国家权力对传媒体制的管理和对媒体资源的配置。

《意见》为全国各级单位的媒体融合实践明确了发展目标和框架。媒体融合政策作为我国新闻政策的一个组成部分,贯彻了"党管媒体"的原则,目标是"打造新型主流媒体",在新媒体环境下坚持党对意识形态工作的领导权,确保官方意识形态占据主导地位。而在中国的"中央—地方"的垂直政治体制的作用下,媒体融合会由中央省级层面向县级基层层面不断纵深进入,尤其是2018年全国宣传思想工作会议上习近平总书记明确提出"要扎实抓好县级融媒体中心建设,更好引导群众、服务群众",更是在政治逻辑层为县级媒体融合指明了方向。政治逻辑的决定性作用还体现在2019年1月15日国家广播电视总局编制并审查发布的《县级融媒体中心省级技术平台规范要求》,以及中共中央宣传部及国家广播电视总局联合发布的《县级融媒体中心建设规范》,通过国家层面的技术规范文件,明确行业的技术系统建设要求和技术细则。

在这一逻辑的驱动下,各县建设融媒体中心的思路是要在统一的技术规范下,使县内本身就非常稀缺的媒体资源发挥最大效益,形成专业优势强、统

---

① 郝建国:《媒体融合的三重逻辑及其走向——以上海报业集团的组建实践为例》,《理论探索》2014年第6期。

一的信息传播平台。进一步的目的是占据主流舆论阵地，保障意识形态安全，扩大传播力、公信力和影响力。主要通过将县内从属不同机构、部门的媒体以人员融合、业务融合或者机构融合的方式整合起来，尤其是要将原来内嵌于行政系统中的政务新媒体与传统的广播电视台纳入同一个传播体系中，既能解决行政系统内非专业化的运营人员生产力不足的问题，又能降低分头运行和管理的成本。

技术逻辑和市场逻辑也发挥了一定作用，对政治逻辑进行改写。新媒体技术逻辑是链接、互动和开放，尤其是移动互联网时代，基于场景的个性化服务更是吸引用户的主要手段。传统媒体时代借助垄断县内大众媒体资源而获得的注意力和影响力不断消退，新媒体为用户提供了更广阔的内容选择和参与机会。为了适应这一技术特征，甘肃省玉门市、吉林省农安县等在建立融媒体中心时都会与技术公司合作，利用云计算、大数据的技术优势以及区县的近地区位优势，搭建新平台，重视用户需求和反馈，重构与基层用户的关系，主动创新政治沟通方式，从单一的新闻传播功能向双向政务沟通、场景化生活服务的方向拓展，以提供更优质的公共服务来实现社会治理。

在市场逻辑层，传统媒体本就兼顾意识形态和经济利益双重属性，新媒体更是超越传统的"二次售卖"模式，具备更多的赢利机会。由于县域市场较小，市场和资本驱动的力量不明显，而且在体制机制突破上也存在较大的束缚，大部分县级融媒体中心还需依靠财政支持，尚未探索出合适的经营模式。而浙江省长兴县通过成立长兴传媒集团实行集团化运营的例子则表明，县级融媒体中心在党委的领导下，在确保社会效益和正确政治方向的前提下，也可以实施产业化战略，引入商业力量拓展市场，探索多元经营模式，在经济上获得一定弹性空间。

第二节　县级融媒体中心"全省部署"与"县级探索"建设模式

媒体融合的路径或模式一直是学界和业界高度关注的话题。相关研究主要从客观表现和主观策略两个视角来谈。其中,客观表现视角强调媒体融合的阶段性特征,如有学者通过对互联网进化路径的分析,将媒体融合路径归纳为"以传者为核心的融合模式——以个体为主导的融合模式——以数据为核心的融合模式——以传者和受者双主体的模式"四个阶段性模式。①

主观策略视角重点着眼于媒体自身发展和政府外在规制两个层面的融合策略。在媒体自身发展层面,有学者将媒体融合的现实路径总结为"内生型"(即在传统媒体内部整合资源,建立基于内容信息服务的全媒体平台)和"外生型"(即在资本层面上通过兼并、收购新媒体等现代企业发展扩张方式来融合,在传统媒体外成立新的媒介组织)两种,其中外生型路径得到的顶层设计支持较少。② 在政府外在规制层面,在三网融合进程中,国际上主要有三种规制模式,即以英国为代表的完全融合规制体系,以美国和日本为代表的统一规制主体下的分业规制模式,以德国和法国为代表的分业规制模式。③

具体到县级融媒体中心建设这一全新命题,各地区积极探索建设模式,既有政府主导、行政动员的"自上而下"模式,如"郑州模式",也有边缘突破、率先创新的"自下而上"模式,如"长兴模式"。现有针对县级融媒体建设模式的直接研究相对较少,有学者在调研和总结国内县级媒体融合经验的基础上,提出包括"借助市场化力量"、"采用省级平台"、"县级电视台为主体"、"县委宣传部主导建设"四种路径。④ 本节将以当前国内县级融媒体中心建设中极具代表的两种建设模式——自上而下全省部署模式和自下而上县级探索模式——作为分析对象,分析当前县级融媒体中心建设模式背后的差异和不同。

一、县级融媒体中心"全省部署"模式

全省部署的模式指在省委宣传部、省级传统媒体等省级单位的统一规划、指导、帮助下开展县级融媒体中心建设。这种模式有以下特点:

首先,由省级行政单位牵头,依托省级单位的媒体资源,以全省融媒体集

---

① 参见党东耀:《互联网进化路径与媒介融合模式的变迁》,《编辑之友》2015 年第 11 期。

② 参见冉华、窦瑞晴:《媒介融合的制度供给与现实路径》,《中国媒体发展研究报告》2016 年。

③ 参见肖叶飞、刘祥平:《媒介融合与规制融合》,《现代传播》(中国传媒大学学报)2015 年第 3 期。

④ 参见谢新洲、朱垚颖、宋琢:《县级媒体融合的现状、路径与问题研究——基于全国问卷调查和四县融媒体中心实地调研》,《新闻记者》2019 年第 3 期。

群的形式规划统筹各县融媒体中心建设,工作的系统性、整体性、协同性较强。在资金投入、技术支持、政策帮扶、制度保障方面,省级单位为各县提供便利,降低前期探索的成本。同时,基于"省——市——县"联动的传播矩阵,省级层面拥有对县新媒体平台内容的把控权。

其次,各县在本省部署下积极响应融媒体中心的建设。各县宣传部门和媒体机构进行属地化的分级管理,县融媒体中心负责本级日常运营维护。在调整组织机构的基础上,通过产品呈现形态、办事机构、生产流程、传输渠道、指挥管控平台、人才队伍等方面的统一标准和协调管理,最终目的是建成全省规模的融媒体集群,以突破地域限制,促进上下联动,实现规模效应,占据舆论阵地。

四川省绵阳市游仙区在建设县级融媒体中心时就依靠了省级媒体资源。在技术支撑方面,与四川电视台合作,由其提供融媒体中心技术平台支撑和人员培训,依托采编联动和可视化监测统计分析系统,推动融媒体平台高效运转,实现"多点采集、中央汇聚、多平台发布、全时段传播"。在内容建设方面,与人民日报数字传媒公司、新浪四川、本地网络大 V 等合作,并吸纳辖区政务新媒体形成媒体矩阵,把中央、省市和民营专业机构生产的内容汇聚整合起来,再加上自身原创信息,根据本地用户特点进行转载与分发,满足本地群众多层次、多角度的信息需求,做到了上接天线、下接地气、开放接口、互利共生。

二、县级融媒体中心"县级探索"模式

"县级探索"模式则强调在建设过程中从各县的实际情况出发,激发各县自身的主动性。这种模式有以下特点:

首先,"县级探索"是一种"自下而上"的模式,得到的上级支持有限。各县在县委宣传部、广播电视台等县级宣传部门和媒体的主导下,整合和重组县内原有的媒体资源,包括媒体平台、工作人员、硬件设施等,成立有正式番号的县级融媒体中心。该模式更符合当地实际情况,可将县级层面面临的具体问题或工作难点提前纳入发展规划中,"早规划、早解决"。

其次,县级探索在前期投入、技术合作等方面需要自行承担成本,但也相应地更具备自主权。县级单位可以采取招标制,选择合适的技术公司合作。技术公司可根据当地具体情况和实际需求,调整或更新产品内容,为县级融媒体中心实现个性化设计。此外,"县级探索"模式更重视政务服务和社会公共服务属性,在拓展相关功能时,与当地诸多部门对接、协调时沟通成本也较低。

甘肃省玉门市就是"县级探索"的典型例子。玉门市的融媒体中心建设由市广播电视台主导,于2018年2月正式启动。从前期的"两微一端"、新闻服务APP到后期的智慧城市项目、融媒体中心建设,玉门市广播电视台凭借自身的内容生产能力和经营管理能力,一步步实现县级媒体融合。玉门市以招标形式与商业技术公司进行融媒体业务的合作,确保技术落地。玉门市融媒体中心由技术公司提供技术支持,后者的主营业务是为融媒体建设提供解决方案和个性化设计。双方通过招投标方式达成合作,该公司为玉门市提供前期平台搭建和后期技术维护服务。为提高技术效用,该公司在通用技术架构的基础上针对玉门市实际情况进行适应性调整。玉门市在开展融媒体中心建设时将其与本市智慧城市业务结合,既帮助融媒体中心聚合核心数据、汇集新闻线索、广纳民众智慧、把握舆论导向,也满足了用户的信息、消费、社交诉求,有利于用户黏性的提高。由于玉门市广播电视台是本市融媒体中心的建设主体,因此搭建过程更能结合本市工作的实际需求,服务于本市百姓,使得融媒体工作具备了社会服务属性。

三、模式对比的背后:发展与创新

"全省部署"模式强调"自上而下"的整体发展,在行政力量上给予县级融媒体中心建设更大支持,在技术合作上通过"一套标准"缩减建设成本,在资源联动上通过"省—市—县"三级联动确保县一级掌握全省资源,解决其资源匮乏的先天不足问题,在对外传播上打通向上传播渠道扩大传播声量,在安全建设上挂靠省电视台统一后台保障工作安全性。

"县级探索"模式强调"自下而上"的个体创新,对实际情况的调研考察更深入,因地制宜规划解决具体矛盾,县一级的自主性、积极性更强,从新闻资讯平台到信息服务平台的转变更顺畅。

相应地,两种模式存在的问题也随之暴露出来。就"全省部署"模式而言,县一级在全省统一方案和标准下建设,角色较为被动。这种被动性主要体现在组织架构的职责分工较粗糙、个性化方案的更新难度较大、内容生产的主动性较差、融合工作的规划性相对不足。缺乏必要的"基层创新",容易使得融媒体建设成为"业务堆砌"、"机械融合"的形象工程。从建设难度和成本来看,该模式适合发展条件相对有限的地区。

"县级探索"模式最大的问题是可获得的上级政策支持有限,最根本的影响是可能面临体制机制、政策帮扶方面的劣势,而体制问题是当前困扰县级融媒体发展的最大障碍。传统行业规制纵向分割、部门间相对封闭的"竖井"模式①,以及具体到县一级的体制壁垒,很大程度上影响了融合的深度和广度。在没有从根本上解决体制问题的情况下,县一级只能"硬着头皮"建设。这种建设仅停留在表面融合,没有实现本质上的革新和进步,进而有可能陷入不断自我重复、自我消耗的内卷化状态。而这也是我国全面深化改革过程中遇到的显著问题,即在转型时期,由于一些领域的利益关系还没有理顺,还没有形成合理的利益结构,因此这些领域的制度处于非均衡状态。这种制度失衡,导致地方政府大量运用各种组织性非正式规则(制度)实现其利益,影响了治理的制度化和绩效。②

第三节 县级融媒体中心的管理模式

在媒体融合发展过程中,如何有效地管理融媒体机构从而更好地推进媒体融合发展是国内外媒体机构不断思考和实践的问题。在国外媒体机构中,率先在管理层对"融媒体"进行大刀阔斧的改革。1997 年,美国得克萨斯州报纸公司贝罗公司召集各业务部门高级管理人员讨论公司内如何共享资源,这一举措被认为是"融媒体"管理操作上的先驱。③ 由此,多家西方媒体机构和公司纷纷革新"融媒介"管理方式。

---

① 参见肖赞军、李玉婷、陈子燕:《媒介融合、规制融合的国际经验与中国策略》,《重庆社会科学》2012 年第 6 期。

② 参见陈肖生:《行政哲学视阈下国家治理规则的顶层设计》,《中国行政管理》2016 年第 2 期。

③ Cf. Murphy, J, "Hard News for Hard Times: Texas-based Media Giant Belo Hopes to Marry its Long Tradition of Solid Journalism with A New companywide Mandate for Convergence to Emerge from the Recession and Impress Wall Street", *Media Week*, 2002, 12(14), pp. 21-26.

经过多年发展,目前国外"融媒体"管理模式可分为以下四种:第一种管理方式强调从媒体机构内部出发实现管理方式的升级,如借助媒体自身的经济效率或通过媒体组织能力进行管理①,或通过建立如 BBC 媒介编辑新闻部这类媒介统一体实现融媒体管理②。第二种方式是以资本力量出发,通过组建时代华纳等大型媒体集团等方式实现对融媒体的管理工作。③ 第三种方式则强调从战略布局层面改变传统组织管理方式,从而适应媒体融合管理新形势。④ 第四种方式则考虑采取多方合作或外部合作等方式进行管理模式创新。⑤

国内方面,自党的十八大以来,"媒体融合"从学术界概念逐渐成为业界共识,最终成为政府媒体发展的重要战略部署。"融媒体"已成为国内各级政府要求的媒体转型方向。相较国外学术界对于媒体融合管理二十余年的研究,国内学界对"融媒体管理"研究起步较晚,研究范围也多为坐而论道式的研究,如强调要对媒体融合主体、内容生产、重点项目、融合型人才、机制流程等进行管理。⑥ 从具体实践层面探讨如何管理融媒体工作研究数量较少,仅有的管理方式研究也多聚焦在融媒体时代下某一业务领域,如电视台节目管理⑦或高校新闻从业人员的素质管理⑧。

目前,国内运作较为成熟的县级融媒体中心在管理方面均进行了相应创

---

① Cf.Beer,M.& Nohria,N,"Cracking the Code of Change", *Harvard Business Review* ,2000,78 (3),p. 133.

② Cf.Dailey,L.Demo,L.,& Spillman,M,"The Convergence Continuum:A Model for Studying Collaboration between Media Newsrooms.",*The Association for Education in Journalism and Mass Communication Conference*,Kansas City,2003.

③ Cf.Dreazen,Y.J.& Flint,J,"FCC Eases Media-Ownership Caps,Clearing the Way for New Mergers:But Big Companies Claim Changes aren't Enough;Fewer News Outlets Seen",*The Wall Street Journal*,2003,3 June,pp. 1-10.

④ Cf.Day,G.S. & Schoemaker,P.J.H,"Avoiding the Pitfalls of Emerging Technologies", *Wharton on Managing Emerging Technologies*,2000,pp. 24-55.

⑤ Cf.Gracie Lawson-Borders,"Integrating New Media and Old Media:Seven Observations of Convergence as a Strategy for Best Practices in Media Organizations",*International Journal on Media Management*,2003,pp. 91-99.

⑥ 参见李强:《融媒体管理的瓶颈及突破路径》,《中国广播电视学刊》2016 年第 3 期。

⑦ 参见李振中:《融媒体时代电视台节目管理方式研究》,《传媒》2017 年第 5 期。

⑧ 参见代海燕:《媒体融合环境下高校新闻采编人员的职业素养提升》,《新闻研究导刊》2016 年第 7 期。

新,主要目的是匹配新的生产流程和经营模式,一般遵循多层级和扁平化结合的思路。而为了突破体制机制障碍,一些地区的县级融媒体中心进行了市场化的双聘制管理。下面以浙江省长兴县和江西省分宜县为例,探讨新形势下县级融媒体中心的管理模式。

一、县级融媒体中心之体制机制创新

县一级的媒体资源主要由县级广播电视台、县委宣传部和县网信办下属新闻媒体、政府网等组成,在数量上并不算多,但是这些为数不多的媒体机构由于行政管理上的归属问题,存在合作壁垒,沟通并不顺畅,既浪费了县内本身就比较稀缺的媒体资源,又削弱了传播效果。为了增强县级融媒体的传播声量,发挥在县级宣传中的核心引领作用,可以深度整合县级广播、电视、网站等传统媒体和"两微一端"等新媒体资源,形成有统一标识的强势媒体矩阵,推动县级媒体完成功能转变和传播力的升级。

在体制建设上,2018年年初县级融媒体中心建设仍然面临着机构番号、体制改革、资源分配等问题。但目前在国家、省级等多方政策支持下,融媒体中心的机构番号和体制设置等问题得到解决:各县纷纷建设县级融媒体中心,全国范围内的县级融媒体中心数量不断增加。但从实际效果看,一些县只是加挂一张"融媒体中心"的牌子,实际上并没有涉及生产流程、经营管理上的深度融合。这种一窝蜂式建设虽然从短期看实现了县级融媒体中心的体制建成,但从长远看,很可能由于缺乏深思熟虑而导致县级融媒体中心在运行中沦为"空壳"机构,无法真正发挥联系群众、体察民情、传播党和政府声音等重要职能。

在融媒体中心的具体融合机制上,要不断提升灵活性、协调性、实效性。可以在县委宣传部的统一规划协调下,由县委宣传部、网信办、广播电视台的负责领导组成的领导小组统筹决策,建立县级融媒体中心作为整合、调度全县宣传资源和力量的中枢协调机构,并在机构建制、人员编制方面享受一定的政策支持。针对一些县出现的将各个媒体聚拢在一起办公,挂一块"县级融媒体中心"的牌子,换汤不换药的现象,必须在机构、人员、平台等方面实现真正意义的融合。

以厦门市海沧区的融媒体中心建设为例,从2018年底开始,在宣传部主导下,海沧区逐步推进,实现机构、人员、办公场所的融合,按照"先转隶后三定"的工作原则,将区内从事新闻宣传的区委新闻报道组、区广播电视台、沧江新媒公司三家单位人员进行整合和编排,统一划入区融媒体中心,打破三家单位资源分散、各自为战的壁垒,实现部门、人员和新闻资源的高度融合,并对报道组、电视台现有办公场所进行优化整合,实现三家单位集中办公。

县级融媒体中心可以在整合传统媒体和新兴媒体原有人才队伍和资源的基础上,打破各自为战的现状,科学调配资源,重新划分职能部门,创新工作机制,重塑内容生产流程,摒弃传统生产和传播模式,推动传统媒体和新兴媒体互为流量导入口,搭建灵活机动的工作平台,促进各种报道资源充分共享、各种媒体互联互通、各种服务互相支持。

二、县级融媒体中心之多层级管理

多层级是指在总体管理架构方面,有一个明确的指挥中心,搭建由领导层、决策层、实践层构成的管理框架。例如长兴传媒集团归口县委宣传部管理,以事业单位企业化管理的形式运作,实行由党委会领导,内部设立管委会、编委会、经委会,形成重大决策、舆论宣传、经营创销三大系统统一运行、互助发展的总体管理架构。

其中,管委会负责组织管理和后勤保障,包括办公室、人力资源部、纪检监察部、计划财务部、行政管理部。编辑委员会主要负责内容生产和建设,下设一个融媒体中心,包括综合部、制作部、技术部、采访(图片)部、大型活动(专题)部、广播部、报刊部、电视部、新媒体部、外联部十个科室。经营管理委员会负责集团经营性业务,包括网络公司、慧源公司、科技公司、品牌营销中心、产业发展中心。其中,品牌营销中心和产业发展中心主要负责经营管理,统筹规划集团经营目标,对接具体经营业务,监管业务流程规范;网络公司、慧源公司、科技公司则在为融媒体建设提供技术支持的基础上,通过承接信息化项目实现创收,成为集团最主要的营收渠道之一。

多层级的模式有助于明确和落实不同主体的分工责任,通过行政力量和组织力量推进工作,确保任务的执行效率。尤其是对肩负了经营功能的长兴传媒集团来说,由党委会领导保证了长兴传媒集团的党媒属性,以社会效益为先,确保媒体融合沿着正确的政治方向前进和发展。

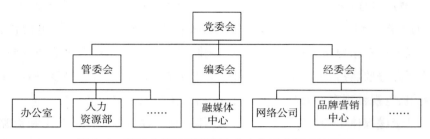

图1-1　浙江省长兴县融媒体中心多层次管理结构图

三、县级融媒体中心之扁平化管理

扁平化则指在每个职能部门内部,实行开放式、扁平化的管理模式。在融媒体中心内部,以技术平台为支撑,通过每天一次编前会、采访部统一派工、共享素材资源、编辑分工负责等工作机制,促进全媒体信息采集平台、全媒体采访平台、全媒体编审平台、全媒体刊播平台四个平台的工作流程顺畅和高效有序联动,打破部门藩篱,实现重大选题统一策划,采编指挥统一调度,采访力量、稿件资源统筹协调,探索出较为成熟的融媒体报道模式。在这一去中心化、多中心化的模式中,每一位工作人员都可以作为节点成为阶段性的中心,基于融媒体中心的技术系统,彼此自由连接,组成临时性的新闻工作小组。

在具体的工作流程上,首先,长兴建立健全了统一的全媒体信息采集平台,畅通了包括政府部门通知、长兴传媒集团新闻热线等在内的十个新闻线索上报渠道,经过值班总编把关筛选后,把有效信息第一时间提供给中心各个采编播科室。

其次,全媒体采访平台在遴选有效信息后,按照信息性质、特点安排记者开展采访活动(一般要闻以2人为标配,重要新闻成立报道小组),对新闻采写提出初步的采访建议,并做好各方对接工作,通过"融媒眼"系统随时监督采访任务进程。

再次,全媒体编审平台在收到采访平台发回的素材后,根据各刊播平台特点和要求进行编辑并及时审稿,遇到重大事件或突发新闻应组织广播连线。

最后,全媒体刊播平台根据各平台特点及时刊播编审平台提供的新闻,刊播顺序为:全媒体即时报、全媒体广播连线→新媒体微信公众号推送→电视游字滚动播出→电视新闻报道→报纸解读跟进。

扁平化的模式则缓解了县内媒体资源匮乏的问题,优化资源配置,适应了融媒体技术平台共享共融的工作特征,在媒体融合背景下重塑生产流程。

四、县级融媒体中心之市场化双聘制管理

市场化双聘制管理指用成立企业的方式,事业企业结合运营,解决县级融媒体中心机制体制不顺的问题,激发员工活力。公司单独负责融媒体中心的经营创收,因为编制不足而无法纳入融媒体中心正式编制的员工与公司签订合同,绩效和工资由公司考核和发放。在编员工的绩效考核工资由中心发放,公司聘用人员由公司发放,打破编内人员和编外人员的身份差别,用统一标准进行业务考核,实现了"同岗同责、同工同酬、优劳优酬"。

分宜县融媒体中心在经营管理上的一个重要特色是"企事分开",成立了一家独立核算、自主经营、自收自支的文化传媒公司,负责中心媒体平台的经营创收,实现了让"专业的人做专业的事"。中心和公司机构分开、人员岗位分开、业务流程分开、财务安排分开、考核评价分开,但同时又通过薪酬改革确保体制内外的工作人员在工资待遇、身份认同上不会出现显著差别。既保证县级新闻工作坚持正确导向,不被商业利益裹挟,又能创新经营模式,为融媒体中心注入发展活力,还规避了体制内外工资待遇差别导致的消极怠工现象。分宜县的媒体平台各有优势,互为支持,在融合中集聚了强势传播能量,赢得了市场的认可。

第四节　县级融媒体中心的技术发展

对于县级融媒体中心的建设来说,"技术是基础和先导"[1],技术的发展决定了县级融媒体中心的基础建设、指挥调度、功能设置、平台搭建等具体细节。因此本节将结合中央、省级、县级层面发布的县级融媒体中心技术政策,探讨

---

[1]　涂凌波:《探索新型主流媒体:云平台、移动政务与融合新闻——湖北广电"长江云"媒体融合访谈录》,《中国新闻传播研究》2016 年第 2 期。

县级融媒体中心技术发展重点。①

一、县级融媒体中心技术政策：中央——省级——县级

县级融媒体中心技术发展离不开新媒体环境中传播技术的自身催化，也离不开政府层面的技术政策支持。这里的"技术政策"强调的是为了更好推进和规范县级融媒体中心技术平台的业务开展，各级政府制定的规范要求、工作方案、技术指导等文件形式。事实上，中央、省级、地方政府对县级融媒体中心技术发展的管理思路和指导重点不同，对县级融媒体中心技术框架、功能要求、发展目标等具体标准也存在不同规范，各自承担着县级融媒体中心技术发展的相应任务。

（一）中央层面：明确技术标准，细化规范省级技术平台

2019 年 1 月 15 日，受中共中央宣传部委托，国家广播电视总局组织编制并审查发布《县级融媒体中心省级技术平台规范要求》，从平台体系架构、宣传管理服务与媒体协作、平台提供服务、平台提供工具、平台性能、平台运营管理、平台安全保障、业务数据接口等角度规范了对县级融媒体中心提供业务和技术支撑的省级技术平台。

同日，中共中央宣传部和国家广播电视总局联合发布的《县级融媒体中心建设规范》指出："基于县级融媒体中心的业务类型，规定了其总体架构、功能要求、基础设施配套要求、关键技术指标及验收要求等内容。"②

2019 年 4 月 11 日，国家广播电视总局官网发布了《县级融媒体中心网络安全规范》《县级融媒体中心运行维护规范》《县级融媒体中心监测监管规范》等具体规范，进一步对县级融媒体中心的安全性能、运行维护、监测监管等进行规范和要求。

中共中央宣传部和国家广播电视总局主导发布的这几份规范文件对县级融媒体中心技术发展具有重要意义，其以行业标准和建设要求的方式，明确了

---

① 参见谢新洲、朱垚颖：《县级融媒体中心技术应用与发展趋势》，《青年记者》2019 年第 4 期。

② 中共中央宣传部、国家广播电视总局：《县级融媒体中心建设规范》，2019 年 1 月 15 日，http：//www.nrta. gov. cn/module/download/downfile. jsp？ classid = 0&filename = 5f2c0b36880c4f6-28b466ca7d713b79c.pdf。

县级融媒体中心技术标准,尤其在中央层面对省级层面技术平台提出了具体化的规范要求,也以开放接口等形式给予了各个地方技术平台一定程度的自主调配空间。规范文件的出台符合我国媒体管理中"党委领导、中央调控"的宏观管理思路,也为县级融媒体中心技术发展指明了长期发展方向。

（二）省级层面:搭建技术平台,以点带面实现集群效应

在中央层面发布相应的规范文件前,一些省份由于实际工作需要,已率先发布省级县级融媒体中心的政策文件,角度多为优化本省内部的传统媒体和新媒体资源,搭建本省的融媒体技术平台,从而实现省级层面的技术规范和集群发展。如湖北省"长江云"、吉林省"天池云"、江西省"赣鄱云"等技术系统均为在省级工作方案文件指导下推出的具有标准统一的省级技术平台。

省级层面除了出台文件要求搭建自身的技术平台之外,往往还会在政策上给予部分试点单位一定的支持力度,以"试点效应"带动集群发展。如中共吉林省委宣传部在 2018 年 5 月制定的《吉林省县级融媒体中心暨全省融媒体集群建设试点工作方案》,在技术数据指标、生产流程架构、内容制作工具、信息分发渠道、数据采集分析方面规范了统一技术标准,并在两个月后的工作现场会上总结了"吉林省新闻出版广电局、吉林电视台和前郭、农安、集安三家试点单位"的工作经验,"部署推动县级融媒体中心和融媒体集群建设下一阶段工作"[1]。又如 2018 年 10 月,湖北省新闻出版广电局发布《关于开展"县级融媒体中心建设"示范案例征集活动的通知》,计划评选出具有示范性的县级融媒体中心建设案例,发挥示范案例的引领带动作用。[2]

目前各省以工作方案、文件规范或政策支持等形式,依托省级媒体资源开发技术系统,为地方融媒体工作提供技术平台支持,尤其以试点工作或示范性建设案例等方式有效地集中了技术资源、媒体资源、资金资源等,以点带面实现省内县级融媒体中心的技术推广和集群式发展,是值得鼓励的政策举措。

---

① 中国吉林网:《吉林省县级融媒体中心建设工作现场会召开》,2018 年 7 月 24 日,http://www.xinhuanet.com/zgjx/2018-07/24/c_137344381.htm。

② 参见湖北省新闻出版广电局:《关于开展"县级融媒体中心建设"示范案例征集活动的通知》,2018 年 10 月 12 日,http://www.hbnp.gov.cn/wzlm/gzhd/dczj/29831.htm。

(三)县级层面:部分县先行探索,根据需求出台工作方案

通常各县融媒体中心的管理主体为县委宣传部或县级电视台,最终决定县级融媒体中心技术的开发和应用是各县级基层单位的实际工作需求,因此各县也会出台县级融媒体中心工作方案。如:江西省分宜县制定发布了《分宜县县属新闻媒体融合发展改革工作方案》;北京市"大兴区媒体融合改革工作领导小组"建立并研究制定了《大兴区媒体融合改革工作方案》(以下简称《方案》)。按照《方案》要求,大兴区融媒体中心开始进行机构整合工作,并于2018年6月12日正式挂牌。此外,基于北京大学新媒体研究院研究团队全国调研的问卷数据也显示,在已经建立县级融媒体中心的各县中,约有89.50%的县出台了本县融媒体中心建设工作方案。

县级层面的融媒体中心工作方案通常与实际工作结合得更为紧密,在组织架构、番号编制、工作人员、经费渠道等方面作出明确要求,在技术层面则会突出技术支持和平台介绍,尤其是按照生产运行流程明确各部门的技术分工等具体要求。和中央层面的技术规范文件、省级层面的技术平台建设方案相比,县级层面的技术政策文件更为落地,重点是介绍中心各个部门之间的技术分工和技术流转。

二、县级融媒体中心技术发展重点

目前全国各省各县都在不断推进媒体融合技术在基层环境中的应用和发展。在总结了目前县级融媒体中心的中央、省级和县级的技术政策,思考战略层面的县级融媒体中心技术重点和任务分工后,县级融媒体中心的技术发展图景也在徐徐展现。本节从安全性、通用性、创新性、检测规范性等角度分析县级融媒体中心技术的发展重点。

(一)强调技术安全,提升安全保障能力

作为基层媒体机构和数据信息机构,县级融媒体中心承担着媒体内容生产发布、信息资源流转、基层数据储存等重要任务,融媒体中心技术安全性务必要放在首位。

在保障县级融媒体中心技术平台安全的过程中,既需要中央和省级层面对技术平台进行统一安全规范和有效监督,如《县级融媒体中心省级技术平台规范要求》就物理安全、基础网络安全、主机安全、应用安全、数据安全、云

安全、安全监测等强调了平台安全保障的问题；也需要县级层面加强技术培训和技术维护，基础条件较好的县级融媒体中心可以设立专门的技术安全保障部门，确保系统的安全运行。目前，越来越多的县级融媒体中心已经意识到了技术安全的重要性，如浙江省长兴县融媒体中心的技术部负责各项技术安全保障以及集团安全刊播，并且利用"政务云"和"民生云"两朵云互为备份，确保融媒体中心数据交换的安全性。这些政策文件和具体举措将有效提升县级融媒体中心的技术安全，在逐步形成融媒体技术安全观的过程中提高系统的安全保障能力。

（二）打通技术壁垒，实现重要功能接通

目前县级融媒体中心技术发展的一个重要难题是各省各县融媒体中心建设情况不一，使用技术平台和技术系统也不同，许多系统之间存在通用壁垒，使得各县往往只在本县范围内开展融媒体中心工作，很难实现对外和向上的技术对接，无法真正形成纵横联通的媒体通路。

针对这一技术难题，中央层面的《县级融媒体中心省级技术平台规范要求》、《县级融媒体中心建设规范》两份规范文件已率先从政策文件角度对省级技术平台的系统通用性问题进行了规范，这将一定程度地解决技术壁垒的问题。在这两份规范文件的引领指导下以及各省宣传部的调度支持下，未来县级融媒体中心技术系统相互割裂的状态将逐渐被打破，让省市县的融媒体发展在组织架构、生产流程、分发渠道、技术平台等方面实行同一标准、同一规范，紧密联结，实现联通。

从市场角度出发，县级融媒体中心的各个商业技术系统也将逐渐经历市场竞争的优胜劣汰，形成市场技术行业的标准化和规范化，实现重要功能的联通，最终打造成各级各类媒体上下贯通和横向联通的现代传播体系。

（三）鼓励技术创新，完善信息服务功能

县级融媒体中心诞生本身就是媒介技术形态在新时期的新要求，因此县级融媒体中心的技术标准并不是一成不变的，而需要结合最新的媒介技术、数据技术、移动传输技术等不断推陈出新，实现技术的革新式发展。

目前大部分县级融媒体中心受到县级媒体单位和地方技术环境的种种限制，仍然以满足基本的媒体信息服务、党建服务为主。未来在相关政策支持和加大资金投入的前提下,整体的技术环境需要鼓励各级单位根据工作的实际需求,不断创新融媒体中心的技术服务,打造出更具互动性和吸引力的新闻产品和信息服务产品。发展基础较好的县级融媒体中心甚至可以应用新闻机器人、VR、AR 等新技术手段,以更好地满足县级融媒体中心"引导群众、服务群众"的建设目标。

改革促发展,创新增活力。只有不断地鼓励技术系统创新和应用创新,县级融媒体中心这一基层媒体融合机构才能不断焕发活力和生命力,在媒体机制体制改革中真正立足潮头、引领方向。

(四)第三方机构检测,定期发布技术报告

目前针对县级融媒体中心技术标准和技术发展的讨论和应用中,多针对技术提供方和技术使用方这两个主体,缺乏独立于技术平台和政府单位的第三方机构。但事实上,要实现融媒体中心技术的标准化、稳定化和规范化发展,独立公正的第三方机构监测工作是尤为必要的。

目前,中共中央宣传部和国家广播电视总局联合发布的《县级融媒体中心建设规范》明确要求各省(区/市)党委宣传部应组织专门技术力量或委托拥有检测资质的第三方检测机构对系统进行检测验收。但由于县级融媒体中心技术市场处于初步发展期,暂不具有公信力和技术检测资质的第三方检测机构,更无对县级融媒体中心技术发展的权威报告。

随着县级融媒体中心技术市场的日渐规范和技术标准的逐渐确定,政府相关管理部门可以和学界、业界的专业人士等合作,成立具有公信力和技术能力的第三方检测机构。第三方检测机构需要结合技术发展情况出台融媒体中心技术标准的评估体系,对融媒体中心技术系统使用的各个环节进行检测、验收和评估,并定期发布权威报告,保障县级融媒体中心技术平台的规范、有序、健康发展。第三方机构高质量的技术检测和报告发布,将大大提升县级融媒体中心技术的专业化、科学化,有效推动融媒体中心的技术发展和效率增长。

第二章　县级融媒体中心调研数据分析

　　北京大学新媒体研究院调研团队于 2018 年 10 月至 12 月中旬在全国所有县级基层单位中随机抽取了 600 个县作为问卷调查对象,深入了解全国县级融媒体中心建设整体情况。在调查问卷设计中,以"是否建立县级融媒体中心"作为划分依据设置了 A 问卷和 B 问卷,A 问卷由已经建立融媒体中心的县填写,B 问卷由截至调查时尚未建立融媒体中心的县填写。问卷也对涉及的重要概念进行如下界定:

　　县级融媒体中心:指的是将县域所有媒体资源(包括新闻资源、平台资源、人才资源、财政资源等)加以整合、指挥调度新闻报道工作和舆情监管工作、促进党的声音在基层传播的统一管理部门。

　　县级报纸:指的是在县级区域发行的,以该地区新闻为主要报道内容的地方性报纸,后简称为"县级报纸"。

　　县级广播电台:指的是主要面向县级区域进行广播,以该地区新闻为主要报道内容的地方性电台,后简称为"县级广播电台"。

　　县级电视台:指的是主要面向县级区域进行放送,以该地区新闻为主要报道内容的地方性电视台,后简称为"县级电视台"。

　　县级新媒体平台:指的是"县域媒体"的新媒体平台,包括县一级(乡镇级别的除外)的以媒体属性为主的网站、"两微一端"、入驻第三方平台、融媒体 APP 等新媒体平台,不包括定位为政务功能或商业属性的新媒体平台以及各种自媒体平台。

　　经过全国各县问卷发放,最终回收 463 份有效问卷,回收率为 77.2%。其中东部地区共回收问卷 131 份,中部地区 181 份,西部地区 109 份,东北地区

42 份。各地区问卷回收数和各地区县级基层单位数量的比例相匹配，地区间的数据分析具有科学性和可比性。

因此，本章以"县级融媒体中心调研数据"作为分析对象，对问卷中涉及的相关问题进行数据的描述性分析和介绍，从而全面了解当前县级单位宣传媒体发展情况，以及县级融媒体中心发展现状。

第一节　县级媒体现状

了解县级融媒体中心的建设前提是需要对县级媒体发展现状进行全面了解。目前县一级的媒体资源主要由县级广播电视台、县委宣传部和县网信办下属新闻媒体、政府网等组成，在数量上并不算多。本节将对各县基本情况、县级宣传媒体单位、县级电视台、县级媒体资源等进行分析介绍，以勾勒出全国县级媒体发展现状。

一、各县基本情况

问卷开篇对各县的基本情况进行了调查，其中包括各县的人口数、年人均收入、财政总收入和财政总支出。一县的年人均收入、财政收入、财政支出，能够体现出该县的经济实力情况，这会影响该县媒体发展和媒体融合建设工作的开展情况。因此，基本情况分析以"是否建成融媒体中心"为区分标准，对比各县的年人均收入、财政收入和财政支出金额。

在 463 份有效问卷分析中，目前已经建成融媒体中心的县年人均收入为 23023.22 元，而未建成融媒体中心的年人均收入为 22941.48 元。从各县年人均收入的对比中可以发现，已经建成融媒体中心的县年人均收入比未建成融媒体中心的各县人均收入高出约 82 元，高出幅度并不大。

尽管已建成和未建成的各县年人均收入差别不大，但在财政收入上，已建成融媒体中心的各县年平均财政收入为 37.08 亿元，高于未建成融媒体中心的各县年平均财政收入 35.88 亿元。从数据中可以发现，财政收入较高的县具有更好的经济实力，因此更有可能展开融媒体中心的建设工作。

在财政支出上，首先各县平均财政支出均略低于各县平均财政收入。已

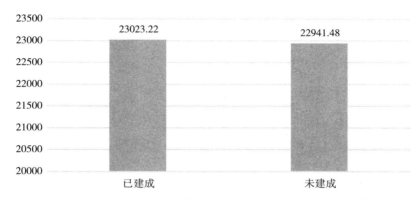

图 2-1　已建成和未建成县融媒体中心的各县年人均收入对比（单位：元）

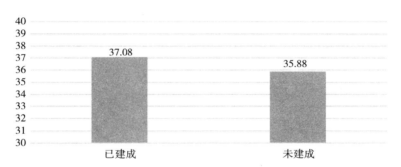

图 2-2 已建成和未建成县融媒体中心的各县年平均财政收入对比（单位：亿元）

经建成融媒体中心各县的年财政支出为 32.76 亿元，低于 37.08 亿元的财政收入，而未建成融媒体中心各县的年财政支出为 31.40 亿元，也比 35.88 亿元的财政收入低。

具体来看，已建成融媒体中心的各县年平均财政支出为 32.76 亿元，高于未建成融媒体中心的各县年平均财政收入 31.40 亿元。

二、县级宣传媒体单位现状

无论是否已经建成县级融媒体中心，各县基层单位宣传及媒体资源情况都是此次全国调查关注的重点问题。本部分将对县级宣传部、网信办、电视台这三个基层重要宣传媒体单位的工作人员数量、财政拨款进行分析，从而了解全国县级基层单位宣传及媒体的投入情况。

县委宣传部是县委主管意识形态方面工作的综合职能部门，县委宣传部

图 2-3　已建成和未建成县融媒体中心的各县年平均财政支出对比(单位:亿元)

在编工作人员是直接负责意识形态宣传工作、媒体部署统筹工作等的重要人才队伍。在宣传部在编人员数量分析中,首先将对比是否建成融媒体中心的各县的宣传部在编人员数量,其次将对比已经建成融媒体中心各县的东、中、西部宣传部在编人员数量差异。

目前全国县级基层单位中已建成融媒体中心的各县宣传部平均在编人员数量为 23 人,明显高于未建成融媒体中心各县的人均 17 人。事实上,融媒体中心的建成与发展离不开宣传部工作人员队伍的加强完善。

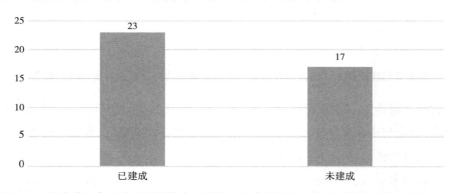

图 2-4　已建成和未建成县融媒体中心的各县宣传部平均在编人员数量对比(单位:人)

在已经建成融媒体中心的各县中,东部、中部、西部地区①因为各地区经济等方面的差异,在建成情况上也会存在一定差距。在宣传部在编人员数量对比上,东部地区各县宣传部平均在编人员数量最高,达到 25.8 人。紧随其后的是西部地区各县宣传部人均数量 25.5 人,中部地区各县宣传部人均数量 17 人。

————————————

①　本数据报告中所有出现的东中西部地区对比,均以国家统计局作为划分依据。

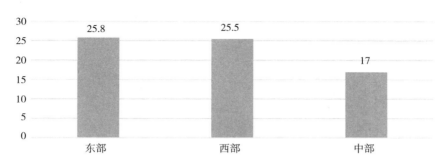

图 2-5　东部、中部、西部地区已建成县融媒体中心的各县宣传部平均在编人员数量对比（单位：人）

县级宣传部负责抓好意识形态宣传、主管新闻工作、社会宣传工作、文明创建工作等多项工作职能，管理媒体融合是宣传部工作职能的一部分。因此，在分析了宣传部在编人员数量后，将对宣传部内负责媒体融合工作人员的具体数量进行对比分析，这是直接和县级媒体融合发展相关的工作人才队伍。

在各县宣传部负责媒体融合工作人员的平均数量对比中，其中已建成县级融媒体中心的各县宣传部负责媒体融合工作人员平均数量为 5.7 人，未建成县级融媒体中心的各县宣传部负责媒体融合工作人员平均数量仅为 2 人，这一差距十分显著。

图 2-6　东部、中部、西部地区已建成县融媒体中心的各县宣传部负责媒体融合工作的平均在编人员数量对比（单位：人）

而在已经建成融媒体中心各县当中，各县宣传部负责融媒体中心建设工作的工作人员平均数量的地区对比上，东部地区平均有 6.4 人，中部地区平均有 4.3 人，西部地区数量最高，为 6.6 人。无论是宣传部在编人员数量，还是宣传部内负责媒体融合工作人员数量，东部和西部地区的数量都高于中部，东部地区主要是基于本地区较好的经济发展实力和人才吸引力，而西部地区则更多依赖本地区的政策支持。

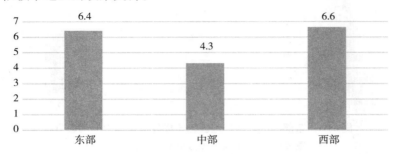

图 2-7 东部、中部、西部地区已建成县融媒体中心的各县宣传部负责融媒体中心建设工作人员平均数量对比（单位：人）

各县对宣传部财政拨款的金额能一定程度上反映出各县对宣传媒体工作的重视程度。各县对宣传部的财政拨款越高，能反映出该县在宣传及媒体发展上的投入程度越高，这也会和该县融媒体中心建设存在一定的相关性。因此，在各县宣传部财政拨款方面，首先将对比是否建成融媒体中心的各县宣传部的财政拨款金额，其次将对比已经建成融媒体中心各县的东、中、西部宣传部财政拨款金额差异。

问卷数据显示，已建成融媒体中心的各县宣传部平均财政拨款数量为6705827 元，明显高于未建成融媒体中心各县的 6353016 元。这也说明了财政拨款数量的高低和该县是否重视媒体融合、建设融媒体中心紧密相关。

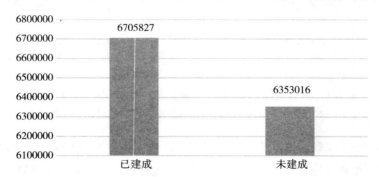

图 2-8 已建成和未建成县融媒体中心的各县宣传部平均财政拨款数量对比（单位：元）

而在各个地区的对比分析中,东部已经建成融媒体中心的各县宣传部平均财政拨款金额最高,达到 8899036 元,而中部地区为 5133772 元,西部地区为 5975059 元。东部地区的经济实力较高,因此在宣传部的财政拨款方面也是远远高于中部和西部地区。

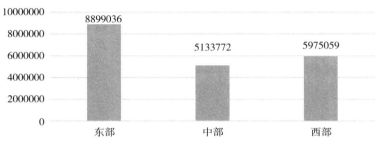

图 2-9 东部、中部、西部地区已建成县融媒体中心的各县宣传部平均财政拨款数量对比(单位:元)

互联网管理已经成为基层宣传思想工作的重点和难点。作为基层县级单位管理互联网阵地、做好网信工作的重要部门平台,各县网信办工作人员数量是影响其网信工作开展的因素之一。此部分在分析对比各县网信办工作人员情况时,首先对比是否建成融媒体中心各县网信办在编人数情况,其次将对比已经建成融媒体中心各县的东、中、西部网信办工作人员数量差异。

在基层网信办的工作人员数量分析中,已建成融媒体中心的各县网信办在编人数平均数量为 4.2 人,略高于未建成融媒体中心的 3.8 人。这一差距与是否建成融媒体中心的宣传部在编人数差距相比,并不大。

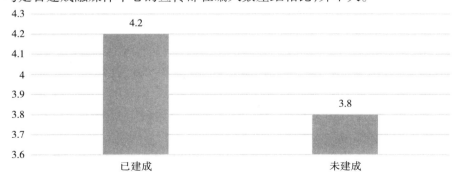

图 2-10 已建成和未建成县融媒体中心的各县网信办在编人员平均数量对比(单位:人)

在是否建成融媒体中心的各县网信办中，专门负责媒体融合工作的人员数量则差别不大。已建成融媒体中心的网信办负责媒体融合工作人员平均数量为 1.04 人，而未建成的则为 1.1 人，二者差别不大。

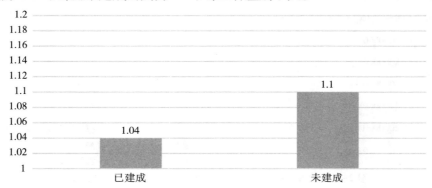

图 2-11　已建成和未建成县融媒体中心的各县网信办负责媒体融合
工作人员平均数量对比（单位：人）

在各县网信办财政拨款中，发现一组比较特殊的数据对比：已建成融媒体中心的各县网信办平均财政拨款为 299529 元，而未建成融媒体中心的各县网信办平均财政拨款则较高，为 527058 元。结合图 2-11 中网信办融媒体工作人员数量对比差距并不显著，可以发现各县网信办与融媒体中心的建设工作相关度并没有宣传部那么紧密，已建成融媒体中心的各县反而出现了网信办财政拨款较低的情况。这可能源于一县财政拨款会有总额度的限制，因此未建成融媒体中心的各县反而会获得更高的财政拨款。

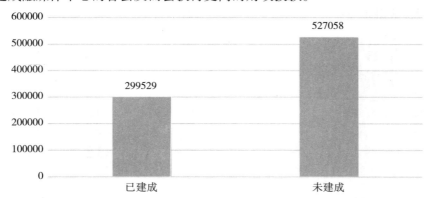

图 2-12　已建成和未建成县融媒体中心的各县对网信办
平均财政拨款数量对比（单位：元）

三、县级电视台现状

由于县级基层单位中还具有报纸刊号的各县数量很低,因此问卷主要统计了目前各基层主要的媒体机构——县级电视台的在编工作人员数量、负责媒体融合工作人员情况。

(一)各县电视台在编人员数量对比

在各县电视台在编人员数量对比上,已建成融媒体中心的各县电视台平均在编工作人员数量为47.2人,略高于未建成融媒体中心各县电视台的45.7人。

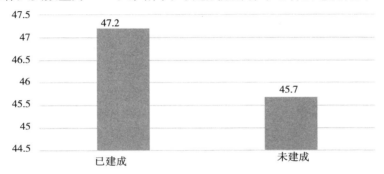

图2-13　已建成和未建成县融媒体中心的各县电视台平均在编人员数量对比(单位:人)

(二)各县电视台负责媒体融合人员数量对比

在各县电视台中负责媒体融合的工作人员数量对比上,已建成融媒体中心的各县电视台平均有9.1位工作人员负责媒体融合相关工作,而未建成融媒体中心的各县电视台仅有4.3人。

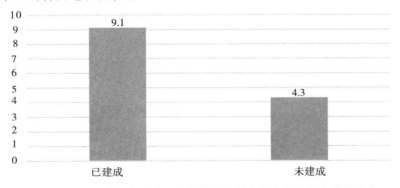

图2-14　已建成和未建成县融媒体中心的各县电视台负责媒体融合工作人员平均数量对比(单位:人)

(三)各县电视台财政拨款对比

尽管已经建成融媒体中心的各县电视台在编人员数量和负责媒体融合工作人员数量都比未建成融媒体中心的各县电视台要高,但在财政拨款方面,却出现了相反的情况。这反映出,当一个县已经建成了融媒体中心后,财政拨款等会向融媒体中心倾斜,而原本的主要媒体机构——电视台则会在财政拨款上数量减少。

在各县对电视台财政拨款金额对比上,已建成融媒体中心的各县平均财政拨款为4035729元,而未建成融媒体中心各县为6018091元。同样结合一县财政拨款会有总额度的限制,已建成融媒体中心的各县反而出现了电视台获得的财政拨款较低的情况。

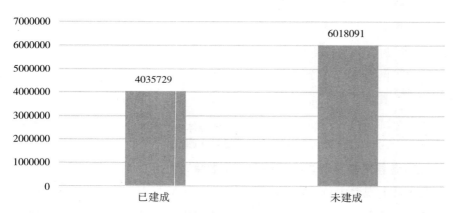

图 2-15 已建成和未建成县融媒体中心的各县对电视台
平均财政拨款数量对比(单位:元)

(四)东部、中部、西部地区电视台拨款对比

在已经建成融媒体中心的各县当中,东部、中部、西部地区电视台拨款数量对比中,经济实力较雄厚的东部地区电视台财政拨款金额最高,为8739355元,中部地区则为4420083元,西部地区为4505460元。

四、县级媒体资源现状

无论是否建成融媒体中心,此次全国调查问卷还对各县基层单位媒体资源进行了数据调查和统计,其中主要包括各县拥有的广播电台、电视台、报纸、新闻网站、新闻客户端及新媒体账号等具体情况。从这些传统平台和新媒体平台的数据分析中,可以窥见一县媒体资源和媒体融合发展的基本情况。

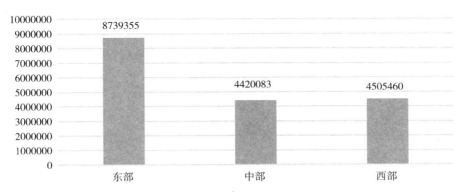

图 2-16　东部、中部、西部地区已建成县融媒体中心的各县对电视台平均财政拨款数量对比（单位：元）

（一）各县拥有县级广播电台比例

在 463 份有效问卷中，拥有本县县级广播电台的县有 287 个，没有拥有县级广播电台的县有 176 个，拥有比例达到 62%，即有 62% 的县拥有本县县级广播电台。其中已建成融媒体中心的各县拥有自己的县级广播电台比例为 61%，和全国总情况几乎无差别。

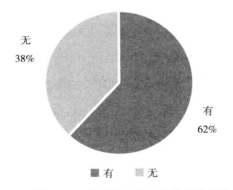

图 2-17　有县级广播电台的县占总数的情况

（二）各县拥有县级电视台比例

在 463 份有效问卷中，拥有本县县级电视台的县有 370 个，没有拥有县级电视台的县有 93 个，拥有比例达到 80%。其中已建成融媒体中心的各县拥有县级电视台比例为 79%，未建成的则为 80%，和县级广播电台一样，是否建成融媒体中心和该县是否拥有县级电视台关系不大。

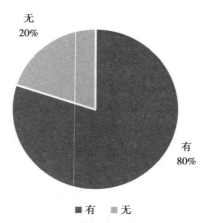

图 2-18　有县级电视台的县占总数的情况

（三）各县拥有县级报纸比例

在 463 份有效问卷中,拥有本县县级报纸的县有 272 个,没有拥有县级报纸的县有 191 个,拥有比例达到 59%。其中已建成融媒体中心的各县拥有县级报纸的比例为 54%,未建成的则为 40%,这一数值和县级广播电台、县级电视台有所不同,已经建成融媒体中心的各县拥有县级报纸比例是显著高于未建成融媒体中心各县的。

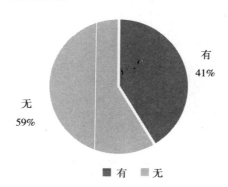

图 2-19　有县级报纸的县占总数的情况

（四）各县拥有县级新闻网站比例

在 463 份有效问卷中,拥有本县县级新闻网站的县有 301 个,没有拥有县级新闻网站的县有 162 个,拥有比例达到 65%。其中已建成融媒体中心的各县拥有县级新闻网站比例为 68%,未建成的则为 64%,数值差异也不大。

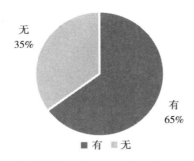

图 2-20　有县级新闻网站的县占总数的情况

（五）各县入驻第三方平台比例

在 463 份有效问卷中，入驻了第三方平台的县有 158 个，没有入驻第三方平台的县有 305 个，入驻比例达到 34%。其中已建成融媒体中心的各县入驻第三方平台比例为 35%，未建成的则为 34%，与是否拥有县级新闻网站一样，是否建成融媒体中心和各县是否入驻第三方新媒体平台的关系并不大。

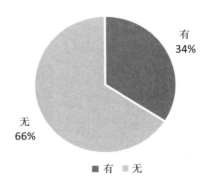

图 2-21　入驻第三方新媒体平台的县占总数的情况

（六）各县拥有县级新闻客户端比例

在 463 份有效问卷中，拥有本县县级新闻客户端的有 140 个，没有县级新闻客户端的有 323 个，拥有比例达到 30%。其中已建成融媒体中心的各县拥有本县县级新闻客户端比例为 54%，未建成的则为 26%。

尽管是否拥有县级融媒体中心并不影响各县拥有本县新闻网站这一新媒体平台和是否入驻了第三方新媒体平台，但却对是否拥有县级新闻客户端具有较为显著的影响。

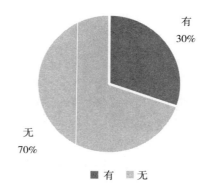

图 2-22　有县级新闻客户端的县占总数的情况

（七）各县拥有本县官方微博账号数量对比

在各县拥有本县官方微博账号平均数量对比中，已经建成融媒体中心的各县平均拥有 1.23 个本县官方微博账号，而尚未建成融媒体中心的各县平均拥有 2.59 个本县官方微博账号。从数据中发现已经建成融媒体中心反而会精减账号数量，使得本县官方微博账号具有统一的出口。

图 2-23　已建成和未建成县融媒体中心的各县拥有
本县官方微博账号平均数量对比（单位：个）

（八）各县拥有本县官方微信账号数量对比

在各县拥有本县官方微信账号平均数量对比中，已经建成融媒体中心的各县平均拥有 1.35 个本县官方微信账号，而尚未建成融媒体中心的各县平均拥有 4.92 个本县官方微信账号。精减账号数量的情况在各县官方微信账号对比中同样存在。

图 2-24　已建成和未建成县融媒体中心的各县拥有本县
官方微信账号平均数量对比（单位：个）

第二节　县级融媒体中心现状

在县级融媒体中心建设发展如火如荼的当下，了解全国县级融媒体中心建设的整体情况，尤其是建成比例、建成时间、番号设立、实际管理单位和财政投入等，是为指导县级融媒体中心未来建设发展所需要掌握的关键数据，这也是本次全国问卷调查的价值所在。

需要说明的是，建成概况的部分数据分析已发表于 2019 年第 3 期《新闻记者》的《县级媒体融合的现状、路径与问题研究——基于全国问卷调查和四县融媒体中心实地调研》一文中。

一、县级融媒体中心建成比例

在 463 份有效问卷中，已经建成县级融媒体中心的县级基层单位数量为 57 个（包括东部 19 个，中部 20 个，西部 17 个，东北 1 个），未建成的单位数量为 406 个，即目前全国县级融媒体中心的建成比例约为 12.30%，全国县级融媒体中心建设工作仍然处于起步阶段。在未建成县级融媒体中心的单位中，有 355 个表示有建立县级融媒体中心的具体计划，占未建成总数的 87.40%，其余的县级基层单位出于种种考虑，暂无成立县级融媒体中心的具体计划。

从各个地区内的融媒体中心建成比例来看，东部地区已经建成融媒体中心的县占东部地区县总数的比例为 14.50%，中部建成比例为 11.00%，西部建成比例为 15.60%，东北地区建成比例为 2.40%。各个地区在建设县级融媒体中心过程中存在差异，其中东部和中部地区建成比例较高，而东北地区建成比例最低。

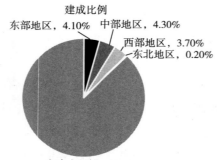

图 2-25　县级融媒体中心建成情况

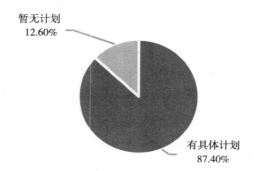

图 2-26　未建成县级融媒体中心单位计划情况

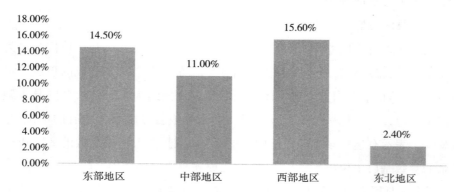

图 2-27　各地区内的县级融媒体中心建成比例①

---

① 参见谢新洲、朱垚颖、宋琢:《县级媒体融合的现状、路径与问题研究——基于全国问卷调查和四县融媒体中心实地调研》,《新闻记者》2019 年第 3 期。

二、县级融媒体中心建设难点

在未建成县级融媒体中心的各个县级基层单位,普遍认为人才储备有限(88.90%)、财政能力有限(78.30%)、机构融合困难(59.40%)、各级单位重视程度(19.70%)等为最主要的建设难点。

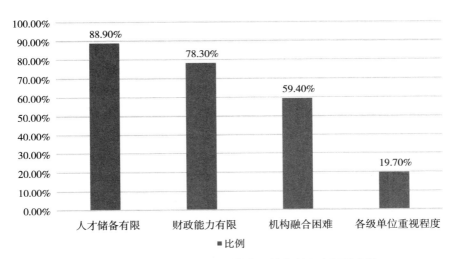

图 2-28　未建成县级融媒体中心单位所存实际困难①

三、县级融媒体中心建成时间

在建设速度上,自 2005—2016 年间,各地区县级融媒体中心建设速度处于平缓阶段。自 2017 年起,各地县级融媒体中心建设数量明显增多,2018 年 7 月以后更是迎来快速增长期,有 49.10% 的县在 2018 年 7 月起正式设立县级融媒体中心。现将已经建成县级融媒体中心的县级基层单位的建设时间整理如图 2-29 所示。

四、县级融媒体中心番号设立

在目前已经建成县级融媒体中心的县级基层单位中,已经设立正式机构番号的比例为 77.20%,仍有 22.80% 的县级融媒体中心尚未拥有正式番号。县级融媒体中心作为一个正式机构的番号问题在未来一段时间内仍待解决。

----

　① 参见谢新洲、朱垚颖、宋琢:《县级媒体融合的现状、路径与问题研究——基于全国问卷调查和四县融媒体中心实地调研》,《新闻记者》2019 年第 3 期。

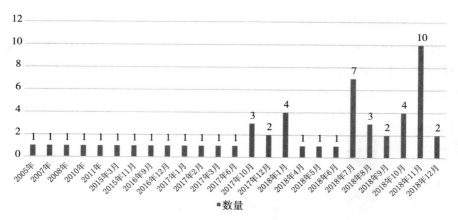

图2-29　各县融媒体中心建成时间分布①

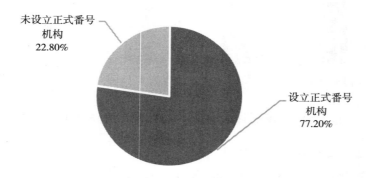

图2-30　正式机构番号设立情况②

五、县级融媒体中心管理单位

在县级融媒体中心实际管理部门中，县委宣传部为各基层单位最主要的主管部门，78.60%的县级融媒体中心实际主管单位为县委宣传部。县级电视台也是重要的主管单位（占比达到12.50%），县级新闻传媒集团（5.40%）、县级广播电台（1.75%）、网信办（1.75%）作为融媒体中心主管部门的比例较低。

---

① 参见谢新洲、朱垚颖、宋琢：《县级媒体融合的现状、路径与问题研究——基于全国问卷调查和四县融媒体中心实地调研》，《新闻记者》2019年第3期。

② 参见谢新洲、朱垚颖、宋琢：《县级媒体融合的现状、路径与问题研究——基于全国问卷调查和四县融媒体中心实地调研》，《新闻记者》2019年第3期。

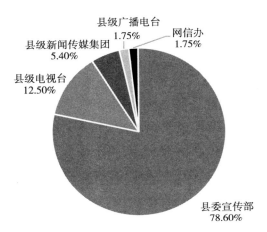

图 2-31　县级融媒体中心归属主管部门情况①

六、县级融媒体中心财政投入

在资金投入上,各县融媒体中心的主要经费来源为政府拨款,政府拨款为经费来源的县级单位比例高达82.50%。有 38 个县统计了本县融媒体中心建设上的财政投入金额,平均投入金额为375.5 万元,其中东部地区的平均投入金额为760.4 万元,中部地区为 162.4 万元,西部地区为 234.9 万元,东北地区无统计数据。

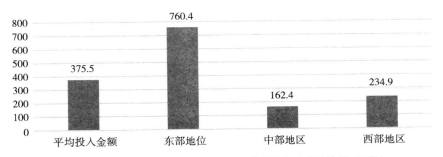

图 2-32　各地区融媒体中心的平均财政投入金额(单位:万元)

---

① 参见谢新洲、朱垚颖、宋琢:《县级媒体融合的现状、路径与问题研究——基于全国问卷调查和四县融媒体中心实地调研》,《新闻记者》2019 年第 3 期。

第三节　县级融媒体中心技术应用

技术是支撑县级融媒体中心建设的根源所在,也是影响其未来长期发展的关键所在。在技术现状的数据分析中,主要从技术资金投入、技术平台设立、技术具体提供方、技术功能、技术硬件、技术培训和技术服务等角度开展介绍。需要说明的是,技术现状中的部分数据分析已发表于2019年第4期《青年记者》的《县级融媒体中心技术应用与发展趋势》一文中。

一、县级融媒体中心技术资金投入

在县级融媒体中心技术资金投入上,全国平均技术投入金额为303.5万元,其中东部地区的平均投入金额为531.8万元,中部地区为54.4万元,西部地区为37.4万元。在技术资金投入上,地区差异显著,东部地区县级融媒体中心在技术方面的投入金额远远高于中部地区和西部地区。[①]

此外,研究还将各个地区的平均技术投入金额和平均财政投入金额进行比较,发现相较各个地区县级融媒体中心总的财政投入,技术投入方面的投入占比达到80.20%,是财政投入的主要支出内容。但具体到各个地区的技术投入占比时,发现西部地区的技术投入金额占总资金投入的比例较低,无法匹配县级融媒体中心长期发展的需要。

二、县级融媒体中心技术平台

已经成立县级融媒体中心的机构中,设立了专门技术平台的融媒体中心数量为33个,未设立专门技术平台的数量为24个,已有技术平台的占比为58%,超过一半的县级融媒体中心已经建设了专门的技术平台。

[①]　参见谢新洲、朱垚颖:《县级融媒体中心技术应用与发展趋势》,《青年记者》2019年第4期。

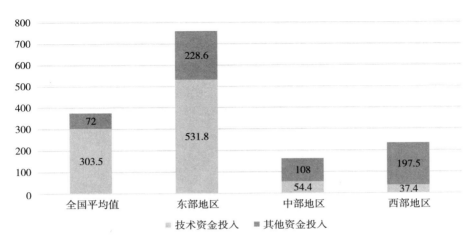

图 2-33　各地区融媒体中心的平均技术投入和资金总投入对比（单位:万元）①

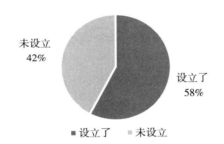

图 2-34　全国县级融媒体中心是否设立技术平台的分布情况

三、县级融媒体中心技术提供方

目前,融媒体中心的主要技术提供方为以索贝公司、北京中科大洋公司为代表的商业科技公司（占比为 40.60%）,紧随其后的是本省报纸或电视台主导系统（占比为 31.30%）,省级新闻网站主导系统（占比为 9.40%）,新华社和人民网为代表的央媒系统（占比 6.20%）,其他县级基层单位则会选择自主开发技术等其他方式（占比 12.50%）。

---

① 参见谢新洲、朱垚颖:《县级融媒体中心技术应用与发展趋势》,《青年记者》2019 年第 4 期。

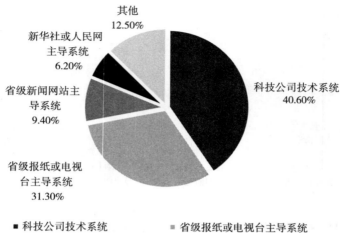

图2-35　全国县级融媒体中心技术提供方的分布占比①

四、县级融媒体中心技术功能

目前已经建成的县级融媒体中心绝大多数已经可以实现多端分发(52.60%)、素材共享(54.40%)、移动采编(50.90%)、大屏指挥(40.40%)、舆情监测(38.60%)、数据分析(35.10%)等功能。目前实现了7个及以上功能的县级融媒体中心比例为19.30%,实现4—6个功能的县级融媒体中心比例为31.60%,实现2—3个功能的比例为7.00%,仅实现1个及以下功能的比例为42.10%。在功能实现上,不同县级融媒体中心的发展程度差距较大。

五、县级融媒体中心技术硬件

已经建成融媒体中心的各县主要拥有物理空间、指挥大屏和采编设备等硬件设备,其中有24个县级融媒体中心拥有物理空间(占比为42%),有23

---

① 参见谢新洲、朱垚颖:《县级融媒体中心技术应用与发展趋势》,《青年记者》2019年第4期。

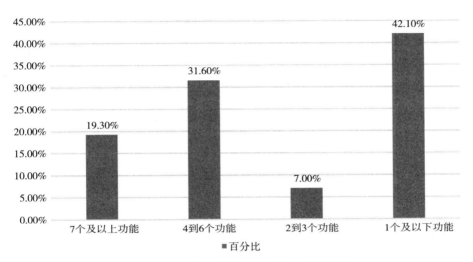

图 2-36　县级融媒体中心功能实现情况①

个县级融媒体中心拥有指挥大屏(占比为 40%),有 31 个县级融媒体中心拥有采编设备(占比为 54%)。

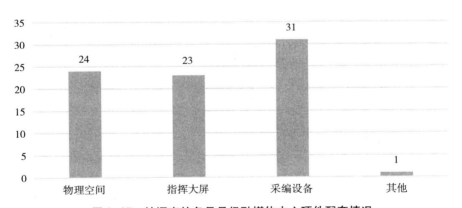

图 2-37　被调查的各县县级融媒体中心硬件配套情况

六、县级融媒体中心技术培训

在技术使用的培训方面,在已搭建县级融媒体中心技术系统的县级基层

---

① 参见谢新洲、朱垚颖、宋琢:《县级媒体融合的现状、路径与问题研究——基于全国问卷调查和四县融媒体中心实地调研》,《新闻记者》2019 年第 3 期。

单位中,现已组织技术培训的单位占比为82%,尚未组织技术培训的单位占比为18%。大部分县级融媒体中心都已经开始组织技术培训,助力实践工作层开展使用技术工作。①

图2-38　已搭建县级融媒体中心技术系统的县中是否组织技术培训的分布情况

在目前已经组织技术培训的县级融媒体中心中,开展的具体频率也存在着较大的差异:有11.50%的县级融媒体中心每周组织一次技术培训,26.90%的融媒体中心一个月组织一次,30.80%的融媒体中心半年组织一次,剩余30.80%的融媒体中心自建成后仅开展过一次培训,并未形成定期化的技术培训制度。②

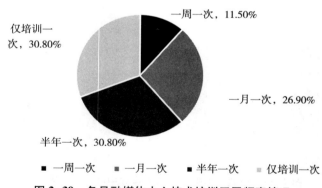

图2-39　各县融媒体中心技术培训开展频率情况

---

　　①　参见谢新洲、朱垚颖:《县级融媒体中心技术应用与发展趋势》,《青年记者》2019年第4期。

　　②　参见谢新洲、朱垚颖:《县级融媒体中心技术应用与发展趋势》,《青年记者》2019年第4期。

七、县级融媒体中心技术维护

问卷数据显示,88%的县级融媒体中心在签订合同或达成协议时都明确由技术提供方提供平台技术的后续维护服务,约12%的县暂无法进行后期维护。[1]

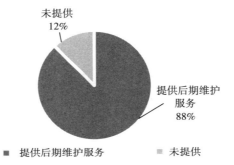

图 2-40　在已搭建县级融媒体中心技术系统的县中是否提供后期维护服务的分布情况

在后期技术维护服务年限中,约有12%的县签订了半年服务时长,32%的后期维护服务年限为1年,12%的县为两年,40%的县签订了3年服务计划,仅有4%的县签订了4年及以上的技术维护服务。从目前数据来看,超过一半的县级融媒体中心在签订合同时会选择2—3年的技术服务年期,服务关系较为稳定。[2]

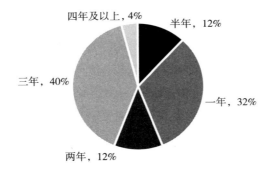

图 2-41　县级融媒体中心技术维护服务持续年限的分布占比

① 参见谢新洲、朱垚颖:《县级融媒体中心技术应用与发展趋势》,《青年记者》2019 年第 4 期。

② 参见谢新洲、朱垚颖:《县级融媒体中心技术应用与发展趋势》,《青年记者》2019 年第 4 期。

第四节　县级融媒体中心内容生产、分发机制建设

为了深入了解全国各县融媒体中心内容生产与分发的现状,本节主要结合新闻报道内容从线索来源到选题报道再到素材共享、具体发布的新闻生产流程,介绍目前各县融媒体中心的平台运营现状。

一、县级融媒体中心内容生产

县级融媒体中心的内容生产是其发展的关键所在,融合不应只停留在机械的、同质化的内容融合,而是在新闻选题策划和生产的上游就实现了内容、渠道、平台、经营的深度融合,从而打造出更具互动性和吸引力的新闻产品。本节将对目前县级融媒体中心新闻线索来源、新闻线索报送、选题会制度建设、选题会召开频率、新闻报道团队、新闻素材收集类型、新闻素材共享机制进行分析。

(一)县级融媒体中心新闻线索来源

目前在已经建成融媒体中心的各县新闻线索来源分析对比中,具体线索来源情况为融媒体系统抓取(27 家,占比 47%);上级任务安排(54 家,占比 95%);基层通讯员投稿(54 家,占比 95%);中心内部策划(55 家,占比 96%);转载县外资讯(34 家,占比 60%);其他(2 家,占比 4%)。

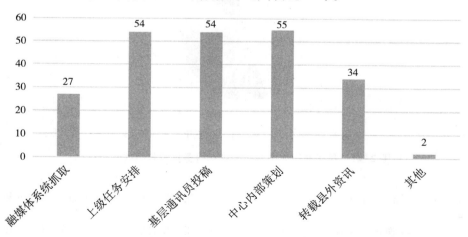

图 2-42　已建成县级融媒体中心的各县新闻线索来源具体数量

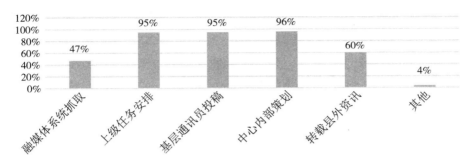

图 2-43　已建成县级融媒体中心的各县新闻线索来源比例分布

（二）县级融媒体中心新闻线索报送

目前已经建成的县级融媒体中心中，已建立了新闻线索报送渠道的有 52 家，占到总数的 91%。剩余 9% 的融媒体中心未建立或者未回答。大多数的县级融媒体中心已经建立了群众新闻线索的报送渠道，打通了群众和融媒体中心之间的沟通交流途径，从而帮助各县融媒体中心更好地获取新闻线索、及时报道新闻资讯。

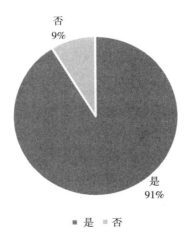

图 2-44　各县融媒体中心是否建立新闻线索报送渠道的分布情况

（三）县级融媒体中心选题会制度建设

已经建成融媒体中心各县中，建立了选题会制度的县级融媒体中心为 51 家，占比为 89%，而未建立选题会制度的仅有 5 家，占比为 11%。绝大部分的县级融媒体中心都建立了选题会制度,从而更好地进行选题策划、生产内容。

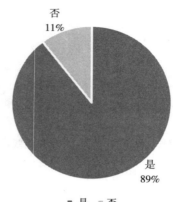

图 2-45 已建成县级融媒体中心的县是否建立选题会制度的分布情况

(四)县级融媒体中心选题会召开频率

已经建成融媒体中心的各县召开选题会频率中,一周一次选题会的有 36 家融媒体中心,占比高达 78%,而两周一次仅有 3 家(占比为 7%),一月一次有 2 家(占比为 4%),其他频率则有 5 家(占比为 11%)。

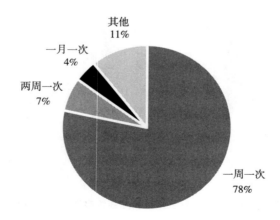

图 2-46 已建成县级融媒体中心的县召开选题会频率情况

(五)县级融媒体中心新闻报道团队

分析已经建成融媒体中心的各县组织新闻报道团队形式,统一调度的县级融媒体中心有 50 家,占比为 88%,而各媒体平台独立组织仅有 5 家,占比为 9%,剩余 3% 的县并未回答这一问题。

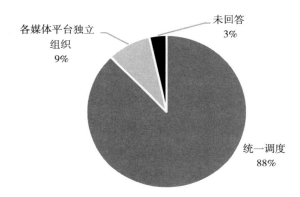

图 2-47　已建成县级融媒体中心的县组织新闻报道团队形式分布情况

在统一调度的县级融媒体中心团队平均人数对比上,问卷回收的 57 家已经建成县级融媒体中心的团队平均人数为 12.8 人,其中东部地区平均人数为 18.6 人,中部地区为 8.3 人,西部地区为 10.3 人。说明从全国范围来看,目前各县融媒体中心在编团队人数并不多,其中东部地区县级融媒体中心团队数量显著高于中部地区和西部地区。

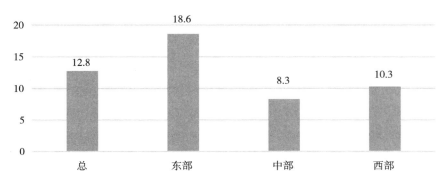

图 2-48　东部、中部、西部地区统一调度的县级融媒体中心团队平均人数分布情况(单位:人)

图 2-49、图 2-50 为统一调度的县级融媒体中心团队工作人员具体来源于哪些县级部门(统计数据含工作人员在多个机构兼职的情况),主要有

融媒体中心(44家,占比77%)、报纸(26家,占比46%)、电视台(33家,占比44%)、新媒体平台(25家,占比24%)、网站(17家,占比30%)、广播电台(14家,占比58%)、网信部门(8家,14%)、社会编外人员(7家,12%)、其他(1家,2%)。

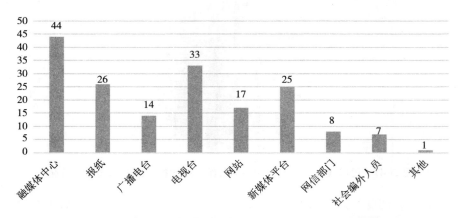

图2-49　统一调度的县级融媒体中心团队工作人员来源情况

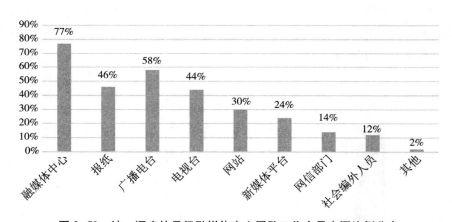

图2-50　统一调度的县级融媒体中心团队工作人员来源比例分布

(六)县级融媒体中心新闻素材收集类型

统一调度的县级融媒体中心团队需要收集的新闻素材类型上,文字和图片这两个新闻素材类型数量最高,在问卷回收的57家已建成融媒体中心中有50家需要收集这两个新闻素材类型,比例高达88%。其次则是视频新闻素材(49 家,比例为 86%)、音频新闻素材(42 家,比例为 74%)。

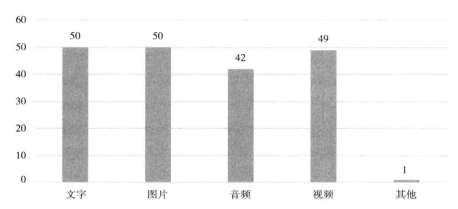

图 2-51 统一调度的县级融媒体中心团队收集的新闻素材类型情况

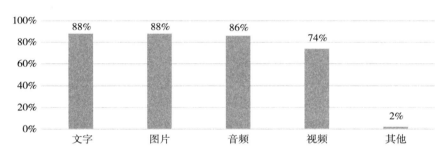

图 2-52 统一调度的县级融媒体中心团队收集的新闻素材类型分布比例

(七)县级融媒体中心新闻素材共享机制

分析目前各县级融媒体中心建立新闻素材共享机制的情况,已经建立新闻素材共享机制的融媒体中心共计 51 家,有接近 90%的县级融媒体中心建立了新闻素材的共享机制。其中东部地区为 19 家、中部地区为 18 家、西部地区为 14 家。

建立新闻素材共享机制的方式较为多元,建立融媒体系统进行共享有 29 家(占总数的 51%),使用电子信箱进行共享的有 31 家(占总数的 54%),使用网盘进行共享的有 15 家(占总数的 26%),采用其他方式的有 7 家(占总数的 12%)。

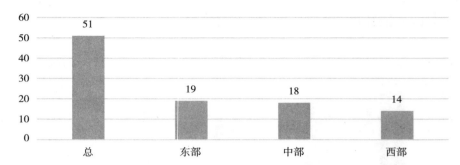

图2-53　东部、中部、西部地区各县融媒体中心建立新闻素材共享机制的情况

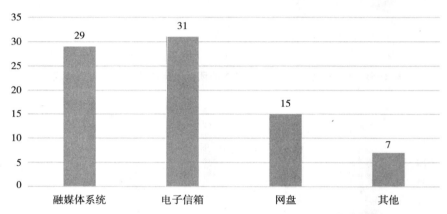

图2-54　各县融媒体中心建立新闻素材共享机制方式的具体数量

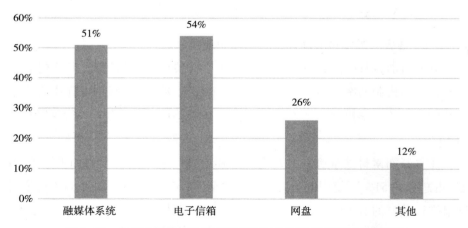

图2-55　各县融媒体中心建立新闻素材共享机制的方式比例分布

二、县级融媒体中心内容分发机制

各县融媒体中心在建成之后，使用多平台发布多类型新闻内容是媒体融合工作的重要内容之一，这能让受众更好地获得新闻资讯，满足群众的信息获取需求。因此，本部分主要是对各县多平台发布新闻报道题材、平台发布类型、融媒体报道制度进行数据分析。

（一）县级融媒体中心新闻报道题材

各县融媒体中心进行多平台发布的新闻报道题材中，最多的仍然是党政动态（55 家融媒体中心报道该类题材类型，占到总数的 96%）和社会民生（55 家融媒体中心报道该类题材类型，占到总数的 96%），其次是便民服务消息（53 家融媒体中心报道该类题材类型，占到总数的 93%）、新闻资讯（51 家融媒体中心报道该类题材类型，占到总数的 89%）、文化娱乐（40 家融媒体中心报道该类题材类型，占到总数的 70%）、其他（1 家融媒体中心报道该类题材类型，占到总数的 2%）。

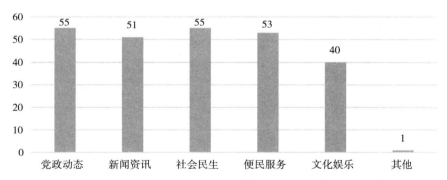

图 2-56　各县融媒体中心进行多平台发布的新闻报道题材的具体数量

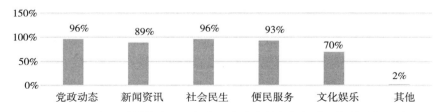

图 2-57　各县融媒体中心进行多平台发布的新闻报道题材的比例分布

（二）县级融媒体中心平台发布类型

在问卷回收的 57 家县级融媒体中心进行多平台发布的平台类型中，有 49 家融媒体中心会选择网站进行新闻发布（占总数的 86%），有 54 家融媒体中心会选择微信公众号（占总数的 95%），有 44 家融媒体中心会选择微博（占总数的 77%），有 29 家融媒体中心会选择第三方平台（占总数的 51%），有 31 家融媒体中心会选择融媒体 APP（占总数的 54%），有 3 家选择其他方式（占总数的 5%）。

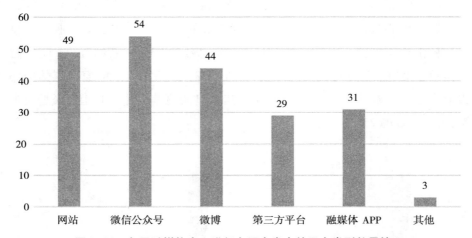

图 2-58　各县融媒体中心进行多平台发布的平台类型数量情况

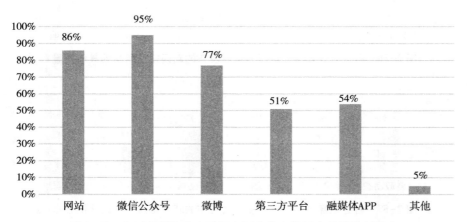

图 2-59　各县融媒体中心进行多平台发布的平台类型比例分布

（三）县级融媒体中心融媒报道制度

在问卷回收的 57 家已经建立融媒体中心的各县级基层单位中，已经建立了融媒体报道方式规章制度的县数量为 49 家，占到总数的 86%，未建成融媒体报道方式规章制度的县数量为 8 家，占到总数的 14%。这说明绝大多数的县级融媒体中心都已经实现了融媒体报道方式的制度化建设，这也是县级媒体融合发展的重要趋势。

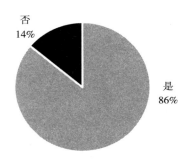

图 2-60　各县融媒体中心是否建立融媒体报道方式的规章制度的分布情况

第五节　县级融媒体中心舆情工作

舆情工作是各县级融媒体中心的重要工作范畴之一。因此，问卷在设计时针对各县融媒体中心的舆情工作情况进行调查，本节主要对县级融媒体中心的舆情收集方式、处理方式、处理制度建设和网评员组织工作开展情况及其队伍管理制度建设进行分析介绍。

一、县级融媒体中心舆情收集方式

目前各县融媒体中心都比较重视舆情收集工作。总体来看，通过舆情监测系统收集舆情的有 41 家，占到总数的 72%；人工收集的则有 42 家，占到总数的 74%；其他方式有 5 家，占到总数的 9%。

二、县级融媒体中心舆情处理方式

各县融媒体中心舆情处理方式中，选择上报网信部门的有 50 家，占到总数的 88%。直接报送舆情所涉部门的有 21 家，占到总数的 37%。督促相关

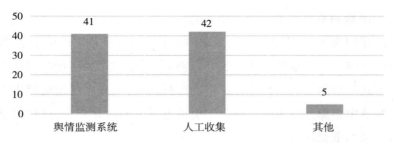

图 2-61　各县融媒体中心的舆情收集方式的具体数量

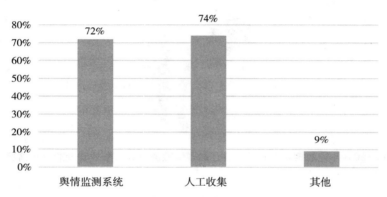

图 2-62　各县融媒体中心的舆情收集方式的比例分布

部门进行舆情处理的有 23 家,占到总数的 40%。对舆情处理情况进行权威发布的有 27 家,占到总数的 47%。选择其他方式的则有 2 家,占到总数的 4%。

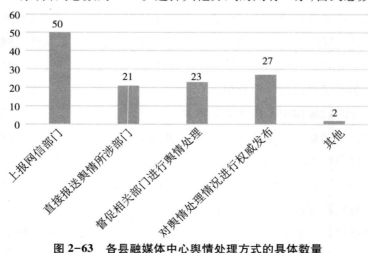

图 2-63　各县融媒体中心舆情处理方式的具体数量

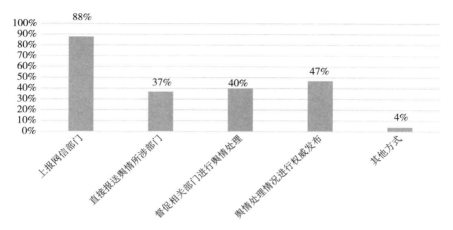

图 2-64 各县融媒体中心舆情处理方式的比例分布

三、县级融媒体中心舆情处理制度建设

在问卷回收的 57 家已经建成的融媒体中心中,已经建立了舆情处理规章制度的有 41 家,占到总数的 72%。剩余 28%(16 家)的融媒体中心未建立或未回答。相比舆情收集和进行舆情处理的比例,建立规章化舆情处理制度的县级融媒体中心比例较低,未来各县融媒体中心还需要在舆情处理规章制度的建设和出台方面进行完善。

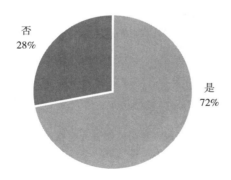

图 2-65 各县融媒体中心是否建立舆情处理规章制度的分布情况

四、县级融媒体中心网评员组织工作开展情况

在问卷回收的 57 家已经建成的融媒体中心中,已经开展网评员组织工作的有 33 家,占到总数的 58%。剩余 42%(24 家)的融媒体中心未开展或未回答。从中可见目前县级融媒体中心展开网评员组织工作的比例刚刚超过半

数，和基层县级网评员实际工作需求之间还存在差距。

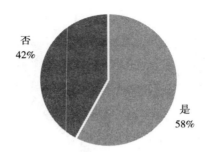

图 2-66　各县融媒体中心是否开展网评员组织工作的分布情况

五、县级融媒体中心网评员队伍管理制度建设

在问卷回收的 57 家已经建成的融媒体中心中，已经对网评员队伍管理建立规章制度的有 32 家，占到总数的 56%。剩余 44%（25 家）的融媒体中心未建立或未回答。目前已经开展网评员组织工作的 33 家县级融媒体中心中有32 家设立了管理规章制度，说明在已经展开网评员组织工作的各县融媒体中心中，有 97% 的比例已经建成了规章化的制度。

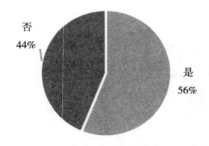

图 2-67　各县融媒体中心是否对网评员队伍管理建立规章制度的分布情况

第六节　县级融媒体中心经营管理

各县融媒体中心在建立后都需要建立有效的管理体制、出台相应的管理办法等来实现对融媒体中心各项工作开展和经营管理。在融媒体中心经营管理情况的问卷分析中,主要对融媒体中心建设工作方案、管理领导小组、统一管理部门、经费来源、管理办法、内容把关制度、评估督查制度等进行分析。

一、县级融媒体中心建设工作方案

出台融媒体中心建设工作方案是各县融媒体中心开展各项工作的重要前提。在问卷回收的 57 家已经建成的融媒体中心中,已经出台了融媒体中心建设工作方案的有 51 家,占到总数的 89%。剩余 11%(6 家)的融媒体中心未出台或未回答。

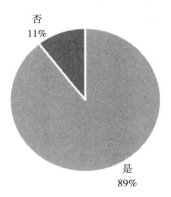

图 2-68　各县融媒体中心是否出台融媒体中心建设工作方案的分布情况

二、县级融媒体中心管理领导小组

设立统筹领导小组是规划融媒体中心工作各项职能、组织领导融媒体中心建设和发展的重要管理举措,对于一县融媒体中心的长期发展具有重要的作用和意义。在问卷回收的 57 家已经建成的融媒体中心中,已经设立了管理领导小组的有 47 家,占到总数的 82%。剩余 18%(10 家)的融媒体中心未设立或未回答。

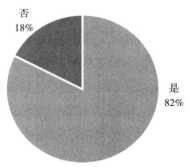

图 2-69　各县融媒体中心是否设立管理领导小组的分布情况

三、县级融媒体中心统一管理部门

在问卷回收的 57 家已经建成的融媒体中心中，已经设立了融媒体发展统一管理部门的有 44 家，占到总数的 77%。剩余 23%（13 家）的融媒体中心未设立或未回答。

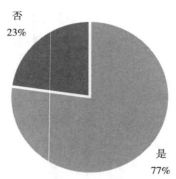

图 2-70　各县融媒体中心是否设立融媒体发展统一管理部门的分布情况

四、县级融媒体中心管理经费来源

经费是支持融媒体中心长期发展的经济支持，而经费来源自哪个部门也可一定程度上反映出该县融媒体中心建设的归属情况。在问卷回收的 57 家已经建成的融媒体中心中，在经费来源上单位拨款的有 5 家，占到总数的 9%；政府拨款的有 47 家，占到总数的 82%；自筹资金的有 1 家，占到总数的 2%；其他方式的有 4 家，占到总数的 7%。从中可见大部分的融媒体中心仍然由该县政府进行直接拨款，仍然属于基层政府工作部署的重要组成部分。

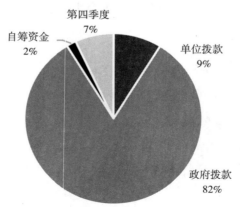

图 2-71　各县融媒体中心的经费来源情况

五、县级融媒体中心管理办法

在问卷回收的 57 家已经建成的融媒体中心中,已经出台了融媒体中心管理办法的有 39 家,占到总数的 68%。剩余 32%(18 家)的融媒体中心未出台或未回答。相比出台融媒体中心建设工作方案的比例,目前已经出台融媒体中心管理办法的部门数量占比略低。

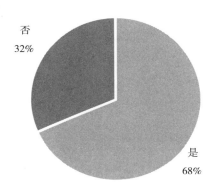

图 2-72　各县融媒体中心是否出台融媒体中心管理办法的分布情况

六、县级融媒体中心工作规范

在问卷回收的 57 家已经建成的融媒体中心中,已经出台了融媒体中心工作规范的部门有 38 家,占到总数的 67%。剩余 33%(19 家)的融媒体中心未出台或未回答。

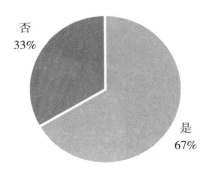

图 2-73　各县融媒体中心是否出台融媒体中心工作规范的分布情况

七、县级融媒体中心内容把关制度

在问卷回收的 57 家已经建成的融媒体中心中，已经出台了融媒体中心内容把关制度的部门有 52 家，占到总数的 91%。剩余 9%（5 家）的融媒体中心未出台或未回答。绝大多数的县级融媒体中心都已经对融媒体中心内容把关进行制度约束，这也将长期影响基层媒体融合的内容质量。

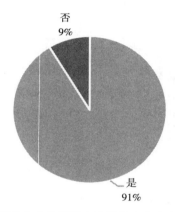

图 2-74　各县融媒体中心是否出台融媒体中心内容把关制度的分布情况

八、县级融媒体中心评估督查制度

在问卷回收的 57 家已经建成的融媒体中心中，已经出台了融媒体中心评估督查制度的部门有 36 家，占到总数的 63%。剩余 37%（21 家）的融媒体中心未出台或未回答。这反映出目前对融媒体中心进行有效评估督查制度建设的比例并不高。

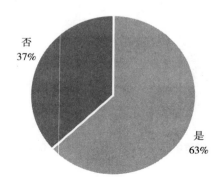

图 2-75　各县融媒体中心是否出台融媒体中心评估督查制度的分布情况

第七节　县级融媒体中心人才队伍建设

"人才"是媒体融合发展以及县级融媒体中心建设过程中无法避免的关键要素。基于全国调研数据可以发现,县级融媒体中心在岗人员基本情况中,在年龄方面,在岗人员以 30—49 岁的中青年为主,30 岁以下的仅占不到三成;整体接受过良好教育,近三分之二在岗人员接受过本科及以上的学历教育。[①] 对于基层融媒体发展来说,如何吸引人才、培养人才、留住人才是决定县级融媒体中心长期发展的重点。

基于这一现状,本节将聚焦县级融媒体中心的工作人员队伍,以"人员管理"和"队伍建设"为切入点,探讨当前县级融媒体中心人才队伍的学科背景、管理制度建设、人员培训体系、绩效考核管理等。

一、县级融媒体中心工作人员数量

在人才投入上,在问卷回收的 57 家已经建设县级融媒体中心的县级基层单位中,融媒体中心工作人员平均有 61 人(包括在编和不在编的工作人员总数),其中东部地区融媒体中心工作人员平均有 105 人,中部地区有 43 人,西部地区有 59 人,东北地区有 101 人。

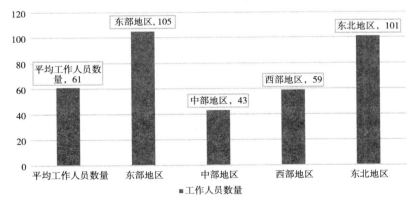

图 2-76　各地区融媒体中心平均工作人员数量

---

① 参见谢新洲等:《县级融媒体中心建设:理论与实践》,电子工业出版社 2009 年版,第 51 页。

二、县级融媒体中心工作人员编制

在编制构成上，当前县级融媒体中心的工作人员有56.34%为正式在编全职（即有正式编制且全职负责融媒体中心工作的人员），有40.43%为非正式在编人员（包括合同工、临时工、实习生、兼职等）。可见，编制问题仍然是当前县级融媒体中心人才队伍建设的重点问题之一。

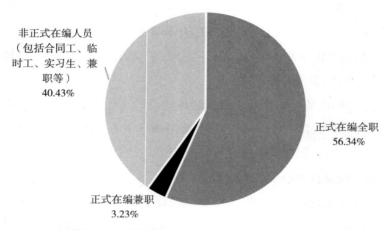

图2-77　当前县级融媒体中心工作人员编制构成

三、县级融媒体中心工作人员性别

在县级融媒体中心工作人员性别分析中，男性平均人数为31.89人，女性的平均人数为28.53人。在基层融媒体中心内部，男性工作人员数量略高于女性，但差距不大。

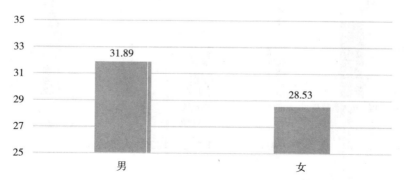

图2-78　当前县级融媒体中心工作人员男性、女性平均人数（单位：人）

四、县级融媒体中心工作人员年龄结构

在年龄结构上,当前县级融媒体中心 30 岁及以下的工作人员仅占三成,30 以上的工作人员占七成,其中 30—49 岁的占 56.05%,50 岁及以上的占 13.55%。可见,当前县级融媒体中心的人才队伍存在老龄化趋势。

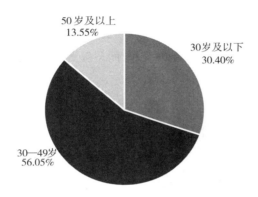

图 2-79　当前县级融媒体中心工作人员年龄结构

五、县级融媒体中心工作人员学历及学科结构

在学历分布上,当前县级融媒体中心的工作人员以本科学历为主(占 61.14%),硕士及以上的学历相对较少。值得注意的是,专科及以下学历仍占有不小比重(36.31%),其中专科学历占 27.90%,高中及以下占 8.41%。人才素质有待提升,有必要建立相应的人才培训制度和人才引进机制。

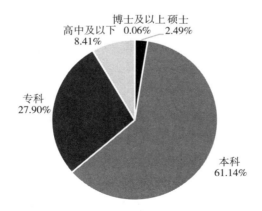

图 2-80　当前县级融媒体中心工作人员学历分布

当前县级融媒体中心的工作人员学科背景较为多元,新闻传媒专业的占比约为四分之一。从调研数据中可得,专业为"其他"的工作人员比新闻传媒专业的工作人员更多,占比28.84%,后者则占比28.54%。"其他"是指除了新闻传媒、中文、影视、计算机、艺术等之外的学科。与新闻传媒相关的专业有新闻传播、中文、影视、计算机及艺术,被调查者中还有4.6%的人员为教育专业,4.23%的人员为行政管理专业。结合被调查者的自身情况综合分析,经济管理与行政管理专业的从业者并不参与媒体制作工作,而是负责中心的管理和行政工作。

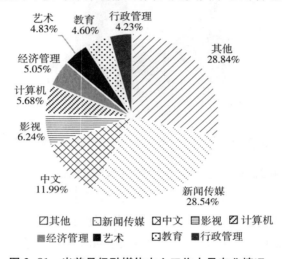

图2-81   当前县级融媒体中心工作人员专业情况

从目前县级融媒体工作人员的学科背景中可见,目前县级融媒工作人员在传统新闻传媒专业基础上,多学科背景初显。但是计算机专业只有5.68%,大部分从业人员仍然是文科背景,与融媒体发展相关的计算机、信息科学等专业人才数量较少。

六、县级融媒体中心人才管理制度

当前,各县融媒体中心逐渐意识到了建立人才管理制度的重要性,并且加强了人才管理制度建设工作。调查数据显示,目前县级融媒体中心已建成人才引进制度的比例为47.06%①,75.35%的县级融媒体中心建立了开

————————

① 参见谢新洲、朱垚颖、宋琢:《县级媒体融合的现状、路径与问题研究——基于全国问卷调查和四县融媒体中心实地调研》,《新闻记者》2019年第3期。

发培训制度,说明县级融媒体中心面对新媒体与网络环境,对人才的开发培训需求程度高,而中心对人员培训也颇为重视。已建立统一绩效考核制度和统一薪酬福利制度的县级融媒体中心占比分别为79.25%和57.69%,均属于人才管理制度完善中的中高阶段,体现出融媒体中心在制度建设上的重视。

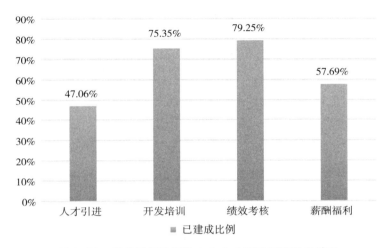

图 2-82　当前县级融媒体中心人才管理制度建设情况

七、县级融媒体中心工作人员培训体系

整体来说,我国县级融媒体中心的人员培训体系未建立,多个县级融媒体中心在人才资源培训和开发方面的经费投入少。同时,现有培训内容单一且形式化,培训作用小。

在 463 份有效问卷中,已经建成的 57 家县级融媒体中心中,已建立人才培训制度的有 39 家,占比 8.42%。在人才培训上有一定财政投入的县级融媒体中心有 25 家,仅占全国县级融媒体中心数量的 5.40%,且这 25 家的平均投入金额为 73484 元。已建立培训制度的县级融媒体中心中,仅有集中授课这一种培训形式的县级融媒体中心占比为 7.99%。而培训频率为一周一次的县级融媒体中心占比仅为 5.18%,与已建立培训制度的融媒体中心占比不符,参考性较弱。

以上数据表明,我国县级融媒体中心目前的人才培训制度发展极其欠缺,

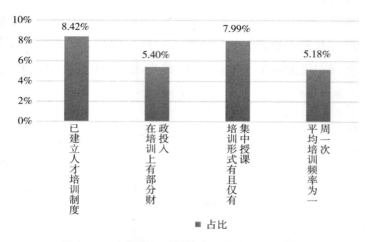

图 2-83　全国县级融媒体中心的人才培训情况

多数融媒体中心没有形成常规性的培训制度。同时,中心在财政投入上金额较少,难以对培训的系统性发展形成支持。其培训形式单一,集中授课并不能针对性地解决不同岗位所需的不同专业技能问题。

八、县级融媒体中心工作人员收入及绩效考核

在人才收入和绩效考核上,当前县级融媒体中心工作人员的平均年收入为 63259.66 元,属于中等收入水平。有 30 个县建立了统一的薪酬制度(占比为 53%),未建立统一薪酬制度的县级融媒体中心有 27 家(占比为 47%)超过四成。有 42 个县建立了统一的绩效考核制度(占比为 73.70%),仍有 15 家县级融媒体中心未建立统一绩效考核制度(占比为 26.30%)。

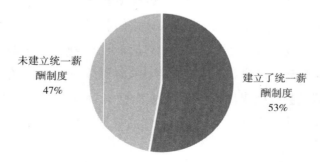

图 2-84　当前县级融媒体中心薪酬制度建立情况

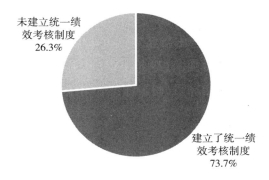

图 2-85　当前县级融媒体中心绩效考核制度建立情况

第八节　县级融媒体中心运行效果

此次全国县级融媒体中心建设情况调查问卷的最后对已经建成融媒体中心的各县进行了传播效果的情况调查,其中主要包括媒体宣传情况(以优秀稿件发表作为衡量标准)、对外合作交流情况、基层文化活动开展情况、基层通讯员(宣传员)制度的建设情况。

一、县级融媒体中心优秀稿件数量

建立县级融媒体中心的重要目的之一是生产高质量的优秀新闻内容,因此优秀稿件的数量发布是衡量一个县级融媒体中心传播效果的重要指标。从数据上来看,建成融媒体中心后的各县优秀稿件平均外推数量达到了 629.44件,向国家级媒体的外推平均数量达到了 38.2 件,向省级媒体的外推平均数量达到了 127.79 件,向市级媒体的外推平均数量达到了 163.82 件,向主流门户网站媒体的外推平均数量达到了 403 件。

二、县级融媒体中心对外合作交流

和其他地区的合作与交流可以反映出本县融媒体中心对外的影响力程度。在问卷回收的 57 家已经建成的融媒体中心中,已与其他地区开展了合作交流的有 19 家,占到总数的 33%。剩余 67%(38 家)的融媒体中心未开展交流或者未回答本问题。

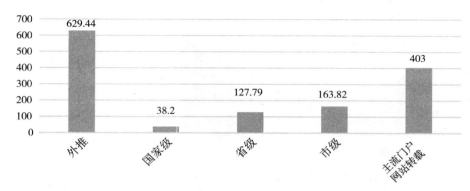

图 2-86 各县融媒体中心优秀稿件外推、被采纳和转载情况（单位：件）

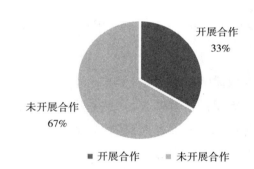

图 2-87 各县融媒体中心与其他地区的合作交流情况

三、县级融媒体中心基层文化活动

县级融媒体中心的建设不仅要在媒体对外宣传上改进传统宣传效果，也需要在基层环境中更好地联系群众、服务群众，集中开展基层文化活动是县级单位有效联系群众的手段和途径。在问卷回收的 57 家已经建成的融媒体中心中，已开展了基层文化活动的融媒体中心有 25 家，占到总数的 44%。剩余56%（32 家）的融媒体中心未开展或者未回答。

四、县级融媒体中心基层通讯员制度

在问卷回收的 57 家已经建成的融媒体中心中，已建立了基层通讯员制度的有 46 家，占到总数的 81%，大部分的县已经开始通过基层通讯员制度来进行和基层群众的联系、实现基层新闻资源的获取，但仍然有 19%（11 家）的融媒体中心未建立或者未回答。

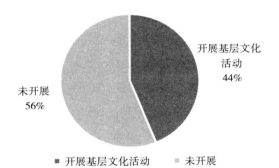

图2-88 各县融媒体中心基层文化活动开展情况

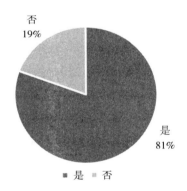

图2-89 各县融媒体中心是否建立基层通讯员制度的分布情况

第三章　县级融媒体中心案例分析

　　随着县级融媒体中心建设上升为国家战略，各地积极响应并开展了丰富有益的实践工作，成果显著。但必须看到的是，一方面，推进县级融媒体中心建设是媒体融合下沉至基层的战略布局，发展符合实际并最终解决实际问题是检验其建设成效的重要标准，而巨大的基层体量与各地复杂的经济社会发展情况又决定了县级融媒体中心建设具有地方特殊性，难有统一模板，因此既要博采众长又要因地制宜；另一方面，县级融媒体中心作为一个新事物，其发展难免经历波折，质变的实现离不开量变的积累，前期探索的试错成本及其中所反映出来的问题，对于推动县级融媒体中心实现可持续发展而言具有重要价值。为此，北京大学新媒体研究院研究团队赴浙江省长兴县、江西省分宜县、吉林省农安县、北京市大兴区、福建省厦门市海沧区、甘肃省玉门市、四川省绵阳市游仙区、四川省眉山市仁寿县等地开展实地调研，提炼特色经验、剖析现存问题，以期为其他区县的融媒体中心建设乃至全国范围的媒体融合宏观发展提供启示。本章将紧扣县级融媒体中心的发展宗旨和功能定位，分"打造全媒体平台"、"着力内容原创"、"连接智慧城市"三个板块，对上述案例做进一步展示和分析。

第一节　打造全媒体平台：县级融媒体中心的舆论引导

　　随着县级融媒体中心的建设工作成为媒体融合领域的新热点、新难点，习近平总书记提出"要扎实抓好县级融媒体中心建设，更好引导群众、服务群众"，这一论述明确了县级融媒体中心的首要职能是"引导群众"。

作为党和人民群众信息沟通、社情传递的"最后一公里"，县级媒体承担着联系群众、了解群众、体察民情、传播党和政府声音的重要职能。在意识形态工作十分重要的当下，做好县级广播台、电视台、报社等传统媒体机构的媒体融合工作，结合新的信息传播形式和技术手段，用基层群众听得懂、喜欢听的"语言"传播党和政府的声音，引领正确的舆论导向，有助于为新时代的各项工作奠定坚实的群众基础，是构建和谐社会的关键所在。

受制于体制、资金、人才等各种因素，县级媒体发展相对缓慢且力量薄弱，各媒体平台分头作战、浪费资源、效率低下。为解决这一问题，县级融媒体中心应打破原有的平台界限，打造全媒体平台，并配以新的新闻生产流程。既适应资源稀缺、能力薄弱、体量较轻的县级媒体现状，也有助于内容创新，将多媒体技术融入新闻产品中，打造出更具互动性和吸引力的新闻产品。

随着县级融媒体中心在我国建设逐渐深入，已有当地融媒体中心发力打造全媒体平台，并取得一定成果。北京大学新媒体研究院研究团队依据调研成果，选取浙江省长兴县、江西省分宜县、吉林省农安县为案例，总结其全媒体平台从建成、运营和维护等方面的优秀经验与存在的问题。

一、浙江省长兴县融媒体中心①

浙江省长兴传媒集团于 2011 年 4 月由长兴广播电视台、长兴宣传信息中心(报业)、县委报道组(归口县委办)、"中国长兴"政府门户网站新闻板块(归口政府办)跨媒体整合而成；于 2017 年 4 月由采访(图片)部、外联部等 10 科室组建成融媒体中心；于 2017 年 11 月上线启用融媒体指挥平台。

集团归口县委宣传部管理，以事业单位企业化管理的形式运作。在组织架构层面，集团的总体框架是党委会领导下的管委会、经委会、编委会。编委会设立一个融媒体中心，下设 10 个科室。在技术支持层面，长兴县融媒体中心独家联合多家第三方公司研发的、拥有自主知识产权的"融媒眼"智慧系统于 2017 年 11 月 8 日上线，是集团配合融媒体中心建设搭载的一套办公应用系统，同时更是一套融媒体生态系统。

长兴融媒体发展具有集团化运营、内容功能不断拓展、建设舆论阵地等特

---

① 以下数据、资料如无特殊说明，均来自实地调研，由长兴传媒集团官方提供。

色和经验,但仍然存在编制不足、资金压力大、产权结构单一等现实问题,需要在上下联通、人才政策、模式推广等方面改进提升。

(一)长兴县媒体融合建设现状

早在 2011 年,长兴县便开始了对媒体融合的探索,于同年 4 月组建长兴传媒集团,由长兴广播电视台、长兴宣传信息中心、县委报道组、"中国长兴"政府门户网站(新闻板块)整合而成,是全国第一家整合广播、电视、报纸、杂志、网站、两微一端、数字电视网络公司、大数据公司等于一体的县域全媒体传媒集团。

2016 年 12 月,长兴传媒集团和长兴县国资委按 7∶3 共同出资,注册资金 1 个亿,成立长兴慧源有限公司,承接政府社会投资类信息化项目,建设运维云数据中心,形成全县"智慧枢纽",使大数据建设成为媒体融合的"新引擎"。

2017 年 4 月,长兴传媒集团进行架构重组,组建融媒体中心,下设 10 个部室,打通各媒体平台,进一步整合媒体资源。重组后,集团实行"积分制考核体系",进一步细化、完善五级贯通升降制,深化分配制度改革,充分调动聘用人员的工作积极性。11 月,由集团自主研发的"融媒眼"智慧系统上线启用,强化"一次采集、多种产品、多媒体传播"模式,促进管理扁平化、功能集成化、产品全媒化。长兴传媒集团现有员工 429 人,总资产 9 亿多元,2017 年营收 2.09 亿元,2018 年营收 2.32 亿元,2019 年营收 2.5 亿元。

结合对长兴县融媒体中心实地考察,下文将对其组织架构、技术支持、平台运营、经营管理、人才队伍建设等情况进行梳理总结。

1. 组织架构

长兴传媒集团归口县委宣传部管理,以事业单位企业化管理的形式运作,由党委会领导,内部设立管委会、编委会、经委会,形成重大决策、舆论宣传、经营创收三大系统统一运行、互助发展的总体管理架构。

其中,管委会负责组织管理和后勤保障,包括办公室、人力资源部、纪检监察部、计划财务部、行政管理部。

编辑委员会主要负责内容生产和建设,下设一个融媒体中心,包括综合部、制作部、技术部、采访(图片)部、大型活动(专题)部、广播部、报刊部、电视部、新媒体部、外联部十个科室。

综合部负责各部室内务事宜统筹协调、媒体产品监察、媒体资源管理等工作；采访（图片）部负责素材采集、外宣采制、直播实施等工作；大型活动（专题）部负责专题片采制、活动举办、协助外宣等工作；外联部负责各媒体平台对外宣传工作的选题策划、联系对接、报道上送；制作部负责集团制作包装、品牌推广工作；技术部负责各项技术保障以及集团安全刊播；广播部负责广播节目制播、管理及新闻热线信息采集等工作；电视部负责电视节目编播统筹、全媒体融合直播报道的方案策划和牵头实施等工作；报刊部负责《长兴新闻报》除头版外的选题策划、新闻采写及报纸的编排校对等工作；新媒体部负责新媒体平台的建设运营及其他外接业务。

经营管理委员会负责集团经营性业务，包括网络公司、慧源公司、科技公司、品牌营销中心、产业发展中心。其中，品牌营销中心和产业发展中心主要负责经营管理，统筹规划集团经营目标，对接具体经营业务，监管业务流程规范；网络公司、慧源公司、科技公司则在为融媒体建设提供技术支持的基础上，通过承接信息化项目实现创收，成为集团最主要的营收渠道之一。

2. 技术支持

为更好地推进融媒体中心建设各项工作，长兴传媒集团联合多家第三方公司共同研发了拥有自主知识产权的融媒体系统"融媒眼"。该系统定位为《人民日报》中央厨房"县域版"，具备集中指挥、采编调度、信息沟通、稿库资源共享、热点搜集、传播效果反馈等功能，既是一套中央厨房指挥系统，同时也是一套办公系统，更是一套融媒体生态系统。

"融媒眼"系统的最大特点在于其开放性、实用性和个性化，集团秉承"小而美、小而精、小而实用"的宗旨，从实际业务出发，进行具有针对性的平台设计和技术研发。图3-1为"融媒眼"技术合作方示意图。

首先，在技术合作方的选择上，长兴坚持"集百家长，为我所用"。与拥有融媒体建设丰富经验的索贝科技合作，由其搭建基础系统，提供采编办公、指挥调度、数据分析、舆情监测、媒资管理等基础功能，并开放技术端口，可兼容其他平台的功能和信息，其中包括：入驻人民日报党媒平台，共享人民日报部分功能及数据，如新闻热点汇聚、新闻线索抓取、选题（舆情）定向分析等；与新华社现场云合作,由其提供直播平台;与参与浙江省政务系统研发的南京大汉合作,由其研发"掌心长兴"移动客户端3.0版本;与旗下慧源公司合作,由其推进智慧服务功能建设;与浙江广电集团合作,对接中国蓝云拓展外宣通道。上述系统搭建方式既能满足当地个性化需求,符合当地实际,同时在一定程度上削减了建设成本。

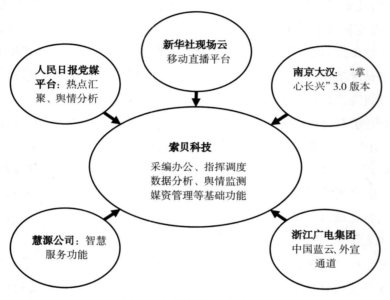

图 3-1 "融媒眼"技术合作方示意图

就具体的合作方式而言,长兴县与索贝科技和南京大汉等技术公司的合作属于"一次性打包建设",其中由索贝科技打造融媒眼技术基座的费用在400万左右,由南京大汉打造移动客户端的费用在100万左右。与媒体平台的合作则多属于共享合作制,如长兴在使用人民日报党媒平台时,需要向后者支付30万的年服务费。

其次,在功能及其应用上,长兴实现了媒介性质和工作场景的"两打通"。一方面,"融媒眼"系统可打通视频制作系统和文稿系统,通过统一的融合生产平台,促进各媒体平台的业务有机融合,打破传统的部门归部门的块状生产模式,形成以平台为中心的网状联合、信息共享、产品各异的生产模式。另一方面,"融媒眼"系统支持电脑 PC 端、移动 APP 端以及指挥大屏多场景联合办公,工作人员可根据实际需求选择工作场景,比如记者在外采访,可用移动APP端"咔咔"接收任务、回传素材;编辑以内部办公为主,可选择电脑PC端,便于操作;值班领导可通过大屏实现调度,通过移动APP端完成审核。

最后,在硬件支持上,长兴"用技术支援一线"。编委会将原本脱离于采编播一线的技术部纳入进来,紧密联结技术力量,全新改造多个演播厅,增加新型技术设备投入,深度整合最新的信息传播技术,在新闻、专题、活动等方面充分运用流媒体传输、移动直播、无人机采集、全景拍摄、VR等技术。以技术手段优化内容呈现,实现内容从可读到可视、从静态到动态、从一维到多维的多媒体化展示。

3. 平台运营

长兴以扁平化的组织架构为保障,以"融媒眼"中央厨房为轴心,以融媒体中心为主力军,通过每天一次编前会、采访部统一派工、共享素材资源、编辑分工负责等工作机制,促进全媒体信息采集平台、全媒体采访平台、全媒体编审平台、全媒体刊播平台四个平台的工作流程顺畅和高效有序联动,实现重大选题统一策划,采编指挥统一调度,采访力量、稿件资源统筹协调,探索出较为成熟的融媒体报道模式,如图3-2所示。

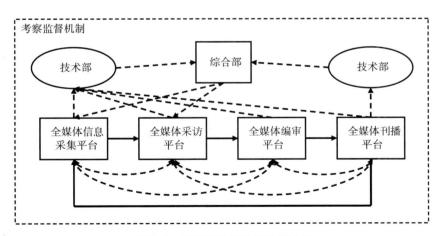

图3-2　长兴县融媒体报道模式图

长兴的融媒体报道模式强调上述四个平台的工作流程顺畅。

首先,长兴建立健全了统一的全媒体信息采集平台,畅通了包括政府部门通知、长兴传媒集团新闻热线等在内的近 10 个新闻线索上报渠道，经过值班总编把关筛选后，把有效信息第一时间提供给中心各个采编播科室。

其次，全媒体采访平台在遴选有效信息后，按照信息性质、特点安排记者开展采访活动（一般要闻以 2 人为标配，重要新闻成立报道小组），对新闻采写提出初步的采访建议，并做好各方对接工作，通过"融媒眼"系统随时监督采访任务进程。

再次，全媒体编审平台在收到采访平台发回的素材后，根据各刊播平台特点和要求进行编辑并及时审稿，遇到重大事件或突发新闻组织广播连线。

最后，全媒体刊播平台根据各平台特点及时刊播编审平台提供的新闻，刊播顺序为：全媒体即时报→全媒体广播连线→新媒体微信公众号推送→掌心长兴客户端推送→电视游字滚动播出→电视新闻报道→报纸解读跟进。

同时，长兴的融媒体报道模式强调上述四个平台的高效有序联动。

全媒体信息采集平台在获取和集中信息之后，第一时间作出判断，把有效信息准确提供给采访平台和编审平台，并跟进该信息在各平台刊播后的社会反响。

全媒体采访平台做好与信息采集平台和编审平台的对接工作，确保新闻采访的及时准确。

全媒体编审平台在遇到需要补充采访或更改选题等问题时，与采访平台联系；完成当天的编审工作后，把编审过程中出现的差错及改进和提升建议上报中心综合部；如发现值得深挖或关注的新闻线索，第一时间告知采访平台；针对从信息采集平台获取的社会反响形成处理建议，提供给采访平台，并由后者安排跟进采访事宜。

全媒体刊播平台将新闻成品中的问题或发现的新闻线索反馈给采访平台和编审平台。

此外，技术部提供每日技术动态，综合部提供每日传播力数据分析，新媒体部提供两微一端等新媒体数据，由综合部每天汇总编发《编委会监听监看日志》，并反馈中心各科室。

为确保融媒体报道模式顺利落实，长兴还配备了相应的考核督查机制。其中包括：考核汇总，即各刊播平台根据自身考核体系，严格考核并向其他平台公示考核分数;稿费兑付,即各刊播平台对全媒体播报员的稿费实行"一月一结";差错纠正,即对采编刊播环节中出现的差错及时反馈追查,并提出整改措施,传达学习;学习提高,即多年持续开展"万物生长"融媒人才养成计划。

目前,上述融媒体报道模式已在长兴融媒体中心内部得到广泛应用,实际效果良好,员工已普遍具有融媒体报道意识,并能在实际工作中熟练使用融媒体系统。长兴传媒集团融媒体中心主任徐某介绍道:

> 只要打开手机,就看得到信息的共享。这套系统解决沟通问题是比较形象的,废了的选题会变成一条红线而不是删除,是为了提醒其他记者不要再报相同选题……外宣需要调用的稿件都会有痕迹,并生成评分供主编考核……系统里对话系统、留言系统、消息系统,都可以用来沟通特殊需求……所以说融媒体中心是一个虚拟概念,为什么要让大家有大中心的理念,因为大家都是一家人,不要给员工一个具体的职务范围。

4. 经营管理

长兴的融媒体发展得到了一定的财政支持。2015 年县财政向文化传媒领域拨款约 1131 万元;2016 年财政支持力度加大,拨款约 1619 万元;2017 年拨款下降至约 973 万元。然而,对于上亿级体量的长兴传媒集团而言,单靠财政支持是远远不够的,提升自身的造血能力才是关键。

随着传播方式和媒体形态的不断演变,长兴传媒集团在经营管理模式和发展路径上不断创新,集团推动经营创收的发展方式转型升级,从纯广告业务为主,到产业多元化经营拓展,目前政务合作、活动营销、产业经营、商业广告创收比例基本为 3∶3∶2∶2,为媒体融合的推进提供了坚实的基础。

在管理模式上,经委会下设的品牌营销(产业发展)中心统筹管理经营性业务,包括业绩任务管理、经营业务接洽、经营业务监管、合同规范管理等,融媒体中心各科室依照各自业绩任务具体落实工作。在具体项目中,品牌营销(产业发展)中心和融媒体中心相关科室将各派一位领导跟进项目进展,从而在组织架构和工作方式上打破以往"内容不配合营销"的情况。

在经营模式上,"媒体+"是长兴创新营收模式、提升造血能力的突破口,旨在通过媒体内容生产与产业发展相结合,立足自身媒体优势,释放媒体融合衍生项目的活力和影响力,实现"一加一大于二"的成效。

其中,"媒体+活动+服务"模式通过为乡镇、部门、企业等客户量身定制活动或生产媒体产品,与新浪微博、今日头条等合作扩大宣传影响力,实现活动和营销的高度融合。长兴传媒集团融媒体中心主任徐某介绍道:

> 像新媒体部,登广告只是它的一小部分,其他的还有新媒体技术输出,比如 H5 的开发,以及一些活动的举办并配套新媒体宣传,都是整个集团倡导的方式。

"媒体+互联网+项目"模式辐射会展、金融、车险、教育等多种业态,展开跨界合作。同时,按照"搭平台、输模式"的理念,将全国县级融媒体建设模式中相对领先的"长兴模式"输出至其他地区,帮扶其他地区探索融媒体发展的同时促进自身创收。目前,长兴已与河北、河南等地的 50 多家媒体达成对外输出合作。在谈及模式输出的核心时,长兴传媒集团总编辑王某某认为:

> 人家看重我们的是整个运作管理体制,包括管理体系、薪酬体系、考核体系、团队建设、文化建设、内容策划等,这些在很多地方是欠缺的。

"媒体+资本+项目"模式重点将旗下慧源公司打造为一家科技创新板上市企业。慧源公司是长兴传媒集团布局未来智慧发展格局、重建商业模式和赢利模式的重要一步,其数据涵盖多个行业和业务职能领域,可转化为重要的生产因素和战略资产,蕴含巨大价值。比如在项目设计服务上,2019 年公司共完成全县数十个信息化项目方案的设计、评审、招投标工作,涉及项目资金1.8 亿元,取得项目设计、评审等服务费 500 多万元。此外,在提供计算、存储服务,以及组织信息化项目建设等方面均有创收。2018 年慧源公司及科技公司营收共计 5000 万元,2019 年营收共计 6500 万元。

5. 人才队伍建设

长兴县传媒集团秉持"做一名有思想的媒体记者,办一家有灵魂的新闻媒体"的发展理念,始终以"责任、专业、融合、创新"的核心价值理念推动人才队伍的建设进程。按照"事业单位、企业化运作"的长兴传媒集团,将人才上升到战略资源的角度进行配置和管理,充分体现集团对传媒核心竞争力——人才的重视。

集团自 2011 年 4 月组建以来,始终坚持"新闻立媒",将"人"置于集团发展的重点地位。

传媒集团在 2011 年便设立全媒体采访部,在随后的发展中提出了融媒体人才"一专多能一尖"的激励计划,努力打造以全媒体记者为中心的传媒人才库。作为传媒集团的核心,全媒体记者的专业以传媒专业为主,有传统新闻类,如新闻学、传播学;有文学写作类,如汉语言文学、对外汉语专业;也有影视后期类,如广播电视编导、摄影与摄像、播音主持专业等。全媒体记者并不归属于特定的某个部门,而是在多个核心部门分散,如采访(图片)部、大型活动(专题)部、报刊部均有集团重点培养的对象。

传媒集团以其特有的激励机制吸引在职员工,其"双聘+五档薪酬"的机制打破编制内外人员身份,以"按岗定薪、同岗同薪、量化考核、多劳多得"的模式进行分配。独创的五级薪酬升降制度在科学的"积分制考核体系"下,充分调动了聘用人员的工作积极性。

2017 年,长兴传媒集团将薪酬档位和中层的晋升通道完全打通,并成为目前人员晋升的主要依据。五级薪酬升降制度不仅打破了人才的部门壁垒、晋升壁垒,还形成了科学的分配激励机制。首先,全媒体记者的培养初衷便是挖掘媒体从业者的最大潜力,部门壁垒的消失使人才在不同部门之间流通成为可能,培养了全媒体记者跨部门的工作环境。其次,科学的积分机制为五级薪酬升降制度提供保障,将工作成果分级化,使集团竞争公平化、让晋升通道透明化。最后,五级薪酬升降制度充分调动聘用人员的工作积极性,量化考核、多劳多得的分配模式推动了工作人员的生产能力。

除了五级薪酬升降制度,首席制度也是传媒集团的独有创新。首席制度以除中层外的所有普通员工为评选对象,由集团对聘任人员进行年度考核和聘期考核。各岗位的首席聘期为 2 年,一个聘期结束后,将重新组织竞聘或调整岗位。首席上岗后,需要挑起团队重任,对大型报道、活动、节目创优、技术攻关等重点工作发挥岗位带头人作用;其年度考核分、节目创优、技术攻关等业绩需要在部室内位居前列;同时,还需要负责 1 到 2 名年轻同志的业务指导工作。

首席责任重大,不仅担有该部门的内容创新、业绩领先的重任,还是年轻

员工的"职业导师",但首席的待遇也随之发生改变。传媒集团副总编辑、副台长王某某介绍道:

> 拿到了首席之后,他(工作人员)直接可以拿到一档中层助理的待遇,这个就解决了一个问题,以前可能他理论上要通过四年(才能提高待遇),我们这个(首席)通道打通的话,就真正地能够让做业务的人安心做业务。

她认为首席制可以让专业的人在专业的岗位充分发挥自己的特长,在传媒集团提供的舞台上充分实现自我价值。

(二)长兴传媒集团的全媒体平台建设

长兴传媒集团作为县级融媒体中心建设的领军者和全国样板,有许多值得总结学习的经验,此处重点介绍其在全媒体平台建设方面的创新。本部分主要从组织架构、内容生产、功能拓展、引导舆论等方面介绍长兴传媒集团的全媒体平台建设。

1.组织架构:实行集团化运营

长兴县的媒体融合探索之路开始得较早,在2011年4月就按照中央有关深化文化体制改革的要求,将县级媒体改革纳入工作重点,提升为全县文化体制改革的破题之举。面对县内媒体机构分头作战、效率低下、资源浪费的情况,长兴县委、县政府采取的创新性策略是组建全媒体传媒集团。长兴传媒集团整合了原广播电视台、宣传信息中心、县委报道组和政府网新闻板块等具有媒体性质的县内机构,克服了利益调整、人事变动、资产重组等方面的阻碍,将原有机构的人、财、物等资源融合到统一的整体中。

在集团化运营的情况下,为了贯彻落实"党管媒体"的原则,集团在党委会的领导下,设立管委会、编辑委员会、经营管理委员会,形成了责权清晰的领导体系。在整合原有媒体的业务职能、工作流程、人员配备后,集团重新调整了组织架构,每一个委员会对应一个职能模块,在其下重新划分职能部门,形成矩阵式、扁平化的管理结构。

集团化运营的优势在于为打造全媒体平台、促进媒体深度融合提供体制保障,客观上消除了机构壁垒,从整体工作的角度重新划分组织架构,优化资源配置,升级生产流程,形成紧密联结的一体化的传播体系。与其他县为融媒体中心设立事业单位"番号"的做法不同的是,长兴县用传媒集团的形式运作融媒体中心,获得了更多的自主经营的空间,尤其是为迈向市场的产业化运作奠定坚实基础。党委会、编委会的设立保证了长兴传媒集团的党媒属性,确保媒体融合沿着正确的政治方向前进和发展。

2. 内容生产:秉持"内容立媒"

长兴县原有的媒体资源较为丰富,媒体实力也较强,融合后借助新技术、新形式,发挥了内容生产方面的优势,在传统媒体和新兴媒体,尤其是移动端上发布了一系列品质较高的原创作品,吸引了大批受众,提升了地方媒体的公信力、引导力、传播力和影响力。长兴传媒集团借助内容的转变,不断拓展功能,逐渐从新闻媒体向县域综合信息服务平台转型。

长兴传媒把"内容立媒"放在第一位,拓展新闻信息的深度、广度、力度、温度,超越了单一的地方政务新闻和民生新闻视角,开设多类专栏,为内容做加法。借助新兴技术手段,如无人机拍摄、H5 游戏、移动直播等,提升内容的即时性、互动性和可视性,从单向新闻宣传发展为将内容作为一种服务和产品,变"受众"为"用户",量身打造特色化、分众化的内容。长兴传媒立足地方媒体的近地优势,采取本土化的基层视角,贴近民众内心的关切,排忧解疑释惑,增强情感共振,塑造社会共识。民生热线、市民督导团、公益专栏、电视专题片等内容发挥了舆论监督、精神文明弘扬、文化传播、招商引资、盘活县域经济的功能。

3. 功能拓展:切实服务群众

在融媒体的发展道路上,为了扩大平台影响力,长兴积极探索媒体产业的转型升级,涉足智慧项目便是其中最具有前瞻性的尝试之一。慧源公司作为智慧项目的主要平台,与航天五院展开合作,统一管理政府投资的信息化项目。政府通过购买服务的方式享受信息化服务。最终实现政务资源的整合和共享。

长兴传媒集团重点打造的"掌心长兴"APP,集新闻、服务、互动、直播、游戏等功能于一体,在"新闻+服务"模式的基础上,尝试搭建起长兴本地最具影响力的政务、民生、公共资源等公共服务平台,用服务吸聚用户,壮大阵地,进而实现引导功能。

县级媒体自身的力量往往较为单薄，影响力也有限，为了改善这一状况，长兴传媒集团突破了地域和业态的限制，实行"走出去"战略，积极开展多领域的跨平台、跨区域合作。比如与邻近地域的媒体、商业新媒体等合作开办节目、开展活动，根据平台特色互相输送优质内容，共享信息资源，互为流量导入口。比如长兴传媒集团与新浪浙江的合作成效就较为显著。在"东鱼坊"卡通形象、名字、口号征集活动中，通过"东鱼坊悬赏令"话题和视频流的专项推送，"长兴新闻网"微博在半个多月时间内单条阅读量2.2亿，粉丝增长1.5万，作品征集数量189条。

除此之外，县级媒体还可以通过嵌入更大的平台，比如人民日报"全国党媒公共平台"，实现地区之间的广泛互联，吸收学习其他媒体的融合经验，在内容、渠道、运营、盈利模式等各个层面实现共建、共享和共赢的融合发展，规划建设好中央媒体的县域板块。

面对媒体融合发展过程中至关重要的技术问题，长兴传媒集团在组建研发团队、提升自身实力的同时，也根据不同项目的具体要求，选择各具所长的技术公司开展合作，深度整合前沿的信息传播技术，使之适应本县发展的实际需求。以智慧城市项目为例，智慧城市建设技术体系复杂，长兴传媒集团与航天智慧、银江股份、浙江大华、南京大汉等多个公司建立战略合作关系，根据智慧城市细分领域，与不同企业共同成立项目子公司，用于项目建设和运营。

4. 引导舆论：打造党建品牌

长兴传媒集团在发展中始终坚持弘扬主旋律、传播正能量的原则和方向，绷紧导向这根弦，坚持正确舆论导向，提高舆论引导能力，使媒体融合更好地服务于党和国家工作大局。为了在新形势下做好党员教育和党建宣传工作，将党的声音唱响在网络空间，巩固壮大主流思想舆论阵地，长兴传媒集团与县委组织部密切合作，积极探索"融媒体+党员教育+党建宣传"新模式。

除了为组织部运营"长兴先锋"微信公众号等部门、人员力量的融合之外，长兴传媒集团发挥自身内容生产和立体传播渠道的优势，运用微党课、微视频、H5游戏、直播等形式丰富党教载体，拍摄精品专题片，开设《先锋颂》党建电视栏目，增强内容吸引力。为了扩大覆盖面和影响力，长兴传媒集团还向组织部争取建设了"党员远教"项目，将系统延伸至每位党员的家中，开发电视屏幕的互动功能,使每位党员都可以在家中获取各类资讯,并借助他们的示范引领作用,让党的声音通过"远教入户"的形式主动"走"到党员身边。

此外,长兴县党委组织部也与技术公司合作搭建起以党员身份信息系统为核心,上接全国党员信息管理库,下联基层党建的智慧党建云平台,运用大数据记录、采集、分析、评估党组织和成员的行为数据,整合各类信息资源,创新推进基层党建工作,构建信息化时代基层党建工作新体系。

长兴传媒集团与长兴县党委组织部这种以部门、阵地、项目间的合作为基础的新型宣传模式打造出一系列本土特色显著、原创水平高超的新闻产品,既保证了党建内容素材丰富、导向正确、紧跟政策,又实现了让"专业的人做专业的事",在新的传播环境下探索出以纪录片、远教平台等为代表的品牌化的、浸入式的、更具黏合性和传播力的呈现形式。

(三)长兴县融媒体中心发展中存在的问题

虽然长兴传媒集团在机构重组、平台搭建、流程再造、经营创收、人才管理等方面均走在全国前列,但是在实际了解中发现还是存在编制不足、资金压力大、产权结构单一等问题。

1. 编制不足、人才育留难度大

长兴传媒集团的编制十分有限。调查获得数据显示,关于人员编制方面,融媒体中心内 159 人均为聘用制(占比 83%),剩余 33 人为事业编(占比 17%)。事业编的工作人员具有年龄长、职位高的特点,几乎均在 2000 年之前进入集团。从 2018 年开始,在长兴传媒集团的争取下,县委、县政府每年为其开放 10 个编制名额,但也必须通过考试择优发放,远远无法满足实际需求。

虽然长兴传媒集团通过薪酬体制改革基本打破了编制内外人员的身份界限,总编辑王某某也认为编制的观念已经很淡了,但是没有编制使得优秀员工的晋升存在天花板,无法真正上升到集团的领导层顶端,发展空间存在极大的局限性:

> 接下来我们要打破目前碰到的瓶颈。就是优秀的员工,他从员工起步,走到他所能走到的顶端,就是中层正职的,高半级叫编委,比党委班子低半截,但是他到编委就上不去了。那么我们要打破这个瓶颈,只能够通过进编的办法来解决。这是 2018 年开始要招十个编制的一个根本原因。

接下来我们要做件什么事情呢?把天花板彻底掀开捅破,让优秀员工一路走,直接让他进班子,进党委班子,就变成真正领导层。

此外,长兴县虽然经济实力较强,但毗邻上海、杭州等一线城市,对高端人才的吸引力本就有限,愿意进入长兴传媒集团工作的主要都是一些寻求稳定和安逸的回乡人员,倘若没有编制的保障和身份上的安全感,可能会造成这些回流人才的再次外流。

2. 资金压力大

长兴传媒集团虽然营收已经达到两亿,但实际利润率并不高。全集团成本利润意识不强,成本管控、监督和内审机制有待完善。长兴传媒集团总编辑王某某在访谈中也提到长兴面临着资金的问题:

> 碰到最大的问题就是资金压力。这是最大问题。当然一方面是有负债,另一方面我们有营收。现金流进来,但还无法跟负债平衡掉,所以我们等于是每年都在借新账还旧账。经营环境当然是跟一个地区一样的,比如整个长兴在发展,它也是负债经营,我只想说资金压力对一个已经发展到一定程度的地方来讲,无论是地方还是单位,都是如此。

慧源公司总经理张某某(目前已调任)在访谈中也提到赢利不多的问题:

> 看似我们的营业额还是比较大。我们1000多万,网络科技公司4000多万,加起来5000多万,实际利润也还行。但是它的后续的可持续发展增长这一块有点欠缺。什么事情都开头比较难,我们现在其实还是处在一个起步阶段,没这么快。

与其他县缺少政策扶持和资金投入不同,长兴可以承担运行的成本,但是由于体量较大、前期的投入较多,目前还处在负债经营阶段,每年的营收也仅仅是"借新账还旧账",是否能形成良性的、可持续的赢利循环还有待时间验证。

3. 产权结构单一

目前来看,长兴传媒集团的产权结构、资金来源都较为单一,产权全部属于国有,资金来源主要依靠自身经营获得,没有其他形式的资本的参与。这导致传媒集团的市场化程度不高,在实际运作中受到掣肘,容易畏葸不前。可以在保证国有资本占主导的情况下,引入民间资本,适时以股权激励的形式推动项目落地,组建混合所有制公司,培育具有市场竞争力的经营项目或子公司,以改革促发展,创新增活力,以全面深化改革为集团实业发展提供新的驱动力。

（四）长兴县融媒体中心的未来发展策略

针对长兴县融媒体中心发展的实际情况和存在问题,提出一些可供参考的发展策略与对策,以期解决问题、推动发展。

1. 出台长期人才政策,增强建设力量

在调研中我们了解到,目前长兴传媒集团的人才来源主力仍然是本县原有媒体从业人员,大多数情况是将本县传统媒体工作人员纳入了集成技术系统,人才数量和质量都仍待加强。未来县级融媒体中心的建设一方面是要结合实际,提升开发本县原有媒体人才的能力,通过业务、技术、理念等层次的长期培训和外出学习机制,提升原有媒体人员的综合素质,强化本县融媒体中心建设力量。另一方面,长兴县还需要出台一些具体的长期政策,吸纳融媒体领域的专业技术人才或内容生产人才。这些政策要考虑到人才在县一级环境中薪资待遇、福利待遇、长期发展等实际问题,尤其在职业发展路径上给予核心专业人才必要的发展"弯道",保障基层单位留得住人才。此外,长兴县还可以与高校相关专业进行长期合作,搭建专业化的实践基地,实现"校地合作",这种合作形式是"提升高校与地方产业创新能力的重要战略选择,也是双方实现资源共享、发挥各自优势,实现互利共赢的合理有效的方式"[1]。对于县级融媒体工作来说,能够确保源源不断高素质的专业人才进入本县,阶段性地为县级融媒体中心的建设献计献策献力,这也是长期人才流动的重要手段。

2. 因地制宜创新发展,鼓励成熟模式推广

目前长兴模式已经对外进行推广,有偿帮助（"连方案带建"）前期基础相对薄弱的县孵化融媒项目,目前已经帮助浙江三门县在内的四个县完成搭建工作。长兴传媒集团总编辑王某某认为,"长兴模式"对外推广的核心是运作管理体制,包括组织管理体制、绩效考核机制、人才培训机制等,但需得到当地

---

① 秦媛:《聚合与创新——校地合作视野下网络与新媒体人才培养模式研究》,《新闻研究导刊》2018 年第 14 期。

县委支持,根据当地情况因地制宜。事实上,县级融媒体中心的建设不能只靠一县一部的力量,牵扯到的资源分配、利益调节、资金紧缺等问题必须依靠中央和省级层面的统一部署、推动才能得到妥善解决。但是各县的内部环境不一样,镶嵌其中的媒介生态也呈现出不同的特色,如果罔顾各县的实际情况,要求全省、全国都按照指定的唯一模板建设县级融媒体中心,既不利于各县发挥主动性实现基层创新,也容易流于"为融合而融合"的形式主义。因此,针对长兴县这种融媒体建设模式对外输出的同时,一定要结合各县实际,贴合区县的真正需求,因地制宜进行发展。出台具体政策时不能陷入僵化思维,照搬已有经验,而要全盘考虑本县的实际情况,比如经济实力、资源配置、政治生态、文化氛围、工作习惯等,设计出具有针对性、操作性、科学性的融合方案。

二、江西省分宜县融媒体中心①

分宜县位于江西省新余市中部地区,经济发展水平在全省处于靠前位置,新闻宣传工作较为领先。2016 年,在江西省委宣传部、新余市委宣传部的支持下,分宜县作为县属媒体融合试点,率先开始融媒体中心建设工作。

分宜县融媒体中心由县内七个媒体整合而成,为县委直属正科级全额拨款公益类事业单位,归口县委宣传部管理。下设"两室三部",即总编室、办公室、新闻采访部、编辑制作部、技术部,并配齐配强"两正三副"的领导班子。依据新的组织架构调整人员结构和业务流程,实行薪酬改革,成立独立核算、自主经营、自收自支的文化传媒公司负责经营创收。

总结来看,分宜县融媒体中心具有"高位推动,整体规划"、"整合资源,再造流程"、"功能升级,平台赋能"等特点,发展面临融媒人才缺乏、资金投入不足、业务平台外联不畅等实际问题。据此,需要从发展可持续性、服务性、人才、技术、业务等角度出发,为分宜县融媒体中心长期发展提出意见建议。

(一)分宜县融媒体中心建设情况

2016 年起,在江西省委宣传部、新余市委宣传部的支持下,分宜县率全省之先开始县属媒体融合试点工作,拉开融媒体建设的改革和发展大幕。

分宜县坚持机构融合先行,把推动媒体融合发展列入县深化改革重点项

---

① 以下数据、资料如无特殊说明,均来自实地调研,由分宜县融媒体中心官方提供。

目,成立以县委副书记为组长的专项改革工作领导小组,制定县属新闻媒体融合发展改革工作方案,建立联席会议制度,确保改革顺利稳步推进。

2016年9月1日,分宜县融媒体中心挂牌成立,整合县属7个媒体成立分宜县融媒体中心,升格为县委直属正科级全额拨款公益类事业单位,归口县委宣传部管理。

2017年4月,分宜县融媒体中心依托江西日报社"赣鄱云"平台,通过技术成果分享,建成"中央厨房"并上线运行。2017年7月,"新余市融美文化传媒有限公司"成立。该公司独立核算、自主经营、自收自支,负责中心7个媒体平台的经营创收,将事业、企业分开,实现"专业人做专业事"。

2019年4月起,分宜县融媒体中心启动升级版改革,探索县融媒体中心与县新时代文明实践中心、县志愿服务中心融合建设路径,激发"新闻+政务+服务"融媒活力,推进县融媒体中心在资源整合、内容生产、技术平台、传播渠道、经营管理等方面全面升级,把县融媒体中心建设成更强更优的主流舆论阵地、综合服务平台和社区信息枢纽,大幅提升县融媒体中心引导力、传播力、公信力、影响力及自我"造血"能力,为全国县级融媒体中心建设持续提供"分宜样板"。

结合对分宜县融媒体中心实地考察的实际情况,下文将对其组织架构、人才队伍、技术支持、平台运营、经营管理等进行梳理总结。

1. 组织架构

促进机构融合、明晰组织架构是分宜县融媒体建设的一大特色。分宜县将报纸、微信、微博、手机报4个媒体平台从县委宣传部剥离出来,将县广播电视台、网络传输中心从县文广新局分离出来,将县政府网新闻频道从县信息中心分离出来,整合为一,成立分宜县融媒体中心,升格为县委直属正科级全额拨款公益类事业单位,归口县委宣传部管理。

在组织架构上,分宜县融媒体中心下设"两室三部"(如图3-3所示),即办公室、总编室、新闻采访部、编辑制作部、技术部。相应地配强配齐了融媒体中心领导班子,由原来的一个副科,升格为"两正三副",其中主任、总编各一名,副主任一名,副总编两名。

"两室三部"的具体职责和工作内容如下:

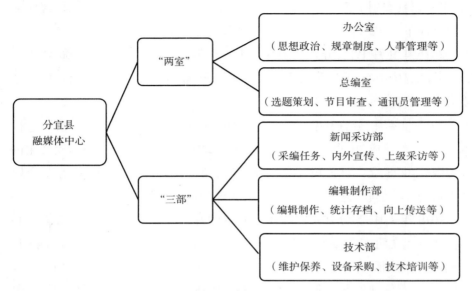

图 3-3 分宜县融媒体中心"两室三部"组织架构图

办公室:协助中心领导抓好思想政治工作,处理日常内外事务,做好中心各部室协调工作;负责制定各项规章制度并监督执行,抓好工作督办;协助搞好中心人事调配、教育培训、劳资社保、绩效考核等工作,负责中心离退休人员管理服务工作;负责中心信息、档案、年鉴编纂及信访、综治、计生、安全生产等工作,管理好财物、资产;严格执行财务纪律,抓好财务管理;负责党报党刊的征订发行工作;完成领导交办的其他工作任务。

总编室:负责融媒体阶段性工作报道计划、重要新闻、专题报道及大型活动的策划;负责融媒体新闻稿件、影视节目播出的审查、校对、监制,确保刊播安全;负责节目引进、学术交流、作品评优,制订刊播计划;负责通联工作,抓好通讯员队伍、网点建设;完成领导交办的其他工作任务。

新闻采访部:负责日常新闻采编任务分派,及时提供文字、图片、视频、同期声等新闻素材;执行总编室制订的报道计划;对新闻爆料进行登记并及时处理;保质保量完成内外宣传任务;协助配合上级媒体和新闻单位来县采访及其他工作,维护县内舆论安全;完成领导交办的其他工作任务。

编辑制作部:负责融媒体新闻稿件、专题栏目、大型活动的播音、编辑、制作;负责节目串编、合成、统计、存档,按总编室安排的刊播、发布计划传送媒体产品;负责上级台新闻素材、节目传送;负责节目包装、媒体推广;完成领导交办的其他工作任务。

技术部:负责设备维护和保养;制订各种设备的更新计划并配合做好采购工作;负责演播大厅维护、检修,确保正常运转;负责电视频道的编单工作;负责技术培训;负责值机监控,确保视频节目播出安全;完成领导交办的其他工作任务。

与组织架构改革相配套的,分宜县对原有媒体的业务职能、业务流程、人员配备等进行了有效调整,"编随事走、人随编走",以人员融合、机构融合倒逼媒体融合。

原属县广播电视台、县网络传输中心的在编在岗人员全部划入县融媒体中心管理,其人员原有身份、待遇和经费渠道维持不变;原县广播电视台借出人员和《分宜报》、"分宜发布"(微信微博)、"江西手机报"分宜版的人员及原县新闻网络宣传中心在编在岗人员,根据其个人意愿及其专业技能水平,分别理顺归属关系,既解决了人员关系不顺的历史遗留问题,又优化了资源配置,提高效能。为便于对口联系,对外仍保留"分宜广播电视台"牌子。

2.人才队伍

据统计,目前参与分宜县融媒体建设的相关工作人员一共32人,以下将从年龄、学历、专业、编制四个角度对该人才队伍进行数据统计分析。

在年龄结构方面,30—39岁与40—49岁年龄段的工作人员较多,分别有11人(占比34%)和10人(占比31%),有7名工作人员处于20—29岁,占比22%,50—59岁的4名工作人员占比最少,为13%。结合其职位分析,该团队中30—49岁的中年人群成为中坚力量,同时20—29岁的新鲜血液为团队注入活力,而非领导层的较年长者则在一定程度上体现了团队的老龄化趋势。图3-4是分宜县融媒体中心工作人员年龄分布图。

在学历结构方面,团队中25名成员为本科学历,占总体的81%;5名为大专学历,占总体的16%;仅有1名学历为高中水平,占比3%。可以看出,该团队的学历水平整体较高。值得注意的是,具有高中学历的工作人员W,年龄在50—59之间,担任记者职位。图3-5是分宜县融媒体中心工作人员学历分布图。

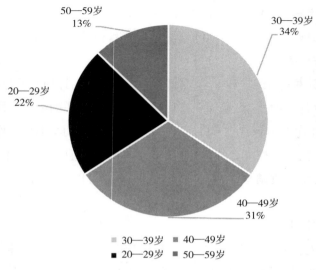

图 3-4　分宜县融媒体中心工作人员年龄分布图

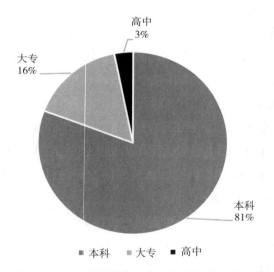

图 3-5　分宜县融媒体中心工作人员学历分布图

在专业结构方面,分宜县融媒体中心团队以文学与传媒型人才为主:汉语言文学专业和新闻学专业最多,各有 7 人;传媒类专业,如播音与主持、广播电视等合计有 7 人,可见该团队的专业水平较高。图 3-6 是分宜县融媒体中心工作人员专业分布图。

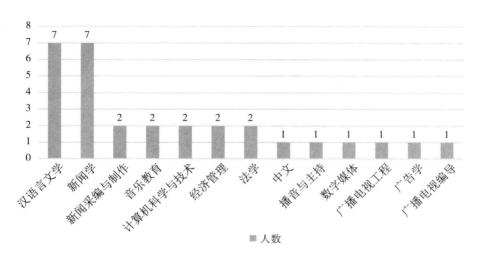

图 3-6　分宜县融媒体中心工作人员专业分布图

在人员编制方面,分宜县融媒体中心的 32 人均为事业编。值得注意的是,分宜县融媒体中心还成立了一家独立核算、资助经营、自收自支的文化传媒公司——融美文化传媒公司(简称"融美公司"),公司的 21 人均为聘用制,充分体现了分宜县融媒体建设的"企事分开"原则。关于融美公司人员的编制与聘用情况,分宜县融媒体中心副主任盛某某介绍道:

> (融媒体)中心不再另外聘用人员了。假如说,我们需要什么岗位的人,公司会统一聘用进来,然后这个人会跟公司来签合同,所有的工资代发,或者是养老保险,这些全部是由公司来交的,我们只负责用人就可以了。

图 3-7 是分宜县融媒体中心工作人员编制分布图。

为了深入分析分宜县融媒体人才队伍情况,接下来将对融美公司聘用的 21 人进行分析。

融美公司的人员年龄分布如下,年龄区间在 20—29 岁的员工有 13 名(占公司员工的 62%),其次是在 30—39 岁的 5 名员工(占总体的 24%)、40—49 岁的 3 名员工(占总体的 14%)。公司内没有员工处于 50—59 岁的年龄区间。整体来看,公司员工年轻化,多处于 20—39 岁的年龄区间,且其职位都属于一线实践层,没有员工位至管理层,详见图 3-8。

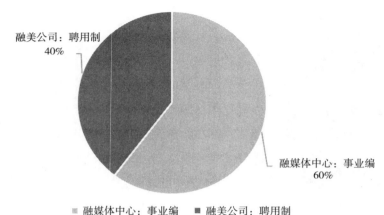

融美公司：聘用制
40%

融媒体中心：事业编
60%

■ 融媒体中心：事业编　　■ 融美公司：聘用制

图3-7　分宜县融媒体中心工作人员编制分布图

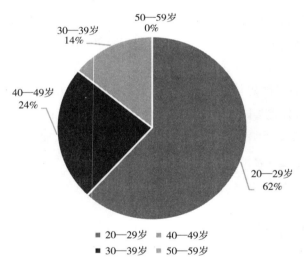

50—59岁
0%

30—39岁
14%

40—49岁
24%

20—29岁
62%

■ 20—29岁　■ 40—49岁
■ 30—39岁　■ 50—59岁

图3-8　分宜县融美公司工作人员年龄分布图

融美公司的员工学历多为本科与大专,分别为9人(各占总体的43%),剩余3人为高中学历(占总体的14%),与分宜县融媒体中心的事业编工作人员相比,学历层次较低。图3-9是分宜县融美公司工作人员学历分布图。

在工作人员专业方面,融美公司工作人员总体以传媒型专业为主,如广播电视学、新闻采编与制作、播音主持等。相较分宜县融媒体中心的事业编工作

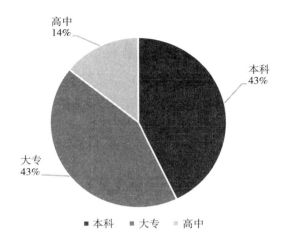

图 3-9　分宜县融美公司工作人员学历分布图

人员,融美公司工作人员的专业更多元。图 3-10 是分宜县融美公司工作人员专业分布图。

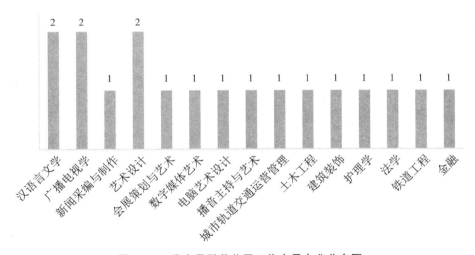

图 3-10　分宜县融美公司工作人员专业分布图

3. 技术支持

建设之初,分宜县融媒体中心主要依托于江西日报社"赣鄱云"平台所提供的技术支持,其中包括一个 200 平方米的指挥中心、一个智慧云平台软件、一个独立客户端、一个移动采编系统,通过对中心所属媒体、人力等资源的调控,实现新闻产品采编发的高效率、低成本。移动采编、舆情监控、大数据分析是目前分宜县融媒体系统的主要功能。

面对市场上越来越多的融媒体技术产品,分宜县选择与"赣鄱云"合作的原因主要有两个方面。

一是江西日报社对融媒体系统的研发相对较早,在同期产品中技术相对成熟,与分宜县试点工作的时间线与工作要求相契合,因此双方一直保持着联系。

二是"赣鄱云"的平台数据直接与江西日报社旗下的"大江网"对接,通过与省、市媒体共用一个平台实现互联互通互动,形成连接省、市、县的新闻素材库和新闻生产链,县、市、省自下而上"三级联动",满足了县级媒体信息资源共享、新闻素材外推的需求。

打通向上传播渠道是"赣鄱云"平台的最大优势。此外,在后台安全性、前后端联通、移动采编、一键签发等方面,"赣鄱云"平台同样表现不俗。然而,相比于融媒体建设的迅速开展,"赣鄱云"平台的研发工作稍显滞后,其缺点也逐渐暴露,主要有以下两个方面。

一是"赣鄱云"平台主要侧重于图文信息的采编发,在音视频资料的处理能力上非常薄弱。"赣鄱云"尚无法解决音视频信息存储量大、音视频在线编辑难等技术难题,因此在涉及广播电视新闻生产时,仍然是"分灶吃饭",广播电视新闻需单独采编,形成成品后再上传至"中央厨房"。

针对广播电视体系,目前江西广播电视台也在研发相应的融媒体系统"赣云",并开始在省内各县推广。相比于"赣鄱云","赣云"更侧重音视频资料的采集和处理,两者在某种程度上可以实现功能互补。但由于两个系统存在技术壁垒,难以打通,实际上给各县带来了方案选择上的困扰。

二是由于技术瓶颈,"赣鄱云"平台的功能还在逐步完善,主要表现在:部分功能和权限尚未彻底放开,选题策划、采访任务指派等事关融媒体采编流程的深度功能尚未开通;新闻素材处理能力较差,移动音视频编辑功能以及微信排版等功能尚未开通;个性化建设反应周期长,针对各县的个性化需求,"赣鄱云"无法作出及时地更迭,以至于针对工作实际的功能调整时间周期偏长,磨合度过长,耗费了时间。

2019 年,在升级版建设中,分宜县融媒体中心优化升级融媒技术平台,一是提升"中央厨房"。保留江西日报社"赣鄱云"系统,接入江西广电"赣云"和新余广电"云",与省市媒体联网互通,升级融合指挥调度系统(移动采编)、移动直播、音视频在线非线性编辑、内容智能推送等功能模块,打通策、采、编、发、核流程,实现全网融合生产,促进各平台深度相融。

二是新建本地媒资系统。利用互联网和大数据技术,扩充存储空间,由500G 的云存储升级为 240T 以上的两级本地存储,实现音视频数据科学分类,安全访问,海量存储。

三是建设村镇"小厨房"。在每个乡镇(街道)、村(社区)建立信息和视频上报系统,统一向县融媒体中心提供信息,形成"乡村宣传员+网评员+信息员"上下联动的融合宣传大格局。县融媒体中心与舆情监控中心和新时代文明实践志愿服务中心,组成功能齐全、调度灵活、互相支撑、互为补充的系统化融媒中心。

4. 平台运营

分宜县融媒体中心与江西省级云平台共建共享"中央厨房",搭建起了集"采、编、摄、传、播"于一体的云平台,实现了新闻生产流程的技术再造。图3-11 是分宜县融媒体中心新闻生产流程图。

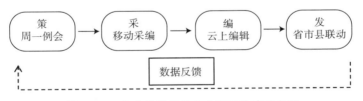

图 3-11　分宜县融媒体中心新闻生产流程图

策:分宜县融媒体中心实行周一例会制度,每逢周一宣传部相关领导都会与融媒体中心工作人员召开例会,在总结上周工作经验的基础上,通过融媒体平台、上级任务安排、各单位供稿、乡村宣传员、基层通讯员等渠道获取新闻线索,讨论并确定选题计划,据此组织、调配记者力量。

采:改革后的融媒体报道一般仅需一名记者即可。记者利用移动采编系统,可将现场采集到的、经一级把关通过的文字、图片、音频、视频等资料同步至云稿库,同时需要生成一篇通稿,供后期编辑进行二次处理。此外,记者还担任乡村宣传员,负责基层新闻宣传、理论宣传及融媒体运营发展,为融媒体报道提供了更多的线索和素材,极大丰富了融媒体报道的内容和形式。

编:分宜县所采用的采编系统,打破了原有的平台界限,以"大编辑部+垂直采编团队"的模式,实现新闻的"云上编辑"与"多样生成"。针对不同的平台性质和议程设置,编辑可将素材库中的资源进行二次加工处理,涵盖图文、音视频、H5 等多种形式,编辑完成后将成品送审。

发:在横向上,经编辑、审核后的新闻成品,可发送至分宜县报纸、广播、电视、互联网、移动客户端等媒体平台。在纵向上,"赣鄱云"打通了县级新闻稿件向上传播的渠道,中国江西网、江西手机报、新余发布、画屏分宜等平台的编辑可进入"中央厨房",按需对分宜县所上传的新闻素材进行加工编辑后,在各自平台进行分发。此外,全县开通基层微信公众号 182 个,微信群 300 多个,实现了村级(社区)微信公众平台全覆盖,提升了向下传播力。

舆情监测是分宜县融媒体平台的另一大功能,同样由"赣鄱云"提供技术支持。舆情监控系统通过对全国范围内涉分宜县的网络媒体信息进行实时采集,准确了解分宜县在网络上的舆情情况,及时发现舆情热点,服务新闻生产与舆情引导工作。

对于舆情工作,融媒体中心主要承担舆情收集、上报以及权威发布的职责。依据县委宣传部要求,重大舆情需在 6 小时内上报。因此,融媒体中心全天 24 小时值班,同时舆情监测系统在检测到负面舆情后,还会将相关信息报送。融媒体中心将舆情上报至网信办,由网信办具体负责舆情处置,或再上报,或交由相关部门处理。在得到处理结果或调查结果后,融媒体中心将统筹利用媒体资源进行权威发布,将官方的声音扩散出去以完成舆论引导。

5. 经营管理

在薪酬分配制度上,分宜县融媒体中心顺应融媒体发展趋势、依据融媒体建设要求适时改革,制定出台了全新的薪酬分配和考核评价制度。在定岗定员定责和岗位评价的基础上,薪酬分配制度以岗位责任与工作业绩为依据,以岗定薪,同工同酬,在逐步缩小不同身份员工的收入差距的同时,适当拉开岗位及其绩效薪酬分配档次,实现员工身份管理向岗位管理的转变。

　　具体而言,员工薪酬由基本工资、绩效考核工资、政策性津补贴和创先争优奖励四部分组成,如图 3-12 所示。

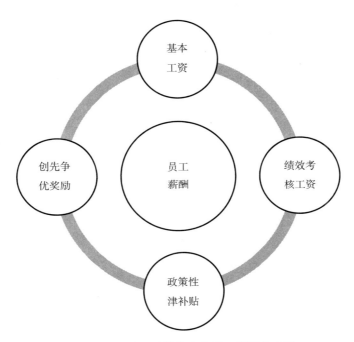

图 3-12　分宜县融媒体中心员工薪酬构成图

　　其中,针对不同编制的人员,依据相同的考核标准,通过不同渠道发放工资。比如,基本工资依据员工基本工作量的完成情况发放,编内员工工资由政府财政统发,编外聘用人员工资由融美公司发放;绩效考核工资由奖励性绩效考核工资和完成任务奖励考核工资两部分组成,绩效考核指标由"采编发数量+优稿数+网上供稿数量+阅读点击量"构成,各岗位员工的绩效考核工资由中心发放,公司聘用人员的由融美公司发放。现有薪酬分配制度打破了编内人员和编外人员的身份差别,用统一标准进行业务考核,真正实现了"同岗同责、同工同酬、优劳优酬"。近期,上述绩效考核制度将就实际工作中发现的新问题、原有制度中仍不完善的部分进行二次调整。

　　在经营模式上,设立融美文化传媒有限公司是分宜县融媒体建设的另一大特色所在,即事业企业结合运营。

融美公司是一家独立核算、自主经营、自收自支的文化传媒公司，自 2017 年 7 月设立，归口国资办管理。公司主要负责融媒体中心的经营创收，分宜县融媒体中心副主任盛某某介绍道：

> 融美主要帮助处理经济类事务，比方说在接一些专题片时，涉及费用的问题，都由他们来谈，我们中心就不接触了，只负责制作。

既保持了采编业务的相对独立性，始终坚持正确导向，又保持了经营创业和产业发展的生机与活力，真正实现了"专业人做专业事"。融美公司的设立是解决人员编制以及薪酬分配、绩效考核等延伸问题的重要基础。

（二）分宜县融媒体中心的全媒体平台建设

分宜县融媒体中心作为全国县级融媒体中心建设工作的探路者，在短时间内取得了较大突破，积累了一套值得其他地区借鉴和学习的工作经验。以下将从顶层设计、资源整合、功能拓展等方面介绍分宜县融媒体中心的全媒体平台建设。

1. 高位推动，整体规划

县级融媒体中心的建设涉及财政投入、人员编制、设备场地等多方面的问题，仅仅依靠分宜县委宣传部的力量很难协调好其中的利益关系。尤其是将原有的县内媒体资源整合在一起时，会遇到较多的行政壁垒。为解决这一难题，分宜县采取的做法是提升媒体融合工作的重要性，将之列入县委全面深化改革重点项目，成立以县委副书记为组长的专项改革工作领导小组，建立联席会议制度，从较高的站位统筹各部门、机构之间的关系，充分调用自上而下的行政力量，确保改革顺利稳步推进。

而从更广的范围看，分宜县融媒体工作的顺利推进也得益于省、市层面对县级融媒体建设工作的高度重视和扶持。江西省委、省政府将县级融媒体中心建设纳为 2017 年省委全面深化改革领导小组年度重点工作任务，从总体要求、基本原则、工作目标、主要任务、工作保障、组织领导等方面对全省县级融媒体中心建设作出部署和指导，并将其作为对各市、县文化体制改革工作考核的重点内容。新余市也大力支持和推进这项工作，在人员编制、财政投入等方面给予了政策支持。省、市层面的重视、部署、指导和推动为分宜县融媒体中心全媒体平台建设提供了坚实保障。

2. 整合资源，再造流程

分宜县以机构融合倒逼媒体融合。为彻底打破县内不同媒体机构各自为战的困局，分宜县整合县内媒体资源后，成立了分宜县融媒体中心，升格为县委直属正科级全额拨款公益类事业单位，归口县委宣传部管理，并增加人员编制，配强配齐了融媒体中心领导班子。在整合原有媒体的业务职能、工作流程、人员配备后，为帮助全媒体平台形成紧密联结的一体化的传播体系，融媒体中心重新调整了组织架构，划分了职能部门。根据融合理念设立了总编室、办公室、新闻采访部、编辑制作部和技术部，再造融媒体新闻生产方式，实现"一体策划、一次采集、多种生成、多元传播、全天滚动"，为持续不断的内容生产规范了操作流程。

3. 功能升级，平台赋能

目前使用的技术系统中采编系统、舆情监控、大数据中心等功能，配套平台的综合使用，将新闻采集、舆情监测、用户分析等功能融为一体，可帮助工作人员准确了解分宜县在网络上的舆情情况，汇聚新闻线索，把握用户时下最关心的热点、重点问题，了解社情民意，使新闻生产"有的放矢"，也可建立数据库，追踪跟进用户反馈，分析用户喜好和习惯，科学评估传播效果，指导新闻生产。

2019 年，分宜县融媒体中心的职能进一步升级，不但具备新闻传播功能，而且担负起了网络问政、便民利民等职责，为不同群体的沟通搭建广阔的平台。在网络问政方面，在媒体平台上开设互动栏目，畅通民意，拓宽群众参政议政的空间和渠道，使之成为社会舆论的"蓄水池"和社会情绪的"拦河坝"。在便民利民方面，增设违章查询、网上购物、公交出行、公积金缴纳等功能，方便群众掌上办事，还将县内其他政务新媒体集纳在一起，构建"分宜政务微矩阵"，实现"一端打开"，节约了群众信息获取的成本。

借助技术系统，分宜县融媒体中心还能与省、市媒体加强联动、共享资源，打造连接省、市、县的新闻素材库和新闻生产链。一方面，解决县级媒体资源不足的问题，丰富内容来源；另一方面，统一宣传口径，保证在重大问题上的导向与上级媒体保持一致；此外，还能扩大县内活动的传播效果，助力外宣工作。

（三）分宜县融媒体中心发展中存在的问题

虽然分宜县融媒体中心在体制改革、组织架构、流程再造、经营管理等方面走在了全省乃至全国的前列，但在实地调研中发现，在实际运作中还是存在人才和资金投入不足、大量交流活动耗费精力、业务对接不畅等问题。

1. 人才、资金投入不足

人才方面，当前中心的工作人员主要由两部分构成：一部分是由传统媒体转型而来的人员，普遍年纪较大，还需要时间转变思维，适应新形势和新技术；另一部分则是公开招考的年轻人，虽然思维活跃、学习能力强，但是实战经验不够丰富。而且改革后所有采编人员都面向传统媒体和新媒体供稿，需要主动走出"舒适区"，对人员的采编能力、技术水平、创新能力都提出了新的挑战，亟待培育一支综合素质高的全媒体人才力量。

资金方面，主要体现在技术投入不足。分宜县融媒体中心的"中央厨房"与江西手机报、大江网等上级媒体合作开发，每年都需要支付使用和运行维护的费用。这些费用尚未列入财政预算，而公司又未形成可持续的盈利模式，产生的净利润只有100多万元，只够维持聘用人员的基本工资福利，每年还存在近100万元的资金缺口。分宜县融媒体中心技术部主任李某某希望能从国家层面对县级融媒体中心的费用给予一定支持：

> 我们的中央厨房跟江西日报签了三年的合同，第一年建设费用是69万，然后第二年的那个更新迭代包括升级是年30万，然后舆情监控建设费是20万，也是三年，每年维护是12万。……第一年的建设费用是县里给了我们900万的重点项目。第二年第三年现在还不知道怎么弄，还没有到付款的时候。所以就是希望中宣部对这一块有技术上的统一标准和最低资金保障。

2. 大量交流活动耗费精力

分宜县自2016年实行媒体融合改革以来，取得了较大的成就，成为了全国媒体融合改革的县级样板，吸引了超过400家媒体和同行前往参观学习。这种活动虽然能够加强同行交流、推广优秀经验、共同探索建设路径，但在某种程度上也为分宜县融媒体中心带来了困扰。技术部工作人员李某某就表示学习团来访时的演示工作平均下来会占到他一天工作的1—2小时。频繁的交流活动严重挤压了工作人员的工作时间,打乱正常的生产节奏,影响工作秩序。

3. 业务对接不畅

分宜县虽然正式成立了建制化的融媒体中心,但仅仅只在地方层面得到批准,尚未在国家层面备案。而且全国范围内县级融媒体中心的建设模式不一,还未形成统一规范,有的县有县级融媒体中心,有的县则没有,因此用"分宜县融媒体中心"的名义进行对外联络时往往出现找不到对口的接洽单位的问题。目前分宜县采取的做法是对外仍保留"分宜广播电视台"牌子,但这并非长久之计,长此以往可能会导致融媒体中心的工作重新分化,工作人员难以形成集体的身份认同感,媒体融合浮于表面。

分宜县融媒体中心总编李某某认为这是县级融媒体中心未来发展中面临的首要问题:

> 分宜广播电视台现在挂在分宜融媒体中心下面,我们的机构编制后面带括号,分宜县广播电视台。因为跟上面要进行工作对接,……广电部门是一条线,频道频率的申报,包括我们记者证的核发,都是要走这条线的。……所以说业务沟通上确实是一个问题。这个中心到底是归属什么口子,我们跟什么口子对接,这是一个问题。

(四)分宜县融媒体中心的未来发展对策

针对分宜县融媒体中心发展的实际情况和存在问题,需要提出相应的政策建议,以期解决问题、推动发展。

1. 制定长远规划,尝试模式输出

分宜县的融媒体中心建设和发展在江西全省乃至在全国都是相对领先的,"分宜模式"成为各县借鉴的模式之一。但就目前而言,大量交流活动在一定程度上给本就有限的人才队伍带来工作负担,影响了分宜县融媒体中心自身的发展进程。分宜县有必要在已有建设基础上,以更长远的眼光看待并规划融媒体中心建设。

一方面,分宜县应明确长远目标和阶段性目标,统一思想,从而指导建设工作有计划、有步骤、可持续地展开,将工作落到实处。现阶段,分宜县应重点解决融媒体中心运行过程中存在的人才、资金、技术、机构、业务等方面的问题,确保融媒体中心平稳、高效运转。未来,分宜县融媒体中心应增强服务属性,拓展服务功能,真正实现"引导群众,服务群众"。

另一方面,分宜县可尝试模式输出,从而丰富盈利方式,并通过与其他县市(特别是周边县市)加强合作,建立融媒体集群,实现规模效益。实现模式输出需做到"知己知彼":首先,分宜县需对"分宜模式"有清晰认识,找准自身特色,如"高位推动"、"机制保障"、"薪酬改革";其次,分宜县同样应该"走出去",了解其他县市的发展特色,同时找到其存在问题,结合自身优势,论证模式输出的可能性。目前,已有河北衡水、宜春袁州区等多地借鉴了"分宜模式",但合作方式仍停留在交流学习层面,分宜县可进一步探索更成熟的模式输出方案,如可对融媒体发展条件相对薄弱的县市进行定点帮扶,建设方案可将技术搭建与制度设计相结合等。

2. 拓展服务功能,提升造血能力

目前,分宜县融媒体中心仍以新闻宣传为主,服务属性不强。拓展服务功能应是分宜县融媒体中心建设的发展方向。调研中,访谈对象均表示,在如今激烈的市场竞争中,若仅做资讯类平台,县级媒体一定占劣势。因此必须加入服务功能,切实瞄准当地受众的实际需求,让受众既"想看"又"想用"。一来可以增强用户黏性,二来可以丰富互动场景,拓展盈利边界,提升造血能力。

拓展服务功能需从以下两个方面入手:

首先,分宜县融媒体中心将需求反馈至技术提供方,要求后者进行功能设计和更新。若超出技术提供方的服务范畴,应要求其打开接口,接入其他可满足需求的技术平台。同时,融媒体中心需花大力气与政府相关部门对接,打破部门间壁垒,实现数据联通或端口接入。

其次,分宜县可将其具有特色的"乡村宣传员"机制与服务功能拓展相结合。乡村宣传员可下沉至基层开展用户调研,收集基层群众的需求,并将反馈纳入服务功能拓展方案的设计之中,真正做到"从群众中来,到群众中去"。在服务功能上线后,乡村宣传员可对基层群众普及相关应用,培训操作流程,从而促进线上与线下的联动,形成立体式的综合服务体系。

3. 加强业务培训,打造学习氛围

在人才队伍建设上,分宜县融媒体中心既有对薪酬分配制度的改革,也有对人才业务培训的探索,如乡村宣传员、新闻阅评会、业务研讨会、专题培训、外派学习等制度。但这些培训设计与实际情况不完全相适应,既不能完全满足工作人员的实际需求,同时在具体实施上也存在难度。

问题突出表现在:一方面,分宜县融媒体中心工作人员本就有限,而新闻采编、基层宣传工作又使工作人员分散性强,给业务培训的组织工作带来难度;另一方面,现有培训制度以新闻报道业务实践为主,而记者在开展乡村宣传工作时,缺少针对社会宣传、理论宣传的知识储备。同时,全媒体记者以及乡村宣传员的身份转变,对记者提出了更高的要求。

因此,分宜县融媒体中心应对现有业务培训制度进行切实调整,实现以下三个"结合",着力打造学习氛围。

一是线上与线下相结合。针对人员组织难的问题,分宜县融媒体中心可利用自己的移动产品,打造在线课堂或读书专栏,为工作人员利用碎片化时间实现移动学习提供渠道,并通过设立相关机制鼓励工作人员在线学习。线下活动除了定期组织培训班、研讨会、外派学习,还可以在办公区域增设图书角,为工作人员提供看书充电、休息调整、创作交流的空间。

二是理论与实践相结合。人才培训的目的不只是提升工作人员的业务能力,非业务层面的知识储备和理论水平对于一名全媒体记者,特别是乡村宣传员而言,同样是非常重要的。因此,应重视理论教育,可定期举办读书会、组建学习小组等。只有夯实了乡村宣传员的理论基础,村民们才能接受到最新、最全、最准确的理论教育。这也是乡村宣传员制度真正奏效的保障。

三是广度与深度相结合。融媒体时代需要全媒体记者,而县级层面的人才队伍往往学历背景复杂。在业务培训上,应将广度与深度相结合。一方面,要发挥优势,继续精进本专业优势;另一方面,要查漏补缺,拓展工作能力范围。应以"一精多能"为培训目标,着力打造一支有活力、有弹性的团队。既可通过专业优势保证内容质量,又可通过人员机动组合应对复杂情况。

4. 活用采编系统,形成工作规范

实地调研发现,尽管分宜县使用"赣鄱云"采编系统已有一年多的时间,但在实际工作中,该采编系统的适用性有限,工作流程没有发生根本性改变,对工作人员而言"只是多了一套系统",更没有建立相应的工作规范。在可能的情况下，分宜县融媒体中心应向技术提供方反映问题，并要求其加以完善。若超出其技术能力范围，则可通过外接系统（如索贝系统）的方法，提高系统整体的操作性、实用性。

应活用采编系统，而非被系统限制工作。针对不同工作流程的不同要求，使用相应的系统加以处理。如在进行内容采编时，可使用移动采集能力、编辑处理能力更强的索贝系统；在进行内容外推时，可使用联通性、安全性更强的"赣鄱云"系统。

在此基础上，应形成工作规范。可由总编室牵头，召开工作规范意见征询会议，讨论并明确各部门的角色定位和职责范围，听取一线工作人员的实际需求和工作困难，最终制定工作规范。工作规范形成后，全中心严格执行：总编室依照规范进行工作督查和内容把关，各部门依照规范开展任务安排和绩效考核，工作人员依照规范调整思想观念和工作方式。成熟的工作规范将有助于分宜县融媒体中心凝聚共识，科学运行，提高效率。

三、吉林省农安县融媒体中心①

东北地区的农安县位于吉林省长春市，是吉林省工农业实力和媒体资源较具优势的县级基层单位。2018 年 2 月末，农安县被吉林省委宣传部列为吉林省首批县级融媒体中心三个试点之一，由此开始建设农安县融媒体中心。

在 2018 年前期试点探索阶段，农安县融媒体中心由新华社新闻信息中心和新华移动传媒公司提供技术支持，融媒体集成系统平台包括采集端（或直播端）、制作端（或后台）、分析端、客户端四大部分。2019 年全面融入吉林省网络广播电视台后，在平台运营方面，农安县融媒体中心工作交由农安广播电视台负责；宣传部设立指挥调度中心，依托新闻指挥中心和指挥大屏开展指导工作。农安县融媒体中心的特点是：一个中心，夯实基础；技术外包，加速融合；大屏指挥，统筹资源；纵横联通，扩大声量。

目前，农安县融媒体中心的实际问题是发展过程中危机意识不足，面临着人才和资金不足，原创内容生产力不足，传播效果不佳等问题。下文将从理念革新与顶层设计、资源整合与优化配置、人才补强与持续发展、功能升级与服务

---

① 以下数据、资料如无特殊说明，均来自实地调研，由农安县融媒体中心官方提供。

群众四个方面为农安县融媒体中心可持续发展提出一些有针对性的对策建议。

（一）农安县融媒体中心建设情况

作为吉林省首批融媒体建设三个试点之一，农安县抓住机遇积极开展融媒体中心筹建工作。县委宣传部邀请技术专家实地考察并建设融媒体集成系统平台，利用飞鸽网信互动管理平台统筹全县网评员队伍，并解决了县、乡、村三级音视频互联互通、宣传队伍线上线下实时沟通等技术瓶颈问题。2019 年 6 月，农安融媒体按照全省"一盘棋、一张网、一键通"的标准和要求，在县委宣传部的指导下，经过对农安广播电视台升级改造后，融媒体中心的运营工作由县委宣传部全面移交到农安广播电视台。升级改造后的融媒体中心负责全县新闻宣传指挥调度及网络平台的信息发布。目前，农安县融媒体中心的核心技术产品"今日农安"拥有用户数达 6 万余人。在实地考察农安县融媒体中心后，下文重点对其技术支持、平台运营、经营管理模式、人才队伍建设等进行梳理总结。

1. 技术支持

目前，农安县融媒体中心（移交后）使用的指挥调度系统是依托省台的吉视协同指挥系统来完成的。农安县融媒体中心的采编记者已全部都纳入这个系统中来，一方面有利于指挥调度，当有新闻线索和突发情况时，融媒体中心可以随时连线记者，了解现场具体情况，同时，可以视频连线第一时间对外发布信息；另一方面，当省台有任务下发，需要当地记者回传情况时，省台可以与记者直接连线，派发任务，进行联络互动。

数据统计与分析功能主要有八个板块，分为全网微端热点统计、数据分析、新闻统计、直播监看、热点汇聚、全网热词、实时定位、融媒大数据等部分。其中，全网微端热点统计，是指对热点新闻报道、用户分布地区、主要媒体来源等的统计分析；数据分析，是指对"今日农安"APP 发稿情况（如稿件总数、稿件类型等）的统计分析；新闻统计，主要体现的是新闻发布量、分享量和点击量等；直播监看，是指对农安电视台和农安广播电台实时播出节目的监看；热点汇聚和全网热词，可以为采编人员提供全网（主要基于百度和搜狗）热点线索并做整理分析；通过协同系统的定位可以看到每一位记者的具体位置，当有突发新闻采访任务，指挥中心可以根据记者的位置分布情况进行任务派发，确保新闻的时效性；融媒大数据是全省媒体融合的一大体现，可以做到"我看全省,全省看我"。此外,实时热点板块可以统计出"今日农安"APP 中点击率较高的内容,例如农安广播电视台和农安县人民医院共同举办的朗诵比赛,点击率达 3000 多次,这组数据实时更新,可及时并直观地反馈传播效果,为采编和传播策略的优化提供数据支撑。

2. 平台运营

农安县融媒体中心通过设立新闻指挥中心,为广播电台、电视台、网站及"两微一端"等各种宣传业务系统建立统一生产、播发、审核的管理指挥系统,实现对现有媒体资源的统一管理、新闻的统一策划、稿件的统一分发、业务的集中管理以及业务流程的全程监控,并可通过大屏实现数据可视化。

在新闻的"策、采、编、发"方面,指挥中心首先通过信息采集,获取新闻线索,并结合党政宣传任务,确定选题并组织采访团队。采访团队一般由电视台和网信办人员配合组成,据网信办新闻发布科科长李某某所说:

> 这种做法有效地实现了人力资源整合,节省了人力成本。比如说一些重大的新闻,我们就跟电视台沟通,比如文字记者是哪方面出,如果他们派我们就不派了,然后他们出个摄像,我们出个摄影,一般采访出去三个人左右就可以了。要是以前的话,各出各的,他们一组我们一组,他们甚至有的时候出两组。

在采集素材时,前线记者或相关通讯员可使用采编系统对文字、图片、音视频等多种形式的媒体素材进行集中采集。对于采集到的素材,有以下两种处理方法:一是在采集端进行直播,即前线记者或相关通讯员可对采集到的素材进行简单编辑后即时送审播发,由具有签审权限的签发人签发,即时呈现新闻信息;二是对素材进行编辑入库,前线记者或相关通讯员使用采集端对已采集的素材进行简单编辑后上传后台素材库,素材库对相应素材进行自动分类储存。

在编辑上,除直播等即时类素材外,上传素材库的素材,可由编辑在制作端按需求进行二次编辑,并将成品送审。由具有签审权限的签发人对稿件进行签审。一般采用三审制,重大选题需要四审。签审后的稿件将以成品素材形式进入成品素材库储存,作为备用素材方便后续使用。

审过的稿件可通过制作端后台进行多端分发,即在所需渠道后打钩,便可一键将稿件投放至相应的渠道,进而实现多端分发,如"农安发布"微信公众平台、微博账号、头条号、"今日农安"APP 等。

稿件播发后将生成反馈数据并发送至分析端。指挥中心大屏将以可视化形式展示其浏览量、各终端发布情况,建立即时互动反馈机制,形成有效的大数据管理模式,从而为后续新闻生产工作提供指导意义。此外,指挥中心可实时监控融媒产品的生产过程,确保融媒产品的高质量与安全性。

综上所述,融媒体新闻的"策、采、编、发"流程可归纳为如图 3-13 所示。

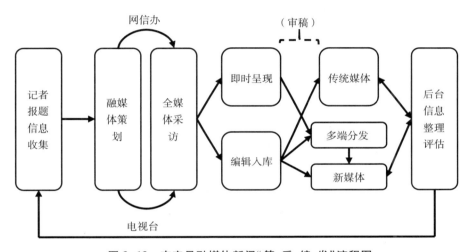

图 3-13 农安县融媒体新闻"策、采、编、发"流程图

在舆情的监管与引导方面,主要包括"发现舆情——任务指派——过程跟踪——成果上报——数据分析——绩效考核"六个环节,如图 3-14 所示。

图 3-14 舆情监管与引导工作流程图

环节 1:发现舆情。通过网络舆情自动抓取、人工上报、软件预警等多种途径发现舆情信息,并第一时间反馈上报。

环节 2:任务指派。通过 PC 端后台或移动端在获取舆情信息后,由监管人员发布集中处理任务或点对点针对性任务,并设置任务细节,完成指派。

环节 3:过程跟踪。各级网评员领取任务后,按时保质完成,其间舆情监管人员可通过分级权限，在 PC 端或移动端查看舆情发展情况及任务进度。

环节 4：成果上报。完成任务后，网评员需通过截图等形式向系统反馈任务成果，系统据此反馈任务完成信息，即时将任务成果上报。

环节 5：数据分析。后台通过网络抓取、人工录入、网评员反馈等方式获取舆情信息的相关情况数据并进行可视化呈现。

环节 6：绩效考核。基于发布任务的难度，对网评员的任务数据进行分析。以标准化的管理机制和奖惩制度，提升任务协作效率。

以永安人工增雨舆情事件为例，部分群众误以为人工增雨的行为是在"驱散云彩"，由此形成网络谣言，甚至引发了群体性事件。监测到该舆情事件后，网信办第一时间联系气象部门获取权威信息，一方面通过"农安发布"微博、微信、各乡镇单位传播权威信息，另一方面通过向网评员队伍下达转载任务，实现对权威信息的二次扩散，进一步扩大信息覆盖面。农安县委宣传部新闻科科长何某某表示：

> 朋友圈太强大了，我一开始也没看到这个情况，但是一传十、十传百我就看到了……这次的永安人工增雨说明，你一定要及时地给老百姓声音。

此次舆情引导工作打通了线上与线下的隔阂，真正实现了线上指挥平台与线下队伍建设的互联互通。

3. 经营管理

农安县融媒体中心建设由县委宣传部牵头开展，并成立了农安县融媒体中心建设领导小组，县委常委、宣传部长徐某某任组长，宣传部副部长梁某某、县电视台台长吴某某任副组长，还有来自宣传部新闻科、网信办以及电视台等部门和单位的 12 名成员。

在外部机构关系上，农安县委宣传部处于相对"强势"的地位，特别表现在对网信办和电视台的掌控力上。农安县委宣传部将政府网站纳入网信办，使网信办成为兼具新闻采编、网站及"两微"运营、舆情监管的"大团队"，使得农安县委宣传部、网信办、电视台间的沟通合作顺畅而有力，从而牢牢把握了县域内的主要媒体资源。

此外，在前期探索阶段，融媒体中心试点建设工作为农安县委宣传部和新华社谋求共赢提供了机遇。一方面，农安县委宣传部需要新华社提供技术支持和建设方案;另一方面,新华社作为党媒的代表,致力于为县级融媒体建设开拓路径,需要以农安为试点,兑现技术设想,形成品牌效应。

县级融媒体中心在并入省台系统后,"全省一盘棋、一张网、一键通"的融媒体传播格局改变了县级融媒体中心的传播方式,由以往的"大屏带小屏"发展至如今的"小屏带大屏",同时通过多次的直播活动,进一步增强了与用户之间的黏性,提高了县级媒体的传播力和影响力。

在内部组织架构上,农安县融媒体中心实行开放式、扁平化管理模式,通过去中心化、多中心化,使在融媒系统中的每一位工作人员都可以在任何一个节点成为阶段性的中心,基于融媒体的后台系统,每个工作人员作为节点,可彼此自由连接,并组成新的新闻工作小组。

农安县委宣传部指挥调度中心由采访中心、编辑中心和技术中心三个部分构成。采访中心和编辑中心的构成是一样的,分别是电视组、新媒体组和网信组三个小组,充分整合了电视台和网信办的人才、信息、技术资源。具体组织框架如图 3-15 所示。

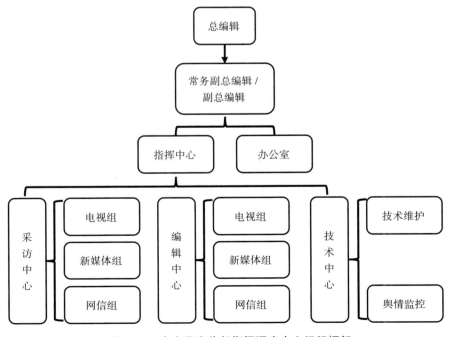

图 3-15 农安县宣传部指挥调度中心组织框架

在财政投入上，农安县融媒体中心建设费用依赖县级财政支持，除在前期探索阶段新华社提供的无偿系统援建以外，必要的硬件设施购置等支出均由"县里拨钱"。2019 年中宣部给农安县融媒体中心拨款 120 万，用于融媒体软硬件升级建设。相比之下，省台的模式可以节省很多经费，但该模式下的各县融媒体中心相当于省台的一个平台，只能拥有其中一部分的功能，要想实现真正意义上的融媒体，还需要进一步沟通和挖掘。

正如前文所述，农安县和新华通讯社开展的互惠合作，确实为农安县减轻了一大笔财政负担。在农安县委宣传部长徐某某看来，"这是一件互惠互利的好事儿"。新华社通过在农安这个基层打点，打出了新华社的品牌及其技术优势，通过农安这个成功案例，为新华社创造了无形资产和品牌价值，由此带来的效益以及推广空间可能更大。在新华社新闻信息中心吉林中心韩某某看来，农安县本身确实有试点的价值：

> 农安资金相对充裕，而且它的城镇建设优化。作为吉林省的一个县，它有很多宣传优势，会形成一个很好的宣传点。同时，农安作为全省融媒体工作的试点之一，是一个非常亮的点，也有助于继续把我们的融媒体产品向下推。所以我们选择了农安。

可见，农安县和新华通讯社双方在彼此利益诉求的契合点上开展合作，各取所需，实现共赢。

4.人才队伍建设

据统计，参与农安县级融媒体中心建设工作的相关工作人员一共 24 人；全面移交县广播电视台运营后，参与融媒体工作的工作人员共 119 人。

目前，融媒体中心建立了人才培训机制和政策，尚未建立人才引进机制和奖惩机制。2018 年，已有的融媒体人才培训包括赴浙江长兴等地的外出调研、融媒体平台使用教学等；2019 年，农安县计划为融媒体中心在县内进行内部编制横向调剂 15 个名额，并开始对工作人员自身媒介素养和工作技能逐步展开培训，而实际工作中仍有很多工作方法是工作人员自己在工作中摸索出来的。网信办对外宣传科科长刘某某在谈到其 H5 作品时谈道：

> 这个软件可能就是触类旁通，我们在宣传工作中可以接触到很多软件，有的时候会做一些画册，这涉及图像处理，或者是一些图文、动画的东

西,H5 就属于一种小动画的形式。从不熟练到熟练,从简陋到美化,这些东西都是从工作中逐步摸索出来的。

(二)农安县融媒体中心的全媒体平台建设

农安县融媒体中心建设在短时间内取得了显著的成就,在吉林省成为先进示范。虽然目前仍然存在一些不足和阻碍,但其通过在组织领导、技术合作、融合机制、省市互联等方面的探索,推进了融媒体中心建设工作有序铺开,逐渐打造出一个基础扎实可持续、解决问题提效率、优化传播守阵地的全媒体平台,值得其他区县加以借鉴。

1. 一个中心,夯实基础

农安县融媒体中心建设的一个显著特色就是从先期筹划到实际运作都由县委宣传部主导。农安县委宣传部部长徐某某认为:

　　　　在融媒体中心建设过程中,宣传部的核心地位是必要的。真正的一个融媒体中心和新闻"中央厨房",不应该交给任何一个媒体机构来做,首先是彼此之间的沟通协调往往不到位,其次他们没法站在党委的立场去思考问题。

由于在农安县文化体制改革时,农安县广播电视台、农安县人民政府网站都划分到了农安县委宣传部,后者通过直接管理或间接任命的方式领导这两大主流媒体,进而形成了指挥统筹融媒体建设的基础性优势。

农安县委宣传部主导的模式为农安县融媒体建设奠定了坚实的基础。第一,农安县委宣传部作为明确的核心枢纽,可以充分地发挥指挥引领作用,使得各机构之间沟通顺畅,指令得到高效迅速的执行,方便整合和重组人员、设备、信息等各类有效资源,避免了可能出现的行政壁垒和调度困难等问题;第二,由农安县委宣传部把控方向可以更好地贯彻落实党管媒体的原则,对于打造县级新型党媒、壮大主流舆论阵地、确保党的声音唱响在基层具有重要意义。农安县电视台新媒体部主任牛某某也认为,由农安县委宣传部整合媒体资源、构建联系网络可以促进信息的共享互融,并且农安县委宣传部的行政指令可以帮助他们解决之前遇到的基层乡镇不配合采访的问题:

　　　　其实我就觉得有必要成立这么一个组织,或者说是一个联络的网络。由宣传部来成立这么一个网络,各个乡镇的宣传委员就是咱们的通讯员,通过这儿就能掌握很多的信息,之后我们就可以针对性地下去采访。有的时候我们新闻部主任主动跟下边各乡镇的一把手打电话直接联系,但是不一定能顺畅地采访到,比如说人家就不想做这方面的宣传,咱们也挺尴尬的。如果说能形成一个整体的宣传网络的话,从中心辐射到各个乡镇,统一派遣和采编,就会更好一些。

2. 技术外包,加快融合

技术是媒体融合发展的重要推动力和支撑。县级融媒体运作如果没有统一的工作平台和操作标准,一是不便于树立全局观,对工作进行统筹管理;二是也可能导致流程混乱、效率低下,媒体融合浮于表面。一般而言,县级媒体体量较小,没有自主开发软件系统的能力,可以通过外包的形式和第三方公司合作,租用或改进已有的系统。

在前期探索阶段,农安县通过技术外包的方式为融媒体中心建设创造了捷径。由新华社新闻信息中心吉林中心牵头,农安县和浙江新华移动传媒公司达成合作,由该公司提供融媒体中心所需的技术支撑,包括开发客户端"农安之声"(并入省台系统后更名为"今日农安"),搭建采编平台、飞鸽舆情管理平台、大屏指挥展示平台等,使得农安县融媒体中心的新闻要素深度融合、报道资源充分共享、媒介渠道互联互通成为可能。

浙江新华移动传媒公司原是新华社新闻信息中心的下属基地,为新华社的所有产品提供技术支持,现主要为传统媒体和新兴媒体融合发展提供一体化的系统解决方案,长期服务于各级宣传部门以及新华社、经济日报社、杭报集团等主流媒体机构。公司在已有产品的基础上,根据农安县的具体需求进行了轻量化处理,使之更适应农安县的实际情况。这种技术合作的另一大优势在于其持续性,浙江新移传媒、新华社新闻信息中心的相关工作人员在搭建和试运行期间长期派人驻守在农安,提供后期维护和技术保障,并对农安县融媒体中心工作人员进行业务培训,帮助农安县组建融媒体人才队伍。尽管现在农安融媒体中心的运营工作已纳入省台系统,但农安县委宣传部牵头与第三方合作的前期探索经验仍具有借鉴意义。

3. 大屏指挥,统筹资源

农安县融媒体中心将新闻、舆情、新时代文明实践所(站)三块工作用大屏展示和指挥的形式紧密地联系起来。融媒体中心的指挥中枢设置了三块大屏,一块展示新闻生产和传播中的重要信息和数据,比如网络舆情、受众反馈、新闻线索等,一块用于和乡镇、街道、村屯的新时代文明实践所(站)进行实时连接,还有一块则通过飞鸽系统管理全县网评员。通过指挥大屏,融媒体中心的领导和指挥小组不仅可以实时获知业务动态变化、远程调度采访力量、远程指导实践所(站)开展活动、向网评员下达指令和监测任务完成情况从而实现指挥中心和基层实践人员的双向互动,还可以站位全局,将这三块工作有机联系起来。比如在融媒体首页中为文明实践开设专栏,通过视频直播、图文直播的形式将文明实践所(站)开展的活动向外扩散并监测传播效果,既扩大了党的声音的传播范围,也可以通过数据反馈总结经验,改进传播策略,同时还可以根据舆情监控管理的实时结果对飞鸽系统中的网评员下达具有针对性的指令,为舆情引导和处置工作提供智力支撑。

4.横纵联通,扩大声量

农安县作为吉林省融媒体集群建设的试点县之一,目前已接入吉林省网络电视台的总指挥系统,实现了和吉林省委宣传部、吉林省网络电视台的即时互动。虽然农安县的融媒体中心建设前期多靠自我探索,但被纳入省级融媒体集群后,一定程度上会在组织架构、生产流程、技术平台等方面和省市县保持同一标准、同一规范。纵向上联通了县到省的媒体通路,既使农安县能够方便获取全省的信息资源,减轻内容生产压力,又能加强对新闻舆论工作方向的把控,确保主流声音传达到基层;横向上可以借鉴学习其他兄弟县市,在对比参照中共同进步、协作共赢,形成规模效应和宣传合力,最终打造成为与省内各级各类媒体上下贯通和横向联通的新型综合融媒体平台。

(三)农安县融媒体中心发展中存在的问题

农安县的融媒体中心建设虽然在平台搭建、流程打造、经营管理、思想引领等方面都取得了一定突破和成就,但是在实际运作中还是存在危机意识不足、人财紧缺、传播效果有待提升等问题。

1.危机意识不足

新兴媒体有自身的发展特点和独特的话语体系,在对技术手段和传播时效的要求上有别于传统媒体。县级融媒体中心的建设,最主要就是通过思想、方法、手段的融合来实现的。但对于传统媒体尤其是管理层来说,仍有部分工作人员不仅对新媒体的快速发展不以为然,甚至认为传统媒体的正统地位依旧是四平八稳的,报纸和电视才是"端得上桌面的正餐"。他们并没有意识到推动县级融媒体中心建设是在用户流失情况下占领新兴舆论阵地、走出传统媒体经营危机的关键转机,与自身事业发展密切相关且具有高度的重要性和紧迫性。

2. 资金瓶颈犹存

县融媒体中心的各项支出费用依赖县财政的专项支持,每笔开销都必须通过财政审批,往往手续烦琐、耗时长,然而融媒体发展在软硬件方面又的确需要投入大批资金才能实现生产、经营、管理的整体更新换代。虽然县里会大力支持,但后续平台的维护、人才引进和培训、日常工作投入等方面的资金问题势必在未来发展中成为摆在农安县融媒体中心面前的一道难题。

3. 技术力量薄弱

农安县融媒体人才力量不足主要体现在人员编制不足、人员老化、专业不对口等方面。广播电视台现有工作人员119人,其中无编制人员有45人。宣传部新闻科仅有2人,负责农安融媒体工作的全局统筹和外联对接。此外,在运行机制、薪酬体系、人员引进培养等方面,缺乏灵活性和竞争力,难以吸引优秀的信息技术人才,致使发展中的技术支撑明显不足,仍需要继续探索并补强。

4. 传播效果不佳

推动县级融媒体中心的建设,有赖于先进技术和内容建设的支撑,核心仍然是要关注内容生产。目前看来,农安县的融媒体表面上看渠道丰富,但报道主体还是领导活动、党政工作动态、工作总结等,既缺乏受众想知道的信息,鲜有涉及反映基层百姓生活的稿件,又缺乏节目形态和样式的创新,导致吸引力不足。在对群众的走访中,使用"今日农安"或关注"农安发布"、"幸福农安"的群众比例较低,大部分群众接收新闻还是通过全国媒体和农安当地的社会自媒体。融媒体工作中缺乏必要的用户调研和用户导向,对用户的网络反馈及用户生产内容中的新闻线索价值未能予以充分的重视与挖掘,容易落入"自说自话"的信息闭环。

（四）农安县融媒体中心的未来发展策略

在充分调研农安县融媒体中心发展现状及其存在问题的基础上，下文将从理念革新与顶层设计、资源整合与优化配置、人才补强与持续发展、功能升级与服务群众四个方面为农安融媒体发展提出策略建议。

1. 把握发展机遇，推进融媒体工作

作为吉林省县级融媒体中心建设工作的试点之一，农安县宣传部及融媒体中心要学习领会中央高层的指示要求，把握融媒体发展的战略机遇期。具体来说，一方面，农安县融媒体中心建设规划要遵循中央的整体部署，坚持正确政治方向，坚持党管媒体的原则，灵活运用互联网知识，推进传统媒体和新兴媒体在内容、渠道、平台、经营和管理等方面的深度融合，利用融媒体在基层治理中做好思想宣传工作；同时遵循省级融媒体集群的建设和整体部署，将自主探索与全省部署有机结合，抓住试点机遇率先发展并为全省推广树立标杆，在夯实发展基础后融入省台系统，实现省县互联互通，并进一步壮大传播声量与发展动能。

另一方面，要考虑到县级政府在基层治理中的枢纽作用，县级融媒体承担着联系政府与县域群众的重要职能，是构建现代传播体系、推进党的声音向基层传播的基础性环节。县级融媒体发展必须明确自身定位，着力在结构优化、布局调整、效能提升等方面寻求突破，通过自上而下的县域媒体体制机制革新，以新闻宣传和公共服务为目标，努力解决引导群众、服务群众的"最后一公里"问题。

2. 整合多方资源，优化资源配置

农安县的县级媒体资源主要由县级广播电视台、县委宣传部和县网信办下属新闻媒体、政府网等组成。为了增强县级融媒体的传播声量，发挥在县级宣传中的核心引领作用，可以深度整合农安县媒体资源，包括县级广播、电视、网站等传统媒体、"两微一端"等新媒体资源以及县域自媒体，优势互补、扬优去劣，达到"1+1>2"的效果，形成有统一标识的强势媒体矩阵，推动县级媒体实现功能转变和传播力升级。

在具体的融合机制上，要不断提升灵活性、协调性、实效性。为了贯彻落实党管媒体的原则，媒体融合的主导权隶属于县委宣传部。可以在农安县县委宣传部的统一规划协调下,由县委宣传部、网信办、广播电视台主管领导组成领导小组,统筹决策,进一步明确网信办、广播电视台等部门在融媒体中心建设过程中的分工和责任,注重有的放矢、优势互补,避免重复建设甚至同质化竞争。另外,融媒体中心还肩负着整合、调度全县宣传资源和力量的作用,是一个中枢协调机构,应在机构建制、人员编制等方面予以一定的政策支持。

3. 加强人才支持,促进可持续发展

针对农安县基层人才不足的问题,从编制、薪资待遇、发展机会等方面增强对高素质人才的吸引力,加强人才储备,培养一支兼具业务能力与创新意识的全能型融媒体工作团队。相关领导应高度重视融媒体人才队伍建设,要给予其充足的发展动力和一定的创新空间。

针对农安县县级媒体没有用人自主权、录用人员往往难以胜任媒体工作的情况,可以给予县级融媒体机构一定的选聘自主权,使其招到与融媒体工作相契合的实用性人才。此外,还可以考虑与周边县市、高校或相关研究机构合作,采用诸如交换学习、实习生学习、定期学习和培训等创新学习方式,增强团队的学习意识,提高团队的创新能力;灵活地借用外部人才,动员社会力量,比如县内热心用户、写作爱好者、摄影爱好者或者具备专业能力的传媒公司等,通过项目合作等方式,让他们创造的价值也能够融入融媒体建设中;打造一支政治觉悟高、熟悉新媒体的社会化网评员队伍,发动群众力量,提高社会影响力。

在资金保障方面,除了接收专项资金外,农安县也可以在采编经营两分开的基础上挖掘融媒体自身的"金矿",延伸融媒体的产业链,在旅游、商务、会展、文创等不同领域寻找赢利点,内外兼修,发现融媒体自身的价值和赢利点,增强整体竞争力,促进融媒体建设的可持续发展。

4. 加快功能升级,服务基层群众

农安县媒体融合的发展路径是要将新闻媒体转换为信息与服务平台,用自由流动的数据、广泛链接的网络、实时实地的互动消融新旧媒体之间的界限。而县级融媒体中心建设发展的紧迫性和必要性在于如果只做内容生产,很难与更高层级的媒体或者市场化的商业媒体竞争,势必会面临受众流失的困局。县级媒体最大的特色在于近地区位优势,即与基层群众的紧密连接性。

县级融媒体中心应当充分发挥这一优势,弥补上级媒体难以嵌入社区生活的缺憾,在丰富服务功能上加强设计,挖掘本地群众的实际使用需求,让融媒体中心在用户心中落地生根,达到服务群众的目的。

目前来看,农安县融媒体建设仍处于发展初期,融媒体中心发布的客户端在县内的市场份额较小、传播效果较弱,主要以发布新闻资讯为主,缺少服务功能。未来,农安县融媒体中心及其"今日农安"APP,要更多提供移动化、场景化的政务服务和生活服务,方便群众办事,扩展服务项目,引入购物、医疗和文化娱乐等方面的服务功能,利用大数据挖掘用户需求,增强用户黏性和使用频率,提升服务质量和水平。

从"连接"的角度理解媒体,农安县融媒体中心不仅要生产和传播新闻,还要增强社会服务属性,将城市运行产生的核心数据收集、整合后再重新分发,使其流动到最适合的地方,实现人与物、人与信息、人与人的连接。这一功能的实现以数据的搜集、传输、共享、分析和开发为基础,因此需要从政策的层面推动政府信息化建设,统一数据结构和标准,确立公共数据开放制度,将融媒体中心作为公共信息平台,与相关部门实现数据共享,打破"信息孤岛"的割裂现状,更好地服务于当地百姓。通过丰富县级融媒体的服务功能,让群众真正用起来、离不开,让主流价值观始终牢牢占据网络空间的主导权。

第二节　着力内容原创:县级融媒体中心的活力源泉

我国县级媒体在"四级办台"政策影响下,在全国范围内已完成媒体机构建设基本形态,通常在县宣传部领导下,以县级电视台、县级机关报为载体进行建设,通过省、地市媒体获得内容来源,由此承担基层政治宣传、传达政策等功能。作为我国基层社会管理的最后环节,县级媒体也如其他县级单位受限于资金、人才与体制,在完成其政治宣传功能的基本动作后,在群众中难有影响力,一度被批评为仅有形式,空占行政资源。

与县级媒体在基层话语权式微相对的是以互联网为主的新媒体在我国社会的迅速普及,短视频、即时通讯等社交媒体一方面以极高的互动性与新颖的呈现形式获得用户青睐，另一方面形成了以社会关系为基础的信息交流平台。尤其在面对突发社会民生事件时，互联网内容平台聚集民意，在一定程度上形成引导舆论的效果，面对基层社会发展的复杂状况，政府相关部门常因此陷入被动。

2018 年县级融媒体中心建设成为国家发展战略，舆论引导功能被放在首位，要求县级媒体转型为县级融媒体中心后，应加强内容原创能力，优化内容生产、分发机制，建立健全内容生产一体化平台，同时培养具备新媒体技术能力的采编人员，尝试利用新形式、新载体在互联网平台生产优质内容，吸引群众，以内容优势赢得发展，同时以内容作为连接群众与政府的沟通桥梁，给予县级融媒体中心发展活力。

内容原创是内容自主生产、分发，用户需求是内容原创效果评估的重要一环，如何选择群众喜闻乐见的题材与传播方式，立足本地，将县级融媒体中心的影响力深入群众当中，让党的声音"飞入寻常百姓家"，都是县级融媒体中心必须探索和突破的重要问题。同时，原创内容具备传播力的背后是人才机制与体制机制等多方面配合，突破原有体制束缚，培养全媒体人才，助力县级融媒体中心发展。

随着县级融媒体中心在我国建设逐渐深入，已有当地融媒体中心着力内容原创，并取得一定成果。北京大学新媒体研究院研究团队依据调研成果，选取北京市大兴区融媒体中心与福建省厦门市海沧区融媒体中心的内容建设案例，分析其内容生产、分发机制的形成、优质内容产生过程及效果、内容人才培养等方面，通过二者建设经验总结县级融媒体中心在内容原创功能的优势与存在的问题。

一、北京市大兴区融媒体中心①

大兴区是北京市城区之一，早在 2001 年完成区广播电视台机构合并，在本区较早发展媒体事业。2018 年 6 月，大兴区融媒体中心成立。

大兴区融媒体中心在区委宣传部领导下，不断顺应时代发展趋势，以目标和问题为导向，聚焦破解内容、渠道、流程、人才、体制、机制等媒体融合发展难

---

① 以下数据、资料如无特殊说明，均来自实地调研，由北京市大兴区融媒体中心官方提供。

题,重塑"策、采、编、发、用、评"融媒流程,初步形成了"内容为王、技术为用、渠道为金、服务为翼"的融媒生产模式。目前大兴区融媒体中心已建立起完善的全媒体矩阵,搭建起融媒体内容技术平台。

大兴区融媒体中心的建设特色围绕内容原创及内容平台建设展开,将政府服务、媒体融合与文明传承有机统一,在新版"北京大兴"APP上完成宣传、服务、文化传播等多种功能;同时重构采编体系,利用技术创新完成与"北京云"内容平台的对接;在此基础上策划多次有影响力的内容活动,并严格遵循网络内容审查制度,做到了传播力与影响力同步发展。目前大兴区融媒体中心在人才制度与持续发展能力方面还存在进步空间,但其稳步发展的内容生产机制值得学习与参考。

(一)大兴区融媒体中心建设情况

1987年大兴县广播电视局正式成立。1995年1月28日经国家广电部批准,大兴建成大兴电视台和大兴人民广播电台。1997年大兴电视台和大兴人民广播电台并称为大兴广播电视台,2001年撤县设区后正式更名为大兴区广播电视中心。2018年6月12日,大兴区融媒体中心正式挂牌,自此成为北京市第二个挂牌建立的区级融媒体中心,开启了大兴区融媒体中心建设的改革与发展之路。

1. 基本发展情况

2018年3月,响应媒体融合改革的要求,大兴区成立"大兴区媒体融合改革工作领导小组",研究制定《大兴区媒体融合改革工作方案》(以下简称《方案》)。按照《方案》要求,大兴区融媒体中心开始进行机构整合工作,并于2018年6月12日正式挂牌。

2018年的整合工作,主要是内部打通,将电视、广播、报纸、"北京大兴"APP、"两微一端"等媒体进行资源整合,重新规划融媒中心内部角色,推进电视、广播、报纸等内容全部上网、全部手机端推广。特别是将《大兴报》的宣传业务整体纳入融媒体中心宣传工作,统一策划、统筹安排,一体研究部署和推进。

进入2019年,大兴区融媒体中心进一步在机制编制、人员结构上进行优化完善。2019年4月19日,《北京市大兴区融媒体中心职能配置、内设机构和人员编制规定》正式批复下发。目前,中心内部科室、人员调整已基本完成——总编室作为指挥中枢,承担融媒体中心的内容主题策划工作,负责线索筛选、选题策划、任务分配和内容把关,把确定的统一选题报道任务派发到执行团队。内容生产的执行团队,在组织上分为采集、编发和技术三个部门,共同完成融媒体中心多元化内容的生产工作。下图3-16为大兴区融媒体中心组织架构图。

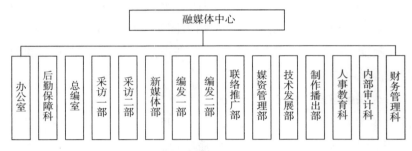

图3-16　大兴区融媒体中心组织架构图

2. 全媒体矩阵建设情况

大兴区融媒体中心在区委宣传部的领导下,建立了"1+3+3+226"的全媒体矩阵,即1个采编中心,3个传统媒体(大兴电视台、大兴人民广播电台、大兴报),3个新媒体("北京大兴"APP、"北京大兴"微博、"这里是大兴"微信公众号),226是大兴区的各种自媒体,相关业务已经实现与区内自媒体的互动。

在全媒体矩阵建设中,大兴电视台主动发挥平台优势,以一线采访记者为内容供给源,将素材和新闻成稿等资源传输到"中央厨房",与融媒矩阵实现资源共享,注重向中央、市属媒体推送优秀新闻稿件,联动推广,向全国人民展示新国门、新大兴形象。同时,引入直播、抖音等传播新渠道,做强融媒体产品,聚合移动端用户。

微信公众号"这里是大兴"依托"中央厨房"和通联单位供给资源,结合平台特色二次加工编辑后推送给用户,实现线上线下话题互动,增加用户黏性。同时,选取优秀文章向"今日头条"平台推送,扩大平台关注度和影响力。

大兴人民广播电台频率为调频98.6兆赫,通过无线电波覆盖周边大约65公里;在大兴城区的南海子公园、念坛公园、滨河公园,通过有线广播向游客播放新闻节目;在农村地区的 11 个镇约 300 多个村庄,通过村村通大喇叭向农民播放新闻节目。此外,加入蜻蜓电台和喜马拉雅 APP,目前用户量 6 万余人,听众通过电脑、手机下载软件,可以在全球各地实时收听节目。

《大兴报》为一周两期,每周二、五出刊,4 版 8 版交替出刊,2019 年每期发行量 2.7 万余份。主要受众为区内各委办局、镇街等。大兴区融媒体中心成立之后,大兴报社在保持传统报纸出刊的节奏上,迅速融入新媒体队伍,实现平台、信源、产品与人员的深度融合。

"北京大兴"APP 目前注册用户 5 万余人。大兴区融媒体中心于 2018 年 11 月正式全面接管"北京大兴"APP。2019 年 9 月 6 日,新版"北京大兴"APP 正式上线试运行,9 月 17 日在应用市场上架,可供用户自由下载。新版 APP 优化升级了原有"北京大兴"的新闻资讯功能,增加了新闻直播活动;丰富了公共服务事项和智能客服功能,新增了政府办事服务,实现了 1684 个办事指南在线查询(涉及 39 个主题、45 个委办局),1096 个区级事项在线办理;为满足群众的办事需求,依据大兴区政务事项年办件量的频次,筛选 177 个与群众办事息息相关的高频热点事项,可在"高频热点"板块进行线上办理,提供精准服务,开发了党群同心模块,实现了"三会一课"以及"不忘初心、牢记使命"主题教育的移动端签到、消息推送等功能;为助力政府养老管理、脱贫攻坚,APP 中还融入安心养老、爱心扶贫等多个应用,努力打造大兴区综合性服务平台。所有信息均采用编辑通过 APP 应用后台上传的方式,在对应的功能项中显示。

3. 融媒体技术发展情况

融媒体内容的建设离不开新技术的支撑。北京市委宣传部和大兴区对融媒体技术工程方面也十分重视。到目前为止,大兴区融媒体中心开展了非常有效的工作,一是搭建融媒体教学展示和直播平台,完成演播室置景布景和装修改造,解决融媒体演播录制需求。二是与《人民日报》、新华社现场云等合作,进行移动采编的尝试与探索。三是加快融媒体平台建设,融媒体中心空间改造和技术平台项目先后正式批复,已于 2019 年 2 月完成招标并开始施工。目前,投资 3000 余万元的融媒体中心空间改造和技术平台项目已全部完成验收,如图 3-17、图 3-18 所示。新建成的"中央厨房"和移动采编系统,不仅融合了《大兴报》、大兴电视台、大兴人民广播电台、"北京大兴"APP、"这里是大兴"微信公众号等区级主流媒体的优质资源,实现了业务上的互通,资源上的共享,而且满足了"一次采集、多种生成、多元传播、全方位覆盖"的工作需求;同时,通过引入大数据技术,建立了一套科学的数据监测体系,为融媒体中心的运行与运营提供科学的数据支撑,推动了信息管理的数据化。

图 3-17　大兴区融媒体中心现场图

图 3-18　大兴区融媒体中心技术大屏展示图

4.融媒内容建设与传播效果

自融媒体成立后,业务部门打破原有壁垒,采取对新闻进行一次采集以达到多种生成、多元传播、全方位覆盖的目的。内容传播方式由过去的文字、图片、音频、视频传播发展为文字、图片、音频、视频、直播新闻、H5 页面推送、VR

新闻、短视频等多种方式传播。

第一，引入传播新渠道，提升内容传播效果。加快适应新的传播平台，引入直播等传播新渠道。挂牌一年来，融媒体中心结合区内特色活动，推出西瓜创意美食大赛、麋鹿大会、教师节、畅游大兴美丽乡村等百余场视频直播，特别是在麋鹿大会预热期间和开幕式上，融媒体中心推出两场直播，浏览量达到了178万人次，同时统筹区级官方两微一端，联盟各区内平台，协调市外宣办、新浪微博等79家机构，通过不同类别表现形式，同步矩阵传播推广；首届北京南海子文化论坛直播，总观看人数301万人次，获得点赞189万人次。

第二，结合新传播平台，打造融媒"爆款"产品。完成媒体号"蓝V"认证，引入抖音短视频制作，通过岗位练兵，督促记者适应新的传播平台，直播体系日趋完善，有团队小组、有预案分工、有预热提示、有中央市级资源支持、有后期持续推广的五有工作模式，有利助推融媒"爆款"产品的生产。截至2019年12月中旬，融媒体中心共制作抖音短视频205个，获赞量1689万人次。其中播放量过亿的1条，过千万的10余条，粉丝数量突破42万，粉丝量增长40多倍。

第三，提升媒体品牌影响力。不断丰富栏目设置，对于公众关注的民生热点、重点工作，做好公共话题的引导，做优做强栏目内容，充分发挥主流媒体的正确舆论导向作用，融媒矩阵同步推送，增加媒体与公众的互动，传递大兴声音、讲述大兴故事。除做好常规宣传外，增开《言之有礼》等5档新栏目。建设融媒体中心后，大兴区内容产出的效率不断提升，数据显示2019年7月到9月，中心各新媒体平台新闻生产总量超过2000条，平均每周发布新闻200条以上，其中短视频占比达50%以上，与2018年同期相比增长100%；每周被央媒、市媒转发或采用的原创融媒体产品超20条，同比增长180%。

第四，围绕重大主题，积极开展媒体活动。大兴区融媒体中心仍然高度重视媒体活动的举办，成功举办"壮丽史诗盛世佳音"京津冀广播人庆祝新中国成立70周年大型文艺汇演活动，现场使用新华社现场云、"北京大兴"APP以及新浪一直播进行视频直播，国内多家知名媒体进行报道。参与中国交通广播"红红火火中国年春节大联播"活动，对外推广大兴文化旅游资源，在全国14个省市的22家电台播出大兴电台的节目，覆盖受众超过4亿人。深入开展"我与祖国共成长"音频故事征集、"网聚融媒兴能量共筑大兴新国门"等"新国门新大兴"系列宣传活动，进一步提升媒体影响力、公信力。

第五，内容传播重视对外联动。大兴区融媒体中心与人民网、新华社和光明网等中央媒体和北京日报、北京发布等市属媒体建立密切联系，媒体联动经常化，形成整体宣传推送氛围。如《独家探访｜VR全景带你参观大兴机场主航站楼内景》原创H5，当天浏览量就突破50万人次，点赞量超过4500余人次，《人民日报》客户端、光明网、《北京日报》等多家中央、市属媒体进行转载。大兴区政务微博号"北京大兴"全国政务外宣榜从6月份96名一度跻身第4名，粉丝量达到141余万，日均阅读量超100万。其中，大兴融媒体与新浪微博合作，通过"大兴70号"、"新国门新大兴"微博推广，展示大兴新貌，从9月16日起，半个月话题阅读量已突破1亿人次。与《人民日报》合作的"阅兵夫妻共同受阅"话题阅读量3.5亿人次。

（二）全盘格局：大兴区融媒体中心的内容建设特色

大兴区融媒体中心自2018年6月挂牌以来，不断顺应时代发展趋势，以目标和问题为导向，聚焦破解内容、渠道、流程、人才等媒体融合发展难题，坚持立破并举，努力构建新型传播生态格局，在积极探索媒体融合转型的过程中走出了一条属于自己的创新发展之路，下文将结合大兴区融媒体中心发展特色，介绍大兴区融媒体中心的几大创新之举。

1. 依托平台建设，实现"三个中心"贯通

大兴区融媒体中心不是单纯的媒体内容整合中心，而是将政府服务、媒体融合、文明传承等功能统合到一起，依托新媒体平台进行"三个中心"贯通式、一体化发展。新版"北京大兴"APP的新闻板块，包含了大兴区各类新闻、突发事件以及各镇街、委办局的亮点工作等，以图文、视频的形式向用户展现大兴的变化，并与新华社、人民日报党媒平台合作，开设专栏，让用户在一个APP上浏览全国各地的特色新闻。同时，APP实现了对区内重大信息的首发，定期对大兴区的节日庆典、集会活动等大事件进行直播报道，让无法亲临现场的用户第一时间感受现场的气氛。

新时代文明实践中心板块，新时代文明实践中心网络互动平台正式上线。目前已经实现大兴区700余家所、站、基地的地图展示功能，用户可以获取到

站点信息,可通过点击位置加载导航、电话功能。在活动页面实现了点单、派单功能,用户可以根据镇街和区"七大平台"分类,搜索自己感兴趣的服务内容进行点单报名,进一步打通宣传、教育、关心、服务群众的"最后一公里"。

新版"北京大兴"APP办事服务板块,以北京市统建的统一审批平台为依托,覆盖了大兴区全部政务事项。实现了1684个办事指南(涉及39个主题、45个委办局)在线查询,1096个区级事项在线办理;为满足群众的办事需求,依据大兴区政务事项年办件量的频次,筛选177个与群众办事息息相关的高频热点事项,可在"高频热点"板块进行线上办理,提供精准服务;实行一表制申请和审批模式试点,推出"兴事新办"模块,优化定制大兴区特有的13个政务服务事项,通过将原手工填报的表单定制为结构化表单,可减少工作人员填写275个信息录入项,减少办事群众填写43个信息录入项。同时,与光明网合作于11月29日成功举办政务新媒体经验交流座谈会,来自全国部分省市和北京市16个区县融媒体中心相关人员及高校专家学者集聚一堂,交流心得,分享经验,共商政务新媒体工作的未来。

新版"北京大兴"APP网络问政板块,充分利用APP上的网络问政平台,与区网信办、12345等部门试点推行网络问政,初步实现了网上接诉即办、未诉先办工作。同时,中心正在加紧设置网络"随手拍"等功能,真正发挥媒体"拦河坝"和"蓄水池"的作用。

2. 重构采编体系,建设"中央厨房"

2019年9月27日,大兴区融媒体中心技术平台建设项目正式通过了专家组验收,开始投入使用。通过平台,可将中心目前运营的报纸、广播、电视和新媒体业务充分整合起来,实现业务上的互通,资源上的共享;通过引入大数据技术,对互联网热点信息、新媒体终端运营效果进行全面监测,为融媒体中心运营提供科学的数据支撑;完善媒体融合业务模块,突出融媒体中心运行效果,为优质内容的产出提供支撑,满足"一次采集、多种生成、多元传播、全方位覆盖"的工作需求,切实增强融媒体生产能力和传播能力。

3. 强化互动合作,技术对接"北京云"

大兴区积极与"北京云"平台进行对接,并协调中心融媒体技术平台承建方人民日报媒体技术公司进行接口开发工作。目前,中心已经成功接入"北京云"一期各项功能(任务指令下达和共享稿库等),并通过测试实现了平台对接。大兴区委宣传部及大兴区融媒体中心 140 余人安装了入驻"北京云在线通"APP,实现了组织机构的整体对接。2019 年 12 月 10 日,大兴融媒正式入驻《北京日报》客户端"北京号",与市级媒体的互动平台实现多元化对接。

4. 积极开展群众活动,加强与群众联系

大兴区融媒体中心深入了解人们实际需求,创新线上线下多种媒体活动形式,进一步提高用户体验,增加媒体黏性,提升品牌影响力。大兴电视台推出融媒吉祥物——"融易笑"和"媒烦恼",并深入工地、学校、街道等地,进行媒体品牌推广和节目采录,社会反响强烈。如 2018 年,大兴电台与大兴图书馆、佳木朗诵艺术团联合创办读书栏目《兴·悦读》,定期邀请作家、老师、亲子家庭等各界爱书人士来到节目当中,分享好书、诵读经典、品鉴文化,成功举办"大兴区第一届我最喜爱的小记者网络评选"活动,一周的时间,访问量 87万多次,累计投票近 10 万人次。全年走进馆藏文化、美丽乡村、群众文艺汇演等现场开展各类直播 70 余场,增加了与群众的互动,更好地实现了"引导群众、服务群众"的功能目标。以"网聚兴能量,共筑新国门"为主题开展"北京大兴"APP 系列宣传推广活动 20 余场。活动推广秉承"五进"原则,即走进社区、走进市场、走进校园、走进农村、走进剧院,分别在大兴区枣园社区、青云店镇街、观音寺社区、清源社区、天宫院社区以及北京石化学院等进行落地宣传。加强与城管委、文明办、区委党校、创城办、国资委等单位的合作,利用公共活动、集中培训等进行两微一端的宣传推广,现场体验新媒体方便快捷的服务。

5. 内容把关层层审核,确保内容播出安全

目前,大兴区融媒体中心建立健全节目监审制度,严格对广播、电视、新媒体播发的节目进行层层把关,确保节目播出安全。

首先,建立三级监审制度。如每周一组织召开编前会,征求各栏目组意见,确定宣传报道要点。各栏目组根据宣传要点,向编委会上报选题。编委会根据宣传要点,向电台、电视台、报社、"两微一端"下达选题任务单。在强化三级监审制度之上,为了进一步提高新闻质量和保障安全播出,中心主任作为总监制,对于重点新闻当天监审,同时审阅本周新闻串联单。

其次,建立多级联审制度。为了提高重大选题、重要活动的报道质量确保

安全播出。编委会对重大选题、重要会议和区级主要领导的活动报道,建立新闻策划监审的长效机制,特制定多级联审机制:(1)编委会根据不同选题成立策划与实施小组,负责每一次重大报道的具体策划与实施,对重大选题提出报道思路和编排建议,跟踪策划方案执行的各个阶段;(2)负责重大选题的统筹和协调工作,加强重大选题的策划能力;(3)涉及需要跨部门运作的重大选题,编委会协调各部门,在编委会的领导下,对报道全程进行筹划、运作、监督和跟踪,形成高效、畅通、稳定的协调机制;(4)编委会是重大选题策划和实施的领导机构,负责重大选题策划方案的分析论证和最终决策。

(三)大兴区融媒体中心存在的问题

大兴区融媒体中心建设发展至今,在发展道路上不断转型,推动组织架构、人员编制、技术平台、内容传播等的融合发展。目前来看,北京市大兴区作为全国县级融媒体中心中较具代表的县区,发展势头良好,但仍然存在着人才、融媒内容生产等问题和不足。

1. 人才队伍融媒转型还需加强

人才始终是大兴区融媒体中心发展中面临的关键问题之一。人是事业发展最关键的因素,因此要实现三个着力提升。一是不断提升一专多能人才水准。二是不断提升全媒体人才比例。三是不断提升一线融媒记者的比例。深化实施培养新型媒体人才队伍战略,调动和发挥宣传人才的积极性。目前大兴区积极选派一线记者到全媒体研修班、人民网、北京电视台等地进一步学习融媒体先进理念。另外,邀请新华社北京分社、人民网、今日头条、北京卫视、BTV 新闻(新媒体)等团队精英前来座谈交流,讲授新媒体传播知识。

但总体来看,融媒体中心人才队伍仍然需要不断转型,尤其是需要吸纳新媒体专业型人才。媒体融合过程中,全体人员在理念、技术、机制方面需要一个适应过程,保证思想不能乱、队伍不能散、工作不能断。这些都需要不断加强培训,并在实际工作中进行锤炼。

2. 融媒体生产能力和影响力有待提高

由于受众接收信息的介质和渠道发生改变,区属媒体遭受到新媒体的全面冲击与挑战,市场份额不断下降。在传统媒体市场份额,尤其是广告盈利收入减少的情况下,融媒体生产能力和影响力需进一步提高。伴随着新媒介的不断丰富发展,传播格局已经逐渐进入融媒体时代,传统单一的靠电视传播新闻的模式受到很大冲击,下一步积极推动平台建设,进一步发挥区级媒体的阵地作用。

而内容快速反应能力和引导力还不够强。在新技术新应用的推动和经济社会多元发展的当下,在舆论引导的手段、速度、理念、模式上还需要进一步加强,媒体权威性、公信力还有待提升。由于受原有理念、体制、技术等方面影响,区属媒体的这种优势还没有得到充分发挥。

二、福建省厦门市海沧区融媒体中心①

厦门市海沧区位于本岛西部,是全国最早设立的台商投资区,经商传统历史悠久。2018 年 12 月海沧区融媒体中心成立后,其具有本地特色的内容发展路径一直受到广泛关注。

在推进区融媒体中心建设过程中,海沧区严格按照中宣部提出的"集约发展"、"移动优先"、"因地制宜"等部署要求,高位嫁接新华社,与新华社新闻信息中心合作,按照"节约、先进、实用"的思路,最大限度地聚合信息、服务用户,努力打造"上接天线、下接地气、海沧特色、新华味道"的新型传播平台,逐步探索出"形神兼备"的内容建设特色。

海沧区融媒体中心以"今日海沧"微博与公众号为主要阵地,坚持内容为王,原创内容是王中王,坚持"向内向下"的宣传视角,"说人话、接地气、重民生、讲情怀",始终专注于本土原创内容的生产,着力生产出有思想、有温度、有品质的内容;坚持小屏为主、移动优先化,重视"两微"的运营与发展,时刻围绕区委中心工作,围绕着人文、教育、医疗、交通、城区、产业等主题,全年365 天无休,坚持每天推出高质量原创内容;坚持"轻资产、重内容",海沧区融媒体中心新增投入不到 200 万,整个融媒体中心不超过 60 人。目前海沧区融媒体中心在持续经营与联动其他传统媒体方面还存在问题。

(一)海沧区融媒体中心建设情况

厦门市海沧区背靠两岸商贸资源,经济发展迅速,在对台经贸、文化等方面交流活跃。2018 年 8 月,在全国宣传思想工作会议上,习近平总书记强调:

---

① 以下数据、资料如无特殊说明,均来自实地调研,由厦门市海沧区融媒体中心官方提供。

"要扎实推进县级融媒体中心建设,更好引导群众、服务群众。"厦门市海沧区融媒体中心被列为福建省县级融媒体中心的首批试点。2018 年 12 月 14 日,厦门市海沧区融媒体中心挂牌;2019 年 6 月 1 日正式上线。7 月 8 日,中共中央政治局委员、中宣部部长黄坤明专程到海沧区融媒体中心调研,并给予高度肯定。

1. 融媒体中心建设历程

早在 2017 年 5 月,海沧就开始了媒体融合探索的步伐,突破体制机制的束缚,采取"宣传部主管、国有企业主办、政府购买服务"的模式,在厦门成立了第一家区级新媒体公司——厦门沧江新媒文化有限公司,为主运营海沧区官方微信公众号"今日海沧",专注本地原创内容的生产,做强做大舆论阵地。经过两年多的运作,"今日海沧"、"海沧发布"双双进入福建省政务新媒体第一阵营,成为海沧区网上舆论的主阵地。

从 2018 年底开始,海沧区融媒体中心逐步推进,实现机构、人员、办公场所的融合,按照"先转隶后三定"的工作原则,将区内从事新闻宣传的区委新闻报道组、区广播电视台、沧江新媒公司三家单位人员进行整合和编排,统一划入区融媒体中心。打破三家单位资源分散、各自为政的壁垒,实现部门、人员和新闻资源的高度融合。并对报道组、电视台现有办公场所进行优化整合,实现三家单位集中办公。

2. 融媒体中心技术发展情况

技术是融媒体中心的支撑。由新华社与中科院自动化研究所联手打造的海沧区融媒体中心技术平台,通过"人工智能+大数据"技术,在人员整合的基础上实现了业务融合、资源融合,中心人员在相互协作中进行智能化生产,能够对自己的稿件进行传播力分析和舆情掌控。

以新华社现场云为例,海沧区融媒体中心仅用一部手机就可以完成一场直播,免去以往部分人工复杂操作,降低生产成本并快速生产;与此同时,通过"媒体大脑"(短视频编辑软件)这一套内容生产的智能化解决方案,由机器生产来代替人工生产,大幅提高了短视频的生产效率。

3. 内容平台建设情况

海沧区融媒体中心通过建设"中央厨房",从"策、采、编、发、管、评、馈"七个节点进行流程再造。重点建成报道指挥、智能采编、传播分析、舆情监测、权威供稿、用户分析、媒体监管七大平台。

简单来说，报道指挥平台负责"派活"；智能采编平台负责"干活"；传播分析平台负责"验活"；舆情监测平台负责负面舆情预警，提醒推送重要信息；权威供稿平台是新华社为各县级融媒体中心开设的融媒体专线；用户分析平台为新闻精准推送和经营精准营销，提供数据依据，为融媒体内容生产提供方向；媒体监管平台负责海沧区全域发声器的管理。

在平台建设过程中，海沧区融媒体中心还特别注重服务功能的拓展，遵循"以用户为中心"的理念，充分运用互联网的技术新手段，有序推进"云上海沧"客户端建设，将所有的政务服务、便民服务、媒体服务等聚合到"云上海沧"，与市级平台"i 厦门"对接，做到"智慧城市"的延伸。海沧区认为，只有增加用户黏性，实实在在地服务群众，才能更好地引导群众。

与此同时，海沧区融媒体中心还依托中央省市等媒体平台，将海沧好声音传得更高更远。通过三个维度打造立体式全媒体传播矩阵：一是对内建设以"今日海沧"区一级政务媒体为核心的传播矩阵，二是通过合作对接、资源整合向上打通主流媒体及社会媒体外部传播矩阵，三是打通省市传统媒体通道。通过全媒体立体式传播，更好地引导群众、服务群众。

4. 人才队伍建设情况

人才是媒体融合的最关键因素。2017 年海沧在成立区级新媒体公司"沧江新媒"时，就确立了"让专业的人做专业的事"的思路，通过市场化引进专业人才。

为进一步提升队伍的专业素养，一方面，海沧区定期派出技术骨干到新华社总部进行嵌入式培训，跟班一个月学习短视频、微新闻的制作，全面提升融媒体的实战水平。其中，第一批两位文字编辑在参与新华社培训两天后，便使用"magic"剪辑出一条新闻短视频，当天的新华社客户端阅读量便突破了"10万+"，评论数近千条，形成了良好的传播效果。另一方面，由新华社的技术合作方中科院自动化研究所派出专人，进驻海沧区融媒体中心开展现场指导培训，强化人机融合。

（二）形神兼备：海沧区融媒体中心内容建设特色

近一年来，海沧区融媒体中心建设取得了阶段性成果，被新华社列为其在东部地区的试点。2019 年中国报业技术年会评选海沧区融媒体中心项目获得 2019 年中国报业媒体融合优秀案例特别奖。深耕有温度、接地气的本地新闻，通过新媒体技术与平台包装内容、传播内容，让群众不仅成为内容的接收者，也是内容的创造者与参与者。海沧区融媒体中心坚持集约发展，均衡技术发展与内容质量，一方面运营新媒体平台，了解社交媒体传播特点；另一方面着力内容原创，联系群众生活，逐步探索出"形神兼备"的内容建设特色。

1. 坚持内容为王，移动优先

在新华社看来，海沧区在县级融媒体中心建设中初步形成了"海沧模式"：一是坚持内容为王，原创内容是王中王；二是坚持小屏为主、移动优先化；三是坚持"轻资产、重内容"，这是对某些地区县级融媒体中心建设"资本狂欢"的正本清源。海沧区融媒体中心系统建设，包括软硬件，新增投入不到 200 万，整个融媒体中心不超过 60 人。

内容生产方面，海沧区融媒体中心坚持"向内向下"的宣传视角，"说人话、接地气、重民生、讲情怀"，始终专注于本土原创内容的生产，着力生产出有思想、有温度、有品质的内容。按照新华社的说法，海沧区融媒体中心最大的特色是"先有神，再有形，继而做到形神兼备"。这个"神"，就集中体现在官微"今日海沧"。

"今日海沧"自 2017 年上线两年多来，持续推动习近平新时代中国特色社会主义思想和党的十九大精神在基层落地生根，紧紧围绕区委中心工作，围绕着人文、教育、医疗、交通、城区、产业等主题，全年 365 天无休，坚持每天推出高质量原创内容。

截至 2019 年 12 月，"今日海沧"共有粉丝 13 万，绝大多数是海沧居民，这对总人口 52 万的海沧区而言，转化率高达 1/4。共推出原创内容 1200 条，有一些优质的公众号推文单篇阅读量突破 10 万，单篇点赞量超过 16000 人次，稳居全省政务新媒体第一阵营，最好成绩是全省第一。

为了避免把政务新媒办成地方领导的"秀场"，海沧区委专门出台了规定，不允许在"今日海沧"出现区主要领导的姓名、职务、特写，真正将镜头与画面留给群众。把新思想、正能量、人文情怀等用讲故事的方式，讲给海沧人听。

2. 讲好海沧故事，增强传播能力

故事是传播之王，讲故事的能力是最重要的传播能力。用一位哲人的话来说，就是"讲故事100分，讲道理60分，一个故事胜过一打道理"。在内容的生产中，海沧区注重话语方式的创新和故事化的呈现。广大海民说，"今日海沧"是老百姓自己的话语平台。

以讲好人文故事为例。有一次，中纪委网站头条点名表扬了厦门苏颂家族的家风家训，"今日海沧"第一时间推出相关专题报道《重磅！厦门这个家族被中纪委点名了，怎么办？》，头条号单篇阅读量超过26万，在社会各界引起了强烈反响。如今，海沧区贞岱村、凤山村的苏颂后人，还定期开会讨论如何更好地弘扬苏氏家风家训。两年多来，"今日海沧"共推出人文题材报道120多篇。

以讲好教育故事为例。近年来，海沧区政府与北京师范大学、华中师范大学、东北师范大学等国内教育机构合作，促进了教育的优质均衡发展。《海沧：这处外来子女占80%以上的"教育洼地"，是怎样蜕变的》，阅读量超过1.6万，留言400多条，报道通过翔实的资料与生动的分析报道了华中师范大学在海沧区合作办学的成效，得到了广大家长和社会人士的认可。两年多来，"今日海沧"共推出教育类报道500多篇，总阅读量300多万。

以讲好产业故事为例。2017年12月18日下午，中国按IDM（全产业链条）运营的芯片龙头企业——杭州士兰微电子股份有限公司与海沧区政府签订战略合作框架协议，"今日海沧"推出《重磅！国家集成电路产业"芯"突破，总投资220亿元的士兰微电子项目落户海沧》，单篇阅读量超过25000，获得点赞10592个。两年多来，"今日海沧"共推出集成电路的报道80多篇。

除了讲好本土故事，围绕厦门金砖会晤、党的十九大精神宣传、扫黑除恶专项斗争等重大节点，海沧区融媒体中心以新媒体担纲，采取"线下活动+线上新媒推广"相结合的方式，展开了一波又一波很有影响力的宣传报道。

有了"神"，海沧区融媒体中心通过高位嫁接新华社新闻信息中心、中科院等资源，从"人才、渠道、平台、技术"等方面发力，逐步成"形"，打通基层宣

传思想文化工作"最后一公里"。

3.着力内容,海沧模式初有成效

海沧区融媒体中心的探索实践,得到业内人士的认可。2019 年 9—10 月,海沧区委宣传部相关负责人先后受邀到新华社、北京大学新媒体研究院和黑龙江省委宣传系统做专题经验交流;11 月,全国网信工作指导刊物——《网络传播》专门刊文介绍海沧区融媒体中心建设的相关成果。12 月 4 日,在福州召开的 2019 中国报业技术年会上,海沧区融媒体中心项目获得 2019 年中国报业媒体融合优秀案例特别奖,系全国获奖的唯一区县,代表业界最高水平。12 月 4—5 日,由新华社新闻信息中心、新华社国家高端智库传播战略研究中心、中共厦门市海沧区委员会共同主办的"县区融媒体中心建设海沧论坛"在海沧举行,来自全国 28 个省的县级融媒体中心代表和专家学者近 200 人齐聚一堂,围绕着县区融媒体中心建设的议题进行深入探讨交流。可以说,海沧区融媒体中心的内容生产模式及其特色,已受到学界、业界广泛关注。

4.技术创新加速海沧融媒未来发展

海沧区融媒体中心未来将按照中央的部署,一步一个脚印,切实发挥好引导群众、服务群众的作用,在"用"上多下功夫,持续产生实效。进一步打通区融媒体中心与新时代文明实践中心,统筹建设好两个"中心",使之互相借力、形成合力,切实做好宣传群众、教育群众、关心群众、服务群众工作;做大做强"云上海沧"客户端,通过服务增强用户黏性,让群众有获得感,实现虹吸效应。同时还将导入新华社"MAGIC"智能生产平台、直播可视化、AI 合成主播、360 拍摄等先进技术,在新时代运用新技术新手段满足受众需求。除了及时推送与群众生活息息相关的民生内容外,如何更好地运用融媒体中心服务群众,是海沧区融媒体中心重点思考的问题。如今,海沧区正将所有的政务服务、便民服务、媒体服务等聚合到"云上海沧"APP 客户端,与市级平台"i 厦门"对接,做到"智慧城市"的延伸。只有增加用户黏性,实实在在地服务群众,才能更好地引导群众。

(三)海沧区融媒体中心存在的问题

1.融媒体中心发展可持续需加强盈利手段

目前厦门市海沧区依据内容优势,逐步建立了富有海沧区特色的县级融媒体中心。但融媒体中心还缺少"造血"能力,需要加强赢利手段,在利用好财政补贴的情况下,为自身发展谋求更多经济价值,为县级融媒体中心持续在基层传播党的声音提供技术、人员等支持,使融媒体中心发展可持续。

2. 全媒体格局还应联动传统媒体

厦门市海沧区县级融媒体中心是当地宣传部门作出的脱开传统媒体机制,在体制外成立县级融媒体中心的大胆尝试,这一全新模式发展,对多数围于体制机制难以开展工作的媒体机构来说,有极大的参考价值。但还应看到媒体融合的最终目的是构建媒体机构与政府部门、群众间的联动机制,全媒体格局中也应有传统媒体的作用。

第三节　连接智慧城市:县及融媒体中心的服务凸显

媒体融合在基层社会如何更好地引导舆论,如何更好地贴近群众需求,是县一级宣传部门亟须思考的问题。县级融媒体中心在建设伊始,就承担了服务群众的重要职责,在发挥媒介属性保护舆论阵地的同时,开创连接政府与群众桥梁的社会功能也一直受到关注。

在这之中,智慧城市的概念伴随互联网技术在我国基层的不断普及、发展,成为县级融媒体中心建设中的关键之一。智慧城市正是将信息革命的优秀成果运用在城市发展的各个环节,帮助政府提升城市服务质量,实现城市服务动态管理,简化行政流程,实现信息化与城乡一体化的深度融合,从而提升群众生活质量。县级融媒体中心的社会服务属性与智慧城市建设在一定程度上不谋而合。

县级融媒体中心在基层社会如何发挥杠杆效应,以小体量撬起群众需求,不断提升自身传播力、引导力、影响力与公信,做好优质内容的同时,社会功能的辅助必不可少。目前已经开展智慧城市建设的县级融媒体中心,主要利用移动互联网与手机等智能便携设备,通过公众号、小程序等方式,在"媒体功能+政务功能"和"媒体功能+服务功能"的理念框架下,从单纯的新闻宣传向公共服务领域拓展,同时增强互动性,向多元互动传播功能延伸,提供综合化服务,以满足用户在政务服务、生活服务、教育培训等方面多样化的需求。本节选取甘肃省玉门市融媒体中心、四川省绵阳市游仙区融媒体中心与四川省眉山市仁寿县融媒体中心作为案例,探究其重视智慧城市发展,连接群众与政府部门的桥梁作用,以此壮大舆论引导作用。

一、甘肃省玉门市融媒体中心①

玉门市是甘肃省酒泉市下属的县级市,地处河西走廊西端,有良好的工业基础,经济发展水平位于全省县级市前列。

玉门市融媒体中心成立于 2018 年 8 月,隶属于玉门市广播电视台,是广播电视台主导媒体融合的典型案例之一。玉门市融媒体中心以"新闻+政务+应用服务"为思路建设融媒体,打造以云计算技术基础、集"一中心四系统"和"爱玉门"APP 为技术架构的融合媒体共享平台,统一管理各种计算、存储、网络、数据、服务等资源,打通频道、频率、纸媒、新媒体等各端口,优化配置,提高资源利用率,实现多来源汇聚、多工具编辑、多渠道发布,推动媒体转型升级和融合发展。

玉门市融媒体中心的特点和创新之处有:广电主导,积聚势能;技术落地,激活动能;资源整合,释放潜能;服务升级,提升效能。同时,玉门市融媒体中心建设也存在体制不顺、人财紧缺、体量过大等问题。据此,下文将从创新工作和经营方式、增强行政力量支持力度、进一步整合资源并挖掘数据价值三个方面,为玉门市融媒体中心长期发展提出针对性的对策建议。

(一)玉门市融媒体中心建设情况

玉门市融媒体中心建设与智慧城市建设结合紧密。早在 2016 年 4 月,玉门市将玉门广播电台、电视台、新闻中心整合,成立了玉门市广播电视台,理顺了广电管理体制,优化了内部人力资源。此后,玉门市广播电视台以"智慧玉门"项目为依托,建成了覆盖城区公共区域的免费无线 WiFi,通过资源置换户外 LED 大屏 4 块,在城乡安装调频音柱 1000 多台,吸引"两微一端"粉丝接近5 万,建成了覆盖城乡的立体宣传网络。

基于已有的工作,2018 年,玉门市广播电视台投资了 1108 万元,以"新

---

① 以下数据、资料如无特殊说明,均来自实地调研,由玉门市融媒体中心官方提供。

闻+政务+应用服务"的融媒体建设为思路,建设了"一中心四系统",即"祁连云"数据融合中心和融媒体生产、指挥、媒资管理、全景演播室四个系统;同年8月中旬,试运行以"爱玉门"APP(于2016年上线)为技术架构的云计算融合媒体共享平台,实现了媒体资源的统一调度与流程再造;这一年,玉门市还被确定为中宣部重点联系推动的全国65个县级融媒体中心建设县市之一(甘肃省2个,分别是:玉门、华亭);同年12月18日,玉门市融媒体中心挂牌成立。2019年,玉门市与甘肃省级平台——"新甘肃云"融合,实现指令下达、云稿库共用等功能;同年12月,融媒体中心完成信息安全等级保护(三级)测评,全市各单位信息系统向"祁连云"迁移,为数据共享共用奠定基础。

经过实地调研,以下将从技术支持、平台运营、经营管理、人才队伍建设四个方面介绍玉门市融媒体中心的建设现状。

1. 技术支持

玉门市融媒体中心的建设,由成都索贝数码科技股份有限公司(以下简称"索贝公司")提供技术支持。该公司主营业务是为融媒体业务提供解决方案和个性化设计,掌握着较为先进的县级融媒体中心建设技术。

玉门市融媒体建设以"新闻+政务+应用服务"为主要思路,致力于打造以云计算为技术基础,以"一中心四系统"(如图3-19所示)和"爱玉门"APP为技术架构的融合媒体共享平台,统一管理各种计算、存储、网络、数据、服务等资源,打通频道、频率、纸媒、新媒体等各端口,优化配置,提高资源利用率,实现多来源汇聚、多工具编辑、多渠道发布,推动媒体转型升级和融合发展。

其中,"一中心"即"祁连云"数据融合中心,由公有云和私有云组成,为融合媒体和政务部门统一提供计算、存储、网络等基础云服务。"四系统"包括"融媒体生产系统(中央厨房)"、"融媒体报道指挥系统"、"融合媒资管理系统""全景演播室系统"。

"融媒体生产系统(中央厨房)":囊括云线索汇聚、手机回传、图文编辑和全媒体发布工具,同时还植入了语音写稿、脸部识别、打点拆条等人工智能技术,从而建立统一的内容平台,目前融媒体生产系统可以实现文字、视频内容的资源共享,具体如图3-20所示。

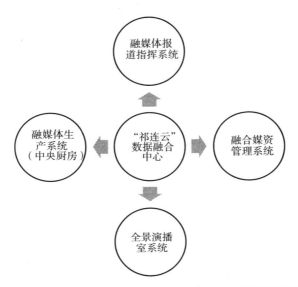

图 3-19　玉门市融媒体技术建设"一中心四系统"结构图

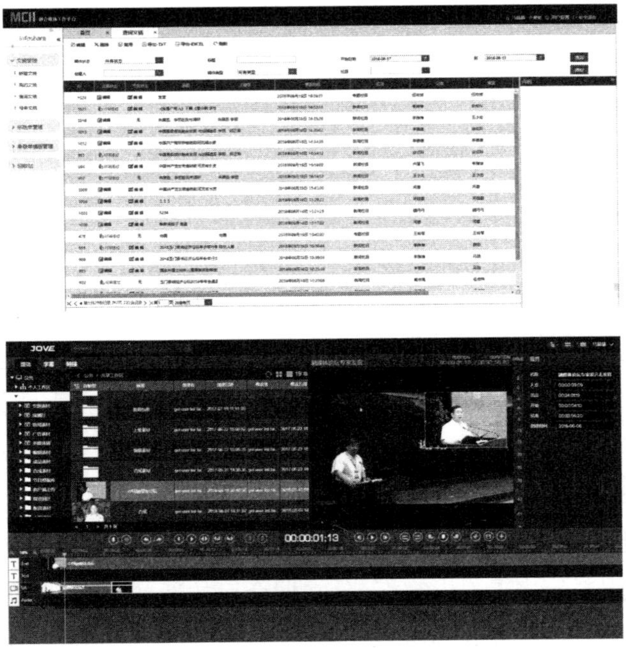

图 3-20　融媒体生产系统文字及视频内容编辑页面

"融媒体报道指挥系统":以数据为核心,对生产流程进行全程监控,利用大数据分析互联网信息汇聚和网络舆情;通过 GIS 地图,对突发事件进行直观调度采编资源;收集用户数据,评估新闻影响力,并通过建模分析,得出用户的消费习惯,为融媒体运营与舆论引导提供策略依据;跟进节目策划制作,根据反馈随时调整。

"融合媒资管理系统":为融媒体发展提供全媒体资源支持、超大容量存储空间、高效内容管理引擎,而且具备智能检索、上传、下载、自动精细编目等全套功能以满足节目制播需求。

"全景演播室系统":功能范围扩展到社交媒体平台等新媒体平台上,划分为五个区域,即:新闻播音区、访谈区、互动区、栏目采访区、虚拟演播区,从而实现场内外的交互联动。

目前,上述融合媒体共享平台已搭建完成并经过试运行后成功上线。后期,玉门市还将致力于建立全方位的用户服务管理体系,不断提升内容传播力。采用通用、兼容性好的软硬件基础架构,为未来服务于"祁连云"的各种类型的信息系统奠定基础。建立符合广电各项安全制度及标准要求的安全保障体系。制定所需各类接口规范,从而完成系统集成。

2. 平台运营

玉门市广播电视台融媒体中心的运营工作主要围绕指挥中心开展。指挥中心设置有九块大屏,可以将融媒体生产系统、融媒体报道指挥系统、融合媒资管理系统、全景演播室这四个系统中的内容按照需求展示在屏幕上,通过实时传输和跨屏互动的模式确保指挥中心具备集中指挥、采编调度、高效协同、信息沟通等功能。玉门市广播电视台台长李某某对指挥中心的定位是资源聚合、流程再造的"资源池"。以指挥中心和集成工作平台为支撑,融媒体中心形成了一套新的运行机制,体现在新闻的"策、采、编、发"等环节上。集成工作平台如图 3-21 所示。

在策划上,指挥中心的工作人员通过大数据热点信息分析、地方政务或媒体发布、用户爆料等多渠道内容汇聚,掌握全面的新闻线索,并在此基础上策划新闻选题。确定好选题和需要获取的信息后,在平台上直观地调度采访资源,向外出记者指派相应的采访任务,也可通过 GIS 地图和记者沟通具体的地

图 3-21 融媒体中心新闻"策、采、编、发"集成平台

理位置,防止因信息不对等造成的资源浪费。

在采访上,有现场直播和素材回传两种途径。针对一些重大活动或突发事件等需要现场感的新闻,前线记者通过手机 APP 与指挥中心连线,将直播现场画面第一时间传送到前端,这样指挥中心就可以在第一时间根据现场情况调整报道方向。对于其他需要后期编辑的新闻,则将采集到的图文、视频、音频等多媒体格式的素材即时回传至平台中的内容库,也可以为了节省时间和流量先进行一些简单的处理,比如视频截取、加字幕、加特效后传入内容库,等到时间充裕时再做精细化处理。内容库如图 3-22 所示。

图 3-22 融媒体中心内容编辑页面

通过智能分析技术对多信源收录的素材进行语言识别、人脸识别、片段识别、语义分析等,该系统实现了自动聚合、自动标引和自动拆条入库,按照新闻主体、主题、类型等将素材分门别类存储。基于资源共享的理念,系统内的记者、编辑按需检索和使用内容库中的素材,省去了交接拷贝的烦琐流程,促进信息资源的自由流通和高效利用。素材同步才能确保步调一致、消除杂音,这也是提高县级媒体影响力的基础。

在编辑上,融媒体中心负责的是传统广播电视新闻和新媒体新闻的生产。虽然生产模式大不相同,但可以调用同样的素材,借助融媒体生产系统完成。

针对广播电视新闻,可以根据视频的内容对照编写新闻稿,包括导语、正文、同期声等,参照语速调整文稿的长度。改造过的高清全景演播室与指挥中心相连,由指挥中心利用大数据统筹电视节目制作,实现画面内容的即时传送和跨屏互动,从而为观众提供更具临场感和生动性的视觉享受。

针对新媒体稿件,不需要调动专业的图片、音视频处理软件就可以对文字、视频、图片等格式的多媒体素材进行智能化编辑和混合编排,既可使用系统中预嵌的 1300 多种样式,也可自行往后台中添加新的样式,还能即时制作短视频、GIF 动图、动画特效、花式字幕、配音等增加趣味性,从而达到一次性生成适应微信公众号、微博、网站、APP 等互联网发布形态的稿件。处理视频时,融合生产系统上进行的主要是一些简单的粗编工作,但是和电视台的精编工作站格式互通,可以在专业机器上完成后续的节目合成。

在发布上,经过逐级审核的稿件可以一键推送到"爱玉门"APP、"玉门新闻"微信号、"玉门新闻中心"微博等多个平台,节约时间的同时提升了不同平台、渠道之间多向传播的能力。稿件发布后,融合平台可以收集用户数据,分析用户的行为习惯,科学评估传播力和影响力,以此为指导提供运营策略、策划后续节目,形成一个生态闭环。

除了新媒体文稿的编排外,上述的各环节都可以通过手机 APP 实现。遇到一些紧急或突发情况(如图 3-23 所示),工作人员可以"轻装上阵",随时随地开展工作,打破了设备、场景之间的界限,真正提高新闻生产的时效性和可读性。

以指挥中心和工作平台为核心的运营工作不仅解决了生产效率的问题,还解决了人员绩效考核的问题。工作系统不仅可以对任务流程进行监控,及

图 3-23　融媒体中心舆论监测页面

时发现热点或异常情况,还能将每个人的工作量、工作成果记录存档,作为考评的重要依据,调动工作积极性。

3.经营管理

在外部机构关系上,融媒体中心主要由广播电视台主导,整合和重组的也是广播电视台原有的内部资源,包括媒体平台、工作人员、硬件设施等。市委宣传部作为广播电视台的管理机构,并没有直接给予资金上的支持,而是从宏观上对建设方案的整体方向进行把关,对域内的广播、电视、政府网站、纸媒等资源进行职能的划转和整合。

广播电视台和索贝公司则采取招标制的形式进行合作。广播电视台在对融媒体工作领先的县市进行实地调研考察,邀请知名度较高的厂商进行技术沟通和交流后,形成需求,撰写招标文件,让厂商呈报技术设计方案,从中筛选最优。双方于 2018 年 3 月 15 日签订合同,项目搭建资金为 1108 万元,包括系统集成建设、演播室搭建、指挥中心搭建、高清频道建设、室内装修等。6 月下旬完成系统集成建设,8 月初完成搭建,8 月 15 日正式投入使用。1108 万元的资金来源主要是政府配套资金、前期广告收入和广播电视台自行申请到的 600 万元中央财政文化专项资金。

在内部组织架构上,融媒体中心将原广播电视台新闻部、编辑部、专题部、制作部、新媒体部等进行了整合,并重新构建了内部机构。目前,玉门市融媒体中心计划设立以下五个内设机构:

综合办公室（政策研究室），负责中心日常事务和综合协调工作，承办公文、信息和信访、档案、保密、接待联络以及重要会议筹备工作；负责重要文件和会议决定事项的督查工作；负责统计报表、人事劳资、财务管理工作；统筹处理党政、综治、后勤服务、安全保障等工作；负责该中心职工的日常考核和年终考核工作；负责整理研究中央、省、市关于融媒体和广电事业建设的政策措施，提出相对应的项目可研论证和具体实施方案。

总编室（创意孵化部），负责制订宣传工作计划、阶段性工作报道计划，统计和分析宣传成果，充分发挥舆论引导和监督作用；负责策划重要新闻、专题报道及重大主题活动的报道；负责审查、校对和监制融媒体的新闻稿件，制订刊播计划以确保刊播安全；审查引进的广播电视节目；负责学术交流、作品评优、对内对外通联工作，抓好通讯员队伍、网点建设；负责各类音视频、图片收集、分类、存档工作；负责向融媒中心和社会层面征集事关事业建设和业务发展的金点子、新创意，并进行预论证评估，对具有可行性的创意实施孵化等。

信息采编部，执行总编室制订的报道计划，统筹安排新闻采访和编辑、发布工作，办好办活各类广播、电视、新兴网络媒体等融媒节目，积极主动向中央、省、酒泉各级新闻媒体报送玉门新闻信息；协助和配合上级媒体和新闻单位来我市采访及其他工作；负责"爱玉门"APP、微信、微博后台维护、管理工作等。

专题文艺部，承担广播电视各类文艺节目、专题栏目、纪录片的策划、采访、编辑、制作工作；负责社会公益广告和应急信息制作事务；完成全年节目创优和上送稿件任务；做好大型文艺活动的策划与组织和市内重要会议、重大活动的现场直播、录播任务；增加民生类、社会监督类、文化生活类的自办节目体量，不断丰富节目形式以提升内容品质，拉近媒体与群众的距离等。

技术部，负责全市广播电视"村村通"无线发射节目转播的监听监看；负责自办广播电视节目安全播出、中央广播电视节目无线数字化覆盖工程的运行维护工作；负责融媒体共享平台的运行、维护、保障、与智慧城市服务功能的融合及与其他网络平台对接等技术工作；保障中心所需播出技术设备维护管理和安全运行，尤其突出重大活动、重要节日和敏感时期安全播出；负责广播电视技术类、播出类报表的统计上报工作等。

　4.人才队伍建设

　　人才队伍方面,由于玉门市融媒体中心建设由玉门市广播电视台主导进行,因此对人才队伍统计范围主要包含玉门市广播电视台的综合办公室、总编室、信息采编部、专题文艺部、技术部等工作人员。这些工作人员也均是玉门市融媒体中心新闻采编系统的成员。据统计,截至 2019 年 3 月,参与玉门市融媒体建设的相关工作人员一共 58 人,以下将从年龄、学历、专业、编制四个角度对其人才队伍进行数据统计分析。

　　在年龄结构上(如图 3-24 所示),主要以 30—39 岁和 20—29 岁两个年龄段居多,分别有 24 人(占比 41.38%)和 18 人(占比 31.03%)。40—49 岁共 7 人,占比 12.07%,50 岁及以上共 9 人,占比 15.52%。总体而言,虽然该团队中生力军力量相对充足,但也面临老龄化的问题。

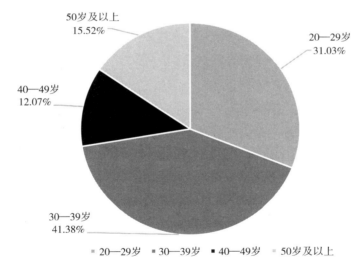

　　　　图 3-24　玉门市融媒体建设工作人员年龄分布图

　　在学历结构上(如图 3-25 所示),该团队成员中的 36 位为本科学历,占比 62.07%,22 位为大专及以下学历,占比 37.93%,该团队的学历层次以中高学历占多,但高端人才仍显不足。

　　在专业结构上(如图 3-26 所示),该团队以文学或传媒型人才和管理型人才为主,其中管理学专业背景的工作人员有 12 人,汉语言文学专业背景的

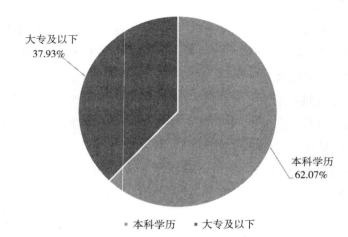

图 3-25 玉门市融媒体建设工作人员学历分布图

工作人员有 11 人。此外,播音主持专业和广播电视编导人数也相对较多,分别是 5 人和 4 人。

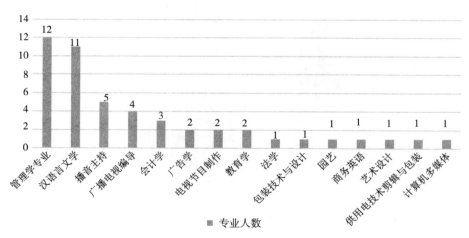

图 3-26 玉门市融媒体建设工作人员专业分布图

在编制结构上(如图 3-27 所示),有 35 位工作人员为在编状态,占比 60.34%,其他 23 位工作人员为临聘人员,占比 39.66%。在编制问题上,为配合融媒体工作的开展,玉门市广播电视台于 2016 年便开始了体制调整,将机构资源和人力资源加以整合。

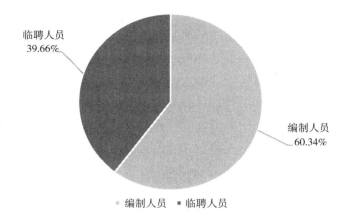

临聘人员
39.66%

编制人员
60.34%

■ 编制人员 ■ 临聘人员

图3-27 玉门市融媒体建设工作人员编制分布图

目前对体制内的工作人员而言,玉门市通过行政手段,将广播电视台编制划进融媒体中心;对体制外的工作人员而言,电视台成立了云鼎玉传媒公司,由融媒体中心运营和考核,并将编外人员划进该公司。不同编制的工作人员通过上述两种渠道进行薪酬分配。

在绩效考核上,玉门市电视台也在不断地摸索和尝试。目前,融媒体中心采用"岗位等级工资+工作量+工作成效"的绩效考核方式,即根据工作进度评估工作完成任务量,同时借助传播量统计数据,如稿件转发量等,对工作成效与工作能力进行量化考核。

(二)玉门市融媒体中心的智慧城市建设

玉门市融媒体中心建设脱胎于智慧城市建设,前期以智慧城市建设为契机所开展的机构重组和资源整合为后续融媒体中心建设打下了坚实的组织基础。融媒体中心建设以"引导群众、服务群众"为引领与智慧城市建设方向相契合,进一步形成了以融媒体中心为支点,以智慧城市建设为目标的发展路径,即通过融媒体中心建设凝聚当地社会共识、提升城市服务力与竞争力,强调对实际问题的解决及对社会效益的提升,成为玉门市融媒体中心建设的一大特色。

1. 广电主导,积聚势能

玉门市融媒体中心是广播电视台在新形势下探索发展路径、重夺主流媒体话语权的一次尝试。最早,玉门市的媒体改革实践是以"智慧城市"为契机提升广播电视台的传播力、引导力和影响力。对此,玉门市广播电视台台长李某某谈道:

> 2016年,广播电视和新闻中心整合之后,首先面临的就是传统媒体职能弱化的问题,当时就提出了单位存在感这个概念。我们考虑今后的发展方向是什么,怎么来提升我们作品的收视率和知晓率,我们做了一些调研,研究大家喜欢看什么样的东西。针对年轻收视群体习惯改变,我们有针对性地开通了微博、微信公众账号,并争取到了市里的智慧城市项目,前期工作的成效较为突出,同年就实现了两微一端齐全,微信关注量达到8000人,"爱玉门"APP总注册用户数达到17000人,2017年时广播电视台的广告费已经达到了200万元。

面对县级媒体影响力不足的问题,玉门市融媒体中心建立公共信息和新闻信息首发机制,凡涉及全市民生服务、惠民政策、公示公告等具有公众性的信息,由其通过传播矩阵第一时间对外发布;打响短视频快闪品牌,《书记为企业家打伞》短视频一经发布,点击量当日突破500万次,《疯狂审改》、《丝路明珠·油城玉门》、《玉门改革开放40年》、《瞰玉门·享自然》、《玉门城市MV》、《新中国成立70周年》等短视频快闪推出后,最高点击量达300万次,短视频成为县域媒体提升影响力和创收的主打产品之一。

广播电视台的思路前沿,具备较强的内容生产和经营管理实力,申请到财政专项资金后在人才、技术、资金等方面优势凸显,有条件和能力发挥核心的作用,引领融媒体中心的建设,确保每项措施落到实处。玉门市广播电视台作为县内规模最大、音视频生产能力最强的传统媒体,在各方面都较为强势,建成后的融媒体中心在传统媒体和新媒体资源的调度和融合方面可以省去很多由于机构壁垒而导致的沟通低效问题。

2.技术落地,激活动能

通过招标的方式,玉门市和索贝公司达成技术合作。相较其他提供类似服务的公司,索贝公司的优势在于:一是系统功能完备、易上手、好操作;二是有丰富的与县级媒体机构合作的经验,大型产品均进行过轻量化处理。索贝公司在已有技术架构的基础上,根据玉门市的实际情况对产品进行了适应性调整,并为玉门市定制了移动端审片功能,极大地提高了策采编发的工作效率。

从起初的搭建期和试运行期到后期的维护、解疑释难、技术保障,索贝公司相关技术人员持续驻守在玉门,为其提供技术支持,攻克诸如数据迁移、端口打通等技术难题。此外,索贝公司还为玉门市融媒体中心工作人员开展数期业务培训,帮助玉门市提升融媒体人才队伍的技术能力和素养,为玉门市融媒体中心建设实现从工具到人才的技术赋能。

3. 资源整合,释放潜能

在平台资源整合方面,玉门市融媒体中心站位高远、视野开阔。从浅层看,将下属的广播、电视、"两微一端"、实体的户外 LED 大屏的内容生产同步运营,形成一个庞大的媒体资源聚集池,信息共享、渠道互通、上下协调,由平台统一管理和运营。从深层看,通过对区域内机关事业单位和社会自媒体平台进行整合,推动形成了覆盖广泛的传播矩阵。公共信息在不同性质的平台上流动和再现,深化丰富内涵,让县内各媒体在了解彼此动向、交换资源的同时塑造并强化共识。对此,玉门市广播电视台台长李某某的态度始终是坚持开放共享:

> 我们在内容方面做了好几件事情,我说你们(员工)别管我们的粉丝量,我们尽可能吸粉,对外是开放的,就管传播效果……只要我的东西做出来有传播效果就行……只要大家都转了就行……这个应用到我们地方是适合的,但是应用到全国可能不适合,这涉及产权保护的问题。我们主流媒体的作用和功能到底是什么,就是做一些好内容,不管它在哪个平台,可以对任何渠道开放,不能守着自己的平台不放……我还是坚持开放共享,只要传播力和影响力有了就行。

在信息资源整合方面,首先是内容生产流程的深度融合,将电视台中的各生产要素加以整合,打破以往部门各自为战的状态,提高工作的及时性和协同性,以集中化的资源反哺多样化的渠道,具体表现在:协同报道不只运用在节庆、重大场合、重大主题报道中,而是形成了常态化的生产流程;重视融媒体素材及成品的二次传播价值,即不仅视融媒体中心相关材料为可以直接摘取或转载的成品,还将其作为半成品资源的聚集池,重视线索尤其是对用户生产内容的搜索和挖掘。其次是信息资源采集或处理主体的多元拓展,融媒体中心计划从专家和用户两方面来建立"广电智库",以填补人才缺口,提升内容采编能力和舆情监控能力。一方面,邀请新闻和舆情方面的专家学者提供智力支持;另一方面,通过大数据分析,将用户反馈及其生产的有价值的内容纳入智库,为其提供一个更具公信力和权威性的发布平台,同时将基层百姓变为"通讯员",倡导"全民记者"以拓展信息汇集渠道,为舆论引导积累素材并壮大主体力量。

4.服务升级,提升效能

玉门市融媒体中心的功能定位为"新闻+政务+应用服务",依托"祁连云"数据融合中心拓宽业务范围,超越单一的新闻传播功能,不仅为媒体和政务部门统一提供计算、存储、网络等基础云服务,而且可以连接、分析和整合城市运行中核心系统的各项关键信息,将政务服务、政府信息公开、生活服务等有机嵌入融媒体中心的工作,借助融媒体中心统揽智慧城市建设。

以"爱玉门"APP为例,APP中设置有新闻资讯、直播、商超、票务、政务在线、爆料、同城交易、招聘等多个模块,还专门开设了《民声问政》、《百姓有话说》、《随手拍》等舆论监督栏目,是玉门市将党宣工作与融媒体工作相结合的重要尝试。除了党政类的新闻资讯,"爱玉门"还为用户提供了覆盖衣、食、住、行的便民信息、政务服务和生活服务,以及搭建了一个具有地域特色的、由同城网友组建的社区。用户可以在"互动"板块中针对县内的公共事务畅所欲言、交换意见,提供新闻线索,维护个人权益。从这一角度看,"爱玉门"APP像一个线上的玉门"议事厅",同时也可以是一个私人的互动平台,供用户发布和交流摄影作品、生活经验、思绪感悟等,维系社区成员的身份认同。

按照"一地一端"原则,以"一端管全部"为目标,通过广泛融合,"爱玉门"APP推出"智慧工会"、"文明实践云"、"智能快递柜"、"智慧医疗"、打车等服务板块,带动粉丝增长近1万人,平台活跃度不断提升。开设行政审批线上平台,为群众和企业提供申报审批、注册办证、社保医保等服务,目前690个办理事项可以通过客户端查询、填报资料、预约办理时间。"爱玉门"APP和"活力网格"联动运行,对三级网格管理实行扁平化管理和信息化管理。群众在"爱玉门"APP上表达的诉求、反映的问题可同步到社会治理信息系统,分发全市各部门进行处理,并在"爱玉门"APP反馈结果,最大可能地使群众的网络诉求得到妥善处理。目前,共收到各类留言 1132 条,经过分析研判合并归类,由相关职能部门回复解决 245 条,针对群众提供的新闻线索采访新闻 213 条,回复率 40%。2019 年 1—11 月,"爱玉门"APP 总访问量 135.7 万人次,较 2018 年增长 33.3%,日平均活跃度 1500 人;2019 年系列快闪和精品视频内容全网播发量 261 条,是 2018 年的近三倍。此外,借助融合智能化技术,在"爱玉门"APP 首次实现了阿里云 AI 机器人播报新闻、语音识别转写同期声字幕和听写新闻稿件等功能。

(三)玉门市融媒体中心发展中存在的问题

虽然玉门市融媒体中心在智慧城市建设方面成就显著、特色突出,但在实际运作中还是存在体制不顺、人财紧缺、体量过大等问题。

1. 体制不顺影响深度融合

融媒体中心隶属于玉门市广播电视台,并没有单独建制,因此在编制、职能、人才和资金投入等方面缺乏支持和保障。目前的融媒体中心仅仅存在于名义上,这带来的主要问题有:

一是组织架构不完善。由于刚刚建成,目前的融媒体中心仅仅只是将原来新闻部、编辑部、新媒体部、制作部的工作人员纳入了集成工作系统,还未按照职能重新划分部门,因此也未能健全相应的组织架构和管理体系以适应新的技术平台和生产模式,工作人员一时之间难以完成身份转变。如何进一步整合和调配资源,加强各部门之间的沟通协调,从日常工作、管理、绩效考评、身份认同等方面形成一体化的组织结构和传播体系,将是下一阶段工作的重点和难点。

二是行政级别较低,发挥空间受到限制。目前融媒体中心的工作只涉及广播电视台内部资源的整合,运行起来还较为顺畅。但是后续拓展,尤其是"智慧城市"建设必然会牵涉县内其他媒体机构和政务部门,级别和权限不够的问题可能会制约融媒体中心发挥中枢协调和统筹调度功能。

三是编制不足导致"同工不同酬"。融媒体中心的人员编制还是在广播电视台原有的规定数目之内,编制紧张。对此,玉门广电通过成立公司为编外人员提供公司化薪酬绩效优化方案,本意是延揽更多人才,扩充基层人员力量,但是却导致"同工不同酬"的现象,对体制内工作人员的积极性造成打击。

2. 人财紧缺阻碍持续融合

人才和资金是目前包括玉门在内的县级融媒体中心建设和发展过程中的两大痛点。

首先是专业人才匮乏,对技术的运用和维护能力较低。玉门地处偏僻,广播电视台的事业单位编制对高端人才缺乏吸引力。同时,玉门市没有与其工作实际相匹配的特色人才引进政策,导致了广播电视台没有用人自主权,靠人社部门招聘的工作人员往往难以胜任媒体工作。目前只能通过购买社会服务的方式填补人才和技术缺口,但这种方法终究"治标不治本",对平台的后期维护和创意应用还是需要加强人才队伍的建设和培养。

其次是资金紧缺。融媒体中心前期建设较为顺畅主要是由于获得了中央财政专项资金 600 万元的补贴和前期依靠"智慧城市"取得的营收,但是后续在平台维护、人才引进和培训、智慧城市建设等方面还需要投入大量资金,目前并未得到更多的财政专项支持。后续资金的保障以及自身造血方式的拓展是玉门市融媒体中心建设工作下一阶段面临的重要课题。

3. 县域单体亟待联动融合

"新闻+政务+应用服务"的模式对于玉门市融媒体中心建设主体——玉门广电而言实际上是一种超负荷的规划设计。为实现政务功能,首先要在底层技术层面搭建智慧云平台,为县内媒体和政务部门提供基础云服务,实现政务部门信息端口的统一和数据迁移,在此基础上在"爱玉门"APP 或其他平台中嵌入政务服务功能,连接政府机构职能。这其中牵涉的数据过于庞大,有些涉及国家信息安全、公民个人隐私和财产安全等问题,玉门市广播电视台自身力量和权限级别能否支撑数据运行的稳定性和安全性尚且存疑。为实现缴费、票务等生活服务功能,则势必要与已经占据市场优势地位的垂直类生活服务 APP 或网站竞争,广播电视台目前的人员和技术力量可能尚不足以和以资本为驱动的商业公司争夺用户。因此,玉门市融媒体中心建设向纵深推进需要加注更多合力。

(四)玉门市融媒体中心的未来发展策略

玉门市融媒体中心建设已积累了一定的基础,并探索出融媒体与智慧城市建设相辅相成的特色发展模式。下一步,玉门市应在创新工作和经营方式、增强行政力量支持力度、进一步整合资源并挖掘数据价值三个方面着力,推动智慧城市建设真正落地。

1. 创新工作机制,实行"双轨制"经营

玉门市融媒体工作主要是由电视台主导开展,在工作机制上基本沿袭了传统媒体的思路,部门设置分为传统的新闻部、编辑部、新媒体部、技术部。未来玉门市真正的融合模式,应当是打破部门壁垒,重塑内容生产流程,升级传统生产和传播模式。针对同工不同酬、人才编制有限等问题,可以效仿江西省分宜县的做法,成立自主经营的文化传媒公司负责融媒体中心的经营创收,不仅可以实现中心和公司的机构分开、人员岗位分开、业务流程分开、财务安排分开、考核评价分开,同时通过薪酬分配改革确保体制内外的工作人员以同样的绩效考核标准"同工同酬",避免出现工资待遇和身份认同上的显著分歧。

2. 玉门市党委宣传部主动介入,引导和服务并重

玉门市党委宣传部应当主动参与融媒体中心的建设,既要站位全局、掌舵护航,贯彻落实"党管媒体"的原则,又可以将新闻和网信工作有机结合起来,利用融媒体的要素融合、资源共享、渠道互通等特征体系化、科学化、智能化地开展工作。比如,在发生一些重大突发事件时,可以利用及时、全面、权威的新闻报道引导舆论、缓解焦虑,真正将县级融媒体打造成联系基层、服务群众、壮大主流舆论阵地的新型综合性党媒。同时,充分体察基层群众的真实需求,打造与地方实际紧密贴合的信息服务功能,并为此做好提前规划,理顺潜在的矛盾关系。

3. 整合数据资源,实现开放共享

"智慧城市"功能的实现以数据的搜集、传输、共享、分析和开发为基础,因此需要从政策的层面解决"信息孤岛"的问题,推动政府信息化建设,统一数据结构和标准,确立公共数据开放制度,将融媒体中心作为公共信息平台,联通智慧城市建设相关部门的数据资源,并加大数据安全性投入,更好地服务于当地百姓。目前,玉门市已经有意识地开始将城市数据进行集合,将融媒体与数据服务、智慧城市相结合,以期实现公共数据共享,让县级融媒体中心真正具备公共服务功能,真正服务于玉门市居民的日常生活。

二、四川省绵阳市游仙区融媒体中心①

四川省绵阳市游仙区是连接绵阳市与其他城镇的重要支点之一,也是划入成渝经济圈的重要组成部分。2019 年 7 月,游仙区在原区新闻中心、区广电新闻中心基础上,投入 300 万成立游仙区融媒体中心。目前游仙区已基本实现融媒体建设理念契合、业务聚合、管理融合"三合并进",具有游仙特色的平台集成模式正在形成。

游仙区在地理位置上肩负促进城乡协同发展的重任,智慧城市的建设是其中重点发展的内容。游仙区首先优化融媒体建设架构设计,重塑融媒体中心,精简机构扁平化;同时与四川电视台合作,搭建融媒体中心技术平台;在此基础上对区属广播、电视、杂志、"两微一端"等媒体资源进行整合,按媒体融合发展要求对其采编流程进行统筹谋划与优化再造,实现"决策参考报信息、正面引导把方向、解决问题发'点球'、负面管控防风险"的县级融媒体建设目标。

游仙区将本地综合服务平台"直播游仙"APP 作为融媒体建设的"旗舰",充分发挥其"以资讯吸引受众,以服务聚合受众"的双向助推功能。按照"智慧城市"建设要求,根据实际需求取舍,开设"我要办"、"要问政"、"聚焦点"、"爱视听"栏目,聚合了政务服务、民生服务两大类数百项服务功能。目前,游仙区融媒体中心在财政资源、人才培养方面面临挑战。

(一)游仙区融媒体中心建设情况

四川省绵阳市以国防科研与电子工业生产为经济支柱,是成渝经济圈的重要组成部分,也是国家批准建设的唯一科技城,更是我国西部地区建设的示范城市。游仙区作为绵阳市城区之一,一方面继承绵阳市重视科技创新的优良传统,另一方面努力发掘游仙区振兴乡村的自身特色。2019 年 7 月,游仙区在原区新闻中心、区广电新闻中心基础上,投入 300 万成立游仙区融媒体中心。

绵阳市游仙区位于城市近郊区,肩负发展新型农业,连接城乡建设的重要责任。游仙区融媒体中心自建成以来,一直充分调用新媒体技术优势,紧密联

---

① 以下数据、资料如无特殊说明,均来自实地调研,由绵阳市游仙区融媒体中心官方提供。

系群众需求,积极开拓融媒体中心与政府各职能部门合作,初步完成智慧城市的搭建。

1.融媒体中心建设历程

2014 年,随着微博、微信、手机报等移动新媒体逐步兴起,游仙区将原《今日游仙》杂志社更名为"游仙区新闻宣传中心",负责手机报、政务微博微信、游仙政务网的新闻稿件采编,开始试水新媒体传播。2018 年,游仙区广电新闻制作中心与绵阳电视台合作开办了新闻客户端"直播游仙"APP。2018 年11 月,游仙区新闻宣传中心与游仙广电新闻制作中心实现合署办公。配合县级机构改革,2019 年 3 月,游仙区融媒体中心正式成立。经过前期磨合,目前游仙区已基本实现融媒体建设理念契合、业务聚合、管理融合"三合并进",具有游仙特色的平台集成模式正在形成。

2.架构设计情况

游仙区 2003 年拆并电视台,仅保留副科级事业单位"广播电视新闻制作中心",每周三次在绵阳电视台刊发每期 8 分钟的《游仙新闻》,队伍及设施设备小、散、弱。为抓住机遇实现"弯道超车",游仙区委站在"巩固意识形态主阵地、丰富治国理政新手段"的高度,优化融媒体建设架构设计,重塑融媒体中心。

建设县级融媒体中心,不只是整合县级媒体的问题,而是要调整优化媒体布局,推进机构、人事、财政、薪酬等四个方面的全方位改革,促进媒体融合发展向县域基层纵深推进。游仙区将区融媒体中心设置为公益一类事业单位。编制 23 人,社会招聘 6 人,与技术公司合作劳务用工 2 人,控制用人总规模为40 人。为适应新媒体采编需要,游仙区成立总编辑部,聚力打造集融媒体指挥、协调、调度于一体的"神经中枢";聚焦内容生产的关键职能,实行采编分离,统一成立采访中心,按照全媒体记者"一专多能"的要求进行培养使用,同时精简后勤、财务、人力资源等行政部门人员,最终形成比较符合融媒体发展的"矩阵式"组织架构,既能满足高效指挥,也能保证资源的灵活匹配。

3.技术发展情况

游仙区融媒体中心与四川电视台实现合作,加强技术支撑,由其提供融媒体中心技术平台支撑和人员培训,依托采编联动和可视化监测统计分析系统,推动融媒体平台高效运转,实现"多点采集、中央汇聚、多平台发布、全时段传播"。在开发移动端的同时,游仙区融媒体中心联系《人民日报》数字传媒公司设置24块室内屏于主要公共服务场所。协调绵阳新闻网设置23块户外屏于重点公共文化活动场所,并通过端口对接,将双方内容信息实时上传,从而实现区内与区外信息"同频共振",移动端与固定端"相互补位"。

4. 内容平台建设情况

在人员整合基础上,游仙区对区属广播、电视、杂志、"两微一端"等媒体资源进行整合,按媒体融合发展要求对其采编流程进行统筹谋划与优化再造,实现"决策参考报信息、正面引导把方向、解决问题发点球、负面管控防风险"的县级融媒体建设目标。

"引导群众"是县级融媒体建设的根本任务,因此不应自娱自乐而应博采众长。游仙区与《人民日报》数字传媒公司、新浪四川、本地网络大V"绵州虎眼"等合作,并吸纳辖区政务新媒体形成媒体矩阵,把中央、省、市和民营专业机构生产的内容汇聚整合起来,再加上自身原创信息,根据本地用户特点进行转载与分发,满足本地群众多层次、多角度的信息需求,做到了上接天线、下接地气,开放接口、互利共生。

2019年3月起,游仙区融媒体中心依托清博大数据平台发布"游仙区政务新媒体影响力榜单"。通过月度打榜来鼓励和引导单位、部门提升新媒体运营水平。截至目前,游仙区政务新媒体榜单共收录全区政务类微信公众号20个,每月公布排名前10名的微信公众号及热门文章,以此让区融媒体中心感受到压力,同时也促进了辖区有效微信公众号的整体走热。

5. 人才制度建设情况

实现媒体融合"化学反应",需要根据不同平台用稿要求进行原子分子"重组"。游仙区融媒体中心根据平台不同调频,分别设立"微信微博"、"学习强国"、"音频开发"、"视频直播"、"短视频"、"粉丝互动"6个项目小组,对每个小组定目标定任务,并由能力突出的中层干部或业务骨干担任项目组长,负责对标追踪优秀同类媒体,策划实施小组采编题材,并自由确定"合伙人"。中心还按照全媒记者"一专多能"要求,通过编组结对、交流轮岗等方式,全方位提升采编人员新闻采写、摄像摄影、视频编导、短视频剪辑、出镜主持等"全媒体"技能,致力打造"1+N"一专多能的融媒体"轻骑兵"。

(二)多方配合:游仙区融媒体中心社会服务功能特色

1. 聚焦内容生成关键职能

面对多元多样的内容生产方式和生产机构,县级融媒体内容建设需要处理好"统"与"分"、采编与分发、继承与创新的关系。游仙区融媒体对采访题材实行统一策划、分类处置、集中审稿。对采编人员进行统一调度和培养使用,让记者熟知各种新媒体特性,鼓励记者"一鸡多吃"、"一稿多用",提高其新闻敏感性,关键时刻都能"拉得出去、拿得下来"。在此基础上,结合个人意愿及擅长领域,将编采人员分为时讯类、新媒体类、专题及外宣类,实现"让合适的人干擅长的事",原则性与灵活性相结合。多数活动只需要去一名记者,一些重大题材、重大活动则由几名编采人员组成"战斗小组",集中优势力量协作完成。

2. 拓展融媒体中心服务职能

游仙区将本地综合服务平台"直播游仙"APP 作为融媒体建设的"旗舰",充分发挥其"以资讯吸引受众,以服务聚合受众"的双向助推功能。按照"智慧城市"建设要求,根据实际需求取舍,开设"我要办"、"要问政"、"聚焦点""爱视听"栏目,目前已聚合政务服务、民生服务两大类数百项服务功能。主要包括:政务服务大厅,点击进入可进入四川省政务服务大厅,通过移动端完成相关事项办理;书记区长信箱:与政务网同步,可直接向市、区领导反映情况,并在网信部门督导下,由相关部门限时为群众答疑解惑,走好"网上群众路线";清风游仙阳光监督平台:辖区户籍人口可点击进入,对村(社区)基层"三资"管理、惠民政策、民生项目进行查询监督;绵州先锋:党建资讯及党员管理服务、在线学习平台;办事指南:对群众常用的个人服务如户籍办理、就业创业、住房保障、出境入境等,法人服务如设立变更、抵押质押、投资审批等,提供查询导航服务。其他还包括"公积金"、"游仙工会"、"婚姻登记预约"等常用政务服务;"智慧旅游"、"电视缴费"、"预约挂号"、"快递查询"、"地图导航"等常用民生服务。此外,游仙区正对接"雪亮工程"、"网格化管理"等平台资源,开办"快说快动"栏目,尽力发挥融媒体"舆情蓄水池"作用。游仙区计划在 2020 年与华为公司合作,将建成"科技城大数据中心",为智慧城市建设插上腾飞的翅膀。

3.创新人才激励机制

游仙区坚持以制度创新为动力，以制度红利激发内部活力、释放生产潜力，实现"1+1>3"的管理目标。

游仙区融媒体中心仅有不到 20 名一线采编人员，负责学习强国、两微一端、电视新闻、广播节目，以及抖音、今日头条、省市新闻客户端分平台维护等采编任务。中心通过实施轻资产布局、扁平化管理，将题材策划、绩效考核、评优推荐等权限下放至中层股室，根据工作实绩内部拉开差距。同时通过每周编委会、每月评审会及公示把关，确保中层股室管理科学公正。明职责、给任务、压担子，有效减少了工作层级，提高了工作效率，更培养和锻炼了一批年轻业务骨干和管理人才。

县级融媒体中心普遍存在电视图文两种专业背景、编内编外两种人员身份，如何调动各方面积极性？游仙区融媒体中心对"策采编审播评"全流程进行优化再造；每周召开编委会、部门策划会、融媒大讲堂，实施民主管理、头脑风暴；对在编人员与聘用人员同管理、同考核，根据稿件传播"时、度、效"实行三维复合式考评，分档激励"流量小仙"、"首席记者"、"好稿好编排"，体现绩效系数，使级差达到 1—2 倍、收入差拉开数百至 2000+；对聘用人员实行差额晋级，可同等竞聘中层管理人员，以"鲶鱼效应"有效释放制度红利。融合以来，游仙区融媒体中心各平台原创发稿量增加 80% 以上，单篇阅读量过万稿件同比增长 3 倍以上，各平台浏览总量超 500 万人次。

（三）游仙区融媒体中心存在的问题

在看到成绩的同时，游仙区的融媒体建设也遇到了一些难题。一是不同编制人员统筹使用面临政策限制。目前实行的编制内外"双轨"管理，客观上还存在同岗不同责、同工不同酬等情况，造成体制内人员缺乏活力、体制外人员缺乏保障等问题。二是资金保障压力不小。全额拨款的事业单位性质，决定了支撑其深度融合发展的资金来源主要依靠财政投入。2019 年仅融媒体播控中心建设就支出 260 余万元，以后每年还要支付省电视台云服务费 60 余万元，保运转压力很大。三是专业人才匮乏。大部分融媒体编辑记者都是从传统媒体转型而来，或尚缺乏历练的高校毕业生，很多情况下是"赶着鸭子上架"。加之优秀人才流失较快,聘用人员严重不稳定,导致人才短板尤为明显,能干会干的专业人才远远满足不了融媒体宣传的需求。四是关系难协调。因受条块分割的管理体制制约,在推进党务服务信息、政务服务信息、民生服务信息平台整合的过程中,一些单位配合度不够,平台融合的步伐较慢。

没有压力就没有动力。游仙区将按照中宣部要求,围绕"决策参考报信息、解决问题发点球、正面引导把方向、负面管控防风险"的功能定位,在领导力量、体制机制、人才队伍、资金保障、设施设备等方面,全面加强对游仙区融媒体中心建设的领导、指导和支持力度,高质量完成游仙区媒体融合改革发展目标。

三、四川省仁寿县融媒体中心案例

2016 年起,仁寿县将融媒体建设列为县委深化改革重点事项,明确融媒体建设应涵盖新闻宣传、舆论引导、便民服务、基层治理等内容,由三位县委常委共同推进。2019 年,仁寿县融媒体中心正式挂牌成立。

在组织架构层面,仁寿县融媒体中心设有总编室、新闻部、技术部、经营部、服务部、党建办、人力财物部等部门。在技术支持层面,仁寿县融媒体中心与成都益达公司合作,开发了一套适应新的生产流程的技术系统。在经营管理层面,仁寿县通过开办公司、资本运作的方式打破体制机制束缚,释放自身潜能。

仁寿县融媒体中心在聚力平台,打造线上综合体方面取得了一定的成果,但仍然存在工作量过大、工作难度高等现实问题,需要在政策支持、模式推广等方面改进提升。

(一)仁寿县融媒体中心建设情况

2016 年起,仁寿县将融媒体建设列为县委深化改革重点事项,明确融媒体建设应涵盖新闻宣传、舆论引导、便民服务、基层治理等内容,由三位县委常委共同推进。仁寿县媒体融合工作从开篇谋划开始,就表现出了着眼全局、高位推动的特点,紧扣中央"引导群众、服务群众"的要求和四川省委宣传部"决策参考、解决问题、正面引导、负面管控"的功能定位,确立了"聚焦主责主业,走好群众路线"的融媒体建设方向。

在试错探索中,仁寿县媒体融合经历了从 1.0—5.0 的发展阶段。

1.0阶段,2017年左右,仁寿县委宣传部整合县属媒体,将原来分属《眉山日报》仁寿版、广播电视台、宣传部的各类资源整合,停办报纸和同质性较高的微信公众号,上线"视听仁寿"APP,最终形成"端、微、网、台"6个媒体平台。

2.0阶段,2018年,在原有的APP上增加了政务、民生服务等内容,同时搭建有奖爆料舆论场,管理自媒体社交群,主导当地新媒体联盟。"视听仁寿"APP用户增长至4万便停滞不前。

3.0阶段,2018年底,仁寿县融媒体中心对外挂牌,同时将陷入瓶颈的"视听仁寿"APP下架,重新打造网上综合体"大美仁寿"APP,开通"仁寿号",吸引机构、个人入驻,用户在半年内增至40万。

4.0阶段,2019年,仁寿县融媒体中心正式挂牌,在不断增加服务功能的同时,在"大美仁寿"APP中新增问答、聚聚、曝光台、文明实践、清廉仁寿、智慧党建、农民工之家等栏目,达到统领全县、统筹各方、统一思想的目的,推动党宣阵地、政务服务、市场产业等多方面生长。

5.0阶段,按照"融媒并联、一端全通"的理念,通过技术手段与省内外县、市进行跨县、市的融媒并联,不同属地的APP之间可自由切换,实现了资源共享和信息流通,扩大了本地市场。

结合对仁寿县融媒体中心的调研访谈,下文将对其组织架构、平台运营、经营管理、人才管理等情况进行梳理总结。

1.组织架构

在融媒体中心建立之前,仁寿县的传统媒体主要指广播电视台。纸媒方面,仁寿县每年出资上百万在眉山市市级报纸《眉山日报》上开辟了仁寿版,每周两期。新媒体则包括仁寿县政府网站,仁寿县委宣传部下属的微博、微信公众号,仁寿电视台下属的微博、微信公众号等。资源整合后,仁寿县委宣传部下属的新媒体平台有的停办,有的交由电视台运营。要求政务新媒体每个部门在1个平台上只能开设1个;采取"关停并转"的方式,对僵尸、睡眠、无互动、无服务、粉丝低于200的政务新媒体全部关停,"大美仁寿"成为全县唯一的综合信息平台。

仁寿县融媒体中心由仁寿县委宣传部长担任主任,以原来的广播电视台为主体,吸纳了宣传部一些负责新闻宣传和网信的工作人员,挂牌后对组织架构进行了调整,使其能适应新的工作流程和生产效能。

调整后的部门主要包括总编室、新闻部、技术部、经营部、服务部、党建办和人力财务部,形成新闻宣传、政务服务、经营创收三大系统统一运行、互助发展的总体管理架构。

总编室负责制订工作计划,策划重要新闻、专题报道及大型活动,审核刊发的内容,确保刊播安全。新闻部负责管理所有的平台,执行总编室制定的报道计划,协调和完成日常新闻的采访、编辑、制作和发布。技术部负责提供技术支撑,主要包括软硬件维护和保养。经营部负责管理融媒体中心的经营性业务,包括广告上刊、承办活动等。服务部则负责维护"大美仁寿"APP上开设的各类服务性功能,主要指对"爆料"和"问答"板块的管理、回复,以及责成专门的机构部门解决和处理网民提出的问题。党建办和人力财务部则是后勤保障部门,负责思想政治、规章制度、日常事务、人事管理等。

2. 平台运营

借助合作公司成都益达搭建的技术系统,仁寿县融媒体中心在平台运营方面实现了新闻生产流程的技术再造,主要分为策、采、编、审四个环节。

策:总编室和新闻部分管领导在总结以往工作经验的基础上,通过融媒体平台、上级任务安排、基层通讯员、普通网民反馈等渠道获取新闻线索,讨论并确定选题计划,据此组织和调拨记者力量。

采:记者对现场情况进行全方位、多媒体式的记录,利用移动采编系统,将现场采集到的文字、图片、音频、视频等资料传回共享稿库,供后期编辑进行处理。

编:针对不同平台的媒介性质和用户特征,编辑可将素材库中的资源进行加工处理,涵盖图文、音视频、H5等多种形式,在后台勾选不同的平台等待分发,完成后将成品送审。

审:融媒体中心实行"三审制",信息在发布之前会经过新闻部分管副主任、总编室、中心分管领导的三层审核,确保内容导向正确、时机适宜,避免不可控失误。

仁寿县融媒体中心打通了新旧媒体之间的生产隔阂,以扁平化的组织架构为保障，以"一次采集、多种发布"的流程为轴心，通过统一调配记者、共享素材资源、分平台编辑、县域媒体联合发声等工作机制，促进流程顺畅和高效联动，实现人力、物力、财力资源的统筹协调，探索出适应新的技术特征和工作需求的融媒体报道模式。

3. 经营管理

仁寿县融媒体中心是差额拨款的二类事业单位，担负着造血的功能。在经营管理方面，主要通过设立国资公司龙悦传媒来负责融媒体中心的经营创收。龙悦传媒主要处理融媒体中心对外业务的承接、洽谈和监管，具体落实则交由负责内容生产的新闻部。既保持了采编业务的相对独立性，始终坚持正确导向，又激活产业发展的活力，实现了"专业人做专业事"。

此外，龙悦传媒还与融媒体中心的技术合作方、大数据技术服务公司成都益达有限公司成立了合资公司聚民科技，并控股了当地最大的自媒体所属公司横溢科技。多种形式的资本运作使得融媒体中心能够灵活地利用自身内容优势参与市场，媒体内容生产与产业发展相结合，释放媒体融合衍生项目的活力和影响力，在经营管理模式和发展路径上不断创新，推动经营发展方式转型升级。

由于积累了传播力优势，县上的重大活动资源一般都交给融媒体中心，机关部门、乡镇的活动资源也会优先选择中心，还吸引了社会机构主动寻求合作。2019 年，融媒体中心收入超过 1800 万元，是 2018 年的 6 倍。

4. 人才管理

在人事、财政、薪酬方面，仁寿县融媒体中心按照"人员能进能出、干部能上能下"、"队伍精简高效、阵地可管可控"、"绩效动态考核、薪酬能多能少"的原则实行配套的制度改革。目前，仁寿县融媒体中心编制共有 70 个左右，其余均为临聘制，财政每年按照全额拨款的方式认领 100 个人的工资和绩效，其余均从中心营收中支出。在薪酬分配上，仁寿县融媒体中心依据融媒体建设要求适时改革，制定了全新的薪酬分配和绩效考评制度。薪酬分配制度以工作业绩为主要依据，同工同酬，在逐步缩小编制内外员工的收入差距的同时，适当拉开绩效薪酬分配档次，调动员工积极性。

此外，仁寿县融媒体中心还创造性地设立了"补差工资"，如果达到了一定的工作年限,可以先将基本工资按照补差的方式发放一次,其他的绩效考核则按照统一的标准来进行。

现阶段,由于和其他基层单位一样面临着人才流失的问题,仁寿县融媒体中心对编制的认定还是较为严格,多余的编制用于激励工作能力强、留下意愿高的员工。原仁寿县委宣传部部长李某解释这一规定:

> 那么编制拿来干什么呢? 就给那种以后在我们这个地方工作个几年,5年、6年,干得非常好,愿意留下来的员工。我就激励他,拿来解决他的待遇,解决他的身份问题。我们也想帮这样的人解决后顾之忧。

(二)网上综合体:仁寿县融媒体中心的聚力平台特色

仁寿县融媒体中心现有的媒体平台有仁寿县广播电视台、"大美仁寿"APP、"大美仁寿"微信公众号、"乐活仁寿"微博等。但在调研中了解到,目前融媒体中心的核心阵地是"大美仁寿"APP,主要精力也全部投入了开发、运营这一平台。原仁寿县委宣传部部长李某认为,县级融媒体中心必须建设可控的自主平台,不能依附于其他商业平台,这样才能在互联网上巩固壮大主流意识形态阵地,掌握新闻舆论工作的主导权:

> 后来我们就想主阵地、主战场,应该要是我们主导的阵地,主导的战场才是我们的主阵地。如果是别人主导的,那你只能打败仗。比如说今日头条,它是不是我的主阵地了? 我认为它是别人的品牌,所以我们在建的时候,我们一定要建好我们的APP。这就是我们的主导的战场,要把全县人都吸附到这个平台上来做宣传工作。那么我们一想通以后,我们就轻装前进了。

在平台扩张方面,"大美仁寿"APP学习了商业平台数据驱动、链接资源、积累用户的逻辑,但与商业平台的逐利导向不同,该APP的主要目的是在更大范围内调动和掌控资源要素,不断完善服务,将线下的"仁寿人"转化为线上的APP用户,"锁定"用户的网络行为,打造网上仁寿综合体。

1.鼓励人人发声:规制信息流

"大美仁寿"不仅是传统意义上的媒体,更重要的是学习了"今日头条"等内容分发平台的模式,吸引县内的机构、用户注册"仁寿号",提供了相对自由的内容发布和意见聚合的平台。目前"大美仁寿"上注册的"仁寿号"共有

700个左右,主要构成有:新旧媒体;全县(包括乡镇)政府机构、官方组织;全县党员干部;民间组织、社会团体、自媒体人;商业机构、个体工商户等。要求能在网上呈现的政府事项必须及时发布;鼓励社会组织、企业、商家发布活动信息;允许所有的人在平台上发布信息、交流互动,尽力囊括当地的政务要闻和民生琐事。这客观上也解决了县级媒体产能不足的问题,动员社会力量,提高了生产效率。

平台所有者仁寿县融媒体中心则制定规则,对平台上的信息和信息主体实行统一管理。首先,会对注册用户的官方性和真实性进行认证,加V用户享有更高的权威性;其次,服务部的工作人员"三班倒",24小时不间断地监管、调整平台上的内容,"加精"、置顶质量较高的信息,移除违法有害信息,通过技术和人工的双重操作规制了平台上的信息流。

原仁寿县委宣传部部长李某用"大合唱"来形容这一形式:

> 实际上是组织了一个网上的大合唱,你让唱得好的人就到前面来唱,比如你置顶,把他推到醒目的版面,那么唱得不好的怎么办呢?你再让他后面去唱,他总是得参与吧。要大家参加,你才有人气嘛。所以你让唱得不好的,就让他到后面去唱,然后乱说乱跳,不听招呼的这种怎么办呢?你就没让人家唱,因为你就没有通过审核。所以说这个形式非常好,真正起到统一全县的思想的作用。

2. 开拓商业模式:培育多种业态

为了强化用户黏性,进一步"锁定"用户,"大美仁寿"借助用户和数据优势,逐步向新的领域,包括向传统行业以及传统公共服务业渗透。主要是将线下的和被商业平台把持的业态以创新和超越的方式移植到APP中,嵌入社会生活的方方面面。

以通信为例,"大美仁寿"上开通了名为"聚聚"的即时通信工具,仁寿县农民工服务中心借助"聚聚"建了许多地方群,比如"仁寿人在北京"、"仁寿人在上海"等,可以一键发送和管理信息,已经成为了增强仁寿县基层农民工社会支持,汇聚基层民情民意的重要工具。

购物方面,在"新冠肺炎"疫情期间,"大美仁寿"创造性地开通了"无接触购物"服务,合理配置资源,将商家、买家、骑手等参与市场交易的主体联结起来。每日订单在 2300 单左右,反响良好。

原仁寿县委宣传部部长李某认为目前"大美仁寿"在经营方面只做了"冰山一角",还有许多功能亟待开发,比如金融、娱乐、医疗等:

> 所以我说实际上我们在其他平台上,你看到的商业模式,在我们这个平台上都可以进行重现进行开发。所以我说它是冰山一角。一个是可以搬运其他平台的商业模式,第二个可以创新。这片土地是一个无限生长、万物增长的一个平台。你可以在其他的地方摘一颗种子过来,放到我们这个平台上让它生长,也可以到别人的地方取得种子,在我们平台上进行改良,让它长出另外不一样的果实。

此外,为了扶持民营资本,培育社会力量,"大美仁寿"一反商业平台垄断的经济逻辑,承办广告营销业务时会组织联合县内自媒体,根据流量给予分成。仁寿县融媒体中心常务副主任汪某某解释道:

> 我们会把商业利润让利给自媒体,让他们去做正面的宣传,也是给广告主做扩散。不至于把他给饿死了,然后他觉得跟着我们还是有钱赚,他就不用每天去发不太正能量的东西。

3. 嵌入基层治理:加强双向沟通

基层治理是仁寿县融媒体中心在顶层设计时就有所规划的,在具体实践中主要通过新闻、办事、问答、爆料等功能实现。

新闻功能指汇聚所有政务新媒体在"大美仁寿"APP 上进行集中宣传,直达县域内媒体的所有新闻产品。在"大美仁寿"APP 上建立网上新时代文明实践中心,设置"文明实践、志愿服务、困难求助、信用仁寿"等板块,加强思想道德建设,引导文明新风,倡导文明行为。

办事功能则指实现一站式政务服务和全方位生活信息服务。"大美仁寿"APP 开通申报审批、注册办证、社保办理等政务服务和水、电、气、医、行、旅等全方位生活信息服务。2019 年秋季开学,平台试点教育缴费,5 所学校共 2 万学生实现了网上缴费。开通不动产中心网上预约功能,提供不动产登记档案查询、房屋所有权登记、房屋所有权变更等 20 项业务。用数据代替群众跑路,让群众实现掌上办事,解决了办事难、排队烦的问题。

问答功能则主要提供民生方面的咨询服务,普通群众可以在平台上提问,有关部门则负责释疑解惑。一些简单的问题由融媒体中心服务部的工作人员解答，专业性较强的问题则转交给相关部门，督促他们尽快回复。

爆料功能可实现投诉受理、问题解决、建议直达。群众可以将多个方面的问题在平台上披露，并获得一定的奖金。融媒体中心与政务服务中心合作，负责平台的维护与监管，政务服务中心则统一受理爆料、市长热线、市长信箱等渠道反馈的问题，责成相关部门尽快处理。对于问题的后续处理，融媒体中心实行"一交、二巡、三曝光"的机制，第一步交办相应的乡镇、社区或部门；若交办两次无效，则移交给纪委巡察办；若移交之后仍无效，则作为新闻线索跟踪报道，曝光于全县百姓的监督之下。此外，各部门对问答、爆料事项的完成情况直接与每年仁寿县委宣传部对其评定的意识形态落实责任制分数挂钩。

原仁寿县委宣传部部长李某认为有奖爆料功能有效地将负面舆情消化在属地内，避免舆情外溢，扩大不良影响：

> 那么有奖爆料平台，我们把它建好以后，我们的财政给了100万，用来发红包。关键我们还能够解决问题。你看老百姓反映的问题，以前是反映在别的平台上，要通过它来反馈给我们，倒逼我们去解决。现在老百姓发在我们的平台上，我们看到之后，马上就安排人给他解决了。另外因为是我们的平台，我们很多是在后台进行的，他发过来的信息我们是后台受理，这样就避免暴露在外边了。

以上功能在三个方面对基层治理发挥独特的作用：第一，提升了基层政务的透明度，政务机构可以以一种更贴近群众喜好的方式提供新闻和信息；第二，提高基层政务的回应性，管理者能够更精准地直面群众的个性化需求，提供相应服务；第三，促进基层部门的协同能力和问题解决能力。

4.跨越区域并联：自下而上创新

县级媒体自身的力量往往较为单薄，影响力也有限，为了改善这一状况，仁寿县融媒体中心突破了地域的限制，积极开展跨县、市的合作。比如与省内外的县、市统一技术标准，实现"融媒并联"，根据平台特色互相输送优质内容，共享信息资源，互为流量导入口，在内容、渠道、运营、盈利模式等各个层面实现共建、共享和共赢的融合发展。并联以后产生的商业收益用以支付各县的技术维护费，解决融媒体中心的造血问题。

进一步地,并联之后的数据汇总上传至省里,方便从省一级层面规划和部署县级融媒体建设,加强省对县市新闻舆论工作的集中把控和管理,确保主流声音下达到基层,基层声音唱响在全国。与省级主导的县级融媒体建设不同,并联织网的模式遵循的是建构路径,并非一味套用模板,复制省级平台的模式,而是充分考虑到基层的需求,允许各县有一定的自主发挥空间,对既定规则进行个性化的改写和创新。

原仁寿县委宣传部部长李某认为这种自下而上,注重基层创新的模式才是县级融媒体中心应当选择的模式:

> 我觉得在建设上一定要从基层来思考问题。如果把每个县建起来以后,我们再继续去思考他的问题。我觉得省级平台最好的方式就是并联。并联以后他的数据在那个地方,自然而然就有了一个省级平台,而不是云的模式。云的模式就是管的模式,自上而下,老是想把下面管,一管就死。

（三）存在问题

虽然仁寿县融媒体中心在打造线上综合体方面走在全国前列,但是在实际了解中发现还是存在工作量较大、并联工作难度大等问题。

1. 工作量较大

在平台不断上线新功能、开拓新业态的背景下,融媒体中心面临的最主要问题是工作量过大,自身的力量难以支撑。为实现政务服务功能,融媒体中心要和全县的部门、乡镇沟通,帮助统一信息端口,办理数据迁移。这其中牵涉到的数据较为庞大,有些涉及国家信息安全、公民个人隐私和财产安全等问题,融媒体中心有限的人力资源难以支撑数据运行的稳定性和安全性。

此外,作为受县委宣传部管理的事业单位,在统合全县部门、指导政务新媒体工作的时候也面临着因行政级别和权限导致的身份上的尴尬和为难。

2. 各县模式不一

目前各大技术开发商和提供商仍然处于开发技术、争夺市场份额的阶段,县级融媒体中心建设,尤其是技术发展缺少整体层面的沟通和规划,也没有统一的标准和规范,各个系统存在彼此不兼容的情况。技术的先天壁垒导致一个省、一个市内的不同县融媒体中心无法并联,很难实现对外和向上的技术对接,无法真正形成横纵联通的媒体通路。

第四章　地市媒体融合发展的几个问题

当前,我国媒体融合工作逐渐从最初由中央级媒体机构、地方传媒集团牵头融合过渡到向基层纵深融合的新阶段,最终目标是要构建"中央—省—市—县"联动互通的媒体融合传播体系,推动党的声音切实落地,真正实现引导群众、服务群众。就目前的工作部署而言,媒体融合沿着"抓两头、促中间"的渐进式发展路径展开。一方面,地市媒体融合发展是贯通省市县三级无法绕开的关键一环;另一方面,现有的政策重点聚焦在省级和县级层面,地市一级媒体融合工作尚未得到明确而有力的政策引导和支持,处于"空心"地带。随着媒体融合工作持续向纵深推进,地市一级将成为媒体融合工作新的改革重点。①

第一节　地市媒体融合发展的特殊性

地市媒体融合发展的意义主要体现在四个层次上:一是在战略意义上作为"中央—省—市—县"传播体系的关键一环,地市一级开展媒体融合是顺应新媒体发展趋势、实现自我革新的必要转折,有利于更好地发挥其承上启下的连接作用,夯实传播体系,提升传播能力,推动党的声音切实落地;二是在制度意义上作为文化体制改革的重要落实主体,地市一级开展媒体融合是响应改

---

① 参见沈勇、黄洪珍:《地市级媒体深度融合发展的问题及路径》,《新闻战线》2019年第5期。

革要求、解决长期积累的复杂问题的良好契机,有利于理顺并调整关系,为地市级媒体发展破除体制机制障碍,建立科学高效的制度环境,为国家治理体系和治理能力现代化以及文化体制改革全局的深入推进凝聚协同力量;三是在实践意义上作为深受传统媒体经营寒冬冲击的巨大体量,地市一级开展媒体融合是走出经营困境、探索发展出路的不二法门,有利于维护其内部稳定,增强改革发展的动力和活力,将已有基础转化为发展优势;四是在发展意义上作为促进区域经济协调发展的信息通道,地市一级开展媒体融合是激活地方创新发展动力、促进资源高效流通与合理配置的重要抓手,有利于将媒体融合发展更好地嵌入区域经济社会发展中,发挥资源整合优势,串联区域协调发展格局,带动老少边穷地区经济社会发展。

一、连接省县两级,夯实传播体系

我国媒体兼具"事业性质"和"企业管理"双重属性,这决定了媒体首先要与行政区划层级相挂钩,即以"中央—省—市—县"的传播布局和体系发挥其"党政喉舌"的功能,巩固并壮大主流舆论阵地,牢牢把握基层宣传和治理的方向性问题。一方面,地方政府层级设置直接关系到政府管理幅度与效率以及政令下达与政情民意上传的速度快慢与失真与否;①另一方面,除舆论引导能力外,新媒介技术的发展使媒体在行政管理和民生服务中的作用愈发突出。"中央—省—市—县"的传播体系与现行行政管理体制所形成的良性互动逐渐受到从中央到地方各级的高度重视。

在"中央—省—市—县"的传播体系中,地市一级是承上启下的重要一环。特别是在当前以省级和县级发展为重心的政策环境下,地市媒体融合发展对于地市级媒体提升自身传播能力从而夯实现有传播体系的意义将进一步显现并得到提升。地市级媒体的连接作用主要体现在:首先,意识形态是地市级媒体的工作重点。就广电而言,实现意识形态功能是地市级广电媒体合法性机制的要素之一,区域守卫是其生存和发展的首要前提;②就报纸而言,地

---

① 参见宋哲:《中国地方政府层级设置比较研究——以"市领导县"与"省直管县"体制为分析对象》,《华中师范大学研究生学报》2008 年第 1 期。
② 参见党东耀:《中国地市级广电媒体组织形制研究》,华中科技大学博士学位论文,2010 年。

市报与中央和省党报一脉相承，在传播级别和业务上同时受着后两者的制约。① 其次，当地公信力与固定用户群是地市级媒体的独特优势。② 相较于中央和省级，地市一级的媒体资源相对集中，一般而言一个地市只有一家报社、一个广播电视台、一家新闻网站以及规模有限的新媒体平台。同时，这些媒体平台在当地均具有一定的影响力，其用户群从城区辐射至所辖县域，规模相对固定，忠诚度较高。利用这些独特优势，地市级媒体可以解决新闻宣传和民生服务的落地问题，成为主流舆论阵地的重要支点。再次，地市级媒体拥有一定的体量和自主性。相较于县级，地市级媒体在财政经费、人才队伍、技术平台等方面的基础资源更扎实，相应地在内容生产和传播过程中的可支配空间更大，灵活度更高，自主性更强。利用这些基础资源，地市级媒体可以弥补县级媒体囿于先天不足而导致的传播能力有限，形成地区具有规模效益和品牌效益的整合力量。

二、深化体制改革，解决复杂问题

"中央—省—市—县"的传播体系起初是计划经济的产物，即在计划经济时期，国家供养着相对有限的媒体资源，以一种从上到下的行政管理体制统一指挥各级媒体，从而强化宣传功能。③ 进入市场经济之后，随着文化体制改革的提出和深入，媒体进入转企改制阶段，从"国家供养"转变为"事业性质，企业经营"。一方面，媒体拥有更大的经营空间，其发展潜力和活力得到释放；另一方面，媒体资源逐渐丰富，媒体面临空前的市场竞争压力。在此过程中，固有体制机制的弊端逐渐暴露，媒体对市场的不适应性也逐渐显现。随着文化体制改革进入"深水区"，文化体制改革在改革全局中的地位逐渐由边缘向中心转移，改革方向则逐渐由中央向地方下沉，这也意味着改革将面临基层实践中诸如历史、所属系统、区域、经济发展水平、所承担的任务④以及国有文化

---

① 参见陈亚旭：《中国地市报生存发展空间研究》，武汉大学博士学位论文，2010 年。

② 参见刘晓倩、张玉川：《地市报的全媒体转型模式——以广元日报为例》，《青年记者》2015 年第 6 期。

③ 参见郑亚楠：《地市级媒体转企改制研究》，复旦大学博士学位论文，2011 年。

④ 参见周蔚华：《中国出版体制改革 40 年：历程、主要任务和启示》，《出版发行研究》2018 年第 8 期。

资产管理机构不同隶属关系①等更为复杂的现实情况,改革的难度和所需力度必将更大。

相较于省级和县级,地市一级在发展媒体融合时面临着更加特殊和复杂的体制机制和路径选择问题。具体而言,这种特殊性和复杂性体现在:就媒体外部环境而言,地市一级在媒体单位结构和管理部门结构上与省一级相当,参与媒体融合工作的相关主体规模相当,需处理管理部门之间、媒体单位之间、管理部门与媒体单位之间等多主体关系,其工作量和复杂度可见一斑。然而在改革的条件和资源上,地市一级并不具备省一级的改革能力和动力,加上地市级媒体深入基层,各地情况不同,面临的问题不同,在整体上增加了地市级媒体融合工作的复杂性。就媒体内部环境而言,地市一级在媒体单位结构上较县一级更加完整(县一级一般没有报纸),而地市级媒体自身体量往往较大,媒体融合所涉及的利益主体更多,需处理固有"一城多媒"结构遗留的横向壁垒问题以及如单位性质变迁、员工身份变化等多维度关系,其工作范围和难度均更大,更难以形成有效的协同发展结构。在路径选择上,有学者以地市级广电媒体为研究对象,认为地市级广电媒体尽管在生存条件、体量基础上优于县区广电媒体,但面临的压力相对更大,选择融合的渠道更多,由此产生的样态也千差万别,因而在媒体融合研究中具有不可忽视的样本性。② 可见,地市级媒体是文化体制改革的重要落实主体,解决上述大范围、大体量的复杂问题对于全面深化改革而言具有重要意义。

三、渡过经营危机,探索发展之路

"单体不大,合体不小"③是地市级媒体体量规模的显著特点。据相关统计数据显示,2018 年我国共出版地市级报纸 105.9 亿份,占比 31.4%,其体量居各地域层级报纸的第二位④;截至 2019 年 6 月,地市级政府网站共 9305

①　参见高宏存:《改革开放 40 年文化体制改革的主要成就与趋势展望》,《行政管理改革》2018 年第 12 期。

②　参见赵瑞华:《从相加到融合——地市广播电视台发展融媒体的实践与思考》,《中国报业》2019 年第 10 期。

③　参见郑亚楠:《地市级媒体转企改制研究》,复旦大学博士学位论文,2011 年。

④　参见国家新闻出版署:《2018 年新闻出版产业分析报告》2019 年 8 月 28 日。

个,占比 61.4%①。就地市级媒体从业者规模而言,2016 年地市级广播电视行业从业者规模达 18.45 万人,占全国从业人员比重的 20.1%。② 可见,地市级媒体经营不仅是一个事关传播体系稳固与否的战略议题,更是一个事关众多媒体机构与媒体从业者切身利益的经营问题、发展问题甚至是民生问题。

　　尽管地市级媒体的数量很多,但市场竞争实力却很有限。③ 在传统媒体寒冬下,自身造血能力不足使得地市级媒体遭受巨大冲击。在电视台方面,2018 年全国市级频道整体平均市场份额从 13.4%下滑到 12.2%④,地市级广电广告收入分级占比连年下降,且在 2017 年省县两级占比上升的情况下继续下降⑤(如图 4-1);在报纸方面,2018 年地市级报纸总印数较 2017 年降低9.4%,其层级占比减少 0.8%⑥。作为媒体行业的一次重大改革,媒体融合对于地市级媒体而言与其说是尽快走出经营危机的迫在眉睫之举,不如说是探索良性发展之路的一次关键转机。有学者认为地市党报从内容生产到传播全过程都难以避免地带有地域局限性,发展空间有限,其收入来源主要是地方财政补贴、报纸发行和广告收入。⑦ 同时,地市报大都生存在我国作为腹地、一般经济总量不大的二、三级城市,报刊消费有限,加上现有行政级别和区域配置资源的体制制约,媒体不允许跨地区经营,对地市报发展而言是有一定难度的。⑧ 在传统纸媒读者快速流失以及整体经营和产业项目转型乏力的背景下,地市级报纸亟须通过媒体融合,重建用户连接,重构产业生态。⑨ 而从人民日报"中央厨房"到浙江日报报业集团,再到浙江长兴、江西分宜等地的县级融媒体中心,各层级媒体融合发展的实际案例均说明,媒体融合发展是媒体

---

　　① 参见中国互联网信息中心(CNNIC):《第 44 次中国互联网发展状况统计报告》2019年 8 月 30 日。

　　② 参见钱莲生主编:《中国新闻年鉴》,中国新闻年鉴社 2017 年版。

　　③ 参见郑亚楠:《地市级媒体转企改制研究》,复旦大学博士学位论文,2011 年。

　　④ 参见娜布琪:《2018 上半年电视收视回顾》,《北方传媒研究》2018 年第 4 期。

　　⑤ 参见钱莲生主编:《中国新闻年鉴》,中国新闻年鉴社 2018 年版。

　　⑥ 参见国家新闻出版署:《2018 年新闻出版产业分析报告》2019 年 8 月 28 日。

　　⑦ 参见潘治平、潘世鹏:《地市党报媒体融合发展的主要路径和成效——以〈池州日报〉为例》,《新闻战线》2018 年第 22 期。

　　⑧ 参见陈亚旭:《中国地市报生存发展空间研究》,武汉大学博士学位论文,2010 年。

　　⑨ 参见宁双艳:《地市党报媒体融合发展对策研究》,《中国报业》2018 年第 21 期。

走出发展困境、探索新发展模式的必由之路。

图4-1　2012—2017年广播电视行业广告收入分级占比情况

特别是,相较于其他区域,老少边穷地区媒体融合发展与实践所面临的问题更为突出。在我国区域传媒产业发展呈现出非均衡的态势①下,中西部地区经济发展缓慢,信息与通讯等基础设施发展滞后②,人才流失严重③,当地传统媒体经营状况更为堪忧。为保障我国媒体融合战略向纵深推进,有必要对老少边穷地区媒体融合实践攻坚克难,从学理和经验上对其融合模式、发展困境以及如何破解转型中的关键问题提供思路,探索出契合当地社会经济发展与群众实际需求的融媒体发展路径,在资源有限的条件下,实现媒介资源配置的最优化。

四、嵌入区域经济,推动协调发展

媒体融合发展是基于我国国情作出的重大战略决策,是一个复杂系统工程,对内需要盘活多种资源、理顺多种关系,对外则辐射经济社会发展的方方面面。随着媒体融合工作向纵深推进,媒体融合发展已不仅仅是宣传口的工

---

① 参见吴信训:《中国东西部传媒经济的失衡及其对策》,《新闻记者》2004年第1期。
② 参见张毅:《老少边穷地区:发展缓慢、差距扩大》,《调研世界》2004年第6期。
③ 参见王煜洲:《老少边穷地区交通人才本土化培养途径探究——以四川三州为例》,《交通企业管理》2014年第6期。

作,其理论上的成效也不止于舆论引导,媒体平台的服务属性受到进一步重视并得到提升,意味着媒体融合发展还必须与经济社会发展紧密结合,在符合地方经济社会发展基础条件的前提下,服务于地方经济社会发展。而在统筹区域协调发展的政策背景下,媒体融合工作理应具备更高的站位与更实的效用。

习近平总书记在《推动形成优势互补高质量发展的区域经济布局》一文中指出,新形势下促进区域协调发展要"促进各类要素合理流动和高效集聚,增强创新发展动力,加快构建高质量发展的动力系统",要"运用信息化手段建设便捷高效的公共服务平台,方便全国范围内人员流动"。[①] 对于地市一级而言,一方面,地市是统筹区域协调发展的关键层级,在经济社会发展的纵向结构上同样起到了带动县域发展同时缓解省级管理压力的承上启下的作用,而这种作用的发挥要求其具备一定的引导、串联和带动能力;另一方面,以市域信息服务中枢平台为建设目标的地市级融媒体平台能够从信息、技术、舆论、文化等多个层面为地市一级更好地发挥其经济职能提供支持。特别是对于老少边穷地区而言,媒体融合发展有助于相关扶持政策的宣传与落实,例如西部大开发政策、老区扶持政策、精准扶贫政策等,通过思想宣传与舆论渗透,发挥新媒体优势凝聚社会共识,充分调动当地社会各界参与建设的积极性;通过建设地方信息服务平台,发挥新媒体的整合资源优势,促进信息、技术、人力、资本等多种资源的高效流通、合理配置与价值兑现,为推动当地经济社会发展并最终形成优势互补、高质量发展的区域经济布局凝聚攻坚合力。

第二节　地市媒体融合发展的现状与模式

地市媒体融合发展与当地经济社会发展情况紧密相关,后者是理解当地媒体融合发展现状与问题并进一步提出针对性融合策略的重要参考依据。北京大学新媒体研究院研究团队选取江西省赣州市、山西省运城市、河北省衡水

---

① 习近平:《推动形成优势互补高质量发展的区域经济布局》,《求是》2019 年第 24 期。

市、黑龙江省绥化市、内蒙古自治区包头市、西藏自治区拉萨市作为调研对象。调研对象的选择基本涵盖我国东部、中部、西部、东北部，经济发展水平居于全国中等水平，基本能够代表我国中等发展城市情况，同时对于研究老少边穷地区媒体融合发展的突出问题而言也具有一定代表性。调研兼顾管理层、执行层、受众层三个层次，综合运用深度访谈法和问卷调查法①，深入当地市委宣传部、网信办、主流媒体等媒体融合相关部门机构以及当地群众。

尽管媒体融合政策落实情况因地而异，但从整体来看，六市媒体融合发展工作均仍处于"搭台子"的初级阶段，均尚未建立地市一级统一的、跨部门和媒体单位的融媒体中心。各地省、市两级基本下达相应的地方性政策，政策重心集中在县一级，对地市一级的关照有限，主要表现为对地市媒体融合发展的政策指导和工作部署止于"要开展地市媒体融合工作"的目标展望，缺乏更为明确、具体的顶层设计，即"如何开展地市媒体融合工作"。因此，媒体融合工作主要由各地主流媒体或媒体管理部门通过设立新媒体中心或新媒体部门等自主探索，进而自下而上地形成了各具特色的发展模式。

一、整体规划，有序铺开

作为复杂系统工程，媒体融合发展工作需要统筹多种资源、协调多种关系以形成深化改革的协同结构，特别是对于地市一级而言，它们囿于固有的体制机制壁垒，横向上面临"一城多媒"、"各自为政"的问题，同时在当前以省、县两级为重心的政策背景下，纵向上又落于相对被动的发展顺位。因此，行政力量的注入并为地市范围内多种资源提供向心坐标，对于推进地市媒体融合发展而言十分关键且有效。

"整体规划，有序铺开"指的是由地市宣传部门牵头，将地市范围多元主体(包括宣传、网信、文化等相关部门，地市报纸、地市广播电视台、地市新媒体平台以及当地自媒体等)和多种资源(内容、技术、渠道、资金、人才等)统筹考虑，经充分探索和调研后形成相关工作规划，指导各主体有序开展媒体融合工作，避免同级单位间产生不必要的摩擦，避免重复建设，促进资源的合理配置及其效益最大化。较有代表性的是衡水和绥化两地。衡水市于2018年便

---

① 相关数据统计结果详见第五章《地市媒体融合发展调研数据分析》。

提出"衡水市媒体融合三年发展计划"，对市县级媒体融合工作作出明确规划。其中在地市媒体融合方面，秉承渐进式融合理念，将广播电视台作为媒体融合的试点，以广电带动报社，逐步推动全市主流媒体的融合改革。同时，在县级融媒体中心的规划与建设中，衡水打破"市县分离"的僵化思路，提前设计出市县联动的发展布局，以衡水广电为技术枢纽，建立起横纵联通的资源流通网络和协作共享机制。绥化市于2018年5月制定了《绥化市融媒体中心建设规划》，筹划组建绥化市融媒体中心。为此，绥化市成立了以市委常委、宣传部长为组长，成员单位囊括市委办、政府办、组织部、宣传部、人社局、财政部等21个部门和单位的融媒体中心建设工作领导小组，并下设办公室及工程技术建设组、人力资源组、资金保障组3个工作组，具体负责相关任务的落实，为保障媒体融合工作顺利开展搭建起坚实有力的组织架构基础。同时，其建设规划同样分阶段展开，从"筹备组建"到"基本就绪"再到"全面提升"，路径清晰且目标明确，保障相关工作切实落地。

二、基层创新，多点开花

新兴事物的发展始终是顶层设计与基层创新相互促进的结果。媒体融合发展一味地依靠行政力量推动，往往容易导致相关工作流于表面甚至沦为政绩工程，长此以往必将是严重的内卷化后果，而非实质上的发展与革新。特别是对于地市媒体融合发展而言，要实现真正地"解决问题"而非"制造问题"，就要直击问题要害。在"引导群众、服务群众"的方针下，地市一级往往更接近用户需求，更能由基层向上反推出信息传播与服务的优化策略；响应促进区域协调发展的工作部署，地市一级直面总体协同结构的基础环节，面临更特殊、复杂的实际问题的同时也积累了一定的特色经验。因此，地市媒体融合工作应鼓励贴合实际的基层创新，激发基层的发展活力和潜力，同时也应注意加强引导，增强基层创新的系统性和目的性。

"基层创新，多点开花"指的是在地市宣传部门的指导下，各媒体单位自主探索媒体融合的发展路径，从内容生产与分发、技术平台选择与搭建、经营管理模式优化、工作机制完善等方面形成符合自身实际的创新做法，推动媒体融合工作真正落地，保证媒体融合发展真正发挥实际效用、解决实际问题。较有代表性的是赣州和运城两地。赣州市的媒体资源呈现出赣州广电、赣南日报、客家新闻网三足鼎立的发展格局,三家媒体在媒体融合发展进程中各有亮点,比如赣南日报通过取消传统记者身份、打通考核机制以促进人才转型;赣州广电推出爆款新闻奖励办法以调动采编人员的积极性与创新性;客家新闻网打造"H5+定制服务"模式以实现宣传带动创收,三家媒体根据自身实际选择了不同的技术平台等。通过自主探索与创新,三家媒体均积累了一定的建设经验并形成了符合市场规律的竞争关系,为全市媒体融合工作减少了一定的前期试错成本。在运城,运城日报社、运城广播电视台的新媒体中心以及市委宣传部直属的新媒体中心共同构成推动运城市媒体融合全局发展的"三驾马车",其中运城日报社更重内容,在总编领导下形成了相对成熟的内容生产机制和以运城新闻网为核心的内容分发矩阵;运城广电更重技术,由总工程师主责新媒体中心建设,并为拓展经营方式设立了市场推广小组;市委宣传部新媒体中心则兼具媒体机构与管理机构双重职责,在打造拳头产品"运城融媒"APP及小程序的基础上还致力于全市新媒体的制度化管理以及融媒体平台的市县联动。

三、技术先导,效率提升

技术是媒体融合发展的关键资源。一方面,新媒介技术的发展是媒体融合工作的主要背景,特别是对于地市一级而言,面临大规模用户群由传统媒体向新媒体转移,地市媒体固有的地缘优势被逐渐取代,其舆论阵地建设和自身经营状况堪忧。另一方面,技术也为媒体融合提供了"弯道超车"的突破口,地市一级利用新技术提升信息通联效率,以技术驱动填补本就有限的人才队伍缺口;同时利用新技术为信息生产、传播以及服务等汇集优势资源,以技术赋能提升传播效果和服务能力。

"技术先导,效率提升"指的是顺应新媒体发展趋势,依靠技术手段革新旧有的内容生产与分发方式,实现流程再造和扁平化管理,构建跨主体、跨形态、跨终端、跨平台的全媒体平台,以技术为支点打破旧有的部门或平台壁垒,促进各种资源的高效流通与合理配置。衡水广电依托的"冀客"采编系统为全媒体记者部的单独设立及其运作提供了技术保障;在线索汇聚上,除基础的全网数据抓取能力外,基层通讯员和乡村宣传员的接入则让线索汇聚渠道更为丰富、内容更有特色;此外,衡水广电依靠技术优势形成对部分县级融媒体中心的定点帮扶,为市县融媒体有机协同建设、"市—县"传播体系构建进行了有益探索。《赣南日报》与第三方机构北京太极合作打造全媒体采编平台,缓解了目前省级平台绕过地市一级直接与县级对接的结构性困境,并主动从提升服务能力、加强市县联动等方面开展功能设计。《绥化日报》秉承"边建边融"的理念,综合考虑实际工作需求与经济能力,分模块购买技术服务,并持续评估技术服务效果,做到技术"为我所用",真正解决了实际问题、优化了传播效果及服务能力。

四、内容挖掘,特色凸显

我国幅员辽阔,丰富的自然人文资源孕育出网络环境下丰富的内容资源。相较于省一级,地市一级更贴近现实素材与用户需求,具备特色内容挖掘上的先天接近性;相较于县一级,地市一级的采编能力和整合能力更强,更能形成具有区分度和品牌效应的地方特色内容和产品体系。内容挖掘及其价值兑现,无论对舆论引导还是经营改善均有所促动。特别是对于老少边穷地区而言,当地的特色内容可以形成具有地方印记与独特价值的重要"IP"和"名片",它原生于并进一步加固了当地人民的群体认同感、归属感与自豪感,同时可以发展成为当地媒体创新经营手段和模式的"跳板",以缓解囿于当地经济条件相对落后而导致的资金、技术等方面的"先天不足",甚至通过精心培育与创新经营,形成反哺当地经济社会发展的新动能。

"内容挖掘,特色凸显"指的是以内容为主要着力点,通过挖掘地方(比如革命老区、少数民族地区、边远地区等)特色内容,形成当地凝聚民心和舆论引导的文化基点,并迸发出经营模式创新的核心竞争力,促进媒体融合发展更好地融入并服务于地方经济社会发展。赣州市的客家新闻网为赣州市纪委定制了个性化的H5互动媒介产品"好家风在我家——客家门匾的秘密",挖掘出具有当地特色且与每家每户直接相连的门匾文化,并赋予了它交互式的用户体验,让廉政教育摆脱口号式宣贯而更为生动形象。"运城发布"的短视频团队深入街头巷尾,遍历身边人与身边事,从小处着眼,充分挖掘运城市悠久的历史文化,生产出符合当前网络用户的收视习惯与审美取向的特色内容产品,助力运城市品牌形象建设。在拉萨,通过内容建设、阵地建设以牢牢掌握意识形态工作、涉藏舆论斗争、反分裂斗争话语权、主导权、主动权是题中之义。同时,旅游业是拉萨市的支柱性产业,是带动当地农牧民脱贫致富的重要动能,因此当地民意的引导与凝聚、特色内容的挖掘与传播、城市形象的塑造与宣传就显得尤为关键。为此,当地主流媒体和自媒体多端发力、各展所长,取得了可观的传播效果和社会效益,比如拉萨广电的微信推送"西藏欢迎你"、《拉萨日报》协助拍摄的五四青年节快闪视频以及本地用户拍摄的短视频等。

第三节　地市媒体融合发展存在的困难

在全面了解现状的基础上,本节将进一步对地市媒体融合发展存在的问题与困境进行剖析,同时继续沿用第一节关于地市媒体融合发展之特殊性的分析框架,即从战略意义、制度意义、实践意义、发展意义四个维度,以增强分析与阐述的系统性和逻辑性。在战略意义上,地市媒体融合发展存在严重的"空心化"问题,未能发挥其之于总体传播体系的连接作用并实现应有的传播效果;在制度意义上,地市媒体融合呈现出制度层面和主体层面的分散型发展,难以形成解决复杂体制机制问题所需要的协同结构与改革合力;在实践意义上,地市媒体融合发展的基层实践仍然存在保守的"铁饭碗"思维,改革的实际成效量变多于质变;在发展意义上,地市媒体融合发展缺乏必要的问题意识,导致相关工作脱离媒体自身发展与地区经济社会发展的实际。

一、"空心化"明显,传播效果有限

在现阶段我国媒体融合发展大局以及"中央—省—市—县"传播体系中,地市一级处于相对边缘化的位置,呈现出"空心化"的趋势。

这种"空心化"首先表现为地市级媒体融合工作在政策支持上的相对弱势,特别是随着县级融媒体中心建设率先上升为国家战略,各省主抓县一级媒体融合,省、县两级绕过地市一级直接对接,导致地市一级媒体融合工作相对滞后且发展迟缓。实地调研发现,六市市委宣传部或网信办针对当地媒体融合工作出台的指导意见或工作规划均较为笼统和空泛,仍需等待上级的"顶层设计"、"时间表"、"路线图"。

与此同时,在"以减少层级为目标、以巩固县级层次为保障、以调整高层为方向"①的行政区划改革与变迁趋势下,从"省直管县"到"撤县设区",对行政区划层级较强的依附性导致"地市级媒体的活动空间变窄"②,功能定位逐渐模糊。一方面,在"省—市—县"的三级通路中地市一级被逐渐架空,游离于资源置换和信息流动之外,其连接作用被削弱。以黑龙江省绥化市为例,该省省级广电通过建立"智慧广电"系统直接与县一级对接,以往市县广电之间的指导和合作关系被打破,使得绥化市处于相对"孤立无援"的被动地位。另一方面,地市一级不仅在媒体融合工作中得不到省、县两级的支持,还面临着来自二者"上挤下压"的竞争压力。③ 黑龙江的省级报纸会以更低的价格抢夺地市当地的广告资源,这对广告资源本就所剩无几的绥化日报社而言无疑是巨大的打击,后者2018年的广告收入仅有150万。县一级媒体通过县级融媒体中心建设逐渐弥补先天不足,与省级互通则扩大了本土特色内容的传播面,以往地市级在内容生产上的地域特色优势逐渐让渡至县一级。

进一步地,地市媒体融合发展在传播体系中的战略意义与当前媒体融合格局"空心化"的现实困境之间的矛盾衍生出了媒体融合工作重心基层化与媒体行业本身改革基础资源分配不均衡之间的矛盾。对于省一级而言,尽管它们基础资源雄厚,但34个省级行政区接管2851个县级行政区的媒体融合与发展工作意味着巨大的管理成本和压力;对于县一级而言,尽管具有地域特色优势,但相对薄弱的经济体量、有限的媒体资源和人才队伍无疑是其发展瓶颈,况且地域特色并非普适性条件,容易造成同质化竞争。此外,在如人事权等相关体制不变的情况下,"官本位"的思想使得县一级仍然受到地市一级的制约,反倒增加了行政压力,降低了行政效率。

地市级媒体的式微直接表现为其传播力和影响力的下降。针对用户的问卷调查④发现,地市级媒体的影响力主要局限于本地区,不足一半的受访者认

---

① 张永理:《我国行政区划层级历史变迁——兼谈其对省直管县体制改革的启示》,《北京行政学院学报》2012年第2期。

② 王霞:《新媒体背景下的地市报创新策略研究》,复旦大学硕士学位论文,2014年。

③ 参见许伟杰、陆怡然:《城市台媒体融合的困境与出路》,《中国广播电视学刊》2019年第6期。

④ 针对用户的问卷调查范围限于江西省赣州市、山西省运城市、河北省衡水市、黑龙江省绥化市,相关数据统计结果详见第五章《地市媒体融合发展调研数据分析》。

为本地媒体在当地有很大影响力。当地用户对本地媒体的关注度不高,关注本地媒体的用户多为公务员,年龄集中在 30—49 岁,他们普遍将本地媒体视为获取本地信息的渠道,且主要关注时事型内容。结合对四市媒体平台已发布稿件的内容分析,其已发布内容确实均以党政新闻动态为主。综上可知,地市级媒体的受众面较小,更多地被视为党政信息的"公告栏",传播效果仍相当有限。

二、"分散型"发展,改革缺乏合力

由于政策的缺位,地市媒体融合发展缺乏必要的顶层设计,使得改革在制度层面和主体层面均缺乏合力。

缺乏制度层面的合力指的是地市级媒体融合面临的诸多历史遗留问题如编制紧张、绩效不公等问题未得到行政力量的加持而短时间内难以解决,有包袱、有累赘,与改革方向背道而驰的旧体制无疑是"带病融合",让改革路径更加曲折。具体而言,在编制问题上,当前媒体编制与市场化趋势不相匹配,多种用工方式(全额事业编制或参公编制、差额事业编制、合同聘用制)并存的现状与媒体转型的市场化逻辑之间存在矛盾冲突。一方面,地市级媒体是处级单位,其主要负责媒体融合工作的新媒体中心一般为科级单位,编制数量少,入编难,同时仍有部分地区存在"同工不同酬"的现象;另一方面,对于地市媒体从业者而言,"编制意味着稳定",是关乎其工作回报的重要因素。[①] 地市媒体的市场化进程受阻,直接导致的人才流失则进一步瓦解了地市级媒体融合的发展合力。

在激励机制上,当前激励机制与工作付出不相匹配,尚不健全的人才保障和激励机制与地市一级媒体从业者繁重的工作压力之间存在矛盾冲突。一方面,六市媒体单位普遍未能形成涵盖绩效考核制度、竞聘机制、人才引进制度、

---

① 问卷调查结果显示,被访从业者认为"对编制状况不满"是所在单位人员离职的第二大原因;分别有 42.3% 和 35.3% 的被访从业者认为编制会对升职机会和薪酬福利带来影响,进一步检验不同聘用方式(是否有编制)的被访从业者对编制的看法差异,发现不同聘用方式的被访者对聘用编制外人员、编制对升职机会和薪酬福利的影响的看法存在显著差异,没有编制的被访从业者更认可媒体体制改革的方向是聘任编制外人员这一趋势($df = 1, F = 22.196, P = .000 < 0.01$),与此同时,他们也更倾向于认同编制在升职机会和薪酬福利上会造成的差异(单因素方差分析的结果分别为:$df = 1, F = 16.718, P = .000 < 0.01; df = 1, F = 9.171, P = .003 < 0.01$)。

培训制度等的全套激励保障机制，且已有制度设计多沿用传统媒体管理思路，与实际工作相脱离；另一方面，地市一级开展媒体融合既要联通省县又要联通线上与线下，其工作量普遍较大。① 工作付出与工作回报之间的巨大落差使大家积累了不满情绪，同样导致人才流失问题。② 赣州市某位主流媒体从业者坦言，"我们很多人员离开的一个重要原因就是薪酬，拿着这点工资，还要人家拼命干活，确实有点为难人"。

缺乏主体层面的合力指的是地市级媒体融合参与主体间缺乏统一部署，凝聚力不足，甚至存在各自为政的问题，对媒体融合工作形成掣肘。在媒体机构内部，常见的做法是单设新媒体部门主管新媒体业务。这样的部门往往人手有限，却是最"全能"的。以绥化日报社新媒体中心为例，从新媒体平台的策采编发到采编系统的购买和维护，再到给全社其他部门"修电脑"，"只要带'新'字的工作就会想到新媒体"，其工作压力可见一斑。而媒体融合是一个长期的系统工程，仅靠一个部门的力量是远远不够的。

在媒体机构之间，一市之内多中心、多平台并行成为常态，特别是在新媒体平台的建设上（如图4-2）。这种做法既是一种重复建设，容易造成不必要的资源浪费，如运城市曾出现"一个电视台派出五路人马报道文化节"的重复劳动问题；又在地市一级新闻信息资源和用户规模相对有限的情况下加剧了同质化竞争，造成用户分流问题，进一步削弱了传播力，以赣州市为例，通过对比《赣南日报》《赣州晚报》、"赣洲发布"、"赣州网络台"等四个微信公众号文章，发现其标题内容重复率高达50%以上。更严重地，若媒体机构陷入争夺融媒体发展主导权的"囚徒困境"，则很有可能"两败俱伤"，出现"竞争乏力现象"③。在管理机构与媒体机构之间，目前六市均未能形成有效的沟通协作机制，加上六市直接对接媒体、落实媒体融合政策的部门均为市委宣传部下属科室新闻科，职级为正科级，而地市级媒体为正处级单位，职级错位导致管理

---

① 问卷调查结果显示，90%的被访者认为工作量大，需要经常加班。

② 问卷调查结果显示，在对人员流失原因进行选择时，47.3%的被访者认为是由于工作压力过大；45.5%的被访者认为是由于工作时间不规律或时间过长。

③ 蔡之国：《合并整合：媒介融合语境下地市传统媒体发展趋向》，《中国出版》2016年第16期。

机构难以较好履行管理职能,某宣传部新闻科相关负责人坦言,"(媒体融合工作中)基本上是以商量的态度来办事情。"

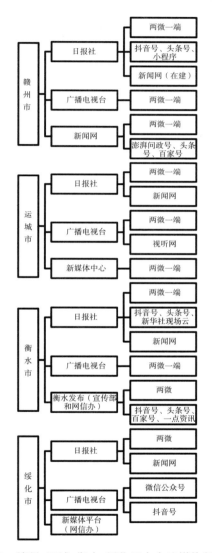

图4-2　赣州、运城、衡水、绥化四市主流媒体新媒体平台体系

三、"铁饭碗"犹存,量变多于质变

"劣于省,优于县"是地市级媒体的基础资源特点,也是其媒体融合发展

内生动力不足的重要原因。

一方面,地市级媒体转企改制不彻底使得旧有体制下的"天花板效应"仍然存在。某位媒体从业者如此形容所在单位的工作氛围:"即使有年轻人因为编制应聘到岗,入职之后也很快变成'老人'状态。"对于媒体融合工作,从业者缺乏积极性和主动性,甚至存在畏难情绪。某新媒体中心总编坦言:"知道融合,但是不知道怎么融,心有余而力不足,年龄大了,和新媒体用户不是一个话语体系。"人才队伍素质在总体上与融合发展需求不相匹配,新媒体业务技能掌握不足①,具有专业背景的、真正了解网络和互联网的技术人才匮乏,直接影响到媒体内容生产,导致新媒体中心只是依附于传统媒体内容的新传播渠道,呈现出"新瓶装旧酒"的融合现状。

另一方面,完成党政宣传任务、解决自身经营问题是当前地市级媒体的工作重心。六市普遍存在对媒体融合工作的紧迫性认识不足的问题,甚至将媒体融合置于解决生存问题的对立面,视其为"负担"。某新媒体中心主任谈道:"我们主要的精力就是围绕市委宣传工作展开,没有更多的精力参与到市场中来。"某市主流媒体领导认为:"媒体融合是政治任务和社会效益,如同一种'买赠关系'。"

在"温水煮蛙"式的融合观念和路径下,相关建设成果多停留于表面,量变多于质变②。具体表现如下:首先,各地盲目追求和建设"大屏"的趋势仍然存在,耗费巨资建立的全媒体采编系统并不能与实际工作要求完全契合,未能真正发挥作用;其次,部分地区依靠行政命令开展运营推广,比如运城市的新媒体平台推广便以"免费赞助/直播"和"行政命令要求公职人员下载/关注"两种方式为主,不仅实际传播效果有限,而且容易造成用户的反感,不利于地市级媒体公信力和权威性的维持;再次,各地普遍缺乏用户思维,传播内容脱离当地用户的实际生活与需求,机械化的新媒体内容生产方式难以实现较好的传播效果,以党政信息为主的舆论阵地建设实际上仅局限于小规模的信息闭环;此外,传播效果评价思路停留在"单向传播"逻辑。一方面,采编内容的

---

① 问卷调查结果显示,仅有 54.4% 的被访从业者掌握了至少一项新媒体业务技能,掌握多种新媒体业务技能的从业者占比更少,只有 42.1%。

② 参见谢新洲:《我国媒体融合的困境与出路》,《新闻与写作》2017 年第 1 期。

传播效果在现有绩效考核机制中比重较小,大部分地区仍以完成工作量为考核重点;另一方面,对传播效果的绩效考核以粉丝数、阅读量等硬性指标为主,对"优稿"的评价标准单一,缺乏对内容质量及其社会效益的全面考量,缺乏必要的用户调研,忽视了用户反馈对新闻再生产的促进作用。

四、"服务性"不足,发展脱离实际

"服务性"不足主要体现在两个方面,一是地市媒体融合发展未能较好地服务于当地媒体宣传工作实际;二是地市媒体融合发展未能较好地服务于当地经济社会发展实际。

首先,地市媒体融合发展的顶层设计与实际工作之间普遍存在落差,未能实现顶层设计与基层创新的良性互动,要么是依靠行政力量的机械式推动,要么是凭借自主探索的分散式发展。自上而下来看,尽管媒体融合发展已是普遍共识,但在具体执行过程中,一方面当地媒体融合工作规划与实际工作结合不紧密,前期调研工作不充分,未能直击实际工作的痛点,同时对困难的准备不足,以拉萨为例,当地自媒体蓬勃发展,但在媒体融合工作规划中并未涉及对自媒体的引导监管与资源盘活,未能全面考量自身的优势资源,实际上错失了"借船出海"的机会;另一方面媒体融合工作缺乏长远规划,缺乏针对工作执行情况本身的系统、动态评估,未能充分认识并利用实际工作的指导意义,未能及时发现问题以调整发展方向、优化工作策略。自下而上来看,媒体融合的理念仍未普及到每一位媒体从业者,特别是对于传统体制下的媒体从业者而言,转型的动力和能力不足。可见,媒体从业者尚未体会到媒体融合发展给其实际工作带来的真正益处,比如新媒介技术与扁平化管理对采编效率的提升、符合新媒体发展规律的内容生产与相应的绩效改革对其工作成就感与满意度的提升等,使得在媒体融合工作中责任意识不强,甚至有从业者认为"媒体融合是社长(考虑)的事情"。

归根结底,无论是在领导层还是在执行层,媒体融合工作缺乏必要的问题意识,即对媒体融合的理解过于简单化,仅停留于"概念"本身,导致"知其然,不知其所以然",对"为什么要进行媒体融合"、"媒体融合发展能带来什么"、"如何推进媒体融合"、"地市媒体融合发展有何特殊性"等问题缺乏结合实际的深入剖析与探索。因此,媒体融合发展对于一些地区而言是在"制造"问题而非"解决"问题。特别是在基础本就薄弱的老少边穷地区,媒体融合发展面临的难点和矛盾更多,比如解决老少边穷地区媒体工作对人才队伍素质的高要求(诸如少数民族地区对外语传播能力的人才需求、边远地区对意识形态工作能力的人才需求等)与当地人才严重紧缺之间的矛盾,当地媒体资源分布的结构性差异(比如大批中老年用户仍然选择收看电视节目)与当地媒体实力无法完全做到传统媒体与新媒体相兼顾之间的矛盾,亟须在厘清现存问题与发展需求的基础上,因地制宜地进行媒体融合顶层设计,并以指向问题的工作方案凝聚基层实践一线的建设共识与合力。相反地,若仍未能充分理解媒体融合并及时扭转观念,比如仍将新媒体建设与"烧钱"直接画等号,老少边穷地区的媒体融合建设将止步不前,甚至造成"强者更强、弱者更弱"的两极分化局面。

其次,目前地市媒体融合发展的自主创新能力和辐射带动能力十分有限。一方面,原创内容稀缺,本土内容耕耘乏力。问卷调查结果显示,除了普遍关注时事新闻,用户还对教育、健康医疗、历史文化、财经、美食等民生资讯持有较高的关注度。① 另一方面,传播面向较窄,对外传播能力与效果均不理想。以拉萨市为例,现阶段媒体融合的主要工作仍然是面向地市范围内部用户的舆论引导,以党政新闻为主的传统媒体内容建设在媒体融合语境下成为了其新媒体平台的主要内容来源,使得传播面向更为广泛的意识形态工作和城市形象建设缺乏必要的内容支撑。

同时,地市媒体融合发展尚未在信息服务方面有较为显著的探索和创新。问卷调查结果显示,除传播本地信息,用户还期待本地媒体获取政务服务、日常生活服务、熟悉风俗文化等功能的加强。② 从媒介经济学视角来看,当前对媒介资源的配置利用缺乏与当地政策和市场环境的互动,信息资源利用与外部政策资源以及市场资源缺乏有效嫁接,内外部资源利用率不高。以赣州为例,主流媒体传播力和影响力难以走出当地范围,与振兴赣南苏区发展的国家

---

① 问卷调查结果显示,关注时事、教育、健康医疗、历史文化、财经、美食的被访用户比例分别占 85.3%、39.1%、36.0%、34.0%、32.5%、32.5%。

② 问卷调查结果显示,认为本地媒体需要加强传播本地信息、获取政务服务、日常生活服务、熟悉风俗文化功能的被访用户比例分别占 69.0%、50.8%、44.7%、42.1%。

战略以及赣南地区作为赣、粤、闽、湘通衢的关键节点城市地位不相匹配,媒体融合发展与区域经济发展相脱离,难以通过实际社会效益的实现而吸引政策、资本、技术等更多资源的注入。

第四节　地市媒体融合发展的潜在机遇

地市媒体融合发展面临着复杂且特殊的问题和难点,需要构建一种协同式的发展结构以及渐进式的发展路径。本节将参考"竞争——合作——分工"的地级市区域协同治理模式①,对地市级媒体融合的发展机遇进行阐释。该模式是在省直管县改革背景下针对解决地级市治理困境而提出的,其中"竞争"指的是引入竞争机制,提高各主体的市场化水平和经营能力;"合作"指的是主体间通过相互合作解决区域公共事务和历史遗留问题;"分工"指的是通过主体间的合理分工和有机协作,即城区专注中心城市建设,县区专注三农问题,从而各展所长、优势互补,实现区域联动。考虑到地级市在行政区划体制中逐渐边缘化,其原有的职责和功能被弱化,与地市级媒体融合发展的现实困境相似,加上地市级媒体对行政区划层级的依赖性,该模式对于地市媒体融合发展模式研究而言具有一定的参考价值。在此基础上,本节将构建出"竞争—合作—分工—落地"的地市媒体融合发展模式。

一、竞争:先天优势转化发展潜力

在我国,政府作为制度供给的主要来源,对文化产业制度变迁的推动作用是巨大的,在制度变迁的路径选择、推进次序与时机的权衡中起到决定性作用。② 就媒体融合发展全局而言,在中央和省级媒体转型逐渐成熟、县级融媒体中心建设如火如荼的现阶段,地市一级应成为新的工作重心和突破口,得到更多的政策支持和更明确的顶层设计,提高地市级媒体的引导力、服务力和竞争力,从而夯实当前并不稳定的融合传播体系。就地市一级而言,发展机遇不

---

① 参见曹文敏:《省直管县改革中地级市治理困境与区域协同研究》,《管理观察》2017 年第 22 期。

② 参见孟来果:《我国文化产业制度变迁及创新路径研究》,《理论导刊》2019 年第 6 期。

只在于期待更多行政力量的注入,还在于自身增强工作的积极性和主动性,打破"铁饭碗",自下而上地推动改革,引入竞争机制,提升市场化运作水平。

针对媒体融合是大势所趋和地市一级改革动力不足这一对矛盾,首先需要转变观念,应正确认识到地市媒体融合发展的必要性及其特殊意义。媒体融合的本质是新媒体化,在于通过新媒体占领舆论阵地,提升传播能力和服务能力;在于通过资源整合,优化传播结构和模式,提高传播效率和效果。因此,媒体融合工作不一定意味着对新媒体技术平台的大量投入,更不应该是追求"政绩"、"面子"的盲目建设甚至重复建设,否则是南辕北辙的资源浪费。媒体融合发展并不站在媒体走出经营危机、解决生存问题的对立面,而是进一步破除体制机制阻碍、探索良性发展路径、提升自身造血能力的重要契机,关键是要正视自身"单体不大,合体不小"、"劣于省,优于县"的体量特点。正如某市网信办主任所说:"政府已经给予了一定的支持,媒体融合不是要建新的东西,而是充分整合、利用现有资源,更新思维观念,加快转变阵地。"在此基础上,地市媒体融合发展应推进行政管理体制与市场化运营模式分离,梳理好管理机构与媒体机构的关系,让媒体在保证导向正确的前提下释放发展活力和潜力。通过市场化进程,地市级媒体应加快解决历史遗留问题,优化体制结构和作用机制,创新管理方式,夯实人才保障和激励机制,探索退出机制,构建与媒体融合相向而行的制度环境。

引导群众、服务群众的落脚点在于群众,地市媒体融合发展的突破口在于面向用户的价值回归。一方面,地市级媒体在当地具有贴近性和公信力,还通过长期经营培养了一批忠实的用户群体,可见地市级媒体有地方特色素材可挖,在内容上有先天优势;另一方面,地市一级拥有相对充足的财政基础、媒体资源以及人才队伍力量,同时随着城市化进程的深入尤其是二三线城市的发展,地市媒体融合发展的外部环境在改善,因此,地市级媒体有能力做好基层宣传工作,在体量上有基本保障。做好用户调研是以用户为导向的必要前提,地市级媒体应着眼于用户需求,特别是用户收视和阅读行为的变迁,以新媒体为抓手,从单纯的"公告栏"转变为群众信息服务枢纽,以基础资源巩固内容优势,以内容优势提升竞争实力,走出内容局限于党政信息、受众局限于公务员的传播闭环,从而将先天优势转化为发展潜力。

二、合作：合纵连横实现规模效益

媒体融合发展是一个涉及多主体的长期系统工程，需要理顺多种关系，而且越到基层，改革所面临的现实条件越复杂，一方面难以形成统一的、具有普遍指导意义的模板，另一方面仅靠单个区划层级、单个机构或部门推动改革是"独木难支"的。合作是必由之路，也是"融合"二字的理念体现。对于处在融媒体发展"十字路口"的地市一级而言，纵向上与省县两级的密切联系、横向上对内部各参与主体的统一部署以及与外部兄弟市县的区域合作，都是地市一级推动媒体融合向纵深发展的空间所在。

在纵向上，地市级媒体的战略传播意义与地市媒体融合"空心化"发展这一对矛盾的出现，意味着地市级媒体在"中央—省—市—县"传播体系中的连接作用正在发生变化。在过去，各级媒体的"上传下达"更多地是发挥了信息通道的作用。如今，随着信息技术的发展，单向传播格局被打破，传统媒体的结构性优势已基本丧失，传统的"信息通道"式传播体系受到动摇，亟须向"传播矩阵"转变，由渠道优势向传播力优势和服务力优势转变。对于地市级媒体而言，恢复连接作用的首要因素是自身实力的增强，媒体内部要形成推动改革的动力、能力与决心，扭转话语权下降的被动趋势。在此基础上，在与省一级的合作中，地市一级可以发挥地域接近性的优势，承担起县域媒体发展的指导和管理职责，分担省一级的管理压力。衡水市便在市委宣传部的领导下，在全省率先开展县级融媒体中心建设并完成区域全覆盖，成为全省典范。在与县一级的合作中，地市一级的基础优势可以反哺县一级的先天不足，打造具有区域特色的传播集群，从而形成品牌效应和规模效应，同时避免重复建设和同质化竞争。

在横向上，针对媒体融合以整合资源、提升传播合力和效率为目标与地市媒体"分散型"发展这一对矛盾，地市一级应增强统一部署，内部多主体应加强合作。比如，绥化市通过成立涵盖21个部门和单位的融媒体组建工作领导小组，提前为解决历史遗留问题、增强融媒体服务功能进行了组织架构上的统筹规划。"分散型"发展还突出表现为新媒体平台归属混乱，地市一级有必要明确新媒体管理机构，建立分工明确、职责到位、层次清晰、有机联动的传播矩阵，适当关停冗余的媒体平台，做到有的放矢，特色突出。为加强与本地自媒体的合作,实现党政新闻的联动传播和地方特色的深度挖掘,兼顾区域自媒体管理和主流媒体传播策略优化,绥化市和衡水市的网信办分别发起了"自媒体走基层"活动,收效甚佳。合作机制还可以发生在与兄弟市县合作,构建跨区域联盟,共享媒体融合的发展机遇,如衡水市广电通过加入"大京九跨区域联盟"获得了更大的经营和传播空间;与教研机构合作,通过设立共建项目实现知识、技能、人才、技术的共享互通,有助于解决地市级媒体人才队伍紧缺的燃眉之急,运城市主导拍摄的本地人物和文化系列短视频便是与当地院系合作完成的;此外相关研究团队还可以协助地市级媒体开展用户传播效果、媒体融合发展现状、媒体融合效果评估等调研项目,有助于后者充分评估自身融合发展条件,以更有针对性的方案进行融合,并实施动态评估以促进媒体融合的可持续发展;与第三方技术合作,获取融合发展所必需的技术支持,获取利于扩大声量的平台资源。

三、分工:扬长避短促进精准融合

在全国媒体融合发展进程中,地市一级起步相对滞后,发展也相对缓慢,但这也意味着地市媒体融合发展具有后发制人的优势,可综合参考省级、县级媒体融合工作中的普遍问题和典型做法,探索适合自身基础条件和发展目标的融合路径,做到扬长避短、精准融合,最大限度地提高融合效率和效果,尽可能降低建设成本以缓解经营危机对媒体融合的掣肘,最终实现"弯道超车"。

分工与合作相辅相成,地市一级应在"中央—省—市—县"传播体系中找准定位,发挥处在"十字路口"的区位优势,即相对于省一级的地域接近性和相对于县一级的基础生产能力,从而增强其媒体融合总体规划的目的性和方向性,可通过加大对县一级的指导和扶持力度充分挖掘地方特色、深入用户需求,形成具有辐射效应的传播能力和本地黏性的服务能力;加强与省一级在信息服务资源下沉与特色内容对外宣传上的有机互动,进一步扩大传播面、提升服务力。地市级内部各主体应各展所长、优势互补,"从某一个方面或某个细分领域求突破,"[①]避免形象工程和盲目建设。

具体而言,在市委宣传部的统筹协调下,网信办应主要负责网络信息安全

---

① 范启麟:《地市党报媒体融合破解三策》,《中国报业》2018 年第 23 期。

和网络舆情监管工作,将其传播职能让渡给地市级媒体;地市级广电和报纸应差异融合,广电一般在技术层面的基础优势明显,但在转变内容生产方式时往往存在较强的路径依赖,而报纸一般在内容生产上具有较强的活力,但在技术上往往相对薄弱,两者可通过流程再造与资源共享实现优势互补,提高内容生产效率,优化现有传播结构;融合基础条件相对有限的地区,可根据当地情况,综合考虑广电和报纸的特点和优势,率先开展试点工作,将试点经验推广至全市,为全市媒体融合工作提供有益借鉴,如衡水市首先将广电作为媒体融合试点单位,为制定全市媒体融合规划提供"因地制宜"的实践经验支撑的同时,大大降低了前期探索阶段的试错成本;此外,地市级媒体内部在制定融合方案时,同样应充分考虑自身优势,秉承"以我为主、为我所用"的原则,如绥化市日报社在选择技术平台时,考虑到自身财力有限,以边建边融的方式分模块购买技术服务,依照工作需求以及前期功能的适配性反馈,不断调整、完善其技术平台的搭建,充分实现了技术平台对实际工作的促进作用,进而有利于实现精准而高效的融合发展。

四、落地:服务升级助力地方发展

媒体融合发展以服务地方经济社会发展是媒体融合工作的一种理想图景,也是全局性激发地市媒体融合发展活力的关键所在。尤其对于老少边穷地区,媒体融合发展从"负担"到"机遇"的观念转变需要看到自身特色资源优势与发展潜力,在坚持舆论引导与阵地建设的基础上,通过媒体融合发展实现优势资源的挖掘与整合并完成价值兑现,比如提升政务和民生服务能力的信息服务功能打造、面向城市品牌形象建设的传播矩阵搭建、特色内容挖掘与相关产品孵化、具有地方传播力与公信力的宣传策略定制、助力乡村振兴的农村电子商务发展等,推动媒体融合工作真正落到实处,并真正体会到媒体融合工作的益处。

结合地市媒体融合发展的特殊性,政策背景、区位规划、特色文化、媒体基础等往往是地市一级的优势资源所在,同时也是地市媒体融合发展嵌入地方经济社会发展的重要着力点。以调研对象为例,以促进区域经济协调发展为视角剖析地市媒体融合发展的潜在机遇如下:首先,地市媒体融合发展应与地方发展政策与战略规划相结合,比如赣州市应抓住赣南苏区振兴战略的时代机遇，以提供公共服务为突破点，紧紧围绕精准扶贫，为市县域群众提供兼具引导性和实用性的信息产品与服务；绥化市应将媒体融合发展与"都城地"建设紧密结合，为当地特色产业发展与城市品牌建设凝聚社会共识与多方支持。其次，地市媒体融合发展应充分利用自身的区位优势（地理位置、区域规划、媒体布局等），比如运城位于晋、陕、豫三省交界，赣州处于赣南苏区的核心位置，衡水市已实现县级融媒体中心全覆盖并形成市县联动，在为区域协调发展架设信息服务枢纽的同时，三地还可凭借丰富的历史文化资源形成具有信息增值效应的地区品牌。再次，地市媒体融合发展应承接地方经济发展，比如拉萨和包头应充分挖掘并利用当地的民族文化（宗教文化）以形成内容优势，发挥当地旅游业的支柱性作用，同时借助农村电子商务这一发展动能，打通旅游业与其他产业的连接，进一步优化产业结构，发挥规模效应。

第五章　地市媒体融合发展调研数据分析

2014年以来,我国主流媒体融合发展实践成果丰硕,并逐渐从中央媒体、省级媒体向县级基层深入,形成"中央—省—县"的立体化格局,在这一格局中,地市主流媒体处于"空心"地带,既缺乏明确的融合发展政策指导,又缺乏与省、县之间的互联互通。在此背景下,为了更好地了解地市主流媒体融合发展现状与建设成效,北京大学新媒体研究院研究团队在中共中央宣传部委托下,于2019年2月至5月开展了"地市级主流媒体融合发展研究"实地调研。

在选择调研对象的过程中,研究团队考虑到全国各市媒体资源与基础、媒体融合发展差异较大,为了更好地反映全国大部分地市媒体融合发展的真实情况,结合行政区域、地域经济发展等情况,研究团队选取了江西省赣州市、山西省运城市、河北省衡水市、黑龙江省绥化市作为调研地点。在实地调研中,研究团队分队向四市主流媒体机构、融媒体从业者、当地普通用户分别发放了《地市级主流媒体融合发展情况调查问卷》、《地市级主流媒体融合从业者调查问卷》、《地市级主流媒体融合发展效果调查问卷》,并访谈了四市媒体主管部门负责人、媒体机构负责人、融媒体从业人员100余人。本章将基于实地调研获取的问卷数据和访谈资料,对地市媒体融合发展的基本情况、经营管理情况、从业人员情况和建设效果等方面进行分析。

第一节　地市媒体融合发展现状

《地市级主流媒体融合发展情况调查问卷》从平台建设和经营管理两个

方面挖掘当地媒体融合发展情况。其中，平台建设方面聚焦已有媒体资源基础上的新（融）媒体平台建设情况，经营管理方面则从媒体经营和制度建设两个方面展开调查。问卷发放至上述四市媒体融合发展的主体单位（地市级媒体以及相关管理部门）填写完成，并均已回收，填写情况良好。

一、地市媒体融合平台建设现状

新媒体平台搭建是融合发展的基础。地市新媒体平台指的是由地市级主流媒体（报社、广播电视台）或相关管理单位（宣传部、网信办、新媒体中心等）主管的新媒体平台，包括地市一级以媒体属性为主的网站、"两微一端"等新媒体平台，不包括定位为政务功能或商业属性的新媒体平台以及各种自媒体平台。下文将从整体规模、归口情况、类型分布、上线时间、用户规模等方面分析地市媒体融合发展中的新媒体平台建设情况。

（一）地市新媒体平台整体规模

根据问卷，四市新媒体平台总数为 86 个，平均每个市的地市级新媒体平台数约为 21 个。对于地市媒体而言，其新闻宣传和信息服务工作带有明显的地方性色彩，大多限于一市之内，相较中央媒体和省级媒体而言，信息数量有限。由此来看，较多的新媒体平台与有限的信息数量和辐射范围形成反差，容易导致"多而不精，影响力难以提升"的问题。

具体来看，衡水市和赣州市的地市新媒体平台数量较多，分别为 31 个和 24 个；运城市建立了统筹全市媒体融合发展工作的新媒体中心，其新媒体平台整体规模因此有所精简；绥化市囿于媒体融合发展的基础资源相对薄弱，其新媒体平台数量也相对较少。

（二）地市新媒体平台类型分布

在平台类型选择上，四市媒体融合发展的传播渠道多元，除了传统的报纸、电视、广播电视台外，还覆盖了网站、微博、微信公众号、客户端以及第三方平台等众多的新媒体平台。其中，微信公众号的使用比例较高，占所有新媒体平台的比例接近四成。值得注意的是，近三成的新媒体平台为第三方平台（包括头条号、抖音号、百家号等，其中头条号、抖音号居多），地市级主流媒体融合发展已不局限于传统的"两微一端"。

具体到不同类型的平台的上线时间（如图 5-3），总体来看，四市向各新媒体

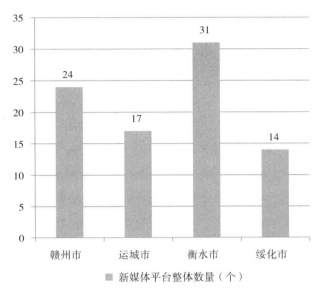

图 5-1 地市级新媒体平台整体数量

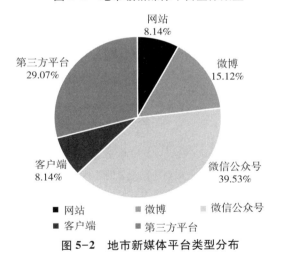

图 5-2 地市新媒体平台类型分布

平台扩散的时间滞后于新技术、新平台的发展。相较而言,赣州市在新媒体平台建设上十分积极,网站、微博、微信公众号、客户端、第三方平台的入驻时间均较早。①

————————

① 客家新闻网和时空赣州网(赣州广电)上线于 2004 年;FM99.2 赣州交通广播微博上线于 2010 年,赣南日报微博上线于 2012 年;赣州晚报微信公众号和赣州发布微信公众号均上线于 2013 年;赣州日报旗下"前端"新闻客户端上线于 2016 年;赣州广电于 2015 年便已入驻头条号。

我们从图 5-3 可以看出,尽管绥化市早在 2003 年就建立了绥化新闻网,迈出了向互联网发展的第一步,但囿于自身发展条件有限,后续新兴平台的入驻相对乏力。衡水广电的网站建设则相对滞后,2013 年才建立衡水广播电视网。

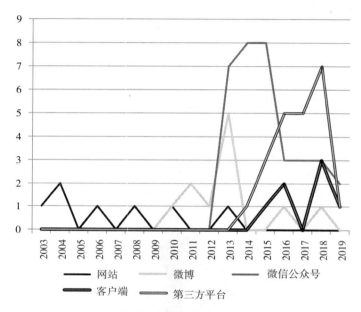

图 5-3 地市各新媒体平台上线时间进程

在"两微一端"平台建设上,2013 年是进驻微博平台的高峰。在这一年的 11 月底,新浪和腾讯两个平台的媒体机构微博账号达到 3.7 万个,①开通微博账号成为主流媒体融合发展中的重要一步。同一年及此后两年,微信公众号平台也成为各市积极抢占的舆论阵地,纷纷开设微信公众号,甚至形成"一个栏目一个账号、一个频道一个账号"的发展态势。客户端建设因技术门槛和资金门槛较高、起步晚、数量少。在县级融媒体中心如火如荼发展建设的当下,四市报社和广电均有在自有客户端上向所辖县开放新闻端口的想法和尝试,但成效尚不显著,还造成了市内地市媒体之间的竞争。当前,四市平台建

---

① 参见张世悬:《2013,媒体微博新力量》,人民网,2013 年 12 月 12 日,http://media.people.com.cn/n/2013/1212/c14677-23816388.html。

设的重点是以抖音号为代表的第三方平台入驻,客户端在 2018 年出现了新的建设高潮。

（三）地市新媒体平台运营主体分布

在地市级新媒体平台的实际运营工作中,地市主流媒体仍然是主力军,其中报社占比 43.21%,广播电视台占比 37.04%,基本呈现出 2∶2∶1(报社、广电、宣传部)的运营主体①结构。结合数量来看,平均每个市的报社运营 9 个新媒体平台,广电 8 个,宣传部 4 个,反映出当前地市级媒体融合发展在主体上尚未形成协同结构,在资源上有待进一步整合,从内容生产到分发渠道均未能实现一体化,容易在聚焦本地而相对有限的媒体实践场景中导致同质化竞争,进而形成非理性内耗。

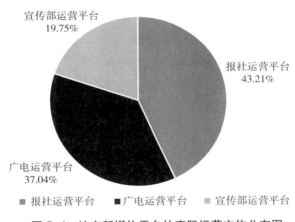

图 5-4　地市新媒体平台的实际运营主体分布图

（四）地市新媒体的用户规模

用户规模既是衡量主流媒体融合发展影响力和效果的重要指标,又是促进媒体融合发展的重要资源。从平台类型来看,地市微博平台的用户规模较大,约为 24.2 万,其次为客户端(12.7 万)、微信公众号(8.2 万)、第三方平台

---

①　运营主体即实际负责地市级新媒体平台运营工作的单位,按媒体融合发展参与主体,主要分为地市级报纸、地市级广播电视台以及宣传部(包括网信办、新闻科、新闻中心、新媒体中心等),暂不考虑各单位间的行政从属关系。此外,由于赣州客家新闻网被单独拆分出来成为市委直属的正处级自收自支事业单位,情况特殊,考虑到四市数据标准的统一性,故在涉及运营单位的分析中,均剔除赣州客家新闻网所运营的新媒体平台的数据。

(5.1万)、网站(2.4万)。由于移动互联网成为网民上网的首要渠道,网站虽有"先发"优势,但用户流失明显,影响力日益式微。虽然当前四市在平台建设上存在"轻微博、重微信"的态势,但由于微博以开放关系为基础且上线时间相对较早,故用户规模远大于微信公众号。需要注意的是,虽然基于熟人关系的网络所具有的传播优势不可忽视,但依然要重视微博在用户资源上的优势和舆论引导上的重要作用,要做好平衡与联动工作。此外,以抖音号为代表的第三方平台是抢占用户的又一入口,但这些平台也为内容生产提出了新的挑战,如何兼顾舆论引导与生动有趣、凸显本地特色,释放其传播潜力,是地市主流媒体在新媒体平台上争取用户、扩大覆盖面和影响力需要认真思考和解决的问题。

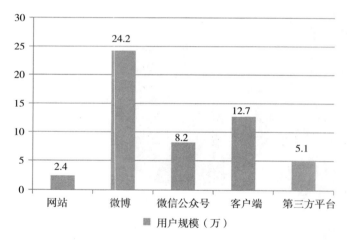

图5-5　地市各类型新媒体平台的用户规模

从运营主体来看,报社所运营的新媒体平台在总体上拥有更多用户,平均每个账号的用户数量为15.5万人。广电所运营新媒体平台的用户规模居三个运营主体之末,为6.1万人(如图5-6)。从不同运营主体下辖新媒体平台所覆盖的用户规模差异可以看出,报社在新媒体转型上更具活力,而广电由于视频节目制式与移动互联网的配适性差,所以依然存在较强的路径依赖。当然,用户规模并不能完全衡量传播效果,在这里其作为媒体融合发展资源的意义更大。本章将在第三节从用户评价角度详细评估四市媒体融合的建设效果。

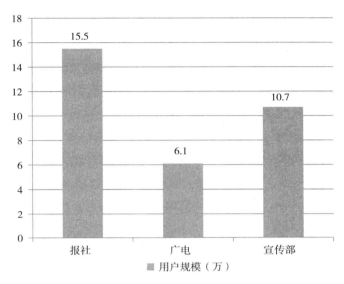

图 5-6　地市各运营主体的新媒体平台用户规模

从上述分析可以看到,四市一直在积极探索转型之路和融合发展之路,积极搭建全覆盖新媒体平台,为新闻信息发布传播寻找新渠道,一定程度上适应了用户媒体使用习惯的变化和需求,取得了一些成绩。市委宣传部作为地市主流媒体的主管与指导单位,积极指导各市报社与广播电视台的融合发展,在这个过程中,也尝试运营自有的新媒体平台,以发挥舆论的引导作用。总体上来看,由于缺乏顶层政策设计和统一指挥,地市主流媒体融合发展尚处于"各自为政"阶段,在一市之内形成相互竞争资源、相互制约彼此发展的局面,平台建设工作开展得如火如荼,但用户覆盖面极为有限,影响力不足。

二、地市媒体融合发展经营管理情况

融合发展不仅是地市主流媒体占领舆论阵地的紧迫课题,也是其走出"经营寒冬"的关键契机。下文将从财政投入、经费来源、制度建设以及人才培训四个方面分析媒体融合发展背景下四市主流媒体的经营管理情况。

(一)融媒体建设经费情况

地市媒体属于公益三类事业单位,由于各地事业单位改革进度和政策差异,有的地市媒体为差额拨款事业单位,有的地市媒体为"参公"事业单位,有

的地市媒体为自收自支事业单位。因此,四市主流媒体融媒体建设经费来源主要包括单位拨款、政府拨款和自筹资金三种。其中,自筹资金是首要的经费来源,87.5%的地市媒体需要自筹建设经费。其次是政府拨款,占比媒体为75%。可以看出,地市主流媒体在媒体融合发展过程中均背负着不同程度的经营压力。

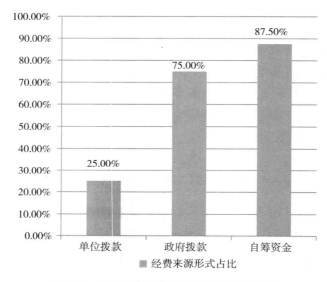

图5-7　四市主流媒体经费来源形式分布图

而在融媒体建设财政投入上,各市经济社会发展基础不同,因而对当地主流媒体的财政支持力度差异明显。具体来看,衡水市广播电视台和运城日报社在2018年获得的财政投入最多,为1200万元。以衡水广电为例,相对充足的资金支持为其开展媒体融合提供了更大的空间,包括组建自己的技术团队形成技术优势、于2017年底成功研发并正式上线"冀客"采编平台和"掌上衡水"移动客户端、为当地部分区县融媒体中心提供技术支持等。同时,衡水广电通过集团化运作进一步提升了自身的造血能力,形成"技术基础"与"多元经营"相辅相成的媒体融合发展模式。绥化市广播电视台在2018年获得的财政投入仅有89万元,其在媒体融合发展中的动力和能力均相当有限,主要负责媒体融合工作的新媒体部仅有三人。相较于2017年,上述主流媒体中的大多数(75%)在2018年获得了更多的财政投入(如图5-9)。

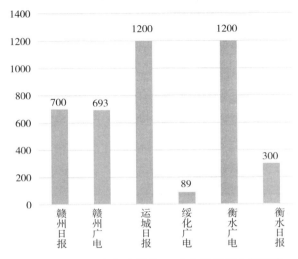

图 5-8　四市主流媒体 2018 年财政投入情况①

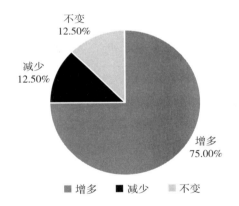

图 5-9　四市主流媒体 2018 年财政投入相较于 2017 年的变化情况

（二）融媒体制度建设情况

总体而言,地市级主流媒体的制度建设仍有待完善,反映出媒体融合发展的系统性、科学性有待提升。目前,竞聘机制和培训机制的建设情况相对理想,但作用于人才结构更新以适应新媒体发展趋势的人才引进机制建设尚不健全,作用于人才激励优化以适应媒体融合业务调整的绩效考核机制建设尚不健全。

---

① 运城广电和《绥化日报》的财政投入数据缺失。

表 5-1　四市主流媒体人才保障和激励机制建设情况①

	赣州市	运城市	衡水市	绥化市
绩效考核机制	日报社:√	日报社:√	日报社:√	日报社:×
	广电:√	广电:√	广电:×	广电:×
竞聘机制	日报社:√	日报社:√	日报社:√	日报社:×
	广电:√	广电:√	广电:√	广电:√
人才引进机制	日报社:√	日报社:√	日报社:×	日报社:×
	广电:√	广电:×	广电:√	广电:√
培训机制	日报社:√	日报社:√	日报社:√	日报社:×
	广电:√	广电:√	广电:√	广电:√

(三)融媒体人才培训情况

在已建立培训机制的地市级主流媒体中,普遍采用的培训形式为专题讲座,多为一个月开展一次培训。此外除集中授课培训、参访座谈以及跟班培训、以会代训,尚未有其他的培训方式和创新形式。

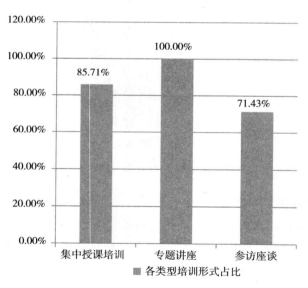

图 5-10　四市主流媒体各类型培训形式占比

---

① 该数据更新至 2019 年 12 月,与后附文章《"上下夹击"与"中部突围":我国地市级融媒体发展研究》(数据更新至 2019 年 7 月)有所出入。

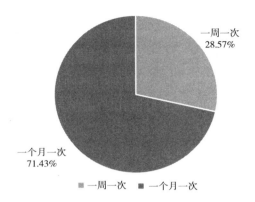

图 5-11 四市主流媒体开展业务培训的频率占比

第二节 地市媒体融合发展从业人员现状

《地市级主流媒体融合从业者调查问卷》一共包括两个部分:第一部分考察地市融媒体从业者的基本状况,包括年龄、性别、学历、专业、平均月收入等基本人口统计学变量;第二部分考察地市融媒体从业者的工作状况,包括媒体工作经验与技能、对工作及工作环境的评价、对本地主流媒体发展的评价。

问卷发放对象为地市融媒体从业者,是在由地市党委领导并创办的报纸、广播和电视媒体中与媒体融合业务相关的从业者。通过实地调研,我们了解到,虽然部分地市报社或者广播电视台成立了下辖的新媒体中心,但这些新媒体中心处于初创阶段,人员少,能调度的资源有限,行政管理上独立于传统媒体业务,但在内容生产上依赖传统媒体业务部门。因此,在本次问卷调研中,地市融媒体从业者既包括直接运营、维护各地市级新媒体平台或者新媒体中心的人员,也包括传统媒体业务部门为这些平台提供内容的记者、主持人等。

问卷发放采取配额抽样和随机抽样相结合的方式。首先,我们在实地调研中收集到四市融媒体从业者的总人数,按照从业者比例对 400 份问卷进行配额;然后,在每个市内,采用随机抽样的方法向各市融媒体从业者发放电子问卷。共发放问卷 400 份,回收问卷 360 份,回收率为 90%;有效问卷数为

340 份,有效率为 94.4%。

一、地市融媒体从业者基本情况

整体来看,被调查的地市融媒体从业者以中青年的合同聘用制人员为主,其年龄结构和职称结构呈现出"橄榄型"特征;平均年收入高于当地平均水平,但受编制影响较大,有编制的从业者收入更高;与网络新媒体不同的是,地市级主流媒体拥有内容采编权,因此,以原创内容生产和内容采编人员为主。

(一)地市融媒体从业者性别及年龄结构

在地市融媒体从业者中,男性占比略多于女性,56.2%的被访从业者为男性,43.8%为女性。

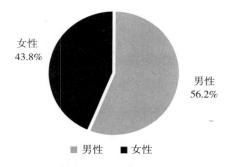

图 5-12 四市被访融媒体从业者性别分布图

在年龄分布上,四市融媒体从业者的年龄结构呈现出"橄榄型"特征。样本群的平均年龄为 37.66 岁,以 30—49 岁的中青年群体为主,年轻人和年长者所占比重较少。其中,30—39 岁的从业者占比最高,为 47.9%;40—49 岁的所占比重次之,为 26.8%;30 岁以下的占比 16.5%,50 岁以上的占比 8.8%。

(二)地市融媒体从业者聘用方式及职称结构

在聘用方式上,被调查从业者以合同聘用制为主,占比为 56.5%,其余被访从业者均为事业编制或参公编制。不同年龄段的从业者的聘用方式差异显著($x^2 = 70.558$,df = 3,P = .000<.001),40 岁以下的从业者中,接近四分之三(73.1%)的均为合同聘用制人员,40 岁及以上的从业者则以事业编制或参公编制为主,占比达到 73.6%。

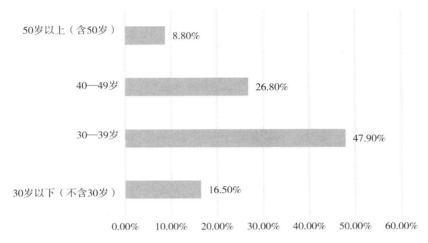

图 5-13　四市被访融媒体从业者年龄分布图

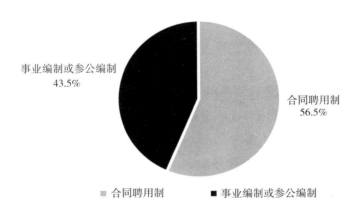

图 5-14　四市被访融媒体从业者聘用方式统计图

　　在职称级别结构上,被访从业者拥有副高及以上职称、中级职称、初级职称和未定级的被访者分别占比 10%、34.1%、33.8% 和 22.1%。

　　聘用方式在年龄上存在的差异以及职称级别结构呈现"橄榄型"特征,很大程度上与四市新媒体中心的人员配置方式有关。在融合转型过程中,四市主流媒体均建立了独立于传统媒体的新媒体或融媒体中心,全权负责媒体内部的新媒体业务。在人员配置上,根据岗位内容采用不同的人员聘用方式。领导岗位全部采用内部调岗的方式任命,在传统媒体内部选拔经验丰富、立场坚定的领导人员管理新媒体中心。因此,样本中50岁以上的从业者大都在核心职能岗位上,或为新媒体中心领导班子,或为内容主编。他们的媒体从业时长平均为24.5年,接近整体平均水平的2倍;一半从业者的职称在副高及以上,占副高及以上职称的从业者总数的44.1%。

运营岗位、营销岗位、技术岗位等具体业务岗位的人员配置则采用内部调岗和社会招聘相结合的方式,一方面,调动一部分已有从业者兼职或者专职新媒体平台的运营业务,如电视台某频道的微博账号或微信公众账号;另一方面,为了更好地满足媒体融合实践对新媒体人才的需求,通过社会招聘引进一批熟悉新媒体的年轻人。但由于编制数量有限,新入职的年轻人很难获得编制,因此,30岁以下的年轻人占比较小,且75%均为合同制人员。此外,入编难是编制带来的另一大问题,"有编制的岗位在年龄、专业上有要求,在媒体工作时间长、经验丰富的人未必能达到相关要求,很难考入,"[1]因此,在30岁及以上的中青年从业者中,合同聘用制人员占比仍高达52.8%。

(三)地市融媒体从业者岗位类别

在岗位类别上,考虑到地市级融媒体从业者需要兼顾传统媒体业务和新媒体业务的特殊性,问卷综合参考了学者韩晓宁在对体制内媒体从业者的生存状态调研中对工作岗位的分类[2]以及学者钟瑛对我国网络媒体从业者的调查中的职位分类[3],将工作岗位类别分为内容编辑、技术开发与维护、市场营销与广告、行政管理与职能支持、原创内容生产等五类。其中,原创内容生产岗位指的是为新媒体中心提供内容的内容采编制作岗位,包括传统的新闻采写和视频节目录制剪辑、新媒体产品策划与创作。

调查数据显示,在四市主流媒体中,原创内容生产岗位的从业者所占比重

---

① 资料来自运城市广播电视台新媒体中心技术负责人杨某。

② 参见韩晓宁:《体制内媒体从业者生存状态研究——以编制因素与职业忠诚度为视角》,《当代传播》2016年第4期。

③ 参见钟瑛、李亚玲:《我国网络媒体从业者基本状况调查分析》,《中国地质大学学报》(社会科学版)2012年第4期。

最高,为38.2%,其次为内容编辑岗位,占比35.6%。从事技术开发与维护工作的被访者占比8.2%,而从事市场营销与广告的被访者占比最少,只有4.1%。从媒体人力资源管理的角度来看,岗位及其人员数量的配置是媒体机构对内外部环境进行分析后的产物,能够一定程度上反映媒体机构的组织目标和业务需求。① 从岗位配置特征来看,内容生产和编辑是四市媒体融合发展的重点,各市的新媒体中心虽然独立于其他部门,但业务上却依赖传统媒体的采编队伍提供现成内容,以二次编辑、传播为首要任务和主要工作内容,已建立的全媒体采编系统和内容管理系统并未得到充分利用。与此同时,系统和平台搭建依赖第三方技术公司而非自主研发,对技术人员的需求相对较低;进行市场化运营以扩大影响力、增加营收也尚未被重视。

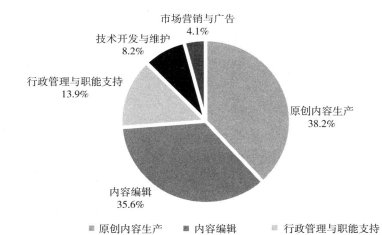

图5-15　四市被访融媒体从业者的岗位类别分布图

(四)地市融媒体从业者收入水平

在收入水平上,四市融媒体从业者的月平均收入集中在3500元至4999元的收入区间中,占比接近一半(47.9%)。月收入为3500元(不含)以下的占比为32.7%,5000元以上的占比19.4%。有数据显示,2018年四市城镇居

---

① 参见谢新洲:《媒介经营与管理》,北京大学出版社2011年版,第348—357页。

民人均可支配月收入在 2805 元—2680 元之间。① 可以看到,四市融媒体从业者的月收入水平大都在平均水平之上。进一步检验可以发现,地市级融媒体从业者的月收入与其聘用方式存在相关关系。不同聘用方式的从业者的月收入存在显著差异($\chi^2 = 63.379$, $df = 2$, $P = .000 < .001$)。相较而言,有编制的从业者的收入更高,超过三分之一(37.8%)的带编人员收入均在 5000 元及以上,占高收入人群的 84.8%。而在收入低于 3500 元的从业者中,带编人员仅占不到四分之一(24.3%)。

表 5-2　地市融媒体从业者的聘用方式与月收入的交叉表分析

聘用方式	月收入			合计
	3500 元(不含)以下	3500 元—4999 元	5000 元及以上	
合同聘用制	84 (75.7%)	98 (60.1%)	10 (15.2%)	192 (56.5%)
事业编制或参公编制	27 (24.3%)	65 (39.9%)	56 (84.8%)	148 (43.5%)
合计	111 (100%)	163 (100%)	66 (100%)	340 (100%)

注:$\chi^2 = 63.379$, $df = 2$, $P = .000 < .001$。

二、地市融媒体从业者工作经验及技能掌握情况

融媒体从业者所具备的素质和能力能否适应融合实践发展是地市级主流媒体融合发展的关键。问卷通过学历及专业背景、从业经历与时长、技能掌握等三个指标来考察地市级融媒体从业者的能力素质。在从业经历中,区分了被访者的传统媒体从业经历和新媒体从业经历;在技能掌握的选项设计中,兼

---

① 赣州市的 2018 年城镇居民人均可支配收入为 32163 元,绥化市为 25023 元,运城市为 29106 元,衡水市为 28736 元。因此,四市的城镇居民月均可支配收入在 2085 元—2680 元之间。数据来源:《赣州市 2018 年国民经济和社会发展统计公报》,赣州市政府网,2019 年 4 月 24 日,http://xxgk.ganzhou.gov.cn/c100458u/2019-04/24/content_52ebdd77ac354aeeb9f34c87893cf472.shtml;《绥化市 2018 年经济社会发展稳中向好》新华网黑龙江,2019 年 2 月 20 日,http://www.hlj.xinhuanet.com/dslb/2019-02/20/c_137836868.htm;《运城市 2018 年国民经济和社会发展统计公报》,运城市政府网,2019 年 4 月 18 日,https://www.yuncheng.gov.cn/article/19/04/56225.shtml;《2018 年衡水市居民收入增长较快》,衡水市统计局,2019 年 2 月 19 日,http://tjj.hengshui.gov.cn/art/2019/2/19/art_4814_137465.html。

顾了传统新闻业务技能和新媒体业务技能。

　　整体来看,被访融媒体从业者受教育程度以初中及以下学历和本科学历为主,两极分化严重;学科背景以人文社科为主,理工科背景从业者较少;媒体从业时间长,从业经验较为丰富,但大多从业者的媒体技能与知识均来自工作过程,仅有少数从业者在从事媒体业务前拥有一定相关经验;在技能掌握上,更能胜任传统媒体业务所需技能,新媒体业务技能掌握不足。

　　（一）地市融媒体从业者学历及专业背景

　　在学历背景上,以初中及以下学历为主,占比为 48.8%;其次是本科及以上学历,占比 38%,呈现出"两级分化"特征(如图 5-16)。

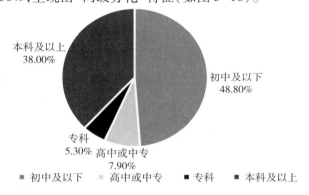

图 5-16　四市被访融媒体从业者学历背景分布图

　　在拥有专科及以上学历背景的 147 名被访从业者中,学科背景以人文社科为主,专业较为多元。其中,新闻传播专业的从业者占比为 29.3%,经济管理专业占比 14.3%,其他人文社会科学专业占比 47.6%,集中在中文、法律、历史、艺术等几个专业。理工农医专业的从业者占比最少,只有 8.8%(如图 5-17)。

　　（二）地市融媒体从业者从业时长与经验

　　在媒体从业经历与时长上,被访从业者从事媒体工作的平均时长为 13.3年,最短的为 1 年,最长为 34 年,62.4% 的从业者已经在媒体机构工作 10 年以上(如图 5-18)。在这些地市级主流媒体中从事新媒体业务的从业者中,55.6% 的从业者曾经完全没有任何媒体从业经验,其所掌握的媒体技能和经验完全是在工作中获得的;仅有 7.1% 的从业者曾经在本市新媒体工作岗位工作过,具备一定的新媒体业务基础(如图 5-19)。

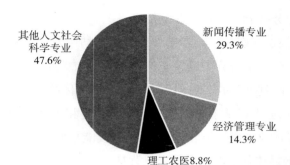

图 5-17　四市被访融媒体从业者学科背景分布图

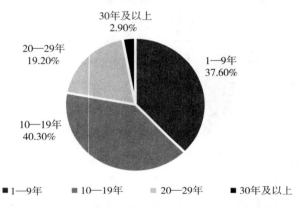

图 5-18　四市被访融媒体从业者媒体从业时长统计图

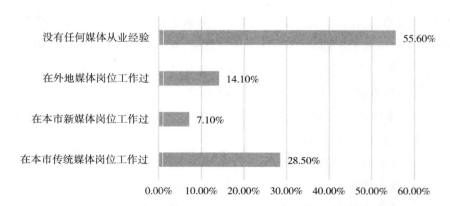

图 5-19　四市被访融媒体从业者曾经的媒体从业经历统计图

（三）地市融媒体从业者业务技能掌握情况

在技能掌握上，根据《2016 数字化传播环境对记者习惯与公关媒体关系的影响》①中对新媒体环境下新闻记者职业技能的类型划分，结合已有的省级和县级媒体融合调研经验，问卷列举了 14 项主流媒体从业者应具备的从业素质或技能。其中，将采访技巧、选题挖掘、新闻消息写作、深度报道、视频拍摄或编辑、摄影技巧归纳为基本的传统新闻业务技能，将数据新闻或可视化新闻制作、网络直播、网页设计、H5 等新媒体产品制作、"两微一端"文章编辑及发布归纳为基本的新媒体业务技能。

数据显示（如图 5-20），被访从业者具有较好的专业理论素养，但对传媒法律法规和互联网法律法规缺乏深入了解，68.8% 的从业者已经掌握了新闻传播理论，掌握传媒法律法规和互联网法律法规的从业者却只有不到一半，分别占比 48.2% 和 42.4%。

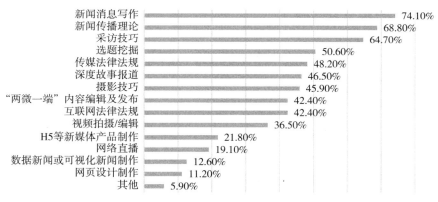

图 5-20　四市被访融媒体从业者业务技能掌握情况统计图（多选）

整体上来看，传统新闻业务技能的普及度普遍更高，而新媒体业务技能的普及度则偏低。85.9% 的被访从业者掌握了至少一项传统业务技能，超过一半（54.4%）的被访从业者掌握了至少一项新媒体业务技能。在传统业务技

① 美通社：《2016 数字化传播环境对记者习惯与公关媒体关系的影响——2016 中国记者职业生存状态与工作习惯调查报告》，2016 年 1 月 28 日，http://www.199it.com/archives/434948.html。

能中，新闻消息写作是最被普遍掌握的技能，74.1%的从业者均能熟练撰写新闻消息，摄影技巧、视频拍摄或编辑的普及度则较低，分别为45.9%和36.5%；而在新媒体技能中，"两微一端"内容编辑及发布技能的普及度最高，数据新闻或可视化新闻制作、网页设计制作的普及度则最低。可以看到，专业化程度越高、技术性越强的业务技能的普及度越低。

三、地市融媒体从业者工作满意度与忠诚度评价

学界对传统媒体或网络媒体从业者的工作满意度和忠诚度评价研究较为丰富，已经形成比较成熟的测量量表。本次调研参考了周葆华、钟瑛、韩晓宁、李贞芳等学者在相关研究中的测量指标，①形成了"地市级融媒体从业者工作感受评价量表"，包括工作环境满意度、对自身工作职权与能力发挥的认可度、工作回报满意度、工作忠诚度和整体满意度共5个维度16个题项（如表5-3）。此外，调查问卷还考察了被访从业者对所在媒体及当地媒体的影响力、发展环境和发展前景的评价，以从四市融媒体从业者对所在媒体的认知来更深入地了解他们的工作状态。

表5-3　地市级融媒体从业者工作感受评价量表

评级维度	评价指标	具体题项
工作环境满意度	人际关系	1.我和同事之间能够融洽相处，紧密合作。
	工作配合	2.我所在的部门能够与其他部门进行良好配合。
	办公硬件环境	3.我的办公设施齐备，环境良好。
职能发挥认可度		4.我在工作中有一定的自主决定权。 5.我在工作中可以充分发挥个人才能。 6.我在工作中有主动创新的机会或经历。

---

① 参见周葆华、谢欣阳、寇志红：《网络新闻从业者的基本构成与工作状况——"中国网络新闻从业者生存状况调查报告"之一》，《新闻记者》2014年第1期；钟瑛、李亚玲：《我国网络媒体从业者基本状况调查分析》，《中国地质大学学报》（社会科学版）2012年第4期；韩晓宁：《体制内媒体从业者生存状态研究——以编制因素与职业忠诚度为视角》，《当代传播》2016年第4期；李贞芳、马启兵：《网络媒体从业人员工作环境满意度分析》，《鄂州大学学报》2010年第6期。

续表

评级维度	评价指标	具体题项
工作回报满意度	工作认同	7.我认为我现在从事的工作对社会发展具有重要意义和价值。
	个人发展与价值实现	8.我常常能在工作中获得很大的成就感和满足感。 9.我的个人能力在工作中得到很大提升。 10.我认为单位缺乏合理的员工晋升通道或竞聘机制。
	薪酬与福利	11.我认为单位的薪酬待遇很好。 12.我认为单位的养老医疗等其他福利待遇很好。 13.我认为单位对员工的绩效考核制度或激励机制不合理,难以调动员工积极性。
	学习与培训	14.我认为单位很少组织各种形式的技能或知识素养培训。
工作忠诚度	长期工作意愿	15.我愿意长期留在本单位工作。
整体满意度		16.我对我目前的工作整体上感到满意。

从图5-21可以看出,四市被访从业者对所从事的工作的整体满意度并不高,得分为3.53分,高于五级量表的中值3,但低于各项指标满意度平均值3.68分。具体来看,44.8%的被访从业者对"工作上整体感到满意"的题项表述选择了比较认同和认同,仅有10.8%的被访从业者选择了"不太认同"或"不认同",但有44.4%的被访从业者对此题项作出了"还可以"的中立选择,导致整体满意度虽然超过中值却不高。进一步比较其余四个评价维度,工作环境满意度最高,平均得分为4.27分,其次是工作忠诚度,职能发挥认可度紧随其后,工作回报满意度则最低。

(一)地市融媒体从业者的工作环境满意度

工作环境满意度主要测量了地市融媒体从业者对工作中的人际关系、工作配合和办公环境的评价。

调查显示,被访融媒体从业者的人际关系满意度得分最高,为4.57(如图5-21),86.8%的被访从业者认为能够很好地与同事融洽相处并紧密合作(包括比较认同和认同的比率,如表5-4),只有1人对所处的人际关系不满。在工作配合上,被访者的评价低于人际关系满意度,认为所在部门能与其他部门进行良好配合的从业者占比81.8%。

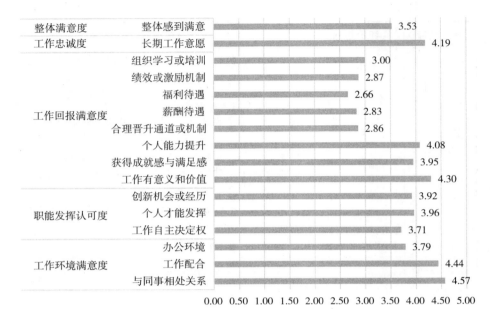

图5-21　四市被访融媒体从业者工作满意度和忠诚度得分统计图

注:评价量表为5级量表,分为不认同、不太认同、还可以、比较认同、认同五级,得分越高,表示对该表
　述对应的指标满意度越高。

被访从业者对办公环境的满意度得分最低,为3.79分。虽然57%的被访者对办公设施和环境给予了好评,但持中立态度的被访者占比接近三分之一(30.6%),仍有12.3%的被访者认为办公环境不够好。一方面,虽然四市的报社和广播电视台在媒体融合建设上均投入了大量资金,但这些资金主要用于平台搭建和系统建设,对其他硬件设备建设投入不足。另一方面,相较于媒体融合建设实际所需资金,四市目前的资金投入仍是杯水车薪,平台和系统建设往往难以"一步到位",只能采取"分步建设"的方法。以绥化市为例,绥化日报社由于资金不足,只购买了方正畅想全媒体新闻采集系统的新闻线索汇聚和编辑等部分功能,"虽然能满足基本需求,但距离真正的全媒体技术平台仍有距离,使用体验也相应地打了折扣。"[1]绥化广播电视台甚至由于经营困难而完全顾不上全媒体平台建设。

---

① 摘自绥化市绥化日报社新媒体中心负责人介绍。

表 5-4　四市被访融媒体从业者对工作环境的认可度统计表

	不认同	不太认同	还可以	比较认同	认同	总计
与同事能融洽相处	1（0.3%）	0（0%）	44（12.9%）	54（15.9%）	241（70.9%）	340（100%）
与其他部门配合良好	4（1.2%）	3（0.8%）	55（16.2%）	56（16.5%）	222（65.3%）	340（100%）
办公环境良好	15（4.4%）	27（7.9%）	104（30.6%）	61（17.9%）	133（39.2%）	340（100%）

（二）地市融媒体从业者的职能发挥认可度

媒体从业者能否在工作岗位上充分发挥自身主观能动性和才能,不仅直接影响到从业者的工作状态,也间接作用于媒体机构的发展。因此,问卷设置了三个题项来考察地市级融媒体从业者对自身职能发挥的认可度(如表 5-5)。整体上来看,四市被访从业者的职能发挥满意度得分较高,平均得分 3.86 分(如图 5-21)。根据访谈,地市级融媒体从业者认为,受到媒体体制的影响,当地媒体的工作主要"围绕市委宣传工作展开,"[1]完成宣传任务、做好舆情监测及应对,"没有更多的精力参与到市场中去,"[2]因此,他们的自主决定权受到一定的限制,53.2%的被访者(包括比较认同和认同的被访者)认为有一定的自主决定权,9.4%的被访者则对此持反对态度。但在完成具体工作的过程中,62.1%的被访从业者认为可以充分发挥个人才能,61.2%的被访从业者认为有主动创新的机会或经历。

表 5-5　四市被访融媒体从业者对职能发挥的认可度统计表

	不认同	不太认同	还可以	比较认同	认同	总计
有一定的自主决定权	10（2.9%）	22（6.5%）	127（37.4%）	77（22.6%）	104（30.6%）	340（100%）
可以充分发挥个人才能	5（1.5%）	10（2.9%）	114（33.5%）	76（22.4%）	135（39.7%）	340（100%）

---

① 来自赣州市客家新闻网访谈资料整理。
② 来自赣州市客家新闻网访谈资料整理。

续表

	不认同	不太认同	还可以	比较认同	认同	总计
有主动创新的机会或经历	5 （1.5%）	21 （6.2%）	106 （31.2%）	72 （21.1%）	136 （40%）	340 （100%）

（三）地市融媒体从业者的工作回报满意度

工作回报是激励员工的重要手段之一，包括精神回报和物质回报两种类型。调查问卷从工作认同、个人发展与价值实现、薪酬与福利、学习与培训四个指标入手对地市融媒体从业者的工作回报满意度进行考察。根据图5-21，被访从业者在工作认同度、个人发展与价值实现两方面得分很高，对薪酬福利、学习培训的满意度则普遍较低。

表5-6　四市被访融媒体从业者对工作回报的认可度统计表

	不认同	不太认同	还可以	比较认同	认同	总计
工作对社会发展具有重要意义和价值	1 （0.3%）	11 （3.2%）	61 （18%）	78 （22.9%）	189 （55.6%）	340 （100%）
获得很大的成就感和满足感	10 （2.9%）	15 （4.4%）	93 （27.4%）	87 （25.6%）	135 （39.7%）	340 （100%）
个人能力得到很大提升	2 （0.6%）	11 （3.2%）	89 （26.2%）	94 （27.6%）	144 （42.4%）	340 （100%）
缺乏合理的晋升通道或机制	55 （16.2%）	44 （12.9%）	115 （33.8%）	50 （14.7%）	76 （22.4%）	340 （100%）
薪酬待遇很好	47 （13.8%）	77 （22.6%）	144 （42.4%）	31 （9.1%）	41 （12.1%）	340 （100%）
福利待遇很好	73 （21.5%）	57 （16.7%）	144 （42.4%）	46 （13.5%）	20 （5.9%）	340 （100%）
绩效考核和激励机制不合理	51 （15.0%）	43 （12.6%）	127 （37.4%）	50 （14.7）	69 （20.3%）	340 （100%）
很少组织各种形式的知识技能培训	61 （17.9%）	40 （11.8%）	132 （38.8%）	54 （15.9%）	53 （15.6%）	340 （100%）

具体来看，在工作认同度方面，78.5%的被访从业者认为自身所从事的工作对社会发展具有重要意义和价值（如表5-6）。在访谈中，不少被访从业者

表达了所在媒体的新媒体业务存在各种问题和不足,但92.1%的被访从业者仍会经常使用当地的主流媒体来获取本地信息,在他们看来,"地方媒体是获取地方生活资讯的天然渠道,"因此,70.6%的被访者认为当地主流媒体在当地具有很大影响力,甚至有7.1%的被访者认为其影响力已经扩展到了周边地区(如图5-22)。

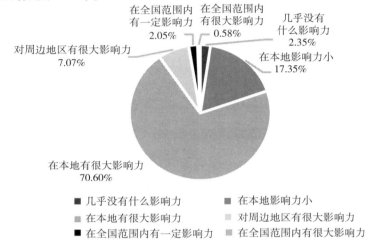

图5-22　四市被访融媒体从业者对当地主流媒体影响力的看法统计图

进一步询问被访从业者对当地主流媒体发展前景的看法[①],得知被访者对传统媒体和新媒体的前景期待存在显著差异($t = 6.957, df = 606.333, p = .000 < 0.01$),相较而言更看好主流新媒体的未来发展。从访谈资料来看,被访者普遍认为,媒体融合是新形势下主流媒体转型发展的必然趋势,是传统媒体转型的"救命稻草"、"最后一个窗口期"[②]。具体来看,46.3%的被访者看好当地主流传统媒体,74.1%的被访者看好当地主流新媒体。

当然,被访融媒体从业者对当地主流媒体所面临的竞争压力也有清晰的认识,88.8%的被访从业者认为当地主流媒体发展面临激烈竞争。在他们看来,全国性的互联网商业媒体是最大的竞争来源,其次是本地商业媒体和自媒

---

① 　调查问卷以五级量表的方式分别询问了被访者对当地主流传统媒体和主流新媒体发展前景的看法。

② 　来自绥化市从业人员访谈整理资料。

体以及本地地市级媒体内部(如图5-23)。相较而言,虽然这些被访的地市融媒体从业者频频谈到县级融媒体中心建设受到中央政策扶持与重视,导致地市主流媒体处于省、县两级中的尴尬位置,但他们依然认为,由于地市在行政区划上高于县级,所掌握的资源还是优于县级,因此,县级媒体并没有给地市级主流媒体融合发展带来太大竞争压力。

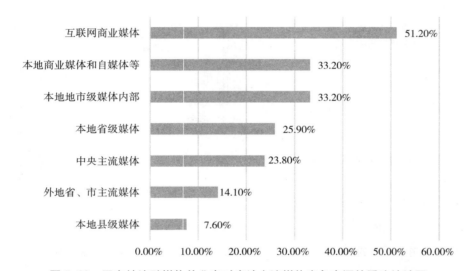

图5-23 四市被访融媒体从业者对当地主流媒体竞争来源的看法统计图

在个人发展与价值实现方面,被访融媒体从业者在成就感和满足感获得以及能力提升上较为满意(如图5-21),65.3%的被访从业者认为他们从工作中获得了很大的成就感和满足感,70%的被访从业者认为得到了很大的能力提升。但是,对于个人发展而言,37.1%的被访从业者认为所在单位缺乏合理的晋升通道或机制(如表5-6)。结合表5-1中被访四市主流媒体人才竞聘机制的建立情况,可以看到,虽然除绥化市日报社外的其他被访地市主流媒体均建立了人才竞聘制度,但该项制度的落实情况不够理想,有待进一步提升。

在薪酬福利方面,被访从业者的满意度最低(如图5-21),36.4%的被访者认为所在单位薪酬待遇不好,38.3%的被访者对福利待遇不满,绝大多数对薪酬和福利待遇不满的被访者均为没有正式编制的合同聘用制人员(占比分别为91.2%和93.1%)。35.3%的被访融媒体从业者认为是否有编制会影响薪酬福利,而事实上,有编制的融媒体从业者的工资水平确实显著高于没有编制的从业者(如表 5-2)。需要注意的是,虽然对薪酬和福利待遇满意的被访从业者所占比重只有五分之一左右(分别为 21.2% 和 19.4%),但认为薪酬和福利待遇还"过得去"的被访者所占比重很大,达到 42.4%(如表 5-6)。

在培训学习方面,虽然满意度得分稍低,31.5% 的被访者认为所在单位很少组织各种形式的知识技能培训活动,但对学习培训持满意态度的被访者比例只略少于不满意者,为 29.7%。结合四市的具体实践来看,一方面,由于从业者大多不是新闻传播专业出身,所以上岗培训是必不可少的环节。另一方面,虽然在学习培训上的资金投入较少,但被访四市主流媒体正致力于将媒体内部的学习培训日常化、制度化。赣州市客家新闻网实施了"走出去,请进来"和"青蓝结对"两大人才培育措施,不定期选拔骨干力量外出学习的同时邀请专家到场授课,在内部则建立"青蓝结对"传帮带机制。① 衡水市广播电视台在 2018 年在人才培训上投入 50 万元,授课培训以"全台一月一次,新媒体部一季度一次"的频率定期展开。② 运城市广播电视台新媒体中心将"学"作为三大考核指标之一写入《考核量化细则》中,以此督促从业者重视学习、加强学习。③

(四)地市融媒体从业者工作忠诚度

被访融媒体从业者的工作忠诚度较高,长期留在本单位工作的意愿得分为 4.19 分,71.5% 的被访者表示愿意长期留在本单位工作。在回答"还准备在本市地市级媒体工作多长时间"的问题时,接近一半(49.4%)的被访者表示将"一直做到退休"。不可忽视的是,有 33.8% 的被访从业者选择了"不知道或说不清楚",对这一问题持含糊不清的态度(如图 5-24)。在访谈中,"在这里待久了,出去都不知道能做什么"、"在这里(当地)找不到更合适我的工作"的想法很普遍,或表达一种"心有余而力不足"的无奈,或表达一种"安于现状"的满足。

而在从整体上评估当地主流媒体从业人员流失情况的时候,44.5% 的被访从业者认为当地主流媒体中存在着比较严重或十分严重的人员流失现象,

---

① 详细分析请见第六章《地市媒体融合案例分析》赣州市媒体融合发展案例。

② 详细分析请见第六章《地市媒体融合案例分析》衡水市媒体融合发展案例。

③ 详细分析请见第六章《地市媒体融合案例分析》运城市媒体融合发展案例。

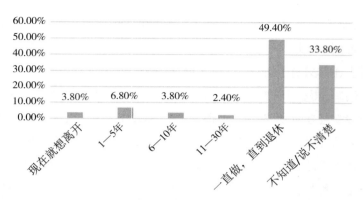

图5-24　四市被访融媒体从业者对继续留在当地媒体工作时长的估计统计图

37.6%的被访从业者认为有轻微的人员流失发生，仍有17.9%的被访者对这个问题持乐观态度，认为"几乎没有人员流失"。

　　具体到人员流失原因上，基于从业者自身生存发展因素是人员流失的最主要原因，在被访者眼中排名前三的离职原因是薪酬水平低、对编制状况不满意、对自身发展没信心（如图5-25），直接指向市级主流媒体的薪酬体系和人才发展通路，与前文中被访从业者的薪酬福利满意度和个人发展满意度呈现出一致性。

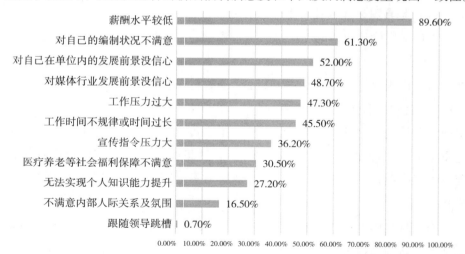

图5-25　四市被访融媒体从业者对人员流失原因的看法统计图（n＝279）①

与省级媒体和县级媒体相比,地市主流媒体的发展有其特殊性。数量多,体量大,但能支配的资源和市场竞争力却相对有限。① 地市主流媒体从业者的发展现状与地市主流媒体的这一特征紧密相连。从上文的数据分析,我们可以看到,在媒体融合背景下,地市融媒体从业者呈现出两大特征:一方面,与网络新闻从业者拥有良好专业和学历背景、流动性强、年轻且富于活力和创造力不同,地市级主流媒体从业者呈现出相对"大龄"、"老龄"的趋势,受教育程度两极化严重,从业时间长且安于现状。② 另一方面,作为市一级主流宣传阵地的新闻从业者,他们的专业理论基础扎实,具备较强的新闻情怀:虽然整体学历水平不高,但超过60%的被访者都掌握了基本的新闻传播理论和采写技巧③;虽然他们对工作的整体满意度一般,却表现出极强的工作忠诚度和认同感,普遍认为所从事的工作对社会具有重要价值,所在的媒体在当地有较大的影响力并看好当地主流新媒体的发展前景。基于这样两个特征,对地市主流媒体的人才队伍建设而言,最关键的问题是如何建立有效的体制机制来培养已有从业者的新技能,来激励他们充分发挥对新闻传播这份职业所持有的情怀与热情,以加快推动地市媒体融合发展。

第三节　地市媒体融合发展建设效果

《地市级主流媒体融合发展效果调查问卷》包括三个部分:第一部分考察被访用户的性别、年龄、职业、婚姻情况、学历等人口统计学变量;第二部分考察被访用户的媒体使用习惯,包括对不同平台、终端的选择及使用强度;第三部分考察被访用户对当地媒体融合建设的评价,包括对当地媒体的使用情况

---

① 参见郑亚楠:《地市级媒体转企改制研究》,复旦大学2011年博士论文。

② 参见周葆华、谢欣阳、寇志红:《网络新闻从业者的基本构成与工作状况——"中国网络新闻从业者生存状况调查报告"之一》,《新闻记者》2014年第1期;钟瑛、李亚玲:《我国网络媒体从业者基本状况调查分析》,《中国地质大学学报》(社会科学版)2012年第4期;周葆华、查建琨:《网络新闻从业者生存状况调查报告》,《新闻与写作》2017年第3期。

③ 如图5-20,掌握新闻消息写作、新闻传播理论和采访技巧的被访从业者比重居前三,分别为74.1%、68.8%、64.7%。

以及满意度评价、对当地媒体发展的评价和期待等。发放对象为不包含地市媒体从业者的当地普通居民。问卷采用滚雪球的抽样方式向四市普通居民发放电子问卷，共回收 308 份有效问卷。受访者男女比例为 1.15∶1,30 岁以下（不含 30 岁）有 85 人（占比 27.60%）,30 岁至 50 岁（不含 50 岁）有 179 人（占比 58.12%）,50 岁以上有 44 人（占比 14.28%）,涵盖多种职业,其中体制内 144 人（占比 46.75%）。

一、地市用户媒体使用习惯

调查问卷对被访用户在不同终端（包括 PC 端和移动端）和平台（包括传统媒体平台和新媒体平台,中央、省级媒体平台和地市级媒体平台,商业媒体平台和主流媒体平台等）的媒体使用习惯进行考察。调查显示,手机成为被访地市用户上网的首要终端设备,微信、新闻客户端成为获取信息的主要移动平台;在移动 APP 中,商业媒体 APP 是获取信息的主要渠道,主流媒体 APP 相对处于弱势地位;而在本地媒体和非本地媒体的偏好上,非本地新媒体和主流媒体成为主要选择,本地传统媒体和新媒体的使用率不足一半。

（一）地市用户的上网终端偏好

根据中国互联网络信息中心（CNNIC）的数据显示,截至 2014 年 6 月,我国手机使用率达到 83.4%,首次超越传统 PC 整体使用率,成为第一大上网终端设备。[①] 此后,手机一直是网民首要选择的上网终端设备。对被访地市用户而言同样如此,手机的使用率达到 97.40%。电脑的上网使用率则不足一半,为 49.03%。正是因为如此,被访地市用户的平台偏好呈现出如前所述的特征,这也从侧面支撑了媒体融合发展中的"移动优先"策略（如图 5-26）。

（二）地市用户的信息获取渠道与平台偏好

伴随互联网和移动互联网在我国的快速发展与普及,网络新媒体平台成为人们日常使用和获取信息的最主要平台。地市用户的平台选择偏好同样如此,如图 5-27 所示,被访地市用户使用新媒体平台的频率远高于传统媒体平台。具体来看,在"两微一端"中,微信公众号、新闻客户端、新闻网站的使用

---

① 中国互联网络信息中心:《第 34 次中国互联网络发展状况统计报告》,2014 年 7 月 21 日,http://www.cnnic.net.cn/hlwfzyj/hlwxzbg/hlwtjbg/201407/P020140721507223212132.pdf。

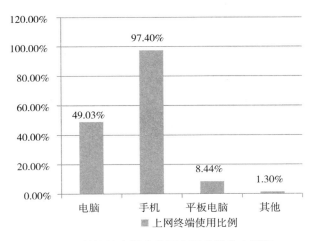

图5-26 被访地市用户使用上网终端分布情况

频率较高,微博的使用频率相对较低,这与当前微博发展相对式微有一定关系。在传统媒体中,广播和报纸的用户流失十分严重,被访地市用户的使用频率较低,而电视仍保留了一定的用户黏性,其使用频率得分超过中间值(3分),且高于微博平台的使用频率。

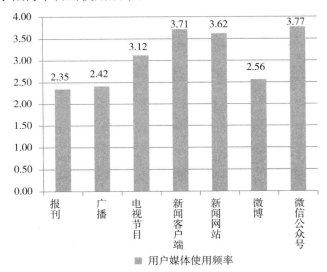

图5-27 被访地市用户对各类媒体平台的使用频率①

---

① 以五级量表考察用户媒体使用频率,分别对"从不"、"很少"、"有时"、"经常"、"一直"赋予1—5分,分值越高即表明使用频率越高。

在移动端 APP 的选择上,近八成的用户通过微信获取信息,此外今日头条和腾讯新闻的使用比例也相对较高,比例分别为 47.08% 和 46.75%。相较于商业平台,主流媒体的 APP 平台使用比例相对较低,反映出商业平台在信息生产和内容分发上发挥了较大作用,具有较好的用户黏性和较大的影响力。在这样的背景下,主流媒体融合发展的紧迫性可见一斑,同时也给主流媒体融合发展带来巨大挑战(如图 5-28)。

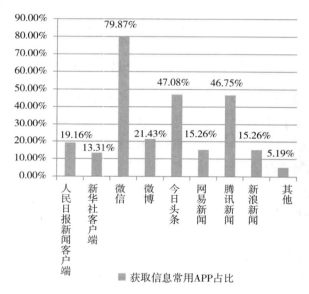

图 5-28　用户获取信息常用 APP 的分布情况

而在对本地媒体的偏好与选择上,非本地新媒体是地市用户获取信息的最主要渠道,80.19% 的被访者选择非本地新媒体获取信息,央视等非本地传统媒体是第二大获取信息的渠道,而本地传统媒体和本地新媒体的使用率相对较低,均不超过 50%(占比分别为 42.21% 和 47.40%)。由此可以看到,本地新媒体和传统媒体在地市用户中的影响力相对有限,受到来自非本地主流媒体和新媒体的激烈竞争(如图 5-29)。

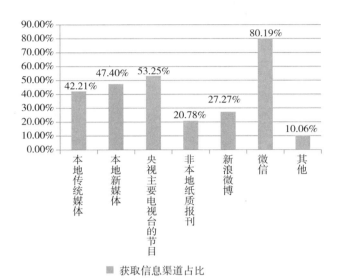

图 5-29 被访地市用户获取信息渠道的分布情况

(三)地市用户的媒体使用时长及变化

被访用户日均上网时间约为 4 小时,略高于我国网民的人均上网时长。①其中 20 岁以下的用户日均上网时间较长,为 5.7 小时。用户的日均上网时间总体上随着年龄的增长而减少(如图 5-30)。

相较于上网时间,超八成的被访用户(86.04%)使用传统媒体的时间发生了不同程度的缩减,其中 55.84% 的用户认为自己使用传统媒体的时间相比于上网时间而言"大幅减少"(如图 5-31)。用户在哪里,主流声音就应该到哪里。媒体融合发展就是要让主流媒体上主战场,媒体融合发展的核心应是新媒体化。

二、基于用户评价的地市媒体融合建设效果

用户是媒体融合工作的重要落脚点,是否深入用户、抓住用户是衡量媒体融合工作成效的关键指标。本部分将依据针对地市群众的问卷调查②结果,

---

① 根据中国互联网络信息中心(CNNIC)《第 44 次中国互联网络发展状况统计报告》,2019年上半年,我国网民的人均每周上网时长为 27.9 小时。

② 调研团队以滚雪球的方式向四地群众发放电子问卷,共回收 308 份有效问卷,受访者男女比例为 1.15∶1,涵盖多个年龄段和多种职业。

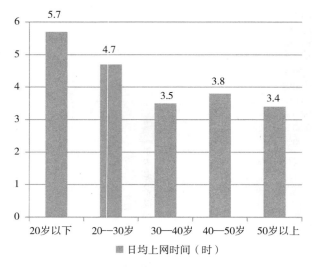

图5-30　各年龄段用户日均上网时间

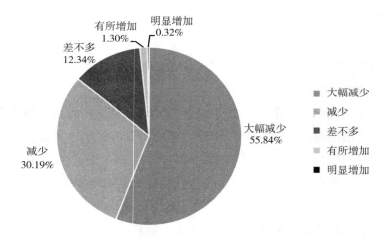

图5-31　相较于上网时间用户使用传统媒体的时间变化

了解当地群众对本地媒体的使用和认知情况,以期从用户视角评估当前地市级主流媒体融合工作的实际成效。

(一)地市媒体融合发展的平台影响力

　　总体而言,地市级媒体的影响力主要限于本地区,但当地用户对其关注度有限。45.78%的用户认为本地媒体在当地有很大影响力(如图5-32)。关注本地媒体的用户比例为 63.96%,其中公务员占多数[1],年龄段集中在 30 至 49 岁[2]。不关注本地媒体的用户比例达 36.04%(如图 5-33),不关注本地信息是其不关注本地媒体的主要原因(如图 5-34)。

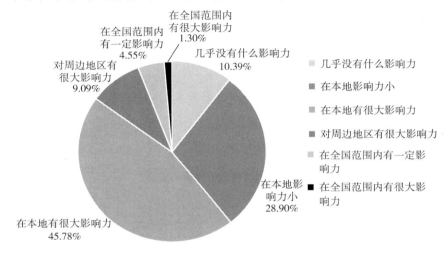

图 5-32　用户对本地媒体影响力的判断

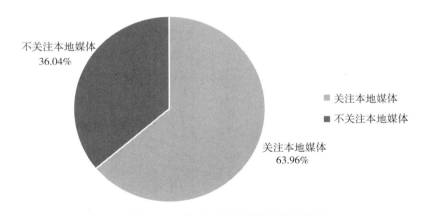

图 5-33　用户对本地媒体的关注情况

---

[1]　在关注本地媒体的 197 人中,公务员有 91 人,占参与问卷调查的公务员总人数的 70.54%。

[2]　在关注本地媒体的用户中,30 岁以下的用户占 50.00%,30 至 49 岁的占 75.61%,50 岁以上的占 52.27%。

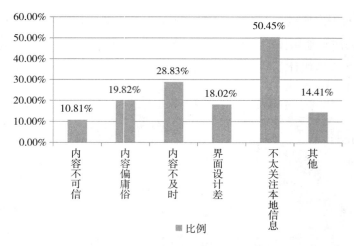

图 5-34　用户不关注本地媒体的原因

　　地市级新媒体平台和省级媒体平台在本地信息传播上作用突出。被访用户主要通过地市级新闻网站(49.75%)、省电视台(48.73%)、新闻客户端的本地频道(48.22%)、地市级微信公众号(43.15%)、地市级报纸(40.61%)、地市级电视台(39.59%)获取本地信息(如图 5-35)。从平台属性来看,新媒体平台占有较大的比例;从平台级别来看,省级平台发挥了一定的作用。

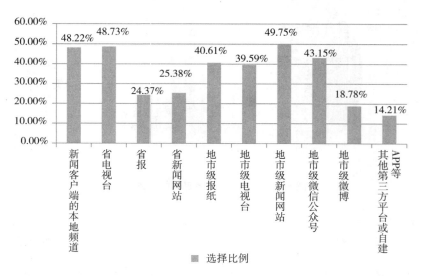

图 5-35　用户获取本地信息的渠道

地市级媒体融合发展在新兴媒体平台上的探索和尝试取得了较好的效果。问卷调查显示,当地的抖音、客户端等平台更能获得用户的青睐(得分高达4.58分)。总体上看,用户使用地市级新媒体平台的强度要高于传统媒体平台,新媒体平台得分均高于3分,传统媒体平台得分均低于3分(如图5-36)。

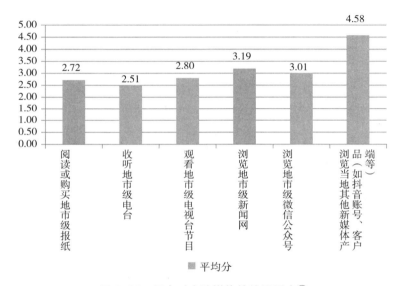

图5-36 用户对本地媒体的使用强度①

(二)地市媒体融合发展的内容建设效果

在内容建设上,地市级媒体以时事报道为主要内容。调查结果显示,关注本地媒体的用户主要关注其中的时事型内容,其比例高达85.28%,此外他们对教育、健康医疗、历史文化、财经、美食等民生新闻同样有较高的关注度(如图5-37)。

就平台性质而言,本地新媒体平台在内容建设上要优于传统媒体平台。从用户的内容满意度反馈来看,用户对本地新媒体的评价相对传统媒体要高,对各项指标(包括内容的可信度、时效度、深度、美观度、丰富度等)的评价均更高(如图5-38),相应地也更加看好本地新媒体的发展前景(如图5-39)。

① 使用频率通过量表计算出平均分来衡量,满分为5分。

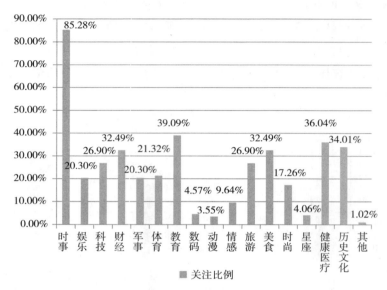

图 5-37　用户对本地媒体的主要关注内容

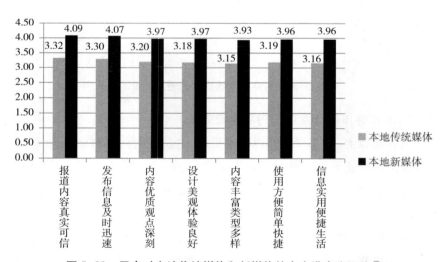

图 5-38　用户对本地传统媒体和新媒体的内容满意度评价①

---

①　满意度通过量表计算出平均分来衡量,满分为 5 分。

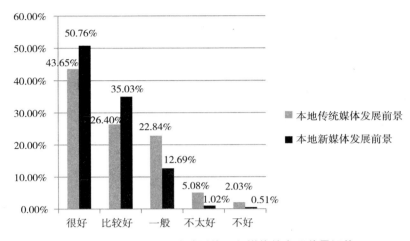

图 5-39　用户对本地传统媒体和新媒体的发展前景评估

（三）地市媒体融合发展的功能建设效果

在功能建设上，地市级媒体主要发挥了传播本地信息的作用。与内容建设相对应地，关注本地媒体的用户普遍将本地媒体视为获取本地信息的渠道。90.86%的用户认为本地媒体提供的主要功能为获取本地信息（如图 5-40），此外还有超半数的用户认为本地媒体为其提供了政务服务和日常生活服务。

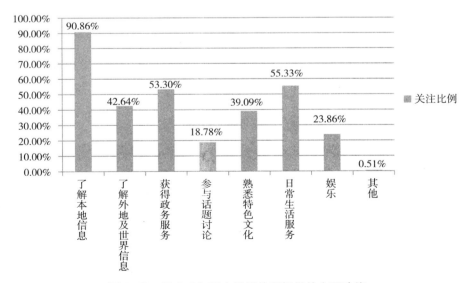

图 5-40　用户感知到本地媒体所提供的主要功能

在谈及本地媒体需要改进的功能时,除传播本地信息外,用户还较看重对政务服务和生活服务的获取以及对风俗文化的了解。可见,当前地市级媒体对当地特色的挖掘不足,服务群众的能力有限,与用户需求的结合不够紧密。地市级媒体应着眼于用户需求,特别是用户收视和阅读行为的变迁,以新媒体为抓手,从单纯的"公告栏"转变为群众信息服务枢纽,以基础资源巩固内容优势,以内容优势提升竞争实力,走出内容局限于党政信息、受众局限于公务员的传播闭环,从而将先天优势转化为发展潜力(如图5-41)。

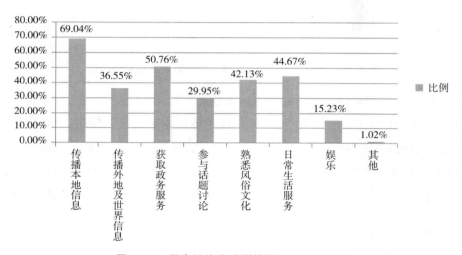

图5-41　用户认为本地媒体需要加强的功能

第六章　地市媒体融合案例分析

随着移动互联网的快速发展,更好地将党的声音向基层传播,成为目前我国肩负宣传工作的各级媒体机构的共同职责和重要使命。当前,我国各级媒体融合实践已"全面铺开"并向"纵深发展"。而在地方媒体融合实践中,现有的政策重点都落实到了省、县级媒体层面,针对地市级媒体融合发展在政策引导和支持上还处于"空心"地带。

在媒体融合战略向纵深发展的关键时期,推进地市级媒体融合发展,一是能够有效破解当地传统媒体的生存困境,为其战略转型提供明确方向;二是提高地市级主流媒体的传播力、影响力,弘扬地区文化精神,掌握舆论主导权;三是有助于区域政策的宣传与落实工作,充分发挥新媒体资源整合优势,调动各方资源与社会参与,为推动区域社会经济发展凝聚攻坚合力。鉴于地市级媒体融合的特殊性与紧迫性,为更好地了解当前我国地市级主流媒体融合的发展进程以及现实困境,北京大学新媒体研究院团队赴江西省赣州市、黑龙江省绥化市、河北省衡水市、山西运城市以及内蒙古自治区包头市等地开展实地调研,结合不同地市在社会经济与历史文化背景下的差异,从媒体融合的主体实践、发展特色以及现实问题等方面入手,对地市级媒体融合的现状进行了深入案例分析,以期给其他地市媒体的媒体融合发展提供有益的启示和借鉴。

第一节　江西省赣州市媒体融合发展

赣州市位于江西省南部,既是革命老区,"共和国的摇篮",又是客家文化的聚集地。虽然赣州贫困"量大、面广、程度深",资金、技术、人才资源的匮乏一定程度上阻碍了媒体融合的快速发展,但其特色的历史文化资源以及相关政策扶持,也为当地媒体融合的创新实践带来有利条件。

在赣州市委的高度重视下,赣州市委宣传部加快推进赣南日报社、赣州广播电视台、客家新闻网市直三家主流媒体融合发展步伐,围绕平台、技术、信息、人才等,在媒介资源获取与分配方面各有侧重。赣南日报社媒体融合工作起步最早,投资最大,成效最明显,初步构建起了媒体形态较为齐全的全媒体矩阵,目前粉丝已突破491万,借助党报优势和内容优势,主流媒体的引导力、传播力日益扩张,成为全市媒体融合的龙头、全省地市报媒体融合的排头兵;赣州广播电视台善用"项目制",聚合各媒体资源,发挥融媒体优势,突出了新媒体传播的视音频特色;客家新闻网成立较晚,人才队伍较为年轻,媒体融合进程较快,能够有效发挥新媒体优势,助力政务服务。三家主流媒体融合实践成效显著,但也面临人才流失严重、资金投入不足、内容同质、用户黏性较低等问题。在媒体融合向纵深发展的关键时期,老区媒体融合的顺利开展是融合工作的重要攻关之一,基于发展问题,本节提出以下建议:建立跨区人才流通机制;基于现有资源提高整合能力;结合政策环境,发展特色优势;一把尺子量到底,加强自媒体内容审核管理。

一、赣州市媒体融合发展现状

赣州市位于江西省南部,又称"赣南",地处赣粤闽湘四省通衢,既是革命老区,"共和国的摇篮",也是客家文化的聚集地。虽然面临着贫困"量大、面广、程度深"①的境遇,经济社会资源有限,但是丰富的地理、历史、文化资源,也为当地的媒体融合发展提供了有利条件。

目前,赣州市主流媒体格局呈三足鼎立态势(如图6-1),赣南日报社、赣州广播电视台以及客家新闻网共同承担党和政府的思想宣传及新闻舆论工作,满足当地群众对新闻信息服务的需求。

具体而言,赣南日报社于2013年起推出官方微信,试水新媒体,2015年1

---

① 郑波、赖永峰等:《高质量脱贫攻坚作示范 赣州建立稳定脱贫长效机制的实践与探索》,《经济日报·中国经济网》2019年12月29日。http://bgimg.ce.cn/xwzx/gnsz/gdxw/201912/29/t20191229_34005465.shtml。

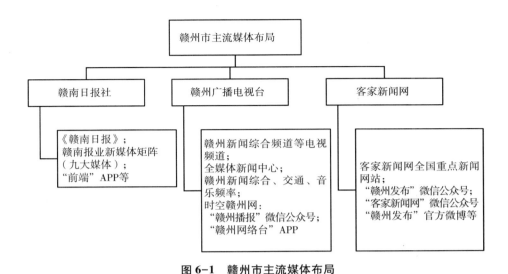

图 6-1　赣州市主流媒体布局

月最早成立正科级机构新媒体中心,2016 年 9 月前端新闻客户端上线,2017年新媒体中心改名为新媒体编辑部,2018 年全面打通一体化考核机制,并建成"中央厨房",从 2019 年 1 月 1 日起,《赣州晚报》停刊,集中力量强化融媒体,媒体融合从平台到渠道、从内容到技术、从架构到人员,全方位整体推进。赣州广播电视台于 2014 年由赣州广播台和电视台合并而成,在职人数最多,合并后人多编少的问题突出,自 2015 年起,尝试从体制机制、平台建设、技术升级等方面入手推进融媒体发展,突出视音频特色。客家新闻网的前身是中国赣州网,最早是《赣南日报》下面的子部门,承担报纸的网络化功能,后独立出来,生产自己的原创内容并建立独立分发渠道,成为全国重点新闻网站,相较而言,成立时间最晚,历史遗留问题少,人才队伍较为年轻,媒体融合进程较快。总体来看,三家主流媒体内部融合各有特色,围绕平台、技术、信息、人才等,在媒介资源获取与分配方面各有侧重。

(一)平台搭建:为实现媒介资源整合提供基础

　　新媒体逐渐成为信息发布、信息交互、信息交易的平台,为媒介资源聚合与关系转换提供了新的空间和场域,融集成资源、响应需求和创造价值于一体。[1]

---

[1]　谭天:《基于关系视角的媒介平台》,《国际新闻界》2011 年第 9 期。

一方面,为应对信息环境的变化,赣州市主流媒体借助"微博"、"微信"、"客户端(APP)"、"今日头条"、"抖音""澎拜新闻"等新媒体平台,共建新媒体传播矩阵,基本实现了各平台之间信息内容的传播共享。

《赣南日报》除了拥有传统纸媒之外,还建立了包括前端新闻 APP、《赣南日报》微信、微博、抖音、头条号和小程序等在内的新媒体矩阵(见表 6-1),前端新闻网也已完成了搭建,等待备案通过上线。

表 6-1 赣南日报社新媒体运营情况汇总表

平台名称	平台类型	成立时间	内部所属单位	用户数量①
赣南日报微博	社交媒体	2012 年 1 月	新媒体编辑部	101 万
赣南日报微信公众号	社交媒体	2014 年 8 月	新媒体编辑部	70 万
赣州晚报微信公众号	社交媒体	2013 年 4 月	新媒体编辑部	50 万
"前端"新闻客户端	新闻客户端	2016 年 9 月	前端编辑部	17 万
赣南日报头条号	自媒体平台	2016 年 4 月	新媒体编辑部	125 万
赣南日报抖音号	短视频平台	2018 年 11 月	新媒体编辑部	128 万

赣州广播电视台全台各频道、频率均开办了各自的微博和微信公众号。目前,官方微博、主持人微博共计 23 个,微信公众号 20 个。其中,民生栏目《630 播报》微信公众号粉丝量达到 10 余万,交通广播微博粉丝达 20 余万,用户活跃度比较高。同时,依托赣州网络台手机 APP,升级改造时空赣州网,搭建了相对完整配套的移动端新媒体宣传网,强化了新媒体宣传的硬件基础。

客家新闻网在媒体融合发展过程中形成的全媒体平台矩阵,是以客家新闻网 PC 端为主阵地、微信和微博自主经营以及"澎湃问政号"、"今日头条"、"百家号"等第三方平台合作的方式共同构成的。2017—2018 年"赣州发布"新媒体矩阵聚

① 注:各新媒体用户规模统计的截止日期为 2019 年 3 月;而据赣州市统计局的公布数据显示,截止到 2018 年底,赣州全市户籍总人口为 981.46 万人。

合了全市的政务服务,形成了互推文章和共享信息的良性互动。借助第三方平台发布的稿件阅读次数累积超 4 亿人次,共同扩大了赣州的传播影响力。

而另一方面,或引进融媒体系统平台,或自建基础机房,各主流媒体期望建成集信息采集、生产、分发、交互、分析于一体的地市级媒体版的"中央厨房",为实现媒介资源的聚合及转换提供技术平台。例如,赣州广播电视台计划自主建设并分三步实现"中央厨房"的功能,第一步已经完成了赣州网络台APP 和基础硬件的建设;第二步预期在原有技术架构基础上进行升级和改造自建"赣州云";第三步计划将不同的"云端"结合起来,目前赣州广电的云平台是在赣州政务云中,该云平台由财政投入,华为与电信合办,但是其很多窗口对于非电信用户来说是封闭的,体验较差,因此要打通不同运营商用户的使用功能与服务。而《赣南日报》则与北京太极技术公司合作自建基础机房,建设中央厨房全媒体采编平台,目前基础机房已搭建完成,下一步计划进行技术升级,加入用户互动、政府服务和电子商城,同时增加视频系统和记者定位功能,加强与县级媒体从业人员的沟通与联系。与前两家主流媒体相比,客家新闻网采用了"轻资产"模式,即通过引进第三方融媒体系统平台"津云",进行媒体融合的探索与实践,从而规避技术自主建设资金投入大的问题,而将重点放在新媒体产品设计与内容生产等方面。

主流媒体依据自身优势资源,通过不同的策略选择,推进融媒体的技术平台建设。无论是新媒体传播矩阵还是融媒体技术平台,已基本完成搭建,将传统媒介资源与新媒介资源聚合在一起,但还未涉及媒介资源的优化配置问题。

(二)融媒产品:整合资源相互引流

媒介产品的生产是媒介经营活动的基础,在媒体融合背景下,当地主流媒体能够以融媒产品的形式,一方面较好地聚集了媒介信息资源、技术资源以及用户资源,提高内容生产力;另一方面充分整合了传统媒体与新媒体的各自优势,扩大传播与影响力。

首先,当地主流媒体能够有意识地将用户转变为内容提供者,提高用户参与度,扩大了信息来源与内容生产能力。① 例如,客家新闻网创新性采用

---

① 参见蔡雯:《资源整合:媒介融合进程中的一道难题》,《新闻记者》2009 年第 9 期。

"H5+定制服务"的模式,通过 H5 技术加强用户参与,扎根本地特色文化,为赣州市纪委定制了系列个性化 H5 互动媒介产品——"好家风在我家——客家门匾的秘密"H5 媒介产品。该产品整合了媒介技术、信息与用户资源于一体。门匾文化是客家文化的一个代表,每一个门匾代表一个姓氏。客家新闻网通过挖掘姓氏背后有关廉洁的历史故事,以祖孙互动的形式,通过 H5 呈现出来,吸引当地群众寻找自己姓氏背后的廉洁故事,一方面加强了用户互动,另一方面也进行了廉政宣传。而《赣南日报》则更多地发挥党报作用,从 2017 年开始策划"主题诵读",以党的十九大报告、总书记重要讲话、红色故事、红色家书等内容为主题来源,每天一篇,邀请全市党员参与内容生产,以音频形式呈现。为提高党员积极性,还增加了内部评审活动,既弘扬了苏区精神、传播红色文化,又调动了全体党员参与的积极性。赣州广播电视台在《630 播报》《阳光热线》等民生栏目及时空赣州网页上设置了"爆料"一栏,鼓励当地群众通过热线电话或留言方式提供新闻线索,做好舆论监督报道,扩大影响力,由记者负责核实、跟进及深挖,加强与当地群众互动,提高用户参与度。

其次,主流媒体围绕党政宣传以及本地特色历史文化,以"项目制"促进不同媒体形态的交互。以赣州广播电视台策划"我和我的祖国"、"不忘初心"MV 活动为例,过去做新闻活动策划,是把不同的媒体"拼"在一起,新闻频道录新闻,广播做歌咏大赛,新媒体做 H5 产品。但是从 2019 年起开始以"项目制"统筹各媒体优势,如:以新媒体为先期推广进行预热,广播同步展播,电视持续跟进;广播、电视通过发布话题参与等方式将用户引流到新媒体平台,而新媒体的评选活动又会将用户引流到广播、电视中。赣州广播电视台总编室主任谈到"项目制"时提到,"这就是一种彼此相互交叉、相互融合、相互引流的方案,能够形成立体、放大的传播效果。"而"项目制"得以可持续、大规模推进的前提,是组织架构的整合。当前,上级部门机构改革方案尚未明朗,一时难以进行大规模的组织架构调整。由于缺乏体制机制的完善,全媒体传播还是个案,而非常态。赣州广播电视台网络发展部主任提到,"我们将通过'新闻策划联动协会',建立电视、广播、新媒体的新闻板块策划、审核联动机制,使全媒体的传播工作进入常态化。"

（三）人力资源管理：打通考核机制促进人才转型

在人力资源管理机制方面，为加速推进传统媒体人向新媒体转型，调动从业人员工作积极性，赣州市主流媒体都在积极制定各种考核管理办法推动媒体融合进程。一是取消传统媒体记者身份，打通考核机制。例如，《赣南日报》为了增强采编人员的全媒体意识，保证稿件的质量和创新，制定了《赣南日报社（集团）全媒体采编部门考核细则》，从制度上培养记者的媒体融合意识。二是优化考评机制，提高采编人员积极性。例如，《赣州广播电视台宣传质量考核办法》、《赣南日报社（集团）全媒体采编部门考核细则》——记者见报、见网稿件积分办法、《客家新闻网技术部岗位考核》、《客家新闻网新媒体部岗位考核》等一系列考核办法的颁发，将新媒体内容生产与产品服务的数量、质量与岗位绩效、薪酬体系紧密结合在一起，不仅明确各岗位的工作职责，而且建立健全采编审流程、发稿规范、绩效量化管理等。三是推出爆款新闻奖励办法，鼓励采编人员创新实践。例如，《赣州网络台APP"爆款"稿件创优奖励试行办法》、《原创新闻采编考核办法》等提出，对于受到市委肯定、第三方媒体转载、点击浏览及点赞率高的好作品、好稿件和好策划，会给予创作团队或个人不同程度的奖金。通过建立激励机制，提高从业人员进行新媒体实践及创新的积极性。

虽然，各主流媒体都试图通过改变考核机制以及激励机制的方式，促进媒体融合人才转型和深入发展，但是其效果有限。赣州市三家主流媒体中，《赣南日报》实行自收自支，赣州广播电视台以及客家新闻网都是差额拨款事业单位。一方面由于当前传统媒体自身面临着前所未有的下行压力，经济收入大幅度萎缩，很难达到收支平衡；另一方面，上级部门对差额拨款的事业单位在绩效总量上有数额控制，无论创收的高或低，绩效奖金的弹性空间有限。其总体薪酬水平与本市其他公务员相比，不具备竞争优势，难以发挥激励机制的真正作用。

二、赣州市主流媒体融合发展中的问题

作为我国行政级别的中间一环，地市级媒体融合普遍缺乏顶层设计，没有明确的政策支持，发展无处着力。不同于省、县级媒体情况，地市级媒体无法完全照搬成功经验，而在中央对地市级媒体尚未给出有关媒体融合的明确指

示之前,地市级对此多持观望态度。地市级主流媒体探索融合之路的试错成本较高,难以得到相关支持,同时也降低了自身创新实践的积极性。而老区经济发展迟缓,各种资源相对匮乏,面临着更多的困惑和挑战。

(一)人力资源流失严重新型人才难引进

从业人员归属感、荣誉感差,人才流失严重。首先,受行业影响,大量媒体人离职,人力资源流失严重。尤其是年轻的从业人员流失更为严重,赣州广播电台自2015年以来,全台原有300左右在岗职工,已经有近50名青年编辑记者先后离职,目前在职的30岁以下记者寥寥无几。

通过对赣州三大主流媒体从业人员的职业满意度调查发现,有超过四分之三的从业人员意识到行业人员流失严重的问题。通过访谈进一步发现,总体来讲,造成地市级主流媒体从业人员流失严重的主要原因,表现在以下两方面:一是从业人员所承受的工作压力与收入严重不对等。在问卷调查中,92.25%的从业者认为薪酬福利水平较低是人员流失的最主要原因,而工作压力过大被认为是次要原因。虽然包括《赣南日报》、赣州广播电视台在内的主流媒体已经对考核机制、绩效机制进行了改革,但是,由于当前本地区事业单位薪酬总量受到经营情况和市财政预算层面控制,工资仍旧低于市同级行政和事业机关单位,从业人员面临巨大生存压力。二是媒体行业环境发生变化,从业人员对主流媒体发展前景丧失职业信心,缺乏安全感。在调研中,造成人员流失的第三个原因就是从业者对自己所在单位以及媒体发展前景没有信心。

其次,行政激励机制下,无法充分调动现有从业者积极性与创新性,难以满足媒体融合转型对人才的新需求。通过实地调研发现,从业者年龄结构偏大,对新媒体不敏感,学习动力不足,人才转型遭遇瓶颈。尽管地市级主流媒体在融合实践中尝试突破体制机制的桎梏,但是当前地市级主流媒体的各项激励机制仍然处于行政激励范围,致使人才资源配置处于低效。

再次,地市级媒体职业经济、社会地位下降,难以吸引符合媒体融合发展需要的复合型人才。在访谈中,媒体管理层及工作实践层的从业人员普遍反映,与传统媒体鼎盛时期相比,当前在与社会经济各部门进行合作交流的过程中,明显感知职业地位降低,缺乏职业荣誉感和归属感。此外,受制于有限的编制名额与财政预算,媒体机构很难吸引真正把握新媒体传播规律与技能的人才,尤其是技术型人才的薪资水平与互联网公司的薪酬待遇相差悬殊。

(二)另起炉灶未实现资金与技术资源利用最大化

当前,赣州市及所辖县级融媒体中心或自主建设融媒体系统,或引进第三方系统平台,同一地区缺乏统一的技术标准和规划。其中,《赣南日报》与北京太极合作自建了全媒体采编系统,客家新闻网引进"津云"作为融媒体底层技术架构,而赣州广播电视台则计划分步自主建设"赣州云"融媒体系统,而当前依托的云平台是华为与电信共建的"华为天翼云","前端"APP则依托阿里云进行系统维护和运营。与此同时,赣州市所辖县域又分别采用了《江西日报》"赣鄱云"以及江西广电的"赣云"融媒体中心系统。最终,形成目前"赣州云"、"津云"、"赣鄱云"、"赣云"、"华为天翼云"、"阿里云"以及自主建设全媒体采编系统等多个融媒体技术系统平台共存的局面。在分散建设与整合建设之间,尚未找到既鼓励分散建设竞争发展、又整合资源统合建设的科学平衡点,如何避免简单的一统就死、一分就乱,如何在适度重复建设、鼓励竞争和综合效益最大化之间找到最佳结合点,是需要长期综合考量的重大课题,也是对有效提高治理能力的时代考验。

首先,各融媒体之间部分综合系统的实质性差别不太显著,存在重复性建设和造成资源浪费的问题。更为突出的问题是这些融媒体系统彼此之间互不相通。例如,由华为和电信共建"华为天翼云",非电信用户的用户体验不好,其功能与服务无法在不同运营商用户之间形成互通。而融媒体发展的最终目的,就是能够形成中央、省、市、县各级媒体机构在思想宣传与新闻舆论工作上相通相融,让党中央的声音能够更好地到达基层群众,因此技术标准的统一和相融是必要条件。

其次,融媒体技术系统的研发、升级与维护均需要较大的资金投入,另起炉灶、自主建设融媒体技术系统对地市级媒体将形成较大的资金压力,资金投入不足,技术融合也难以为继。通过实地调研发现,主流媒体倾向于采用自主建设融媒体系统更多出于网络安全的考量,由于党媒在意识形态宣传与新闻舆论中的使命和责任,使得主流媒体对网络安全与意识形态安全更为关注。而为打消主流媒体顾虑,将有限的资金投入到刀刃上,最大化地利用现有资金和技术资源,以产品为导向,推动媒体融合发展,还需要政府层面统一的制度安排与设计。

(三)信息内容同质化内外部资源缺乏互动

受"一城多媒"现状的影响,地市级各主流媒体面对同一信息源、用户源、广告源,竞争较为激烈。首先,在资源有限的情况下,各主流媒体之间缺乏有效的沟通和协作,以各自融合为主,造成平台的重复性建设,导致内容的大量同质化,形成资源浪费。在调研中发现,三家主流媒体各自都有新媒体中心,并且均围绕当前热门的第三方平台建立了传播矩阵,由于地市级媒体新闻信息资源有限,三家主流媒体作为党媒,在内容上难有差异。通过对比《赣南日报》、"赣州发布"这两个微信公众号 2019 年 3 月份头条新闻,发现内容同质化较为严重,其标题内容重复率近 40%。平台的重复性建设,造成媒体资源浪费。之前由于各自渠道不同,三家主流媒体以各自渠道为基础,展现内容呈现形式的特色,但是在新媒体环境下,这种差异就消失了,不免出现对信息资源的争夺。通过访谈中发现,三家主流媒体都透露出希望以自己为主要领导单位,统筹媒体融合所需资源。因此,需要上级决策,确立融媒体中心的组织架构。

其次,对媒介资源的配置利用缺乏与当地相关政策与市场环境的互动,信息资源利用与外部政策资源以及市场资源缺乏有效嫁接,内外部资源利用率不高。主要表现在,一是当前赣州主流媒体传播力和影响力难以走出本地范围,与赣南地区作为赣粤闽湘四省通衢的关键节点城市地位不相匹配,未充分将媒体融合发展与区域经济发展相结合。二是地市级主流媒体融合发展实践未充分与振兴赣南苏区发展的国家战略密切结合,企业内部的媒介资源与外部社会公共资源整合程度不高。在街头访谈中获悉,当地群众对本地信息及服务的需求主要集中在医疗、教育、政务等社会公共服务领域。而当前主流媒体对本地信息的内容生产与传播,仍主要围绕党政新闻展开,难与用户形成共鸣。未来,可以在脱贫攻坚与社会公共服务方面整合内外部资源,从新闻宣传向提供社会、经济、生活服务等方面转型,推进媒体融合向纵深发展。

(四)用户注意力分散黏性较低

地市级主流媒体影响力、传播力有限,用户黏性较低。新媒体环境下,用户是价值共创的主要参与者,而赣州主流媒体目前难以充分调动用户的参与感和积极性,用户注意力流失,传播效果降低。为进一步测量赣州市主流媒体融合发展的传播效果,调研组在当地以滚雪球的方式抽取了40位本地用户,通过问卷的方式,对当地用户的媒体使用习惯以及对当地媒体的满意度进行调查。通过调研发现,超过九成以上的人在传统媒体上的使用时间下降(如图6-2),新媒体的使用时间上升,最常使用的客户端是微信、腾讯新闻和今日头条(如图6-3)。

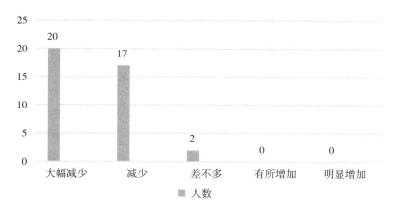

图 6-2　被访者使用传统媒体的时间变化

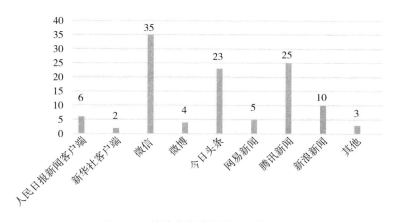

图 6-3　被访者最常使用的手机 APP

通过对当地居民进行街头访谈了解到,主要是相较于传统媒体,新媒体在信息获取与传播方面更加便捷,也更加私人化,在不影响他人的情况下,信息获取与传播的效率也大大提高。尤其是针对有备考学生的家庭,电视的打开率则大幅度降低,正如我们在街头访谈到的一位学生家长①坦言:

> 我们家几乎不开电视,现在客户端、微信公众号上的信息很多,什么领域的都有,很方便。我比较喜欢打羽毛球,关注了一些羽毛球相关的公众号,像"爱羽客",我晚上没事就会看,他爸爸也会关注一些时政新闻、体育方面的公号,就足够了,开电视太影响孩子学习。

在对当地主流媒体使用频率上(如图 6-4),超过五成以上的被调查者很少阅读报纸或收听广播,有超过 40%的被调查者很少浏览客家新闻网以及"前端新闻"客户端。在调查中发现,主要是由于界面设计差、当地居民不太关注本地信息等原因,被访者不太关注本地的媒体(如图 6-5)。

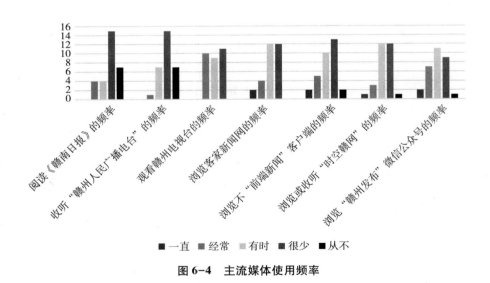

■一直　■经常　有时　■很少　■从不

图 6-4　主流媒体使用频率

在街头访谈调查中,研究人员更是发现,当地居民很少关注本地主流媒体

---

① 访谈对象,女,年龄 38 岁,公务员。

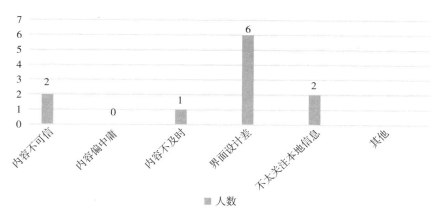

图 6-5　被访者不关注或使用本地媒体的原因①

的新媒体平台,更多的是关注一些自己感兴趣的自媒体号。尤其是有家庭、子女的居民,闲暇时间很少会观看电视、报纸,更多的是浏览与教育、子女健康有关的内容,而这部分内容也是本地主流媒体所缺失的。由此可见,虽然三家主流媒体的新媒体平台基本已经落成,但是尚处于物理性搭建阶段,其传播力和影响力有限,对本地用户难有吸引力。

三、赣州市媒体融合的对策建议

鉴于赣州市媒体融合实践中的问题,并结合当地的历史文化资源以及政策优势,我们希望在人才流通、资源整合、扎根本地特色以及内容审核管理等方面提出切实可行的对策建议。

(一)建立跨地区、跨领域的人才流通机制

通过建立跨地区、跨领域的专业人才流通与内部培训机制,提高从业人员的综合素质,满足地市级融媒体对人才的新需求。媒体行业的变化对新闻传播人才提出了更为多元化、专业化的需求。而对赣州市等经济发展水平有限的地市级媒体来说,新媒体人才,尤其是新媒体技术人才的引进以及长期的物质保障工作难度较大。因此,在资源有限且短期内难以突破体制机制桎梏的情况下,可以通过建立省——市——县新媒体专项人才流通机制和内部培训

---

①　此题为跳转题,在前设题中选择不关注本地媒体的被调查者来填写不关注或使用媒体的原因。

机制组织跨地区、跨领域的学习，以缓解人才资源匮乏的压力。

一方面，通过跨省、省——市、市——市、市——县的人才流通，或引进新媒体人才，或让内部人才走出去，进行跨地域的交流、学习；另一方面，可以通过聘请跨领域的专家、学者就以问题为导向的研究对内部人才进行讲授，主流媒体就能够可以整合不同领域的知识，组织内部学习，提高从业者的整体学习及创新能力，将获悉的新知识、新模式运用到产品与服务创新中去。例如，客家新闻网就实施了"走出去，请进来"+"青蓝结对"的人才培育机制。不定时的选拔骨干力量去北方网等媒体融合实践先进的地方学习，其民生栏目"我有料"就是从龙虎网学习后进行的改造升级，同时聘请名教授、专家等到客家新闻网授课；同时，通过"青蓝结对"的方式，进行内部培训，每周五下午定期开课，每期主题不同，采用自愿报名的方式，客家新闻网新媒体中心负责人提到，这是让"有经验的人做师傅、没经验的人做学生"，同时人力资源部对学习成果进行跟踪问效，以防止培训流于形式，并结合学习反馈改进培训课程设计。

（二）提高整合能力实现资源利用最大化

地市级媒体，尤其是老少边穷地区媒体融合在相关政策、技术、人才、机制等方面遇到较大困难。在调研过程中也了解到，主流媒体管理者对于资金、技术、体制问题的诉求较大，认为媒体融合是需要高投入的战略，而这些问题在当下都难以快速解决，因此融合发展的推进速度也较为缓慢。在资源获取难度高的情况下，为推进融合实践工作，应以产品为突破口提高整合能力，实现资源利用最大化。

一方面，通过媒介产品的形式将媒介信息资源、媒介技术资源以及用户资源等进行有效融合，从小处入手，基于现有媒介资源，在媒介产品及服务创新方面下功夫，推动融合发展。另一方面，有关于融媒体技术系统"四处开花"，且系统间缺乏互动的问题，在实地调研中，部分主流媒体管理者与技术骨干也意识到了相关问题。可以在充分利用现有资源的基础上，减少对融媒体技术的高投入。在访谈中，技术骨干提到，"虽然，当前各主流媒体采用的是不同的融媒体技术系统，但是就底层架构而言是相同的，"这就为不同融媒体技术系统的交互提供了可实现的技术基础。可以通过特定节点技术以及定制技术服务将各"云端"打通，并就统一的融媒体技术系统进行升级、维护及运营，以节约成本,提高资源效率。

(三)结合政策环境发展特色优势

在政策与市场环境调节下,盘活内外部媒介资源,提高创新能力。媒体融合战略的本质是实现不同媒介资源的最佳配置,并与外部政策与市场环境相适应。赣州革命老区经济社会等各方面的发展,均以国务院下发的赣南苏区振兴发展战略为依据。习近平总书记在2016年考察江西时提出"希望江西主动适应经济发展新常态,向改革开放要动力,向创新创业要活力,向特色优势要竞争力"[①]。而赣州市主流媒体应主动拥抱新媒体,发挥新媒体在凝聚社会共识中的优势作用,搭乘媒体改革之势,掌握好政策条件与市场环境之间的动态平衡,扎根本地历史文化资源特色,在媒体经营与管理上有所突破,实现地市级媒体融合的创新。

一方面,利用新媒体更好地实现精准扶贫。作为革命老区,赣南地区也是全国脱贫攻坚的主战场之一。推动赣州市主流媒体向纵深发展,不仅要以舆论引导为主要抓手;同时,也要利用新媒体更好地服务群众,实现精准扶贫。一是利用新媒体建立"市—县—乡"联动机制,加快反映问题、调动资源、解决落实的速度,推进扶贫工作的全面展开。二是利用新媒体及电商平台,扩大本地品牌的传播力和影响力,促进当地特色农产品的流通,加快当地农民脱贫的步伐。

另一方面,结合赣南地区在区域地理位置上的特殊性,充分发挥空间结构优势与区域辐射能力[②],利用本地的历史文化资源,包括:革命历史、红色文化、客家文化等,建立特色历史文化数据库,开发信息增值服务业务,推动当地大数据产业的发展,反哺媒体融合战略。以此建立地区品牌,扩大当地主流媒体在区域范围的传播力与影响力。

(四)一把尺子量到底加强自媒体内容管理

加强对自媒体的管理,一把尺子量到底。主流媒体需要更多地承担党媒作用,对其内容的审核把关机制更为严谨,需要政府为其提供公平的竞争环

---

① 《习近平谈改革开放》,《人民日报(海外版)》2018年11月14日。

② 参见杭敏、周长城:《竞合与博弈:数字时代的传媒经济与传媒管理——第十二届世界传媒经济大会的议题与启示》,《新闻与写作》2019年第5期。

境,提高参与市场竞争的能力。在内容管理上,应当使用同一个标准衡量自媒体与主流媒体,加强对知识产权的保护。在调研中了解到,自媒体非法转载主流媒体内容的行为依然常见,虽然可以通过法律手段进行维权,但是主流媒体维权的成本比知识产权损失的成本还要高,使其维权不具有可行性。自媒体在内容生产方面有诸多问题,包括虚假信息、标题党、为博眼球而进行的各种炒作行为,因此需要对自媒体市场进行规范化管理。无论是主流媒体还是自媒体,都应该使用同一个标准、在同一套规范下进行竞争。在同一审核标准下,保证优质内容的基础上,赣州市主流媒体仍旧可以在主流价值传播方面,创新传播形式,例如央视《主播说联播》,拉近与当地用户的距离,加强互动,提供用户黏性。

第二节　黑龙江省绥化市媒体融合发展

　　绥化市位于黑龙江省中部,囿于自身发展困境,绥化市主流媒体融合发展起步较为缓慢。但自绥化市委成立融媒体工作领导小组以来,融媒体改革的工作步伐明显加快,通过统筹协调"台、报、网、端"各部门,共同传播绥化声音,力图讲好绥化故事,协同推进绥化市"都城地"建设。

　　绥化市媒体融合工作以市委宣传部为主要领导,以《绥化日报》与绥化广播电视台为实践主体,同时涉及绥化网信办、政府办、人社局、财政局等 21 个主要成员单位。相较于绥化广播电视台,《绥化日报》在资金、技术、人才等方面优势明显,并初步建立了与媒体融合工作相适应的采编流程和绩效考核机制;而绥化市广播电视台的融合发展基础较为薄弱,其融媒体报道更多的是围绕电视新闻联播的议程展开,新媒体平台的原创能力有限;市委网信办积极利用新媒体创新工作方式,在自主平台的原创内容生产、对当地新媒体平台的监管与协作上具有创新实践,成为绥化市媒体融合实践的特色。

　　总体来看,绥化市媒体融合工作成果离预期目标仍有距离,虽然统筹规划完备,但实际落实困难。存在思想观念保守、资金支持不足、体质机制陈旧,内外部资源缺乏联动的问题。鉴于此,本书提出了四方面建议:由宣传部牵头组织全市思想大讨论,解放思想,转变观念;成立融合报道专题小组,尝试从业务层面进行融合实践;整合现有资源,促进平台联动;围绕"都城地"建设,加强媒体融合与当地发展的良性互动。

一、绥化市主流媒体融合发展的现状

绥化市位于黑龙江省中部,虽受地区整体经济下行压力的影响,媒体融合发展较为缓慢。但其在"振兴东北老工业地区战略"①以及"数字龙江"②的战略部署下,孕育着时代发展机遇,"既是农业大市,又是工业新军,更是方兴之城"③。

目前,绥化市地区广播、电视人口覆盖率是100%,宽带网络覆盖率为99.6%,4G网络覆盖率为99.8%,本地区使用宽带上网的网民数量为334万,占地区人口的59.6%;使用手机上网的网民数量为325万,占地区人口的58.0%。本地区网站总数为453个。

从地区媒体资源整体情况来看,绥化市地区拥有《绥化日报》、绥化广播电台两家主流媒体,均为市委直属正处级单位。2009年以来,绥化日报社开始探索传统媒体向新媒体转型,通过十年建设,目前拥有"绥化新闻网"一个网站,"绥化日报"、"猛犸象诗刊"、"绥化日报小记者"、"绥化晚报"4个微信公众号,"绥化新闻"一个客户端,并在抖音、头条、微博等平台建立了自己的官方账号,形成"报、网、端、微、屏"等各种平台构成的传播矩阵,实现了新闻内容的一次性采集生产、多元发布,使得主流媒体在网络上的传播阵地得到拓展。而绥化市广播电视台新媒体部成立于2016年3月。2018年6月,新媒体部与技术部开展合作,对直播进行探索和实践,同年12年,在抖音开设官方账号,以时政类及正能量内容为主,开始尝试更加多元的内容呈现形式,拓宽了媒体传播渠道。

基于调研成果,以下将从工作统筹规划、具体实践、传播效果三个层次对绥化市主流媒体融合发展图景作全面阐述。

---

① 为适应把握引领经济发展新常态,贯彻落实发展新理念,加快实现东北地区工业基地全面振兴,2016年,中共中央、国务院对全面振兴东北地区等老工业基地提出了若干意见。

② 习近平总书记在党的十九大报告中提出了"数字中国"的构想,为贯彻习近平总书记的指示和党的十九大精神,黑龙江省委、省政府领导结合本地区实际,提出了建设"数字龙江"的部署。

③ 《绥化市推动"都城地"建设向高质量发展》,东北网,2019年8月13日,https://baijiahao.baidu.com/s?id=1641753256778545253&wfr=spider&for=pc。

(一)绥化市媒体融合工作的统筹规划

绥化市媒体融合工作由市委宣传部主要负责。在其统筹协调下,目前绥化市已成立融媒体中心建设工作领导小组,盘活多方力量,提出"五统一"、"五融合"的总体目标和三个阶段性目标。但实地调研发现,当地实际工作成效与前期工作规划相比仍有一定的差距。

总体目标明确,统筹规划完备,落实工作成为关键。为深入贯彻落实党的十九大精神,按照中央、省委关于新闻舆论工作的决策部署,绥化市委宣传部在调研走访了市直2家媒体单位和全市10个县(市、区)媒体单位的基础上,结合绥化市媒体事业发展实际,2018年5月制定了《绥化市融媒体中心建设规划》,组建绥化市融媒体中心,将实现"五统一"、"五融合"①,着力推进传统媒体和新媒体融合发展,旨在打造一个集报纸、广播、电视、网站和微博、微信、移动客户端交汇共融的融媒体中心,为绥化建设一个立足全省、面向全国、辐射世界的全媒体平台。同时,为了实现这一总目标,绥化市委宣传部还制定了阶段性目标与具体的实施步骤。如按照阶段部署实施,绥化市融媒体中心建设应处于第二阶段的尾声,但就目前的实际工作情况来看,融媒体中心建设离预期目标还有一段不小的距离,尚未形成"绥化模式"。

领导小组统筹协调各部门,共同服务"都城地"建设。为有效推进并加速实现《绥化市融媒体中心建设规划》,绥化市成立了以市委常委、宣传部长赵琳同志为组长,副部长赵忠良同志为第一副组长的融媒体中心建设工作领导小组,成员单位由市委办、政府办、组织部、宣传部、人社局、财政局等21个部门和单位组成。同时,领导小组下设办公室及工程技术建设组、人力资源组、资金保障组3个工作组,具体负责相关任务的落实。融媒体工作领导小组全面推进融媒体改革工作,统筹协调"台、报、网、端"各部门,为服务绥化市"都城地"②建设,传播绥化声音,讲好绥化故事,实现绥化市全面振兴全方位振兴提供坚强的舆论保障。

---

① 根据绥化市委宣传部提供的内部资料显示,"五统一"包括:统一搜集线索;统一指挥调度;统一协调资源;统一流程管理;统一绩效考核。"五融合"包括:实现新闻产品深入融合;实现内宣外宣传播融合;实现技术系统共享融合;实现技术系统共享融合;实现策采编发流程融合;实现采编人员技能融合。

② "都城地"指"寒地黑土之都,绿色产业之城,田园养生之地"的简称。

（二）绥化市媒体融合工作的具体实践

就媒体融合的具体实践而言，绥化日报社的发展要好于绥化广播电视台，在资金、技术、人才等方面优势明显，并初步建立了与媒体融合工作相适应的采编流程和绩效考核机制；而绥化广播电视台的融合发展基础薄弱，其融媒体报道更多的是围绕电视新闻联播的议程展开，新媒体平台的原创能力有限；绥化市委网信办积极利用新媒体创新工作方式，在自主平台的原创内容生产、对当地新媒体平台的监管与协作上具有创新实践。

1. 借力：利用政策支持推动平台建设

在绥化市委宣传部的支持下，《绥化日报》认真研究相关政策，结合自身优势，争取政策扶持资金，投入到新媒体中心建设中。传统媒体生产与经营的信息化系统，已无法满足新媒体环境下的内容生产与分发要求。虽然市级层面尚未出台有关媒体融合的明确扶持政策，但是国家、省级层面陆续出台了数字化出版转型的相关政策。《绥化日报》结合自身在媒体融合发展中的实践优势，在 2015 年申报并通过审批，确定为黑龙江省首批数字化出版转型示范单位和第二批全国数字化出版转型示范单位，陆续得到了相关政策资金支持。在市委宣传部的支持下，绥化日报社向多方争取发展资金，主要包括中央补助地方文化产业资金和省内专项资金等，先后获资将近 1000 万元。绥化日报社将政策扶持资金投入到新媒体中心建设中，分批次购买了北大方正畅想全媒体新闻采集系统，建设全媒体采编和新媒体内容管理平台。

方正畅想全媒体新闻采集系统支持新闻采集、策划、共享和发布等多种功能，还支持快速添加第三方工具中的文字或文件，电脑端和手机端均可使用。前线记者和乡下通讯员可通过手机将第一时间获取的文字、图片、视频和音频等多媒体新闻稿件上传至方正畅想系统，报社编辑部可在平台上进行即时编辑和分发。目前平台已经接入客户端、数字报和绥化新闻网等端口，实现即时发布功能，不受时空和地域条件限制。

由于资金存在缺口，绥化日报社难以一次性购买齐全方正畅想全媒体新闻采集系统的所有功能，只能择重点功能、分批次购买，再进行组装。因此，该系统目前仅起用了新闻线索汇聚和编辑等部分功能，距离真正的全媒体技术平台仍任重道远。

2. 转型：人员结构有待优化人才建设仍需加强

通过调研发现，绥化市主流媒体从业人员尚未完成全媒体人才整体转型，新媒体人才占比较低，但其综合素质较高。绥化广播电视台于2016年3月成立新媒体部，目前仅有3位员工负责运营（全台在岗人员共253人），一名主任负责统筹，剩余两位分别负责采集素材和后期编辑，其平均年龄为37.3岁，人才队伍力量单薄，无法满足新媒体工作的需要。而且从绥化广播电视台整体来看，员工的年龄都普遍偏大，20—30岁年龄段仅有40人，占比13%，缺少新鲜血液和高端人才引进。此外，员工中大部分为传统媒体工作者，缺少学习新媒体知识和技能的动力和积极性，人才转型工作落实困难。

绥化日报社目前从事运营建设的员工共有117人，其中新媒体中心共10人，设主管总编辑1名、主任1名、副主任3名、编辑5名。新媒体中心主要负责绥化新闻网、微信公众号、微博、数字报、抖音短视频、党报覆盖工程等平台稿件采写、编辑、制作等各项工作。以下将从年龄、学历和专业三个角度分析《绥化日报》新媒体中心人才队伍的结构现状。

从年龄分布来看（如图6-6），《绥化日报》新媒体中心员工中，30岁以下1人，30—49岁8人，50岁及以上1人。绥化日报社在现有人手条件下，尽可能向新媒体中心倾斜，调配年轻人参与新媒体工作，因此相较报社整体水平而言，新媒体中心年轻员工更多；但从绝对意义上看，目前新媒体中心依然存在高龄化特征，员工年龄普遍较大，年轻员工较少。

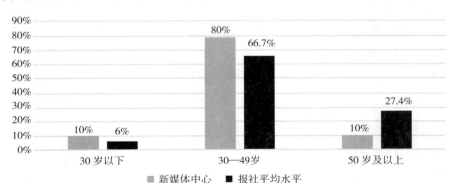

图6-6　绥化日报社工作人员年龄结构图

在学历分布上(如图6-7),《绥化日报》新媒体中心员工学历全部集中在大专(占比70%)和本科(占比30%),以大专为主,接近报社整体水平,但高中及以下员工更少,员工素质相对较高。

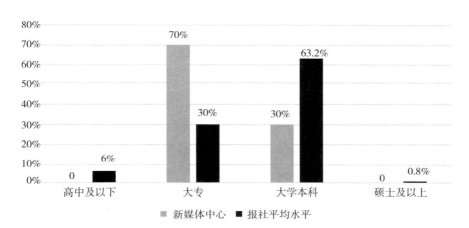

图6-7　绥化日报社工作人员学历结构图

在专业分布上(如图6-8),《绥化日报》新媒体中心员工主要以新闻传播类和计算机类为主,对文字写作和技术平台等更加了解,比较贴合新媒体运营要求。为了更加符合新媒体工作要求,中心员工除了6人来自报社原有记者和编辑团队之外,还面向社会招聘4人,其中2人为计算机专业,1人为电视节目制作,有效缓解了新媒体人才匮乏的局面。

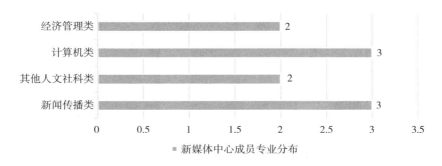

图6-8　《绥化日报》新媒体中心人员专业分布图

总体而言,绥化日报社非常重视新媒体人才队伍的培养建设,通过各种渠道调配了综合素质和业务能力较优的员工参与新媒体中心工作。相较于报社整体水平,新媒体中心员工在年龄、学历和专业等方面都居于前列,基本符合新媒体建设的要求,但距离建成全媒体平台仍有不小距离,特别是新媒体中心员工大部分转自报社先前团队,从事纸媒工作时间均超过15年,缺少新媒体工作经验,还需要通过自学掌握新媒体技术;而社会招聘进入中心的员工,也需要在实践中进一步学习新闻写作与新媒体管理。

3. 聚焦:传播正面能量,发掘地方特色

绥化日报社新媒体平台在建设中突出自身党媒特质,把"围绕中心、服务大局"放在工作的核心位置,在"报、网、端、微、屏"等各平台上重点宣传党政工作、传播正面能量、开展特色活动,在平台运营和绩效考核方面制定详细规范,并积极发掘地方特色,推出一系列线上活动。

在平台运营方面,《绥化日报》及绥化广播电视台均严格遵照新媒体采编工作流程及相应管理办法,从策划、采编以及审核、发布等方面进一步规范工作流程。例如,针对采编环节:《绥化日报》记者利用方正移动采编系统,将现场采集到的文字、图片、音频、视频等资料回传至平台,待返回中心后进行后期编辑使用。如遇重大活动或突发新闻需要即时发布,中心留守的其他编辑会进行即刻编辑,确保新闻的时效性。在内容审核方面,《绥化日报》和绥化广播电视台均实行"三审"制度。《绥化日报》所有发布在新媒体平台的稿件,在编辑完成线上选编后,需要经中心主任对标题、内容、栏目等进行二审,之后送至待签发平台,由主管总编辑三审后签发稿件,发往相应平台。而绥化广播电视台的初审交由各新闻部门完成,其次,新媒体部编辑对接受稿件进行编辑和排版,交由新媒体部负责人审核,最后发布之前由主管台长对当日内容进行审核。如遇重大题材的新闻报道,还需再由主要领导把关,或开会研究。

在特色活动方面,绥化日报社新媒体中心依托现有的纸媒板块,同步开辟了"猛犸象诗刊"和"绥化小记者"等新媒体专栏和账号,凝聚粉丝。绥化市青冈县被誉为"中国猛犸象故乡",借助这一文化名片,绥化日报社于2019年1月创立了报中刊《猛犸象诗刊》,这也是我国首家由地级党报主办的诗歌类报中刊,微信公众号"猛犸象诗刊"同步上线运营,形成线上线下的联动宣传。该刊与全国各地的诗歌协会都建立了联系,公众号每1—2天发送一篇推送,旨在展现当代诗人的名篇佳作,也积极扶持青年诗人刊发作品,已经在诗歌爱好者内部拥有一定知名度,对宣传绥化形象有所助益。除此之外,绥化日报社于2018年成立了《绥化日报》小记者工作室,旨在通过组建成立小记者团队,促进青少年综合素质提升,引导中小学生健康成长。依托小记者工作室,新媒体中心开通了"绥化小记者"微信公众号,同步开展小记者公益讲座和寻访活动,刊登小记者文章,一方面培养青少年创新精神、写作能力和语言表达能力,体现主流媒体责任;另一方面也吸引中小学生和家长群体关注,保持用户黏度,提升平台影响力。

此外,《绥化日报》新媒体中心也会根据绥化当地风土人情,进行具有地方特色的内容生产和产品设计,如利用新闻网和微信公众号、微博、抖音等平台,制作发布《东达湖冬捕节开始啦》、《2019年第一场雪》、《绥化华灯璀璨夜色斑斓》等自产视频等,取得了不错的播出效果。

4. 共赢:多方参与建设"网络统战"效果显著

绥化市委网信办于2017年12月30日由编办通过独立资质审核,于2018年2月出台三定方案。在媒体融合工作中,绥化市委网信办主要承担互联网信息内容管理和建设工作,包括起草全市网络安全和信息化发展战略规划、组织互联网宣传管理和舆论引导工作、统筹协调移动互联网管理、指导和审批新媒体平台业务等。目前,绥化市委网信办共有4个内设机构,分别是网络安全与管理科、网络传播和社会工作科、舆情与信息化发展科、综合协调科。

绥化市委网信办打造自主新媒体平台,积极与当地传媒公司开展合作,充分挖掘当地特色文化。绥化市委网信办自主运营"网信绥化"微信公众号、"绥化发布"微博账号和"绥化发布"抖音账号。除转载推送市内主流媒体信息之外,还积极与当地传媒公司展开合作,发掘绥化当地风土人情和文化底蕴,运用视频、文字、图片等传播形式,进行正能量宣传。2019年春节期间开展的"绥化幸福年"网络传播活动,展示了全市人民团圆幸福的喜庆氛围,讴歌绥化人民创造美好生活、共享美好生活的生动画面,各平台点击量共计超过1200万。

同时,在对市内新媒体平台的管理和引导工作上颇有建树,"网络统战"成果显著。绥化市网信办通过自媒体登记备案制度掌握了市内自媒体运营情况,积极邀请其中影响力较大的自媒体平台发起"微媒体走基层"行动,带领相关运营人员深入基层,获取一线资讯和热点,再由自媒体进行动态发布。"微媒体走基层"活动推出后,反响热烈,一方面为自媒体平台增加了新鲜话题,带动了粉丝增长;另一方面也经由自媒体平台,传递了主流舆论声音,巩固了舆论阵地,实现了网信办和自媒体平台的双赢。这一"网络统战"工作得到了官方经费支持,也被中宣部作为典型案例纳入教材。

(三)绥化市媒体融合发展的用户传播效果

为测量绥化市主流媒体融合发展的传播效果,调研团队以派发问卷的方式对 157 位当地受众的媒体使用习惯、媒体关注情况和媒体未来发展期望等方面进行了调查和了解,以期从受众视角评估绥化市媒体融合工作的实际成效。总体而言,在商业性网络媒体平台的冲击下,本地媒体(包括本地新媒体和本地传统媒体)的用户规模严重减少;用户普遍将本地媒体视为获取本地信息的重要渠道,而是否会关注或使用本地媒体在很大程度上取决于用户是否关注本地信息。

在媒体使用习惯上,微信是受访者接收信息最主要使用的新媒体平台,其他较常使用的新媒体平台如今日头条和腾讯新闻等也基本为商业性平台(如图 6-9)。手机是其主要使用的上网终端(如图 6-10)。相较于新媒体,受众使用传统媒体的时间大幅减少(如图 6-11)。

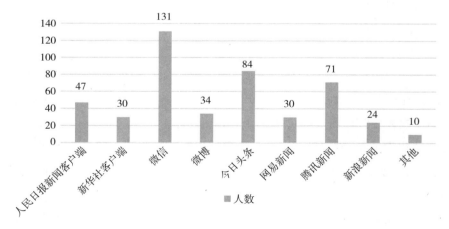

图 6-9　受访者最常使用的手机 APP

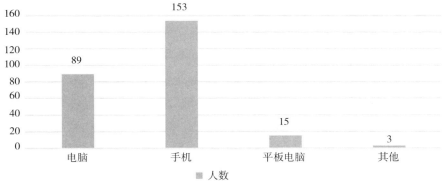

图 6-10　受访者最常使用的上网终端

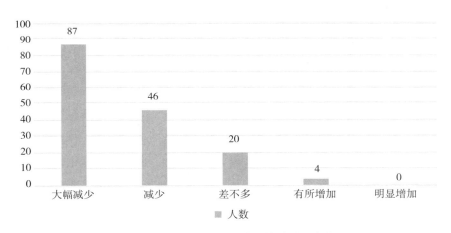

图 6-11　受访者使用传统媒体的时间变化

在对本地媒体的关注和使用上,将近 50% 的受访者会使用本地媒体获取消息,超过 70% 的受访者会关注和使用本地媒体,如《绥化日报》、"绥化日报"微信公众号、"绥化广播电视台"抖音账号等。不关注或使用本地媒体的主要原因(如图 6-12)集中在"不关注本地信息"和"内容不及时"方面。受访者普遍认为地市级媒体的影响力主要范围在当地,接近 50% 的受访者认为本地地市级媒体在当地有很大影响力,也有接近 40% 的受访者认为其在本地影响力小或没有影响力(如图 6-13)。

关注和使用本地媒体的受众在内容上多关注时事动态(如图 6-14),在功

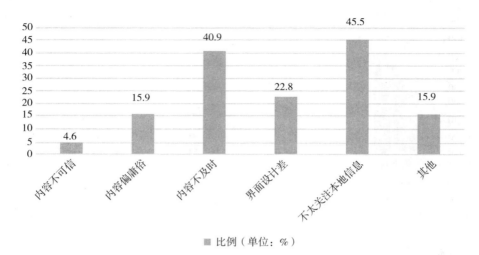

图 6-12　受访者不关注或使用本地媒体的原因①

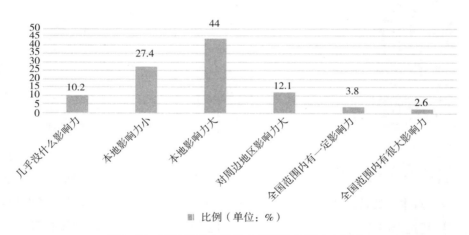

图 6-13　受访者对本地地市级媒体的影响力判断

能上本地媒体主要为其提供了解本地信息、获得政务服务、日常生活服务等功能（如图 6-15）。同时，受访者主要依靠黑龙江卫视等省电视台、新闻客户端绥化频道等渠道获取本地信息（如图 6-16）。

---

① 此题为多选题。

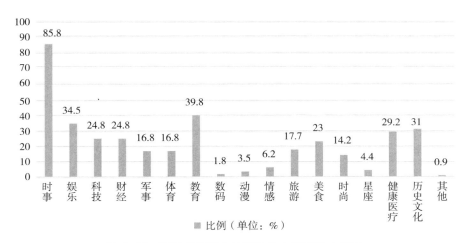

图 6-14 受访者使用本地媒体的主要关注内容①

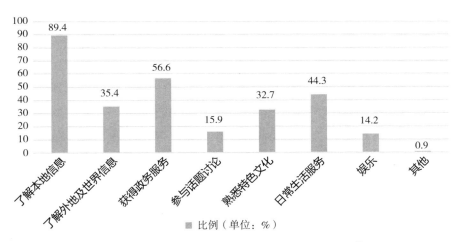

图 6-15 受访者认为本地媒体所提供的主要功能②

本地新媒体平台和传统媒体受到的关注度普遍不高且非常接近。我们通过量表计算平均得分(满分为 5 分),发现受众使用本地新媒体平台的频率与传统媒体得分比较接近,最高的是绥化新闻网,分数为 2.4 分;最低的为绥化

---

① 此题为多选题。
② 此题为多选题。

广播,分数为1.9(如图6-17)。

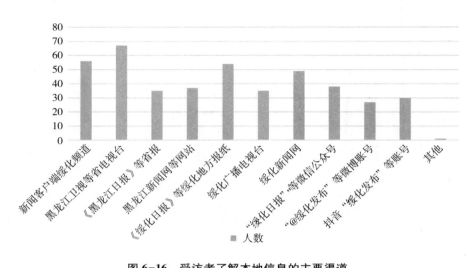

图 6-16 受访者了解本地信息的主要渠道

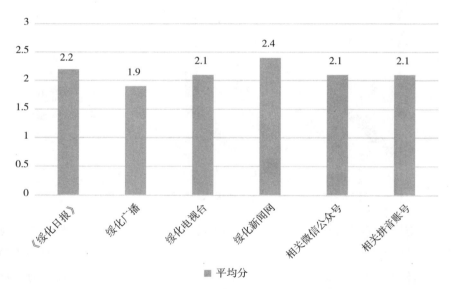

图 6-17 受访者对本地媒体的使用频率

在受众满意程度上,量表计算平均得分(满分为4分)发现,本地传统媒体优势主要体现在报道内容的可信度上,本地新媒体的优势主要体现在内容的丰富性、实用性和使用的便捷性上（如图6-18）。相较之下，受访者认为本地新媒体有更大的发展前景（如图6-19）。同时，受访者希望本地媒体未来应进一步强化其传播本地信息、提供政务和生活服务、熟悉风俗文化等功能（如图6-20）。

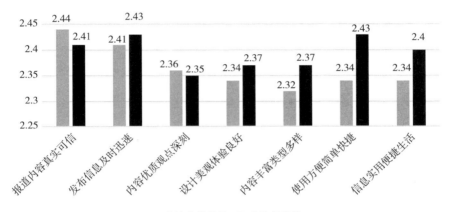

图6-18　受访者对本地媒体的满意程度

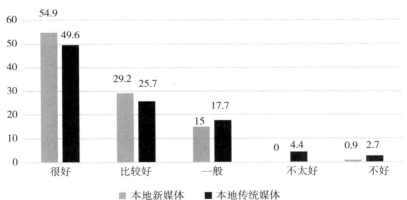

图6-19　受众对本地媒体的前景判断

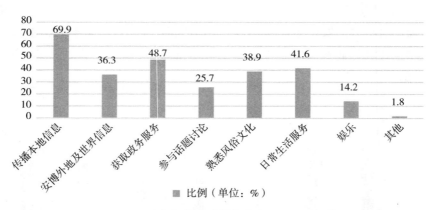

图 6-20　受众期待本地媒体未来加强的功能①

二、绥化市主流媒体融合发展的问题

在梳理了绥化市媒体融合发展历程及其发展思路,深入了解了绥化日报社、绥化广播电视台、绥化市委网信办的媒体融合实践工作,并从受众角度呈现了媒体融合传播效果后,调研团队总结出绥化市主流媒体融合发展的问题如下:一是在政策层面,缺乏顶层设计,从管理层到执行层都存在相对保守的思想观念;二是在经营层面,自身生存问题堪忧,难以负荷前期必要的投入,而得到的资金支持又十分有限;三是在人才层面,现有融媒体人才力量单薄,传统的体制机制对工作积极性、创新性形成阻碍;四是从内部来看,各媒体平台各自为政,未能形成传播合力,从外部来看,在"省—市—县"的传播链条中,被"边缘化",难以借势发展。

(一)缺乏顶层设计,思想观念保守

媒体融合作为国家全面深化改革的重要工作,离不开顶层设计与基层创新的结合。正如绥化市委宣传部副部长所说,"需要顶层设计,通盘考虑,需要有时间表、路线图,但是不能太具体,必须给地市级可调整的空间,不能定死。"目前,黑龙江省未对地市级媒体融合工作以及县级融媒体中心建设作出明确部署,绥化市开展实际工作缺乏必要的顶层设计和上级支持;同时,绥化市由于自身发展的"先天不足",未能也不敢于进行基层创新,尚处于初级发

———————————

① 此题为多选题。

展阶段。

在思想观念上,当地未能形成统一认识,特别是在管理层和执行层之间存在明显差距。管理层从国家政策、全国范围融合趋势以及地市级媒体发展困境出发,对媒体融合的内涵、目的、意义及其紧迫性已有明确认知,但对于具体工作方案和路径尚未形成完整思路。正如绥化日报社新媒体中心总编所说:"知道融合,但是不知道怎么融,心有余而力不足,年龄大了,和新媒体用户不是一个话语体系。"执行层则多着眼于工作实际,对媒体融合的必要性和紧迫性认识有限,部分员工甚至存在畏难情绪。而一些有具体想法的中层或基层业务人员,比如绥化广播电视台的器材部主任就已经对融媒体技术市场进行了前期调研,"随时可以拿出一套适合我们台的技术方案,"却又往往得不到管理层的支持,"现实问题避不开,试错成本太高,尤其领导不愿意冒险。"在这种"上无政策、下无对策"的两难困境下,绥化市的媒体融合工作迟迟未能推进。

当地媒体融合发展实践在思想观念上仍然相对保守。一方面,尽管地市级媒体面临严峻的生存困境,但和下属区县相比仍然较好,绥化市的两家主流媒体也较同省其他地市级媒体处境较好,因此传统的"铁饭碗"观念仍然存在;另一方面,在省级没有明确指示的情况下,地市一级缺乏工作的主动性,将生存问题放在第一位的同时,也将媒体融合放在了生存问题的对立面上,认为媒体融合是增加工作量、工作难度以及经营压力的"负担"。此外,绥化市主流媒体发展至今遗留了许多体制机制上的历史问题,如编制问题,也在很大程度上增加了融合的难度。绥化市委宣传部副部长认为,"思想转变有一个过程,因此要给媒体融合留足时间,融合之前必须解决广电和报社的历史遗留问题,否则只能是带病融合,形式融合。"

(二)生存问题堪忧,资金支持不足

绥化市主流媒体正面临着巨大的生存压力,绥化广电的年广告收入从最高时的1600万严重缩水至300万,绥化日报社2018年的广告收入仅为150万。同时,主流媒体的经营方式也回归单一化,其商业价值仅剩"官媒"招牌本身,原有的效益增长点受到较大冲击。以绥化日报社为例,其收入来源主要为报刊发行和广告收入,报刊发行收入占大头。在严重下跌的广告收入中,以往效益更好的晚报受到冲击更大。在 2018 年广告创收的 150 万中,日报收入约 100 万,晚报收入约 50 万,且广告类型基本为公示公告类的"公家广告",依靠"关系"在维持。商业广告很少,用广告中心主任的话说,"150 万的年广告收入里可能只有 1 万是商业广告。"

对于绥化而言,媒体融合工作的试错成本是巨大的。在得不到省级政策支持的前提下,本就捉襟见肘的经营现状难以负担媒体融合必要的前期投入。绥化日报社之所以融合得更快,与其获得的政府财政支持有很大关系。其先后从中央到省获得近 1000 万元的专项资金,为其融合发展提供了保障。但是,这些专项资金仅能用于添置基础设施或系统,其他方面的支出仍需要靠自身经营来填补。绥化市委宣传部副部长坦言:"当前的情况是,传统媒体上到领导班子成员,下到业务人员,都在外面'拉赞助'、'跑关系',以解决'吃饭问题',连基本保障都没有,更没有精力和激情投入到媒体融合的推进和实践中,这部分需要政府出资给予一定保障。"

(三)人才力量单薄,体制机制陈旧

绥化市的两家主流媒体在人才队伍上都存在明显短板。一方面,人才队伍的老龄化趋势明显,青黄不接问题严重,绥化日报社在过去 15 年里几乎没有招进新人;另一方面,融媒体人才捉襟见肘。绥化日报社从事新媒体业务相关工作人员仅有 10 人,绥化广电则更少,仅有 3 人。相较之下,绥化市委网信办的人才力量相对可观,在 16 位工作人员里有 11 人负责媒体融合工作,平均年龄 34.9 岁,均为本科学历。但由于岗位关系,除了 3 人在市委网信办工作外,其余 8 人均在各县区网信办工作,办公地域比较分散。

除了人才结构上的问题,人才保障和激励制度上的问题同样严重。具体表现为"同工不同酬",真正产生效益的部门和人员反而得不到相应的收益。以绥化日报社新媒体中心为例,该中心可谓是报社的"全能"部门,从新媒体平台的策采编发到采编系统的购买和维护,再到给全社其他部门"修电脑","只要带'新'字的工作就会想到新媒体。"工程师刘某大学期间学的是计算机专业,目前承担着全社硬件维护、无人机拍摄、网站代码编辑、机房管理等多项工作,他坦言,"我的工作内容放在其他商业公司,收入肯定不止 2000 元"。目前,《绥化日报》虽然也制定了一套绩效考核方法,但

是由于面临巨大生存压力,补贴绩效考核的资金十分有限,依据考核规定,新媒体中心全体员工在原有工资的基础上,每人每月有100元的基础绩效补贴,与发稿时间、质量和数量等挂钩。总体上,绥化市两家主流媒体总体上仍在沿用传统的绩效考核机制,与媒体融合工作相对脱节,工作人员得不到充分激励,缺少"归属感"和"荣誉感"。由于缺乏灵活的激励机制,"即使有年轻人因为编制应聘到岗,入职之后年轻人也变成'老人'状态,"缺乏工作激情和创造力。

(四)内部分散发展,与省、县级媒体缺乏联动

在绥化市内部,媒体平台分散化发展,难以形成传播合力。实地调研发现,当地广电、报社、网信办都在建设自己的新媒体平台,平台间合作、联动较少,各自为政,不仅传播效果均较为有限,还存在重复建设甚至恶性竞争的问题。比如,在今年两会的报道中,报社新媒体记者抢占了广电记者一直以来的中心机位,广电对此颇有微词,认为发布视频不是报社的职责,报社的做法是在"抢饭碗";报社则认为,全市应统一建立融媒体中心,由报社主导,同时网信办作为管理机构,不应再涉及内容生产发布工作。对此,绥化市委宣传部副部长认为:"(媒体融合)一是要避免近亲繁殖,广播电视和报社实现融合,有垄断的嫌疑,没有市场竞争,就没有持续的推动力;二是要避免恶意竞争,老传统用新形式。即使广播电视和报社实现融合之后,双方也要各有所侧重,通过一定机制的设置,使其保持竞争活力。"

在与省级和县级的关系中,地市一级逐渐被架空。县级媒体往往直接与省媒和央媒对接,地市一级缺乏必要的资源和信息支持,且自身体量大,融合难度大。以广电系统为例,黑龙江省级广电建立"智慧广电"系统,省级通过该系统直接与县级对接,地市一级相对被动。此外,省级媒体还会抢占地市级市场,如省级报纸会以更低的价格抢夺绥化当地的广告资源。

三、绥化市主流媒体融合发展的对策建议

针对绥化市主流媒体融合实践仍处于初级发展阶段的现状,结合绥化市主流媒体融合发展中的现实问题,本部分将因地制宜、对症下药,对绥化市的媒体融合工作提出切实可行的对策建议,重点思考绥化市应如何在缺少政策支持且自身发展条件有限的情况下破局,更加坚实地迈出媒体融合工作的有

力一步,围绕"都城地"建设,加强不同媒体资源互动,形成具有特色的城市品牌。

（一）由宣传部牵头,组织全市思想大讨论

绥化市的思想大讨论应落到实处,重视讨论的效率和效果,切实为实践工作的开展提供智力支持。尤其是当前从绥化市委宣传部、网信办到两家主流媒体,从主流媒体管理层到执行层,都存在不同程度的思想观念差距,亟须加强交流进而统一思想。因此,绥化市委宣传部应牵头逐级组织思想大讨论,从市级大会到报社或广电全体大会再到各单位部门内部讨论,讨论成果及时汇总。讨论的过程也是思想融合的过程,要将媒体融合的基本内涵、必要性、紧迫性等思想从管理层向执行层传递,要将顶层设计与工作实际如发展条件、历史问题、工作难点等相结合。同时,也要建立由下至上的长效沟通机制,基于基层的创新想法和实践,管理层可以鼓励进行"试点"探索,若现有资源条件不允许,可在组织内部充分讨论的基础上,选择折中的办法,杜绝"一票否决制",为媒体融合的创新实践提供足够的成长空间。

（二）成立融合报道专题小组,业务层面尝试融合

尽管绥化市尚未得到明确的政策支持,固有的体制机制问题暂时难以逾越,但是业务层面的尝试和创新可以先行展开,如由绥化市委宣传部统筹,盘活网信办、广电、报社力量,组建融合报道专题小组。该小组早期可主要负责市级党政动态类新闻报道,并向各媒体平台供稿。一方面,融合报道可综合发挥网信办、广电、报社三个单位的人才优势,节省人力物力,提高生产效率;另一方面,报道小组的成立可作为绥化市媒体融合工作的初步尝试,为地市一级甚至省级的发展规划设计提供实践层面的经验支持。

（三）整合现有资源,促进平台联动

地市级主流媒体具有一定体量,积累了一定的新闻资源、经营资源、人才资源。在谋求发展之前,应先对已有资源进行充分整合。正如绥化市网信办主任所说:"政府已经给予了一定的支持,媒体融合不是要建新的东西,而是充分整合、利用现有资源,更新思维观念,加快转变阵地。"比如,将年龄偏大、不适应媒体融合工作的人员进行转岗安排,为年轻人腾出编制岗位,激发创造热情;绥化市网信办、广电、报社的融媒体人才可加强沟通,相互学习,共同成长;报社与广电共同打造"小记者"活动,扩大活动规模,提升活动影响力等。

各新媒体平台间也应加强联动。一方面,可由绥化市网信办牵头,对绥化市网信办、广电、报社新媒体平台进行整合,优化传播结构,避免重复建设,使得各平台真正实现"特色突出、传播有力";另一方面,各新媒体平台间应互留入口,以更大的格局形成融合传播之势。

(四)围绕"都城地"建设,推动媒体融合发展

目前,本地媒体的影响力主要集中在当地。传播本地信息是用户对本地媒体功能的主要定位,这既可以是提升传播效果的突破口,也可能成为阻碍受众规模扩大的瓶颈。对于用户普遍反映的"因为不关注本地信息,所以不关注本地媒体",应通过用户调研,分析"用户为什么不关注本地信息"以及"用户偏好什么样的本地信息"。比如,本报告的用户调查问卷显示,用户更关注本地媒体的时事类信息,而这类报道往往较为枯燥,难以适应新媒体环境下的"吸引力法则"。因此,以不关注本地信息为由而不关注本地媒体的用户,很有可能是将本地信息与本地党政动态类信息等同起来。媒体从业者应充分调查用户需求和偏好,充分发挥基层通讯员、宣传员的作用,充分挖掘本地信息,调整传播策略,增强信息的时效性和服务性。其中,绥化市委宣传部和绥化网信办应加大对县级的指导力度,为市县合作提供保障。

绥化市主流媒体应在绥化市委宣传部的统一指导下,与当地优质自媒体建立长效沟通联结机制,联合"抖音"、"快手"等第三方短视频平台,充分发挥主流媒体和商业平台的优势资源,围绕"都城地"建设,以当地特色农产品和旅游业为重要抓手,通过丰富、生动、特色的内容形式,进行舆论引导、活动策划以及本地服务,打造"绿色产业""寒地黑土""田园养生"的城市品牌,扩大传播力和影响力,促进媒体融合与当地发展的良性互动。

第三节　河北省衡水市媒体融合发展

衡水市位于河北省东南部,尽管经济实力有限,却是全省首先实现县级融媒体中心全覆盖的市,在媒体融合工作上处于全省领先地位。

　　衡水市的媒体融合工作基本形成了以衡水市委宣传部为主导,衡水广播电视台和报社负责具体实践执行的组织架构。2018年2月,市委宣传部提出"关于实施'媒体融合力提升行动'推进传统媒体和新兴媒体融合发展的三年发展计划";2018年8月,印发《关于推进县级融媒体改革工作的指导意见》,当时中央、省还未对县级融媒体改革工作提出具体指导意见。2019年3月,衡水市委宣传部印发《关于开展"媒体融合发展提升年"活动的实施方案》,明确提出媒体融合是2019年的一项重要工作规划,要走在全省乃至全国的前列;2019年5月,衡水市委宣传部联合市委组织部、市委网信办、市委编办、市财政局等七部门联合印发《加强县级融媒体中心建设的推进方案》。总体来看,衡水市媒体融合发展工作尚处于其渐进式路径的起步阶段。相关政策关注点更多落在了县级融媒体中心建设工作上,尚未建立起全市统一规划与运作的地市融媒体中心,地市一级媒体融合工作主要在衡水市委宣传部的指导下,由衡水广电、衡水日报社、网信办等主体自主探索。其中,衡水广电技术优势明显,并开始探索集团化运作模式;衡水日报社技术基础相对薄弱,但在内容生产上具有较强的自主性和创新性;衡水网信办则在自媒体资源统筹利用方面颇有建树。

　　衡水市媒体融合发展的特色模式可以归纳为:高位推动,整体规划;广电试点,有序铺开;市县联动,纵深融合。同时,实际工作中存在着思想理念滞后、运行机制不畅、人才选用育留难的问题。对此,下文提出了三个方面的对策建议,即理顺主体关系,制定长远规划;出台人才政策,增强建设力量;拓展服务功能,提升造血能力。

一、衡水市媒体融合发展的总体格局

　　衡水市位于河北省东南部,目前共设2个市辖区、1个县级市和8个县,总面积8815平方公里,属于环渤海经济圈和首都经济圈的"1+9+3"计划京南区。近年来,衡水市委和市政府因时而动、顺势而为,不断扩宽新媒体发展的阵地与空间,积极促进传统媒体与新兴媒体的融合互补,着力提升主流媒体的公信力和影响力,打造"大宣传"的工作格局。2018年,衡水市的融媒体改革工作继续稳步推进,在县级融媒体中心建设上面,取得了三个"全省第一":一是在全省率先出台县级融媒体中心建设的指导意见和实施方案,二是建成全省第一家正式挂牌的县级融媒体中心——武强县融媒体中心,三是在全省第一个实现县级融媒体中心全覆盖。在县级融媒体中心蓬勃发展的同时,衡水市委、市政府也在学习和探索开展地市级媒体融合工作,以期搭建起更广阔的平台,使基层党媒焕发更强大的生命力。为廓清衡水市媒体融合发展的总体格局,基于实地调研成果,本节首先对衡水市的媒体资源分布情况及其媒体融合工作组织架构进行重点介绍。

在媒体资源方面,衡水市的媒体资源主要分布在衡水日报社、衡水广电以及衡水市委宣传部(网信办),三家均搭建了各自的新媒体矩阵。

衡水日报社旗下有《衡水日报》和《衡水晚报》,前者偏重时政新闻,是衡水市最具权威性的新闻媒体,年发行量 4 万份;后者则偏重都市消费和社会新闻,年发行量 5 万份。新媒体方面,衡水日报社负责管理的网站"衡水新闻网",是衡水市最权威的网络媒体,也是衡水市网上新闻发布中心和对内对外宣传窗口;此外,报社还运营了 1 个新闻客户端("衡水日报"客户端)、3 个微信公众号(分别是"衡水日报社"、"衡水头条"和"衡水晚报")、2 个微博账号("衡水日报社宣"和"衡水新闻网")、1 个今日头条账号("衡水日报社")和 1 个抖音账号("衡水日报社")等,详情见表6-2。

表6-2　衡水日报社新媒体平台详情

平台类型	账号名称	上线时间	粉丝数量 (单位:万人)
移动客户端	衡水日报	2020.1	15
微信公众号	衡水日报社	2014.4	10
	衡水头条	2014.12	5
	衡水晚报	2018.12	3
微博	衡水日报社宣	2016.6	1.5
今日头条	衡水日报社	2016.10	5.6
抖音	衡水日报社	2018.5	5.6
	衡水晚报	2019.12	3.9
新华社客户端	新华社衡水端口	2017.9	——

平台类型	账号名称	上线时间	粉丝数量 (单位:万人)
新华社现场云	新华社衡水端口	2017.6	—
人民日报客户端	人民日报衡水端口	2017.11	—

　　衡水广播电视台下辖三个电视频道(综合频道、影视频道和公共频道)和三个广播频率(新闻综合频率、文艺广播频率和交通广播频率)。在新媒体建设方面,衡水广播电视台成立了融媒体中心,吸引了多种新媒体平台入驻,还推出了集新闻资讯、智慧政务、便民服务等功能于一体的衡水本地手机APP——"掌上衡水"客户端,详情见表6-3。

表6-3　衡水广播电视台新媒体平台详情

平台类型	账号名称	上线时间	粉丝数量 (单位:万人)
微信公众号	衡水广播电视台	2013.7	3.4
	衡水新闻	2019.04	—
	衡水交通广播	2014.12	13.6
	衡水综合广播	2015.6	—
	衡水文艺广播湖城之声961	2014.6	15.9
	直播衡水	2016.5	6
	HSTV 财经	2015.7	5.7
	衡水 TV	2013.3	13.7
	美丽衡水	2016.02	—
	衡水经济生活	2017.05	—
	衡水电台车友俱乐部	2014.10	—
	加油宝贝栏目组	2016.8	—
客户端	掌上衡水	2018.12	27.6
今日头条	衡水广播电视台	2016.12	2.5

平台类型	账号名称	上线时间	粉丝数量 （单位：万人）
抖音号	衡水广播电视台	2018. 12	2.6
	直播衡水	2019. 9	——
快手号	衡水广播电视台	2019. 11	2.7
澎湃号	衡水广播电视台	2019. 05	无粉丝功能
央视新闻+	衡水广播电视台	2019. 03	无粉丝功能
人民号	衡水广播电视台	2019. 05	——
微博	衡水广播电视台	2013. 07	0.9
搜狐号	衡水广播电视台	2017. 09	无粉丝功能
大鱼号	衡水广播电视台	2019. 05	——

此外，衡水市委宣传部和网信办负责运营的"衡水发布"也在新浪微博、微信公众号等平台相继开通官方账号，并入驻今日头条、一点资讯等第三方平台，详情见表6-4。

表6-4　"衡水发布"账号分布详情

平台类型	上线时间	粉丝数量 （单位：万人）	作品数 （单位：个）	累积阅读量、播放量等 （单位：万次）
新浪微博	2011. 1	46	——	——
人民微博	2012. 3	55	——	——
微信公众号	2014. 2	2.8	——	——
今日头条	2015. 4	2	3366	535.5
一点资讯	2014. 6	0.3	3087	234.9
百家号	2017. 8	1.05	2447	127.7
抖音	2018. 11	2.1	11	3.1

在组织架构方面，衡水市的媒体融合工作基本形成了以衡水市委宣传部和网信办为主导，衡水广播电视台和报社负责具体实践执行的组织架构。其中，衡水市委宣传部主要负责工作统筹和部署，网信办以网络内容监管和资质

审查为侧重,广电和报社构成融合工作的两个"主战场",特别是广电作为试点还承担着先行探索的任务。

在顶层设计上,2018 年提出"衡水市媒体融合三年发展计划",对市县级媒体融合工作作出明确规划。衡水市委宣传部主管媒体融合的方向把控、政策制定、工作统筹等内容,具体指导广播电视台和报社开展工作;网信办将工作重心放在网络信息安全维护和监管,特别是网络新闻许可资质审批、网络内容监管等内容上。

在具体实践中,衡水市提出地市级媒体的渐进式融合,将广播电视台作为媒体融合的试点,以广电带动报社,逐步推动全市主流媒体的融合改革。衡水广播电视台 2013 年确定了"互联网+广播电视"的发展思路,开始公开招募人员,组建专门的新媒体采编和技术团队,建起了"衡水广播电视网",把广播电视推向了互联网。2016 年成立"新媒体中心",探索研发传统媒体资源数据库和管理平台,实现了传统广播电视媒体新闻素材、成片管理数字化。2017 年大力推进传统媒体与新兴媒体融合发展,成立了"融媒体中心",与第三方合作研发了具有自主产权的"冀客"移动内容汇聚平台和新版"掌上衡水"客户端。2018 年初步建成具备指挥、调度、生产、监测、评估为一体的融媒体平台(中央厨房),广播、电视、新媒体、广播电视报"一次采集、多种生成、多元传播"的传统媒体与新兴媒体融合的形态开始形成。2019 年 1 月,衡水广电传媒集团正式挂牌成立,用体制改革推动媒体融合,形成了以广播、电视、电视报为传统媒体主阵地,以衡水广播电视网为基础,以"掌上衡水"客户端为统领,以微信、微博、抖音、快手、央视号、人民号、澎湃号、头条号、抖音号、快手号、搜狐号、网易号等平台为传播渠道的全媒体矩阵。同时帮助桃城区、阜城县、高新技术产业园区等区县建立了县级融媒体中心,并为其提供技术平台支撑。衡水日报社在维持原有报纸的基础上,建立了"中央厨房",成立了融媒体工作室,对组织架构和采编流程进行了改造,打通各平台之间的通道,坚持移动优先,以"衡水日报客户端"为核心,实现平面媒体的整体转型,新闻线索按"新媒体平台—网站—报纸"顺序依次推送。

二、衡水市媒体融合发展的多主体实践

总体来看,衡水市媒体融合发展工作尚处于起步阶段。对此,衡水市委宣传部已作出相关部署。2018 年 12 月,在衡水市委宣传部的组织指导下,经市委、市政府同意,衡水市委办公室、市政府办公室印发《衡水广播电视台深化体制机制改革加快集团化发展的工作方案》。衡水广播电视台走上了集团化发展的道路。2019 年,衡水市委宣传部强力推进衡水日报社融媒体改革工作,与《新京报》合作研发手机客户端,2020 年 1 月 1 日,"衡水日报"客户端正式上线运行,上线 1 个月便达到用户注册 15 万的效果。

就具体的工作执行机构而言,衡水广播电视台凭借技术和人才优势率先融合,技术架构和组织架构已基本建成,集团化运作为经营管理提供突破口。衡水日报社在媒体融合工作上起步较晚,技术力量相对薄弱,但全社积极探索并创新内容生产流程和绩效考核机制,凭借专业优势和工作热情生产出了优质的融媒体产品,取得了较为理想的传播效果。目前,衡水广播电视台和报社间暂无固定的合作模式,在日常报道中,双方形成了一种"私下的默契"(以衡水广播电视台采用报社文字通稿为主);在重大选题(如"两会"报道)中,衡水市委宣传部会牵头调度双方采编力量,实现融合式报道。衡水市委网信办主要负责网络安全监管工作,衡水市电子政务办主要负责政府门户网站的运维工作,两者在完成规定动作的同时,还自主地利用新媒体平台创新工作方式。

(一)衡水广播电视台的媒体融合实践

技术是衡水广电在媒体融合工作上的重要优势和主要抓手。正如台长史某某所说:"技术必须掌握在自己的手里,这是掌控话语权的先决条件。"新媒体部在其工作制度所明确的工作职责里,前五条都与技术有关,其对技术的重视程度可见一斑。

凭借积累多年的技术优势,衡水广电成为市级层面媒体融合工作的先行试点。技术团队参与研发技术平台,技术平台实用性强;全台打破原有组织架构,设立编辑委员会、经营委员会、技术委员会,以技术创新带动采编流程的优化再造,从而适应媒体融合的发展趋势和工作要求;经营管理上突破原有体制机制束缚,成立衡水广电集团,拓展经营方式和能力。目前,媒体融合的架构已基本建成,下一步衡水广电将在现有基础上,提升内容质量和原创能力,同时以技术优势反哺造血能力的增强。以下将从技术支持、平台

运作、经营管理、人才队伍四个方面对衡水广电的媒体融合实践做进一步
阐述。

1.组建技术团队,打造自主技术平台

衡水广电于2013年通过社会招聘的方式组建技术团队,最初致力于广播
电视网的建设,此后其工作范围和业务能力发展为产品研发、技术维护、产品
推广等方面,为衡水广电之后的媒体融合工作打下坚实的技术和人才基础。
2015年自主创新研发"全协议多终端流媒体服务器软硬件系统",搭建"神州
视讯手机台",实现了音视频移动互联网直播。该技术荣获河北省广播电视
科技成果一等奖,并被广电总局列为2016年度向全行业推广的科技项目之
一。此后,技术团队与北京泰德公司合作,于2017年底成功研发并正式上线
"冀客"采编平台和"掌上衡水"移动客户端。同时,该团队还为当地部分区县
融媒体中心提供技术支持,通过统一的后台管理和技术规范,实现市县两级的
资源共享。由于技术团队参与了产品研发的全过程,上述技术平台均具有较
高的自主性和实用性。

以"冀客"采编平台为例,该平台支持移动采编、稿件回传、资源共享、
多级审核等功能,在实际内容生产工作中作用显著。除了基础功能的搭建,
技术团队根据衡水广电的具体工作需求,对采编平台进行个性化设计和功
能调整。平台采用B/S结构,使用者无须安装第三方软件,在浏览器上便可
登录并使用平台,维护和升级工作都基于服务器进行,既提高了使用便捷
性,也降低了系统管理成本;平台的开放性和兼容性强,系统间的数据接口
可实现无缝融合,系统建构严格遵循国内外技术标准和规范,保证管理效
率,为后期发展(特别是平台间的技术联通)打下基础;平台在保证基本内
容生产能力(如音视频实时收录拆条、在线编辑、直播管理分发等)和线索
管理能力(如全网数据抓取、选题策划等)的同时,支持权限下放和分级管
理,增设社区、爆料等功能,极大拓展了线索汇聚的渠道;此外,平台支持内
部员工的内容绩效统计,可从传播能力(如发稿量)、传播效果(如访问量)
等方面综合评估和分析内容绩效,并生成统计报表,从而更好地促进融媒体
技术与工作实践的结合。

无论是从软件操作系统还是从硬件装备来说,技术都是媒体融合发展

的重要推动力和支撑。专用网络线路、直播设备、指挥屏幕等硬件能保证内容制作精良、传输速度快、输出稳定,统一的工作平台和操作标准一方面有利于树立全局观,对工作进行统筹管理,另一方面也可规范流程,提升效率,使媒体融合工作落到实处。一般而言,地市级主流媒体没有自主开发软件系统的能力,主要都是通过外包的形式与第三方公司合作,租用或改进已有的系统,或者直接嵌入更高一级的系统,套用标准化模板。衡水市广播电视台十分重视技术的推动作用,通过社会招聘延揽人才,组建了自有技术团队,和北京的技术公司合作,研发出"冀客"APP 等一系列软件应用,调研结果也表明这些 APP 落地性较强,已被切实运用于实际工作中。自建团队和第三方公司合作的形式一方面能够取长补短,汲取社会力量,另一方面有助于掌握技术的主导权,不过分依赖其他机构,后期维护和升级可以根据工作进度及时调适。

2. 技术带动流程再造,重视基层线索汇聚

为适应媒体融合趋势下的工作内容和业务流程变化,衡水广电进行了初步的组织架构调整,但尚不充分。设立编辑委员会、经营委员会、技术委员会,其中编辑委员会是全媒体新闻生产的总策划、总调度、总审核,是最高决策机构。编委会下设电视新闻部、广播中心、社会新闻部、外宣部、报刊部、户外传媒部、新媒体部,是具体的执行机构。其中,新媒体部负责融媒体数据中心、指挥大屏管理平台、掌上衡水管理平台、衡水广播电视网(衡水传媒网)管理平台的运维以及微信订阅号、微博号、企鹅号、抖音号、头条号等平台的管理和发布(如图 6-21)。而关于全媒体记者部,其部门建制及其在组织架构中的位置和角色尚未明确。

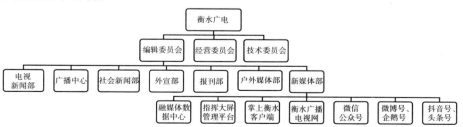

图 6-21 衡水广播电视台组织架构图

衡水广电的全媒体新闻生产遵循"一次采集、多种生成、多元传播"的模式。编辑委员会于每天上午9：30召开每日编务会，对新闻线索、选题策划、采编力量等进行统筹部署。新闻采访团队利用"冀客"完成稿件撰写、视频粗编、图片拍摄等基础工作。素材回传后，各媒体平台根据各自需求对素材进行二次加工、编辑。经"三审"把关，新闻产品经由各媒体平台进行发布，发布顺序坚持移动优先原则，顺序为：掌上衡水客户端、网站、各媒体号、广播、电视、户外媒体、报纸（如图6-22）。

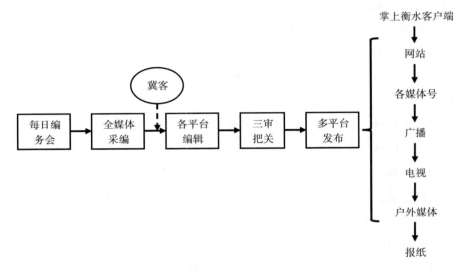

图6-22　衡水广播电视台全媒体采编发流程

衡水广电重视基层民意和新闻线索的汇聚。一方面，"冀客"采编系统具有全网数据抓取和舆情监测等基础功能，可为采编工作汇聚全网范围的线索信息；另一方面，为进一步拓展汇聚渠道，将"冀客"采编系统的部分权限下放至基层通讯员和乡村宣传员手中，后者也可通过"冀客"将基层见闻和动态以多种形式回传至采编系统后台。此外，"掌上衡水"客户端中设有社区和爆料板块，用户通过这些板块上传的信息同样将汇聚至采编系统后台。

3.集团化运作，拓展经营方式

在新媒体的冲击下，传统媒体特别是地方性传统媒体普遍遭受经营收入的断崖式下降,衡水广电也在其列。目前,衡水广电主要依靠政府财政投入维持经营。2018 年,衡水市政府对衡水广电的财政投入为 1200 万元。

为突破体制机制阻碍,增强造血能力,衡水广电传媒集团于 2019 年 1 月 5 日正式挂牌成立。集团成立的目的主要有二:一是破解机制困境,改革原有分配制度、薪酬制度,实现“以岗定薪”,调动员工工作积极性;二是解决地市级媒体发展动能不足的问题,拓宽经营方式,增强经营能力。正如副台长戴某某所说:“成立集团后,我们的经营也就有了更多的活力和空间。”

如果说集团化运作为衡水广电优化经营管理模式奠定了基础,那么技术优势则是为其创新经营管理方式提供了重要突破口。目前,除传统的经营方式外,衡水广电潜在的经营空间主要在于技术服务和活动营销。基于“大京九联盟”①,衡水广电可依靠过硬的技术优势和丰富的业务经验,为兄弟台提供网络直播服务;与兄弟台合作,举办沿线其他地区特色农副产品展销活动。此外,衡水广电已与部分区县融媒体中心建立合作共生关系,向后者提供融媒体技术平台的研发和搭建服务。但是,具体的经营模式优化和经营手段创新仍处于规划阶段。就新媒体部分而言,目前仍不具备创收能力。下一步,新媒体部下属融媒体中心将计划上市。

4. 融媒体人才素质较高,人才保障激励不足

衡水广电现有工作人员 618 人,其中新媒体部有 26 人。本部分将从年龄、学历、专业、编制四个方面对全台人员结构进行描述,了解衡水广电人才储备现状;通过对比全台范围和新媒体部的人员结构,突出其融媒体人才优势并发现问题;通过薪资水平、绩效考核制度、培训制度三个方面考察其人才保障和激励情况。

在年龄结构上,目前 30—49 岁的工作人员是衡水广电的中坚力量,50 岁以上的工作人员比例达到 14.40%,总体呈现出老龄化趋势(如图 6-23)。将全台的年龄结构与新媒体部的年龄结构进行对比,我们发现新媒体部的工作人员明显更加年轻,其 30 岁以下的工作人员比例达到 69.23%(如图 6-24)。

---

① 衡水广电与“京九线”沿线地区电视台构建的合作联盟。

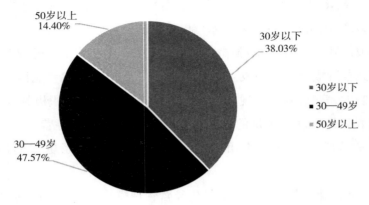

图 6-23 衡水广电工作人员年龄结构图

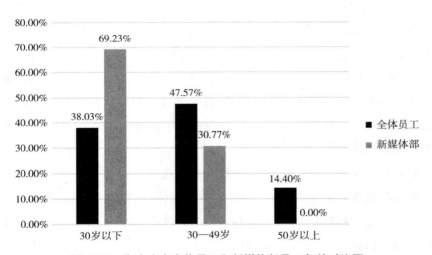

图 6-24 衡水广电全体员工和新媒体部员工年龄对比图

在学历结构上,本科学历的工作人员占比为 56.24%,专科学历占比为 29.24%,有 14.32% 的工作人员学历在高中及以下(如图 6-25)。将全台的学历分布与新媒体部的学历分布进行对比,我们发现新媒体部的总体学历水平更高,具体表现为高中及以下比例更低,专科比例更高(如图 6-26)。

在专业结构上,衡水广电工作人员的专业分布较为分散,其中专业为新闻传播学的工作人员比例较少,仅为 5.83%(如图 6-27)。相比之下,新媒体部人才队伍的专业化程度更强。一方面,新闻传播学专业比例达到 30.77%,远

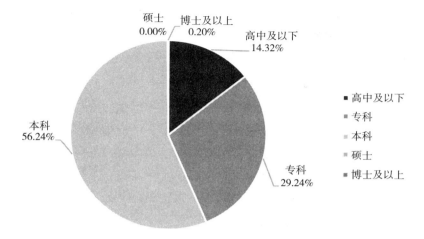

图 6-25　衡水广电工作人员学历结构图

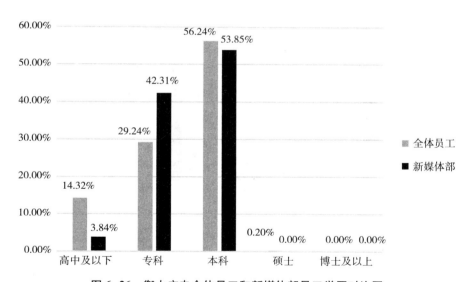

图 6-26　衡水广电全体员工和新媒体部员工学历对比图

高于全台比例；另一方面，在 12 位理工农林等专业的工作人员中，有 11 位的专业与信息科学技术相关，可见其技术能力较强（如图 6-28）。

在编制结构上，全台近八成的工作人员有正式编制（如图 6-29）。相较之下，新媒体部非正式在编人员比例高达 88.46%（如图 6-30），主要有外聘和台聘两种聘用方式，仅有 3 位工作人员有正式编制，其中 2 人为部门主任。

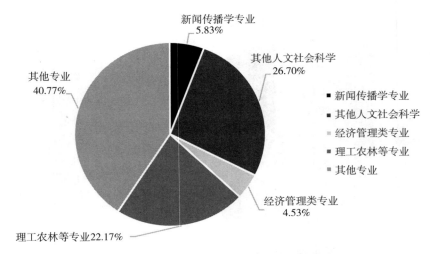

图 6-27　衡水广电工作人员专业结构图

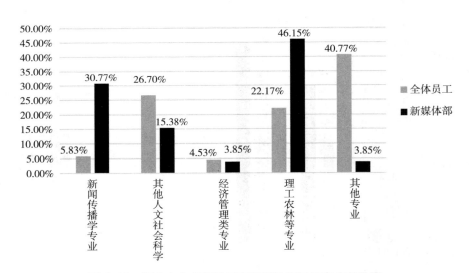

图 6-28　衡水广电全体员工和新媒体部员工专业对比图

在人均收入上,全台年人均收入约为 3.8 万元,高于本地区 2018 年城镇居民人均可支配收入。其中广播中心的年人均收入较高,约为 4.2 万元;新媒体部的年人均收入较低,约为 2.5 万元,低于本地区 2018 年城镇居民人均可支配收入(如图 6-31)。

在绩效考核上,整体改革方案仍在酝酿之中。针对"冀客"的使用和推

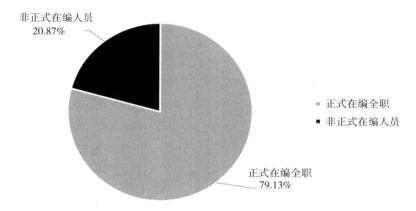

图 6-29　衡水广电工作人员编制结构图

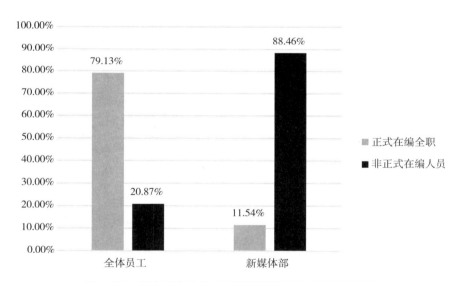

图 6-30　衡水广电全体员工和新媒体部员工编制对比图

行,全台出台了相应的绩效机制,即依据供稿质量对供稿人给予 2 元、5 元、10 元不等的奖励,鼓励全台员工在实际工作中使用"冀客"。

在培训机制上,衡水广电的相应投入有限。在 2018 年总体财政投入的 1200 万元中,仅有 50 万元应用于人才培训中,其中新媒体部的培训投入仅有 2 万元。全台以一个月一次的频率开展培训,培训形式有集中授课、专题讲座和参访座谈等,新媒体部开展的则是季度培训,培训形式也相对单一,以集中

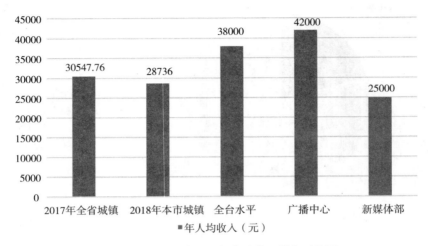

图 6-31　衡水广电员工年人均收入横向对比图

授课培训为主。

　　总结而言,衡水广电全台呈现老龄化趋势,专业技能水平参差不齐。相较之下,新媒体部的员工普遍年轻化,专业技能水平较高,但未能得到充足的保障和激励,主要体现在:大部分员工无正式编制、人均收入水平较低、绩效改革方案仍未出台、人才培训力度有限。对当地主流媒体从业人员的调查问卷①结果显示,对于编制问题,近三成的受访者认为编制因素会影响员工的薪酬福利,超四成的受访者认为编制因素会影响员工的升职机会;对于薪酬问题,有24.61%的受访者对所在单位当前的薪酬待遇感到不满意;对于绩效问题,近三成的受访者对当前的绩效考核或激励制度感到不满意,34.92%的受访者认为所在单位缺乏合理的员工晋升通道或竞聘机制;对于培训问题,23.81%的受访者对所在单位当前的培训机制感到不满意。

　　(二)衡水日报社的媒体融合实践

　　整合现有资源、突出专业优势、挖掘本地特色、形成自主传播矩阵并最终占领主流舆论阵地是衡水日报社在媒体融合工作中的核心思路。尽管融合的基础条件有限,全社仍积极推进改革,重点着眼于内容质量的提升,并依托第

────────────

　　①　以滚雪球的方式向当地126名主流媒体从业人员发放《地市级主流媒体融合从业者调查问卷》。

三方公司以弥补技术力量的不足,调整组织架构和采编流程以提高生产效率,推动平台联动以扩大传播声量,成立融媒体工作室、创新绩效考核机制以激发工作活力和原创潜力。以下将从技术支持、平台运作、经营管理、人才队伍四个方面对衡水日报社的媒体融合实践做进一步阐述。

1. 技术力量较薄弱,将依托第三方公司

衡水日报社现有技术力量薄弱,全社相关技术人才仅有 2 人。融媒体技术平台仍在建设中,当前工作仍沿用传统的工作方式,主要基于微信群进行沟通协作和资源共享。

在衡水市委宣传部的大力推动下,衡水日报社于 2020 年 1 月 1 日上线了《衡水日报》客户端,上线仅一个月,注册用户就达到了 15 万,并在新冠肺炎疫情防控中发挥了重要作用。在工作规划中,技术平台建设分为前端和后端。前端为面向公众的新闻客户端"衡水日报",该平台与已有的衡水新闻网一同以阿里云为技术依托,从而可以省去机房建设维护环节和相应费用,按需购买,弹性付费,节省资金,还可以灵活应对业务变化。后端为面向工作人员的融媒体采编系统,将采用天津市今晚网络信息技术股份有限公司技术,打造集内容资源平台、统一指挥调度平台、大数据聚合分析平台于一体的综合性移动采编平台。

2. 采编体系扁平化,注重平台联动传播

衡水日报社顺应媒体融合发展趋势,对组织架构和工作流程进行调整。撤销编委会,成立总编调度中心,负责选题策划、人员调配、技术维护等工作的统筹协调;成立全媒体采访中心,打破以往按平台划分的部门设置(如晚报部和日报部分开工作),调整为按业务划分工作(如设置时政记者、民生记者等);分设报、刊、网、端四大编辑部,按需对整合后的新闻素材进行针对性编辑、审核和传播,从而提高内容生产效率。但从目前的部门设置情况来看,传统的依照平台划分部门的情况犹存,全媒体采访中心尚未有确切的部门建制,新媒体相关部门间职责不明确,可见改革尚未完成(如图 6-32)。

在工作流程上,周一至周五下午 4:30 由总编调度中心例行召开编前会,要求各部室负责人(含日报、晚报、网站、新媒体中心等)必须参加,对日报、晚报内容版面、新媒体内容(头条)、重大选题策划等进行讨论和沟通。全媒

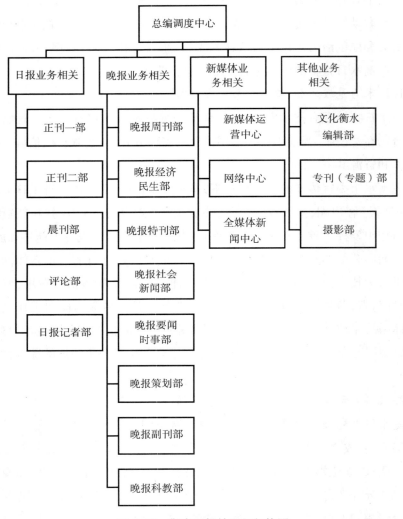

图 6-32　衡水日报社组织架构图

采访中心依照任务部署展开采访,采访团队与编辑团队通过线上微信群的方式共享或传送资源,通过线下协调会、编前会、采前会互通有无。各平台依据自身平台特性对前线记者返回的新闻素材进行选取、编辑、审核并发送。在成品推送上坚持"移动优先",按"新媒体平台——网站——报纸"的顺序依次推送,发现新闻线索后首先形成并推出新媒体平台版本的内容(如图6-33)。

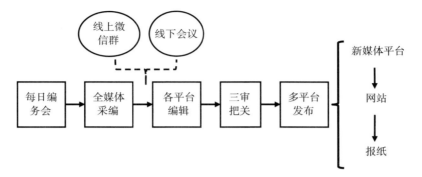

图 6-33　衡水日报社全媒体采编发流程

原来的衡水新闻网多为报纸内容的机械上传。为重获活力,报社于 2018 年对新闻网站长一职重新进行社内公开招聘,新站长薛某某竞争上岗。在其带领下,新闻网从原来的"搬运工",转型为一个富有活力、创新力、原创力的网站。作为具有一级新闻资质的网站,新闻网除了网信系统统一指令 RTS 的新闻推送、数字报纸制作、党报数据上传等规定动作,不断创新内容和形式,制作出一系列自选自策自采自编的优秀融媒体产品,如自主策划采编的 2018 年衡水春节系列短视频节目,通过街头采访、纪录片制作等方式,展现当地民众的精神风貌和独具特色的传统习俗,引起了民众的强烈反响。

同时,为了更好地实现平台联动,特别是打通报纸端和新媒体端,平台间相互开设了入口。在报纸端,报纸版面增设新媒体平台的二维码链接,用户可通过链接进入相应新媒体平台。在新媒体端,以"衡水头条"微信公众号为例,该平台通过设置入口,可供用户直达网站端和电子报纸端,形成多平台的互动共振。此外,"衡水头条"还设立了"民情快递"版块,将上级要求各新闻网站搭建的民情汇聚渠道延伸至微信公众号端,用户在网站端或微信平台端均可通过填写在线表单上传民情民意,有专人进行处理,并保证"只要有声音,一定会回复"。

3. 广告收入受重创,经营理念相对保守

衡水日报社是完全自收自支的经营性事业单位,在新媒体的冲击下,其盈利规模同样经历着从最高 3000 万元到当前 2000 万元的断崖式下跌。2018 年,当地财政对报纸的投入约为 300 万元。因此对于报社而言,媒体融合工作所面临的经济压力(特别是融媒体技术平台建设的前期投资)是巨大的。

报刊发行和广告仍是报社主要的收入来源,新媒体业务暂不具备创收能力。在经营理念上,报社仍然处于保守立场。在谈及媒体融合与经济效益时,报社某同志坦言:

> 媒体融合是政治任务和社会效益,如同一种"买赠关系",对于报社自身经营没有改善反而增加了负担。未来,报社媒体融合工作的发展方向将着力于内容生产能力和传播力的提升。

4.人员老龄化严重,创新绩效考核机制

衡水日报社现有工作人员347人,其中新媒体业务相关工作人员28人(新媒体运营中心10人,网络中心11人,全媒体新闻中心7人)。本部分将从年龄、学历、专业、编制四个方面对全社人员结构进行描述,了解衡水日报社人才储备现状;通过对比全社范围和新媒体业务相关的人员结构,突出其融媒体人才优势并发现问题;通过薪资水平、绩效考核制度、培训制度三个方面考察其人才保障和激励情况。

在年龄结构上,30岁以下的工作人员仅占6.62%,30—49岁和50岁以上的工作人员比例分别达到73.78%和19.60%(如图6-34)。相较衡水广电而言,老龄化现象更为严重。将全社员工年龄结构与新媒体业务相关人员年龄结构进行对比,发现后者在30岁以下的比例明显更高,50岁以下比例明显更低(如图6-35),可见是一支年轻的队伍。

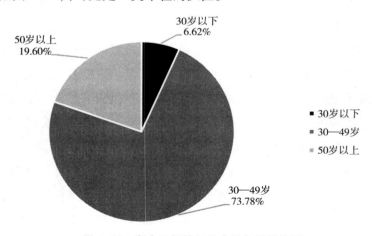

图6-34 衡水日报社工作人员年龄结构图

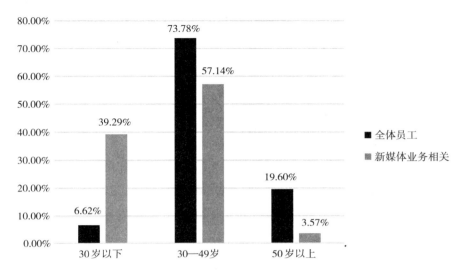

图 6-35　衡水日报社全体员工和新媒体业务相关员工年龄对比图

在学历结构上,本科学历的工作人员占比为 45.83%,专科学历占比为 33.43%,高中及以下学历占比为 19.88%(如图 6-36)。相较之下,新媒体业务相关人员学历程度更高,具体表现近 9 成的工作人员为本科学历,远高于全社水平(如图 6-37)。

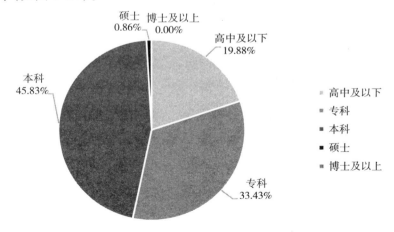

图 6-36　衡水日报社工作人员学历结构图

在专业结构上,衡水日报社新闻传播学专业方向的工作人员比重高于衡

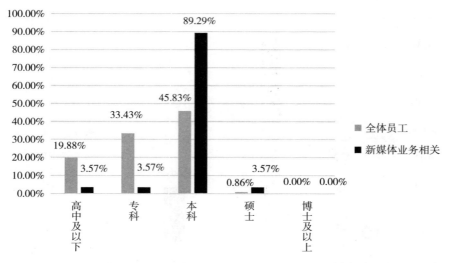

图 6-37 衡水日报社全体员工和新媒体业务相关员工学历对比图

水广电,约占全社人数的五分之一(如图 6-38)。但在新媒体业务上,相关工作人员以中文专业居多,新闻传播学专业较少(如图 6-39)。

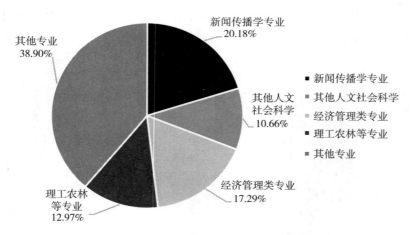

图 6-38 衡水日报社工作人员专业结构图

在编制结构上,报社非正式在编人员较多,比例达到 45.24%(如图 6-40)。新媒体业务相关人员超六成无编制(如图 6-41),与衡水广电相比情况较好。

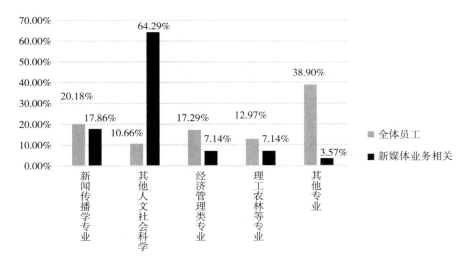

图 6-39　衡水日报社全体员工和新媒体业务相关员工专业对比图

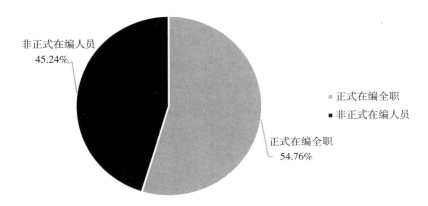

图 6-40　衡水日报社工作人员编制结构图

在人均收入上,报社工作人员年人均收入约为 4.7 万元,高于广电的平均水平。这与其正在试行绩效改革方案不无关系,该方案有以下特点:一是考核权重向新媒体倾斜,加大新媒体发稿量的权重,引导和激励采编人员把精力向新媒体转移;二是看重质量即所谓"优稿优酬",对稿件实行"基础稿酬+优稿优酬"制度,划分 ABC 三个等级,以 B 类稿为基数,A 类稿奖,C 类稿罚,稿酬向独家、原创、首发倾斜,与首发率、转载率、落地率挂钩;三是以部门为单位作

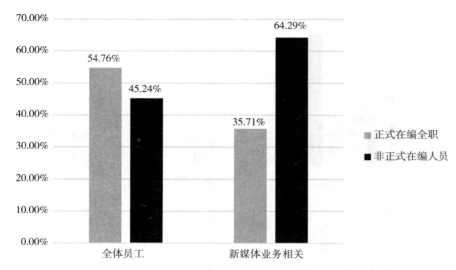

图 6-41 衡水日报社全体员工和新媒体业务相关员工编制对比图

融合传播考评，对在融合报道数量、质量上表现更好的部门予以奖励；此外，全社加大奖励力度，成立了"好新闻奖"、"融媒体总编奖"等多个奖项。具体考核办法如下：以新媒体平台（衡水新闻网、《衡水日报》客户端，以及衡水日报社、《衡水晚报》、"衡水头条"三个微信公众号）为考核范围，综合考虑数量、质量、工作难度、影响力等因素，对日报、晚报见报之外的内容（包括文字、图片、动图、音频、视频、H5 等）进行积分考核。由四个新媒体平台指定专人负责每月统计并汇总上报（如图 6-42）。

上述人才保障机制对报社员工起到了一定的激励作用。以融媒体工作室①为例，该工作室仅有 5 位工作人员，主要承担了全社衡水新闻网和"衡水头条"公众号的运营和管理工作。该工作室工作积极性高，在谈及绩效考核时表示："尽管 5 个人都没有编制，但这不影响社里的职称评定，只要有能力、做得好，就能得到提拔，而且是同工同酬。"

而在培训机制上，尽管融媒体工作室里大多是原来的报纸记者，仅有 1 位技术人员，但记者们通过自学掌握视频拍摄、视频制作等基本技能，自行策划、

---

① 至调研时，衡水日报社的融媒体工作室的部门建制尚未明确。

采编人员科室及姓名	序号	发稿时间	作品名称	计分项目及分值	计分	月度总计分
例：晚报要闻部小张	1	x 月 x 日	《xxxxxxx》	见报之外：增加 1 分钟视频 10 分。	10 分	xxx 分
	2	x 月 x 日	《xxxxxxx》	见报之外：增加 2 张原创图片 5 分，增加 2 分钟视频 10 分。	15 分	
	3	x 月 x 日	《xxxxxxx》	独立成稿：800 字稿件 10 分，3 张原创图片 7.5 分。	17.5 分	
	4	x 月 x 日	《xxxxxxxH5》	独立成稿：23 张图片制作的 H5 作品 50 分。	50 分	
	……	……	……	……	……	

序号	采编人员姓名	所在科室	新媒体平台名称	月度计分	月度总计分
1	例：小李	日报记者部	衡水新闻网	xx 分	xxx 分
			衡水日报社微信公众号	xx 分	
			衡水头条微信公众号	xx 分	
			衡水晚报微信公众号	xx 分	

图 6-42　衡水日报社试行绩效考核统计表截图

采编了许多原创作品，反响较好。社里提供的培训机会一般为赴商业性科技公司或先进主流媒体机构或网络平台等参观学习，"得到更多的是一种认识上的提升，"业务能力上的培训主要靠自学。而谈到在新媒体环境下突破传统观念实现自我提升的动力来源时，大家认为这更多的源于一种新闻理想和情怀。

（三）其他主体的媒体融合实践

衡水市委网信办和衡水市电子政务办同样是全市媒体融合工作的重要参与主体，其中衡水市委网信办主要承担新媒体管理和舆情引导等工作，衡水市电子政务办主要负责衡水市政府门户网站运营。值得注意的是,两个单位均结合自身工作需要,自主地利用新媒体平台创新工作方式。

1. 衡水市委网信办的媒体融合实践

衡水市委网信办2018年12月独立挂牌成立,原先是媒体融合的主管单位。媒体融合工作主管职责转交衡水市委宣传部后,衡水市委网信办回归网络传播与安全监管方面的工作,主要负责新闻资质审批、网络内容监管、市内政务新媒体和自媒体的管理、舆情监管、互联网行业发展、信息化、网络安全等。

衡水市委网信办在媒体融合工作上较有特色的实践主要体现在对全市新媒体平台的统筹监管上。衡水市委网信办建立了新媒体登记管理制度,将全市新媒体平台登记在册,以了解其发展现状并掌握其发展动向,便于监管;创建了新媒体联盟,将全市新媒体平台招至旗下,形成传播矩阵,并通过"新媒体增强四力·走基层网连万家"采风活动,带领新媒体平台负责人走进基层,形成网信办与新媒体平台、新媒体平台与基层之间的良性互动,既丰富了新媒体平台的内容素材,也展现了衡水市的基层风采。

衡水市委网信办还运营了"衡水发布"微信公众号,但由于目前人手紧缺,该平台已委托给衡水广电运营,衡水市委网信办仅负责内容审核。此外,在河北省委网信办要求下,衡水市委网信办入驻了微信号、澎湃、头条号和抖音。衡水市委网信办主任田某某十分重视对舆论阵地的占领,他认为媒体融合主要体现在两个方面:

> 一是传统媒体要建立自己的新媒体账号,二是要和已有的自媒体融合。网信办由于单位性质,理应在媒体融合工作中承担更多的职能。下一步网信办要对传统媒体的媒体融合工作进行全力支持,同时要发挥中央厨房的作用扩大声量,并建立横纵贯通的衡水市市县、部门内的网络传播体系。

衡水市委网信办与省市县的联动关系具体体现在:衡水市委网信办对各县网信办进行业务指导和考核,省里的文件通过地市一级下传到各区县。

2. 衡水市电子政务办的媒体融合实践

衡水市电子政务办主要负责衡水市政府门户网站的运营。在国办"集约化"的要求下,衡水市电子政务办斥资 100 多万打造集成平台,统筹市直单位等官方网站,并与专业运维公司合作进行软件研发,由衡水市大数据中心提供硬件支持和维护。门户网站内基本为党政动态,信息来源包括有关部门或单位自行更新、衡水市电子政务办上传(针对没有门户网站的部门和单位)、转载《衡水日报》相关新闻等。门户网站运营工作目前由电子政务办的一位工作人员承担,包括内容更新、内容监管等,工作内容多、强度大。此外,衡水市电子政务办还开设了"衡水微讯"微信公众号,内容主要来源于《衡水日报》。

(四)衡水市媒体融合发展的传播效果

为测量衡水市主流媒体融合发展的传播效果,调研团队以滚雪球的方式选取了 30 位当地群众,通过问卷调查的方式对其媒体使用习惯、对本地媒体的关注和认识以及对本地媒体未来发展的期望进行深入了解,以期从用户视角评估衡水市媒体融合工作的实际成效。

在媒体使用习惯上,微信是受访者主要使用的新媒体平台,其他较常使用的新媒体平台也基本为商业性平台(如图 6-43)。手机是其主要使用的上网终端(如图 6-44),其平均每天上网时间为 5.25 小时。相较于新媒体,受众普遍认为其使用传统媒体的时间已经大幅减少了(如图 6-45)。

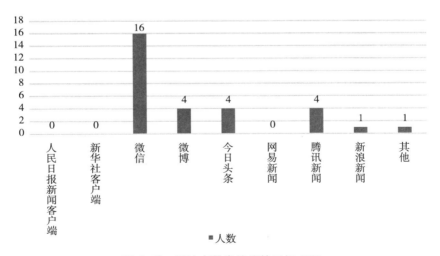

图 6-43　受访者最常使用的手机 APP

在对本地媒体的关注和使用上,一半的受访者会关注和使用本地媒

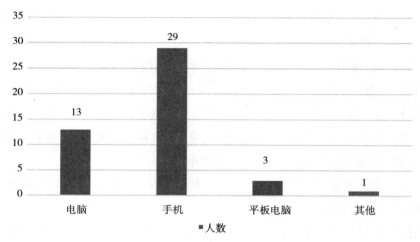

图 6-44　受访者最常使用的上网终端

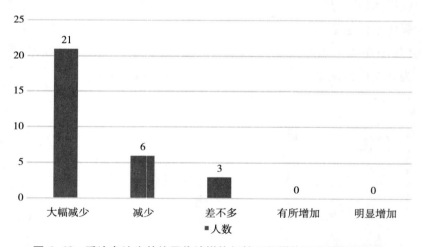

图 6-45　受访者认为其使用传统媒体相较于新媒体而言的时间变化

体，如《衡水日报》、"衡水头条"微信公众号、"掌上衡水"客户端等。不太关注本地信息是另一半受访者不关注或使用本地媒体的主要原因（如图6-46）。受访者普遍认为地市级媒体的影响力主要范围在当地，超一半的受访者认为本地地市级媒体在当地有很大影响力，也有三分之一的受访者认为其在本地影响力小，还有4位受访者认为其几乎没有什么影响力（如图 6-47）。

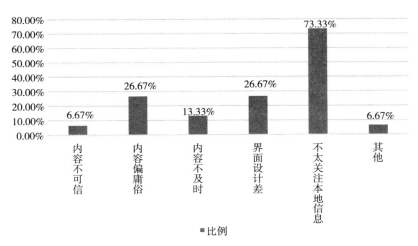

图 6-46　受访者不关注或使用本地媒体的原因

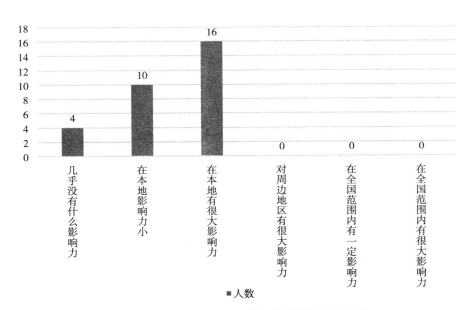

图 6-47　受访者对本地地市级媒体的影响力判断

　　关注和使用本地媒体的受众在内容上多关注时事动态（如图 6-48），在功能上本地媒体主要为其提供了解本地信息、获取日常生活服务、获得政务服务的功能（如图6-49）。在本地媒体中，"衡水头条"等微信公众号是受众使用较多的用于获取本地信息的渠道（如图6-50）。

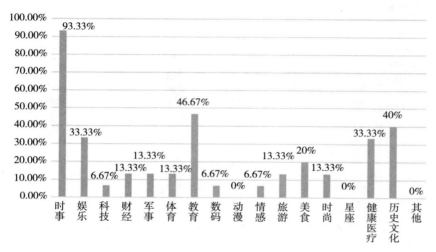

图6-48　受访者使用本地媒体的主要关注内容

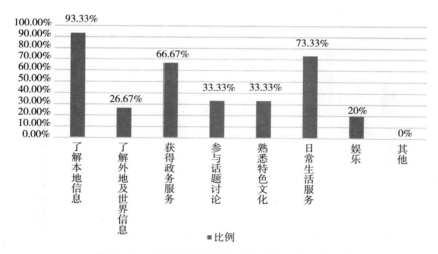

图6-49　受访者认为本地媒体所提供的主要功能

相较本地新媒体平台，本地传统媒体受到的关注较少。通过量表计算平均得分（满分为5分），我们发现受众使用本地新媒体平台的频率更高，使用传统媒体的频率普遍较低，其中电视台的得分最低（如图6-51）。

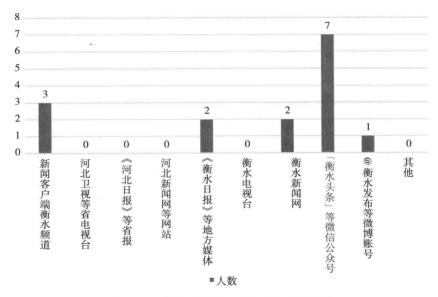

图6-50　受访者了解本地信息的主要渠道

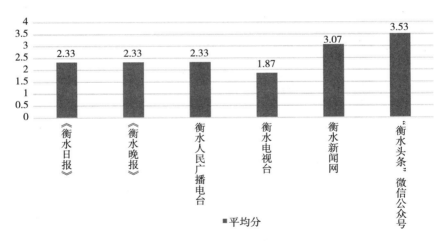

图6-51　受访者对本地媒体的使用频率

　　在受众满意程度上,量表计算发现,本地传统媒体的优势主要体现在报道内容的可信度上,本地新媒体的优势主要体现在内容的丰富度和使用的便捷性上(如图6-52)。相较之下,受访者认为本地新媒体有更大的发展前景(如

图6-53）。同时，受访者希望本地媒体未来应进一步强化其传播本地信息、提供政务和生活服务、提供话题讨论等功能（如图6-54）。

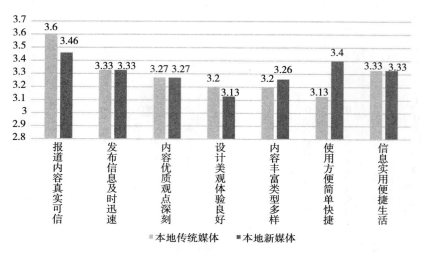

图6-52　受访者对本地媒体的满意程度

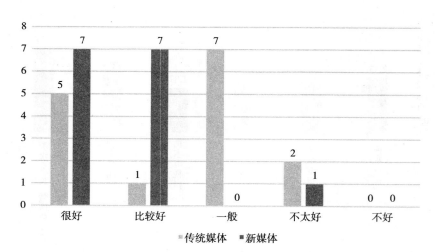

图6-53　受众对本地媒体的前景判断

三、衡水市媒体融合发展的特色总结

衡水市的媒体融合工作在河北全省处于领先位置，这离不开当地党委政府主要领导和主管领导的高度重视。在行政力量的加持下，衡水市结合前期

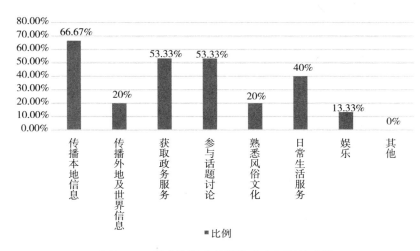

图6-54　受众期待本地媒体未来加强的功能

调研和自身发展实际,率先制定出全市媒体融合发展规划,给予基层一线以必要引导的同时,留给基层以充分的探索与创新空间,形成了顶层设计与基层创新的有效互动,并逐渐摸索出适合本地区发展同时对于其他地区具有借鉴意义的融媒体建设经验。

（一）高位推动,整体规划

衡水市媒体融合工作的一大特色是高位推动,呈现出相较于其他地市而言更强的整体性和全局观。衡水市委宣传部高度重视媒体融合发展,于2018年4月起接手并主导相关工作,由下属新闻科负责具体落实。

衡水市委宣传部并没有直接介入衡水广播电视台、衡水日报社的媒体融合工作,体现出其对基层创新的重视。衡水市委宣传部先后出台的一系列规划和方针政策主要为市内两大主流媒体把控方向,明确发展道路,统筹全局工作。其中,值得重点关注的是2019年3月颁布的《关于开展"媒体融合发展提升年"活动的实施方案》。在前期调研工作的基础上,衡水市委宣传部明确提出媒体融合是2019年的一项重要工作规划,要走在全省乃至全国的前列。衡水市委宣传部用"媒体融合发展提升年"的概念串联起相关工作,在这一核心主题的统领下,实施方案从机制体制、内容生产、技术创新、人才培养等方面动员全市的新闻宣传力量,包括市直新闻单位、各县市区融媒体中心等统一策划,创新理念,各展所长,形成宣传合力。

由衡水市委宣传部主管媒体融合工作的主要优势有:一,媒体融合的根本任务是在新媒体环境下确保主流媒体继续占据主导地位,提高主流舆论传播力、引导力、影响力、公信力,由衡水市委宣传部主管能确保导向正确,将主流媒体的政治责任和社会效益置于首位;二,衡水市委宣传部站位较高,对全市的新闻宣传工作有全面的了解,能够发挥行政统领的作用从而调度资源,协调各方利益,避免因沟通不畅或机构壁垒导致的工作低效问题。

(二)广电试点,有序铺开

在整体规划的前提下,衡水市媒体融合工作的系统性也得到了提升,突出表现为由广电先行试点带动全市有序铺开的渐进式融合路径。

具体而言,考虑到市内两大主流媒体的整体实力和资源,衡水市委宣传部首先以衡水市广播电视台为试点,鼓励其自主探索,以衡水市广播电视台的经验拉动报业乃至全市主流媒体融合改革。一方面,衡水市广电利用其技术优势和人才储备,主要在采编流程优化和经营方式拓展方面取得了重要突破,为衡水日报社提供了直击其发展痛点且免去前期试错成本的技术方案,同时也让其看到了集团化运作的前景;另一方面,衡水日报社在内容上的原创意识和能力,反过来为衡水市广电走出路径依赖、激活内容生产能力提供有益经验。此外,衡水市委网信办对自媒体资源的统筹利用也为两家主流媒体树立用户导向、尊重并挖掘用户创造内容之价值带来启示。

可见,衡水市媒体融合发展的各参与主体在整体规划下均保有充足的发展活力,主体间相互借鉴、相互联通、各展所长。从全局来看,既保证了方向正确,又调动了主体积极性;既保证了媒体融合切合实际,又积累了丰富的实践经验,为媒体融合发展从量变到质变深化了必要性、强化了可能性、论证了可行性。

(三)市县联动,纵深融合

在当前以省、县为重点的媒体融合发展政策背景下,地市一级往往脱离了地方实践的焦点,地市一级的融媒体中心建设情况并不理想,罔论发挥其连接省县两级的作用,特别是在县级融媒体中心建设如火如荼的情况下,更是出现了"市县分离"的发展趋向。

市县联动是衡水市媒体融合发展的又一主要特色。衡水市委宣传部是全省最早提出建设县级融媒体中心的单位之一。在省级层面还没有相关政策和部署的时候,衡水市委宣传部就意识到县级媒体基础薄弱,影响力有限,党的声音难以传达到基层,因此将县级融媒体中心建设列入工作日程。衡水市委宣传部为各县提供明确的工作方案,包括技术方案、体制机制等方面,并在政策和人、财、物资源上予以支持,定时收集反馈、检查进度、调整工作计划。具体到实践层面,依托衡水市广播电视台以及省级主流媒体"长城新媒体"集团的技术力量,建立起横纵联通的资源流通网络和协作共享机制,在全省第一个实现县级融媒体中心全覆盖。

四、衡水市媒体融合发展的问题与对策

虽然衡水市主流媒体融合在规划设计、平台搭建、流程再造、经营创收等方面取得一定成绩,但是在实际建设过程中仍然存在一些问题,直接影响到相关工作建设成效有限,突出表现为当地融媒体传播效果有待提升。为此,下文将以问题为导向,提出具有针对性和可操作性的优化策略。

(一)衡水市媒体融合发展的三个问题

当前,衡水市媒体融合发展存在的问题主要可以归纳为以下三个方面,即思想理念滞后、运行机制不畅、人才选用育留难。

1.思想理念滞后

在当前的媒体融合工作中,地市级主流媒体处在较为尴尬的位置,得到的政策支持和指导均相对有限。囿于仍较为滞后的思想理念和较大的体量,衡水市的媒体融合工作尚缺乏自主探索与创新的决心和魄力。一方面,衡水市两大主流媒体有固定的市场,经营状况尚可,相较于县级媒体生存压力不大,在一定程度上缺乏改革动力,同时前期成本也对改革进程形成了掣肘;另一方面,当前衡水市的媒体融合工作重点落在新闻类信息的生产与传播上,对自身优势信息资源的挖掘与利用有待加强,其内容丰富度和信息服务能力有待提升。这反映出的是对媒体融合的理解和认识仍不充分,有必要站在主流舆论建设和传播体系建设的高度,意识到并兑现出媒体融合对于工作效率提升、传播效果优化、新闻理想实现等的重要意义和价值。

2.运行机制不畅

目前,衡水市媒体融合工作的顶层设计更多是结构性部署,在协调多主体合作与联动的相关机制与规范上有待进一步探索,尚未能最大限度地调动起媒体融合系统整体的活力与潜能。在资源配置上,两大主流媒体和衡水市委网信办各占有一定的渠道资源,但在内容生产上缺乏差异化定位,存在同质化竞争和资源浪费的问题,在用户层面则有可能分散其注意力,在整体上不利于传播效果的提升以及用户黏性和媒体公信力的维持。在协作机制上,目前参与媒体融合的各主体间联动性不强,在融合报道上仍停留在"私下的默契",在舆情监测上各主体间的线索汇聚有待加强,在传播矩阵建设上政务新媒体与社会自媒体尚未能较好地融入主流传播体系,导致传播效率和效果均未能得到显著提升。

3.人才选用育留难

创新人才是媒体融合的坚实基础,而现实情况是衡水市位于不发达的华北地区,经济条件一般,能够为专业人员提供的薪资待遇、发展机遇、生活环境等整体条件有限,仅仅借助本市的资源很难吸引到高素质的专业人才。而且衡水市广播电视台、衡水日报社的编制较为紧张,对高端人才缺乏吸引力。目前衡水市也没有针对融媒体专业技术人才提供特殊的人才引进政策或配套的福利待遇,缺少将人才长期留住的机制。

(二)衡水市媒体融合发展的优化策略

结合衡水市媒体融合发展现状并针对上述问题,以下将主要从发展理念、规划设计、人才政策、功能升级、经营创新等方面为衡水市提出建议以供参考。

1.理顺主体关系,制定长远规划

首先,从顶层设计到基层实践均应进一步加强对媒体融合的理解和认识,推动媒体融合发展与地方经济社会发展、宣传工作实际紧密结合。在此基础上,针对运行机制不畅的问题,有必要以系统视角理顺主体关系,明晰各主体的职责分工,优化资源配置,探索出各主体有机结合的媒体融合工作机制。以衡水市委宣传部为指挥中枢,统一规划调度相关事项,横向上扩展主流传播矩阵,动员社会力量以壮大主流舆论阵地,纵向上发挥地市级媒体的纽带功能,打造"省—市—县"通路,打破不同地区、媒体间相互割裂的状态,形成规模效应和宣传合力。

地市级主流媒体融合牵涉到多方利益,也需要中央以及省级层面予以重视,统一部署融合发展的机构规划问题,提供政策支持和制度保障。中央以及省级层面的部署和规划,并不是剥夺了各市县按照自身经验进行机构设置的自由,而是通过规则的建构,为地市主流媒体融合的长期发展提供有效且实质的保障,为改革及建设提供目标和导向。

2. 出台人才政策,增强建设力量

未来衡水市主流媒体融合一方面要结合实际,开发原有媒体人才的能力,通过业务、技术、理念等层次的长期培训和外出学习机制,提升原有媒体人员的综合素质,强化本市媒体融合建设力量。

另一方面,衡水市还需要出台一些具体的长期政策,吸纳融媒体领域的专业技术人才或内容生产人才进入本市工作。这些政策要考虑到人才的薪资待遇、福利待遇、长期发展等实际问题,尤其在职业发展路径上给予核心专业人才必要的支持和鼓励,保障媒体单位留得住人才。

此外,衡水市还可以与高校相关专业进行长期合作,搭建专业化的实践基地,实现"校地合作",促进双方实现资源共享、发挥各自优势,实现互利共赢。对于衡水市媒体融合工作来说,能够确保源源不断高素质的专业人才进入本市,阶段性地为媒体融合发展献计献策献力,这也是保证人才补给的重要手段。

3. 拓展服务功能,提升造血能力

目前来看,衡水市媒体融合仍处于发展初期,传播效果较弱,主要以发布新闻资讯为主,缺少服务功能。未来,可以在融媒体产品客户端上更多地提供移动化、场景化的政务服务和生活服务,方便群众办事,增强用户黏性,并不断拓展项目,引入本地电子商务、在线教育、在线医疗、在线网络文化活动等服务功能,提升服务质量和水平,融入激烈的市场竞争,延伸融媒体的产业链,拓展盈利边界,实现自我供血。

第四节　山西省运城市媒体融合发展

山西省运城市地处山西省西南端,晋、陕、豫三省交界,是山西省唯一一个不依赖煤矿生产的地级市。农业、轻工业和旅游业是运城市的主要产业。对运城市主流媒体而言,地处三省交界的优越地理条件为内容传播提供了便利,丰富的城市历史文化和人文资源为内容采编提供了特色素材。在这样的背景下,运城市主流媒体的融合发展之路一定程度上能够反映具有同样特征的欠发达城市的主流媒体融合发展之路的共性特征。

一、运城市媒体融合发展现状

(一)平台搭建与内容建设情况

运城市主流媒体的融合发展探索始于 2006 年运城日报社下属网站"运城新闻网"的上线。随后,陆续向不同类型的新媒体平台拓展,开通官方微博账号和微信公众账号,开发自有移动新闻客户端,入驻聚合类新闻客户端或主流媒体地方频道。经过数年探索,两家主流媒体都成立了新媒体中心来统筹运营媒体机构的新媒体平台或账号,加上即将上线的运城市委宣传部直属新媒体中心,最终形成"三个中心三足鼎立"格局(如图 6-55)。三个新媒体中心属于同一行政级别,均为科级单位。

整体上来看,运城日报社的新媒体探索工作起步早,已形成一定覆盖面和影响力。运城广播电视台早期专注于传统电视节目制作和有线电视网经营,起步晚,整体影响力相对较弱。"运城发布"现属市委运城宣传部下属单位新闻中心,定位为政务平台,实时发布政务信息、重大政策解读、本地社会热点及舆情回应,在实践中探索基于地方特色文化的原创视频制作;根据运城市委宣传部规划,将以"运城发布"为基础建立市委运城宣传部直属新媒体中心,上线"运城融媒"APP。

在新媒体平台搭建方面(如表 6-5),运城日报社在 2006—2017 年陆续上线"运城新闻"新闻客户端,运城新闻网与相应的"山西运城新闻网"、"运城日报社"、"运城晚报"两微平台,共计 9 个平台账号。运城广播电视台于

图 6-55　运城市媒体融合发展整体架构图

2008 年上线"运城视听网",此后陆续搭建起包括 1 个网站、1 个新闻客户端、1 个微信公众账号和 1 个微博账号的新媒体矩阵。此外,电视台各频道也有各自的两微平台,曾经的明星节目"第一时间"还上线了客户端平台。"运城发布"以两微一端为主,即将上线的运城市委宣传部新媒体中心则着力打造聚合新闻客户端及同名小程序。

表 6-5　运城市主流媒体新媒体平台统计表

媒体机构	名称	类型	上线/成立时间	下载量/粉丝数
运城广播电视台	运城视听网	网站	2008.12	23600
	《今日运城》APP	客户端	2018.10	236630
	"运城广播电视台"微信公众号	微信公众号	2015.4	51411
	运城视听网微博	微博	2011.6	42783

续表

媒体机构	名称	类型	上线/成立时间	下载量/粉丝数
运城日报社	运城新闻网	网站	2006	
	运城新闻	客户端	2015	90474
	山西运城新闻网	微博	2013	669462
	运城新闻网	微信公众号	2013	119774
	运城日报	微信公众号	2017	18804
	运城晚报	微信公众号	2017	49718
	运城日报社	新华社现场云	2017	
	运城新闻网	今日头条	2016	29000
	运城市党委（党组）网络学习平台	党媒平台		

截至调研时，运城日报社和运城广播电视台的新媒体中心于 2018 年成立，并购置了全媒体平台，组成新的采编团队，对已有内容进行统一编辑发布。两家媒体机构的新媒体中心运营略有不同。运城日报社是对原有新媒体平台进行整合，统筹所有平台的管理运营工作；而运城广播电视台的新媒体中心独立于电视台频道，由电视台总工程师直接负责，主要管理"两微一端一网"4 个平台，与各频道的新媒体平台或账号平行发展，互不干扰。

在内容建设方面，两家地市新媒体中心发布传播的内容依托传统媒体，尚未实现自主生产新闻信息。运城日报社新媒体中心以《运城日报》和《黄河晚报》为信息来源，其主要工作为编辑、校对、上传两报内容；运城广播电视台新媒体中心则以拆分上传 37 个频道内容为工作内容。据了解，导致这种局面的原因主要有两个：一是因为两家新媒体中心以"服务电视台/报社"为定位，并未将新媒体中心视作独立的内容生产传播机构；二是受到《互联网新闻信息服务管理规定》的限制，截止到调研日期，运城市广播电视台尚未获得互联网新闻信息服务许可，运城日报社在 2019 年 1 月 22 日才入列山西省互联网新闻信息服务许可单位。不过，值得注意的是，运城市广播电视台新媒体中心已经开始尝试使用全媒体平台来协助广播电视台的内容生产，他们将大数据平台分析得出的热点、热词提供给电视台各频道,作为电视频道的选题参考,使大数据平台能够间接服务于内容生产。

(二)经营与管理情况

运城市主流媒体机构的新媒体中心建成时间晚,当前仍处于探索阶段,所以这两家新媒体中心的经营资金主要来自财政专项拨款,还没有实现独立经营与营利。如表 6-6 所示,运城市政府已经批准了运城日报社全媒体中心和运城市广播电视台新媒体中心的专项财政拨款共 2400 万元,两个新媒体中心均已经完成了第一期建设工作,包括新媒体中心装修、全媒体系统采购及安装等。

表 6-6 运城市新媒体中心建设资金投入统计表

机构名称	客户端名称	上线时间	财政支持	建设花费	年度收入	维护费用
运城日报社全媒体中心	运城新闻	2018 年	1200 万元	426.33 万元(一期)684.90 万元(二期)	20 万元	暂无
运城市广播电视台新媒体中心	今日运城	2018 年	1200 万元	582.39 万元	暂无	100 万元/每年
运城市委宣传部新媒体中心	运城融媒	2019 年	暂无	38.8 万元	暂无	12.1 万元

为了增加用户、扩大覆盖面,两家新媒体中心十分重视相关新媒体平台的推广工作,"以免费赞助换下载量/关注量"是目前最常用推广手段。运城市广播电视台新媒体中心设立了专门的市场推广小组,利用各种会议和活动进行品牌展示,以为活动主办方免费直播活动、进行推广来换取活动参与者的下载和关注。

成立以来,除了硬件设施和系统建设,两家新媒体中心同时配备了由内部调岗人员(在编)和社会招聘的合同制员工组成的专门运营维护团队,并完成了一系列管理制度建设。新媒体中心在管理上呈现出两个特点:第一,由于建设理念不同,两家新媒体中心的主管领导设置不同,运城市广播电视台新媒体中心建设重视技术实现,由总工程师来主责中心建设;运城日报社则以内容为重,由负责内容的总编来领导中心建设。

第二,在制度建设上,两家新媒体中心重视目标管理和网络安全,侧重制定日常规范。运城广播电视台新媒体中心每年都要制定《目标责任书》,作为年底考核的标尺之一。此外,广播电视台新媒体中心还制定了《24 小时值班制度》、《值班考勤制度》、《新媒体中心服务承诺书》、《新媒体中心考核量化细则》等,维护新媒体中心的运营秩序。运城日报社新媒体中心的制度更为详尽和具有操作性,包括《运城日报社两微一端一网新媒体平台责任分工及工作流程》(2016 年)、《运城日报社网络安全和信息化管理制度》、《运城新闻网 7 * 24 小时信息巡查制度》、《运城新闻网管理制度》、《运城新闻网总编辑制度》等,其中,《运城日报社两微一端一网新媒体平台责任分工及工作流程》按照平台详细规定了各新媒体平台账号的责任人、分工以及操作流程与规范,具体到每天每个小时内的工作内容。在这些制度中,"网络安全与舆情管理"是反复强调的主题。运城日报社新媒体中心有专门制度设置,运城广播电视台新媒体中心则将"网络安全"精神贯穿到每一个制度中去,如,《24 小时值班制度》主要针对重大舆情的监测、报送与应对;《目标责任书》将负责网络安全工作作为三大核心工作①之一;《新媒体中心量化考核细则》则将舆情应对和舆论引导作为绩效考核的主要指标。

(三)人员队伍建设情况

两家新媒体中心的运营维护人员规模较小,运城广播电视台新媒体中心共有 17 人,运城日报社新媒体中心共有 12 人。

年龄构成上,运营维护人员以 20—40 岁青年为主,运城广电新媒体中心老龄化较报社严重,平均年龄为 34.5 岁,40 岁以上人员占 23.5%(4 人);运城日报社平均年龄为 31.4 岁,40 岁以上人员只有 1 人。

两家新媒体中心的工作人员均接受过较为良好的教育,专业背景多元。报社新媒体中心三分之二(8 人)的人员为本科及以上学历,运城广播电视台新媒体中心则只有 2 人为专科学历,其余均为本科学历。学科背景以人文社

---

① 根据运城市广播电视台《新媒体中心 2017 年目标责任书》,完成台定栏目每天的上传发布任务、推动新媒体中心相关建设工作以及负责网络安全工作,配合省市两级网信办的管理工作是新媒体中心的三大核心工作。

科为主,相较而言,运城广播电视台新媒体中心拥有技术背景①的人才较多,占比35.3%(6人)。在运城日报社新媒体中心中,新闻传播专业有3人,汉语言专业14人,计算机专业2人,法律专业1人,设计专业2人。

岗位设置上,由于目前主要业务和工作为二次编辑、发布传统媒体生产的内容,以编辑和技术人员两类岗位为主,运城广播电视台新媒体中心有10个编辑,占比58.8%,技术人员3人;运城日报社新媒体中心有编辑9人,占比75%,技术人员只有1人,负责中心设备日常维护。

编制配备上,运城市广播电视台新媒体中心以事业编制为主,64.7%(11人)为全额事业编制或者事业编制,招聘人员占比为29.4%(5人),其余均为自收自支人员。运城日报社新媒体中心则以非事业编制人员为主,只有3人为在编人员,公益岗2人,其余均为合同招聘人员。由于中心人员队伍主要通过从传统媒体部门抽调重组的方式搭建,鲜有对外招聘,两家新媒体中心工作人员媒体从业时间普遍较长,运城日报社新媒体中心平均从业时长为7.5年,运城市广播电视台新媒体中心平均从业时间高达13.6年,两家新媒体中心共有超过四分之三(75.9%)的人从业时长超过5年,最长的高达34年之久。

在队伍建设上,两家新媒体中心侧重对人员队伍的绩效考核,并未针对人才引进或者培训制定相应的制度或方案。绩效考核以完成宣传任务、落实舆情监控应对为工作目标和目的,关注工作量。以运城市广播电视台新媒体中心的《考核量化细则》为例,该细则按岗考核,以勤、绩、学为考核指标,要求新媒体中心的工作必须完成制定宣传任务,做好舆情监测应对,维护网络安全。"学"强调的也是对上级学习任务的落实和完成。

二、运城市媒体融合发展特点

(一)初步搭台,三个中心并行探索

从发展历程来看,运城市媒体融合实践经历了两个阶段,早期以渠道拓展为主,体现为内容上网、开设两微账号等。从2016年开始,设立独立于传统媒体业务的新媒体中心,集中力量建设"中央厨房"架构,加强技术平台、硬件设施建设的同时,进一步拓宽新媒体传播渠道。从发展结果来看,运城日报社、

---

① 包括计算机软件与应用、数字媒体技术、信息科学与技术等专业。

运城广播电视台两家传统媒体的新媒体中心与运城市委宣传部直属的新媒体中心共同构成运城市媒体融合发展的"三驾马车"，齐驱并进，共同推动运城市思想宣传工作电子化、网络化。

具体来看，两家主流媒体运城日报社和运城广播电视台均设立了新媒体中心，已初步完成融合发展所需的机构建设、人员配备、软硬件设施建设等，完成地市级版"中央厨房"架构建设。但两家新媒体中心的发展程度不同，运城日报社新媒体中心略胜一筹。运城日报社新媒体中心以运城新闻网为核心搭建起覆盖两微一端的 6 个新媒体平台，依托报社已有的编前会、例会制度，形成了一套完整的内容发布流程。运城广播电视台新媒体中心由总工程师负责，其新媒体平台独立于电视台各频道的两微渠道，尚未形成编前会、每日例会等，也未参与到频道内容生产过程中。

运城市委宣传部直属的以独立法人运营的科级单位运城市新媒体中心虽然尚在规划建设中，但因其负责人为市委宣传部新闻中心下属的"运城发布"两微一端的运营负责人，我们了解到，运城市新媒体中心将通过上线"运城融媒"APP 及小程序来实现党宣工作网络化，并成为与运城日报社、运城广播电视台并列的三家地市级媒体机构之一。其运营管理思路将沿袭"运城发布"两微一端的做法。在定位上，市委宣传部新媒体中心兼具媒体机构和新媒体管理者双重身份。据新媒体中心主任韩某介绍，新媒体中心的主要职责包括三方面，一是制定全市新媒体管理办法，二是在平台上协调市级和县级融媒体的发展，三是负责运维"运城融媒"APP 及小程序。

（二）内容共享，省县联动方式传统

在行政区划架构上，地市处于省级行政单位和县级行政单位之间，是连接省和县的重要桥梁。在媒体融合发展过程中，地市级媒体融合实践理应与省级和县级媒体融合实践实现协同发展。

调研发现，运城市的媒体融合发展处于一种十分尴尬的境地：一方面，山西省省级媒体融合起步晚，省级媒体融合平台"山西云媒"仍处于建设中，对地市级媒体的融合实践发挥的指导和带动作用有限。另一方面，2018 年 8 月以来，党和国家将县级融媒体中心建设上升到国家战略，政策上高度重视县级融媒体中心建设使得地市级媒体融合被忽视，"省里直接跳过我们，对接县级,把我们给忘了"成为当地主流媒体从业者的心声。

　　基于这样的背景,运城市市级媒体与省县两级的联动尚处于内容共享的浅层合作阶段,且联动方式依然停留在传统媒体时期的新闻站点和通讯员队伍,速度慢、效率低,依托全媒体平台的智能高效联动仍处于规划中。比如,运城日报社新媒体中心的负责人介绍道:"运城日报社与省县融媒体中心的合作主要是基于传统的通讯员队伍基础,通过微信群来将稿件往外传或者接收来自县级媒体的稿子。"运城广播电视台的杨某则表示:"运城电视台计划在每个县一次性投入30万建立17个站点来实现县级新闻资讯和直播的回传","(运城电视台)还将考虑与晋陕豫三省四市的融媒体中心进行电视直播和电视节目的合作,建立周边地区的直播。"可以看到,内容和渠道共享是目前运城市与省、县及周边地区进行协作和联动的主要内容,高效、可行的联动机制建设依然有待进一步加强。

　　（三）巧借外力,助力特色内容生产与传播

　　如前所述,虽然运城市两家主流媒体——运城日报社和运城广播电视台——的新媒体中心尚未实现采编发一体化的内容生产,但相关负责人和运营人员十分明白"内容二次打包"的弊端,也希望能在未来的发展中将全媒体平台真正投入到原创内容生产过程中。在这个过程中,以"运城发布"为代表的地市级主流新媒体平台仍在有限的条件下,巧借外力,立足运城市丰富的历史文化资源,积极探索原创特色内容的生产与传播。

　　在内容生产方面,推动校地合作,推动原创特色内容生产。经费设备有限、人员数量不足、素质有待提升等问题是运城市三个新媒体中心在寻求内容生产过程中都需要解决的难题。为此,"运城发布"充分挖掘临近资源,通过与西北大学等高校合作、建立实习基地来补充制作设备及人员力量,进行了有益探索。"运城发布"将短视频制作确定为差异化内容生产策略,以小见大生产推广运城市本地文化的短视频,"运城市很有历史和文化,街头巷尾藏着许多手艺人和他们的故事,以此为基础,我们拍摄了一系列讲述运城文化、人物的短视频,短视频质感接近纪录片,制作水平很高。"负责人韩某介绍,这个系列视频一共包含百余个短片,部分短视频已经发布在"运城发布"微信公众账号上,剩余视频将作为独家原创内容在"运城融媒"APP上发布。

在内容传播方面，重视维护与大型互联网企业或者媒体平台的关系，通过建立互利互惠合作关系来拓宽原创内容的传播渠道，形成联动传播，扩大影响力和传播力。据韩某介绍，2018年5月，通过举办新媒体培训，"运城发布"建立了与会人员微信群，搭建起与县级新媒体工作人员以及头条、新浪、抖音等互联网企业之间的联系，以此为渠道向互联网企业提供原创内容。当年10月，他们制作的反映运城市不同职业人物故事的短视频通过该群获得各平台联合转发推广，获得10万+的浏览量，当月"运城发布"的单条浏览次数在山西政务号中排名第二，效果十分显著。

此外，中央主流媒体也是运城市主流媒体的主要合作对象。比如，运城广播电视台新媒体中心与新华社合作，将新华社党建学习内容导入"今日运城"APP的党建频道，以此丰富客户端内容。

三、运城市媒体融合发展中的问题

经过数年探索，运城市主流媒体在融合发展中取得了不少成绩，探索具有地方文化特色的内容生产，努力借助外力助推融合发展。在这个过程中，也存在一些问题，需要在未来的发展过程中加以重视并着力解决。

（一）固守传统媒体思维与传统，融合理念未能入脑入心

推进传统媒体与新兴媒体融合发展是党和国家在新环境新形势下把握互联网新媒体发展趋势，针对思想宣传工作作出的重要调整和重大部署。互联网的发展颠覆了传统的媒体环境和媒介生态，因此，要做好媒体融合发展工作，思想理念的颠覆与转变是关键的第一步。调研发现，运城市地市级媒体融合发展最大也是最根本的问题在于，相关从业人员依然固守传统媒体思维和传统，对媒体融合建设的认识带有明显的"拿来主义"特征，并未真正理解媒体融合的核心与要义。

一方面，相关人员对新媒体在凝聚共识、舆论引导上发挥的主渠道作用认识不足，"仅仅将新媒体作为一种新的传播媒介来对待。"这种认识使得无论是报社还是广播电视台，均将新媒体中心视为独立于传统媒体部门的又一部门，导致新旧媒体之间壁垒重重，难以真正实现生产流程、经营管理、人员等方方面面的融合。在运城广播电视台新媒体中心的《2017年度目标责任书》中要求其"完成台定栏目每天的上传发布任务"，可见新媒体中心被定位为"服

务电视台和频道"而非独立的内容生产运营平台。又如,运城市委宣传部新媒体中心虽然重视"运城发布"原创内容的生产,但在寻求联动传播过程中只求点击量,不要求对内容拥有版权,面临成为互联网商业平台的内容提供者和依附者的风险,这种行为背后依然反映的是将新媒体平台视为传统传播渠道的补充的偏颇思想。

另一方面,固守陈旧的思想宣传工作思维与思路,对新媒体特性认识不够,难以适应新媒体的传播规律。这种思想集中体现在运城市地市级新媒体中心在内容上均过分强调党政宣传,并将党政宣传任务化、行政化。以运城市广播电视台新媒体中心为例,其《考核量化细则》的三个维度勤、绩、学强调的是新媒体中心对舆情应对、舆论引导等宣传任务的落实情况,完全不关注传播内容在制作、形式等方面的创新性以及内容本身的传播力和影响力等,反映出一种被动宣传理念。又如,运城市委宣传部新媒体中心韩某谈中心建设时说道:"新闻单位主要是做内容,先不要管点击量,做好现有的这些宣传工作,再去发展。"这种想法在运城市媒体融合从业人员中十分普遍,人为割裂内容质量与内容传播力影响力之间的关系,体现的是传统媒体时代只做内容不问效果的"单向传播"思路,与新媒体所体现的双向性、互动性格格不入。

(二)缺乏顶层设计和指导,各自为政难整合

调研显示,在运城,除了运城市委宣传部新闻科直接对接地市级媒体及县级媒体融合相关具体工作外,运城市目前并未出台地市级媒体融合发展相关指导文件或政策。顶层设计的缺位使得运城市媒体融合发展缺乏统一指导,各自为政现象显著,融合发展陷入两难境地,推进缓慢。

运城市媒体融合"各自为政"现象具体体现在三个层次上:一是运城市委宣传部与运城市广播电视台、运城日报社分别自建新媒体中心,在建设方案、建设思路、功能设计上高度重合又相互独立;二是运城地市级新媒体中心与县级融媒体中心建设独立建设,彼此交流有限,了解甚少,互动合作仅局限于新闻稿件或视频的共享;三是运城地市级主流媒体内部新媒体建设各自为政,新旧媒体之间、新媒体平台之间壁垒重重。由于新旧媒体之间业务难以整合,运城市广播电视台曾经出现"派出五路人马报道关公文化节"的重复劳动现象;又如,运城市广播电视台各频道的两微账号并未纳入其新媒体中心的媒体矩阵,而是由各频道独立运维。在"各自为政"的背景下,运城市地市级媒体融合发展阻碍重重,面临着定位难以差异化、内容同质化严重、受众分流削弱内容传播力和影响力等诸多问题。

(三)体制机制改革与创新不足,融合建设陷入发展瓶颈

首先,在管理机制上,媒体融合主管部门与实践部门职级错位,难以落实管理职能。运城市直接对接指导媒体融合工作的是市委宣传部新闻科,为科级单位,但运城日报社和运城市广播电视台为处级单位,直接领导其下属的新媒体中心。职级上的错位导致新闻科对地市级媒体融合发展很难发挥真正意义上的"指导和协调作用","我们基本上是以商量的态度来办事情,人家(电视台和报社)愿意办是人家配合,人家不愿意那我们也没有办法",新闻科科长薛某在访谈的时候十分无奈地表示。

其次,在媒体机构制度上,运城市广播电视台以及运城日报社尚未完成转企改制,受此限制难以模仿东部发达地区建立传媒公司来对新媒体中心进行市场化运作,严重影响了新媒体中心的发展。

最后,体制机制不灵活还带来了一系列人员问题:"编制带来的最大问题是入编难","有编制的岗位在年龄、专业上有要求,有丰富经验的人很难考入,能考入的人又经验不足",因此,"找不到针对性的人",新媒体专业人才引进难。运城市地市级新媒体中心从业人员仍然以传统媒体岗位调入为主,相对年龄较大,媒体从业时间长,将传统媒体思维转变为新媒体思维来运营新媒体中心难度更大,由此阻碍新媒体中心的融合发展之路。

(四)新媒体中心运作形式大于实质

运城市地市级媒体融合建设的"形象工程"和"形式主义"主要体现在两方面:一是耗费巨资建立的"中央厨房"架构并未真正发挥作用,成为显示业绩和供人参观的"摆设"。指挥大屏、大数据平台是运城市广播电视台和运城日报社新媒体中心的标配。但调研显示,这些设备和系统目前并未真正投入到内容生产和传播中去。指挥大屏主要用于展示各平台的粉丝数或用户数,大数据平台提供的热点也并未应用到选题等环节中去,运城广播电视台新媒体中心大屏拥有的 GPS 定位统一调度记者的功能也尚未应用。在内容"拿来主义"的背景之下,如何充分发挥"中央厨房"架构的真正作用尚不可期。

二是运营思路传统，推广依靠行政命令。运城市地市级新媒体中心的运营推广思路十分传统，主要依靠两种手段，一种是以"免费赞助/直播换下载量/关注量"，另一种是通过发文件的方式强制公职人员和党员干部下载客户端或者关注公众账号增加用户。这两种手段不仅费时费力，效果有限，过度使用更会导致用户的反感与远离，对地市级新媒体中心的公信力、影响力带来负面影响，造成进一步的用户流失，形成恶性循环。

（五）影响力有限，不能满足本地用户需求

在实地调研中，我们采用滚雪球的方式向当地居民发放了《地市级主流媒体融合发展效果》调查问卷，共回收了 81 份有效问卷。调查对象覆盖了学生、公务员、教师、银行从业人员、工人等各个行业以及各个年龄段。通过对问卷数据的分析，我们发现运城市主流媒体在当地用户中影响力有限，新媒体平台内容质量和功能建设不能满足用户的信息和生活需求。

调查数据显示，微信公众账号成为被访运城市用户获取信息资讯的最主要渠道，79%的被访运城市用户选择在微信公众账号上获取本地和国内外新闻资讯（如图 6-56）。超过一半（51.9%）的被访用户不使用本地新媒体获取信息，不关注本地信息是他们不使用本地媒体的首要原因，但需要注意的是，内容更新不及时、偏庸俗是另外两大原因（如图 6-57）。如前所述，运城市新媒体平台的内容生产主要为对传统媒体内容的"二次拆条发布"，导致更新速度慢于传统媒体，进一步丧失时效性。再加上报道风格、形式单一，进一步拉低内容质量，致使用户逐渐丧失对本地媒体的兴趣。

在内容与功能建设上，如图 6-58 所示，在被访用户眼中，了解本地信息是运城市新媒体平台最应该具备的功能，94.9%的被访用户表达了这方面的需求；其次是日常生活服务，占比 71.8%，再次是熟悉本地风俗文化。可以看到，排名前三的功能反映了用户使用本地主流新媒体平台的需求，彰显出在地性这一特征。"以人民为中心，让互联网更好造福国家和人民"①是互联网发展和建设的根本遵循和最终目标，地市级主流媒体融合发展的首要目标也是

----

① 《习近平主持召开网络安全和信息化工作座谈会强调 在践行新发展理念上先行一步 让互联网更好造福国家和人民》，新华网，2016 年 4 月 19 日，http://www.xinhuanet.com/politics/2016-04/19/c_1118672059.htm。

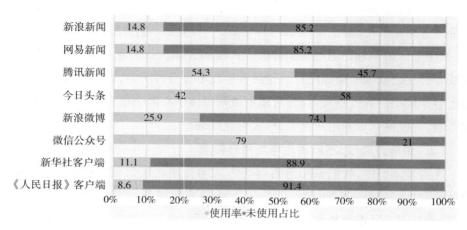

图6-56 被访运城市用户获取日常信息的渠道统计图

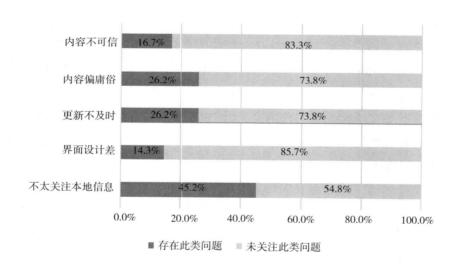

图6-57 被访用户对运城市主流新媒体的看法

满足当地民众的信息需求和生活需求。从图6-59可以看到,在运城市媒体融合实践中,74.36%的被访用户表示本地新媒体当下对传播本地信息着力不足,61.54%的被访用户表示日常生活服务还需加强,51.28%的被访用户认为运城市主流新媒体还应加强风俗文化传播。这三大最应加强的功能与用户需求契合,两相对比,显示了当地用户对运城市主流媒体的新媒体平台有所期待,但需求尚未被满足。

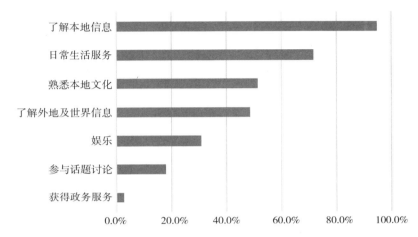

图6-58 被访用户认为运城市新媒体平台应具备的功能统计图

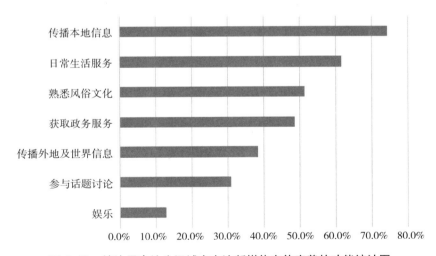

图6-59 被访用户认为运城市主流新媒体有待完善的功能统计图

四、运城市媒体融合发展的对策建议

针对运城市媒体融合发展中存在的问题,需要当地媒体转变理念,加强顶层设计和政策指导,扎根本地特色完善信息和服务功能,加强多方合作以打造融合发展新生态是运城市媒体融合发展破局的方向。

（一）以理念转变实现融合突围

思想是行动的先导。思想解放的程度,决定了融合发展的力度和深度。调研发现,运城市媒体融合发展思想理念还停留简单地搭建平台阶段,还没有实现"你中有我,我中有你"的深度融合。因此,要打赢媒体融合这场攻坚战,首先要解放思想,形成适应融合发展的新观念,以理念上的根本转变实现融合困境突围,带动融合建设从量变到质变的飞跃。

首先,要深化对媒体融合的认识,认识到媒体融合是一场全方位的深刻的媒体革命,其本质化是新媒体化,这一本质意味着新媒体应成为建设的主体与核心,而不仅仅是服务于传统媒体的新渠道。认识到融合建设与媒体生存之间并不是此消彼长的对立管理,而是新媒体环境下主流媒体解决生存发展问题的方向与出路,要真正拥抱媒体融合。其次,市场需求是推动网络新媒体发展的核心动力,因此,要打破"铁饭碗"、"大锅饭"思维,树立市场化竞争理念,坚定不移地走市场化改革之路。

（二）以顶层设计加强融通共享

地市级主流媒体在现代传播体系中处于承上启下的重要位置,是中央、省级和县级基层单位联系的桥梁与枢纽。要重视地市级媒体的这种纽带作用,加强对地市级媒体融合发展的顶层设计和政策指导。对运城市而言,目前并没有对全市主流媒体融合发展进行统一规划指导,缺乏相关政策支持和操作指南。要坚持顶层设计和基层创新相结合,因地制宜推动本地媒体融合发展。

一是明确管理职责,将全市主流媒体的融合发展工作统筹起来,全盘考虑。可在市委的指导下成立一个独立的媒体融合工作指导小组,成为融合工作的指挥中枢,统一规划调度相关事项。需要注意的是,融合工作牵涉面广,机构重组、资源调配、技术搭建等问题仅仅依靠一部之力难以得到解决,因此,媒体融合工作指导小组成员需整合涵盖涉及媒体融合工作的部门,以方便协同解决相关问题。

二是坚持基层创新,根据地市发展情况制定差异化的媒体融合方案,不能"拿来主义"或"一刀切"。就运城市的情况而言,运城日报社的发展略胜一筹,可将支持政策向其倾斜,成立示范单位;或者在市内媒体中建立竞争考核机制,形成良性竞争环境,推动两家主流媒体共同发展。

（三）以本地特色完善内容服务

地市级媒体首先是地方媒体，当地居民是最重要和最主要的用户。要充分发挥接近性优势，重视当地用户的信息需求偏好，扎根本地特色，制作新媒体内容产品，不断完善平台的服务功能。如前所述，运城市主流新媒体平台虽然在积极尝试特色内容生产，但目前在本地信息、生活服务信息和风俗文化信息传播上并不能满足当地用户需求。因此，应继续加强立足本地历史文化特色的原创内容生产，并加强对当地教育、生活、健康方面信息的深度挖掘，生产相关新媒体产品，实现内容生产靠党政和民生"两条腿"走路。此外，内容生产传播要增强互动性和分享性，充分发挥两微等社交平台的社交属性，以此提高用户的参与度，增强用户黏性的同时助推信息向更大范围扩散传播。在此基础之上，再根据实际情况探索完善平台的其他服务功能。

需要注意的是，新媒体平台上的功能建设是循序渐进的，而非一蹴而就的。要分清主次，信息传播和舆论引导功能先行，服务功能完善量力而行，灵活建设。

（四）以多方合作打造融合生态

以新媒体化为方向的媒体融合发展工作从来不是闭门造车，这对在发展资源上具有局限性的地市级主流媒体而言更是如此。针对发展中存在的技术基础薄弱、新媒体内容产品匮乏、人员专业性欠缺、内容影响力有限等等问题，一方面要加强内部建设，努力做到"自身硬"，另一方面则要以开放的心态在域内外寻求多方合作，以项目合作的方式弥补不足，在互利共赢的基础上建构以本地地市级主流媒体为核心的融合发展生态。

从调研情况来看，"运城发布"在借助外力合作方面进行了有益探索，可考虑将这一经验在全市范围内推广，继续推动与高校的"校地合作"走向常规化，与域外主流媒体或互联网商业媒体开展更深入的技术合作。此外，还可尝试联合运城市有影响力的自媒体账号和自媒体人来扩大原创内容的传播覆盖范围和影响力。

需要注意的是，地市级主流媒体探索开放合作要始终保持自己的主体性，要在合作中即实现平台影响力的提升，又推动内容传播力的增长。那种为了传播力而放弃内容生产、放弃原创内容的版权的合作要坚决杜绝，以免沦为自媒体或商业互联网平台的内容生产者,造成"内容传播力上去了,平台影响力上不去"的后果。

第五节　内蒙古自治区包头市媒体融合发展

内蒙古自治区是我国第一个省级少数民族自治区,蒙、汉、满、回、达斡尔、鄂温克、鄂伦春、朝鲜等 55 个民族的人们共同生活在这里,截至 2018 年底全区常住人口 2534 万人,是多个少数民族聚居、多种文化交织的地方。内蒙古自治区抓住改革开放的契机,经过多年的努力获得了极大的发展,2018 年以地区生产总值 17289.22 万元位列五个少数民族自治区第二,仅次于广西壮族自治区。[①]

包头市位于内蒙古中部,是内蒙古最大的工业城市和钢铁生产加工基地,也是世界最大的稀土研发应用生产基地,被誉为"草原钢城"、"稀土之都",稀土矿既是包头的优势资源,也是国家矿产资源的必不可少的一部分。[②] 现在包头市不仅面临着传统经济结构形态的转型的挑战与机遇,而且面临着传统媒体与新兴媒体的融合发展的挑战与机遇。在新兴媒体与传统媒体融合发展的背景下,包头市如何利用互联网进行舆论引导和政务建设,对当地社会的稳定和发展尤为重要。因此,关注包头市媒体融合发展的趋势是丰富我国媒体融合实践案例的重要一部分。

一、包头市媒体融合发展总体布局

为了贯彻落实内蒙古自治区旗县区融媒体中心建设工作的要求,包头市从 2018 年开始推进县级融媒体中心建设。总体来看,目前媒体融合发展工作尚处于起步阶段,但已形成本地特色,取得阶段性成果。

---

① 参见国家统计局:《分省年度数据》,2019 年 12 月 16 日,http://data.stats.gov.cn/easyquery.htm? cn=E0103。

② 参见包头市政府网:《2019 年包头市人民政府工作报告——2019 年 1 月 21 日在包头市第十五届人民代表大会第二次会议上》,2019 年 1 月 28 日,www.baotou.gov.cn/info/egovinfo/1001/01xxgk/copy_2_xxgk_nry/011536003/2019-00028.htm。

　　首先,在当前全市媒体融合的总体布局中,形成以包头日报社"黄河云"平台为中心的县级融媒体中心建设,并将市级融媒体指挥中心设立在包头日报社。包头日报社进行媒体融合探索较早,依托"黄河云"平台和"中央厨房"采编系统的技术优势,大力推进县级融媒体中心建设,不仅可以利用包头日报社现有的较为成熟建设体系,而且可以避免重复建设。到2019年7月,10个旗县区和3个委办局移动客户端均已建成运行(如图6-60),集"策、采、编、审、发"于一体,形成一次采集、多种生成、全媒传播的工作格局,达到促进主流媒体精细化管理、规范采访程序和实现全过程留痕管理的目的。

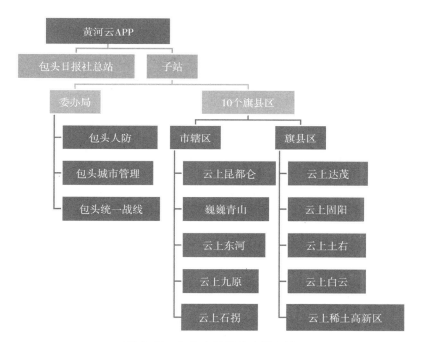

图6-60　包头市融媒体建设布局

　　其次,包头市同步推进机构改革,保障媒体融合发展工作的有序推进。目前涉及媒体管理和媒体运营职能的是包头市委宣传部和包头市委网信办,包头市委宣传部负责主流媒体,包头市委网信办负责自媒体。机构改革之前,包头市委网信办隶属于包头市委宣传部,负责微信公众号"包头发布"的运营;机构改革之后,包头市委网信办独立于包头市委宣传部,成为与其平行的机构,"包头发布"也成为由包头市委网信办运营的市委宣传部的政务平台。

最后,提供用于融媒体中心建设的专项资金。为了加快推进包头市融媒体中心建设,包头市财政局 2019 年拨付资金 1233 万元。截至 2019 年 8 月,全市 9 个旗县区(除稀土高新区以外)融媒体中心已全部挂牌成立;同步推进机构设置、办公场地、队伍建设,逐步完善"新闻+政务+服务"的功能,全市县级融媒体中心建设工作取得阶段性进展。① 虽然以前也有传统媒体和新媒体融合发展的资金支持,并且根据包头日报社和包头广播电视台的投入程度而匹配不同,但资金由包头日报社和包头广播电视台自行安排用途,未明确是融媒体中心建设的专项资金。

二、包头市主流媒体融合发展现状

包头市目前共拥有两家主流媒体,分别是包头日报社和包头广播电视台(如图 6-61),两家均是中共包头市委直属的差额拨款事业单位。

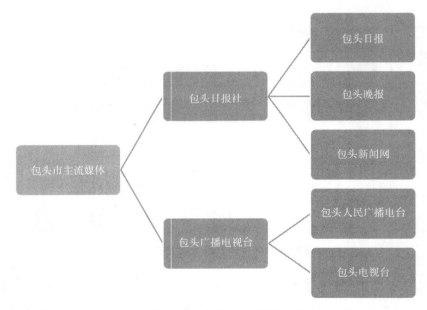

图 6-61　包头市主流媒体布局

---

① 包头市政府网:《市财政局:包头财政助力融媒体建设做强主流舆论阵地》,2019 年 11 月 18 日,http://www.baotou.gov.cn/info/1145/220048.htm。

在媒体融合的探索过程中,两家主流媒体的进程不一致,详细情况如下:

(一)包头日报社

包头日报社下有《包头日报》和《包头晚报》两份报纸,其中《包头日报》是包头市委机关报。2008年开通包头新闻网,是包头市唯一获批互联网新闻信息服务许可证的国家重点网站(如图6-62)。

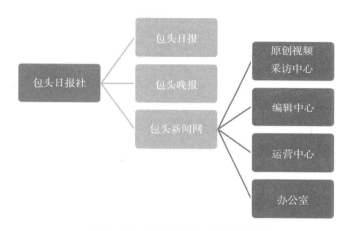

图6-62　包头日报社主要媒体资源

包头日报社的新媒体以包头新闻网为主,其媒体融合尝试是从2008年11月开通包头新闻网开始的,到目前为止平台搭建已基本完成,但深度融合仍在探索中(如图6-63)。

包头日报社的媒体融合工作从机构改革、流程再造、新媒体平台打造、人才队伍建设四个方面推进。

机构改革是流程再造和新媒体平台搭建的基本保障。原来包头日报社的体制是以块分割,简单说就是日报、晚报、新闻网三个系统互不联系、各自为政。后来通过融媒体指挥中心构建起以条为主、条块分割的结构,也就是把原来的日报、晚报和新闻网纵向排列,横向角色建立三个中心——采访中心、编辑中心、运营中心(如图6-64)。

建立与组织架构相配套的业务流程,通过流程再造真正实现由"先报后网"到"先网后报"的转变。这里的"网"指的是所有新媒体,一方面重置发稿流程,即先网屏后两微,最后是纸媒和手机报;另一方面规范策、采、编、审、发

图6-63 包头日报社媒体融合发展历程图

的流程,真正做到"一次采集、多次生成、梯次发布"。通过"中央厨房"改变并且固化采编流程,把新媒体和传统媒体全部串起来使得内容生产流程现代化,把包头日报社的纸媒采编系统改造成为融媒体采编系统。

提出"决战两屏、重点移动、突破移动"的战略,打造新媒体平台(如图6-65)。两屏就是手机屏和户外屏,重点做手机屏,作出"拳头"产品,抢占手机端市场。从最初的微博和微信到过渡产品包头手机报,从包头新闻网手机

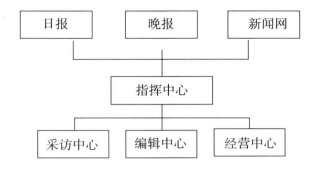

图 6-64　包头日报社组织架构图

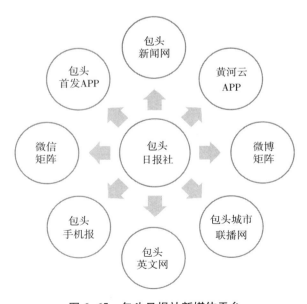

图 6-65　包头日报社新媒体平台

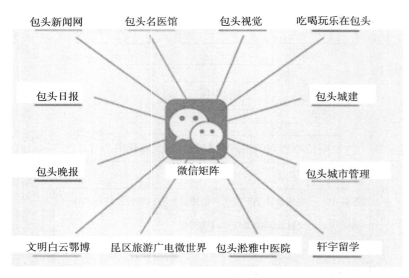

包头新闻网　　包头名医馆　　包头视觉　　吃喝玩乐在包头

包头日报　　　　　　　　　　　　　　　　包头城建

包头晚报　　　　　微信矩阵　　　　　　包头城市管理

文明白云鄂博　昆区旅游广电微世界　包头淞雅中医院　轩宇留学

图6-66　包头日报社微信矩阵

版到"黄河云"和"包头首发"这两个客户端，多种尝试之后确定重点发展包头新闻网手机网站、"黄河云"客户端和微信矩阵（如图6-66）的战略。其次就是九块户外大屏，分别放在包头全市交通要道，统称为包头城市联播网，每日精选包头日报社新闻内容，播出"包头日报快讯"。

不论是流程再造还是新媒体平台打造都需要技术的实现和固化。包头日报社采用北大方正软件系统作为融媒体采编平台，根据个性化需求对这个通用系统进行定制和调整。选择方正是因为它不仅有报纸需要的各种字体，而且有报纸的采编流程。"黄河云"客户端是由北京思拓合众科技有限公司提供技术支持，包头日报社用了一年时间进行栏目设置和内容生产的个性化定制，联合开发出包头日报社的"新闻+政务+服务"模式。"中央厨房"最核心的功能就是用技术把采编流程固定下来，实现传统媒体向全媒体的转型。

（二）包头广播电视台

包头广播电视台现有组织架构和媒体资源是在机构改革中重组形成的（如图6-67）。2014年包头人民广播电台和包头电视台合并，构成"5+3"的格局；随后媒体资产管理中心和手机客户端合并成立融媒体中心，其所属的包头广播电视网和"金鹿视点"手机 APP 是包头市唯一具有新闻视听登载资质的网络媒体。

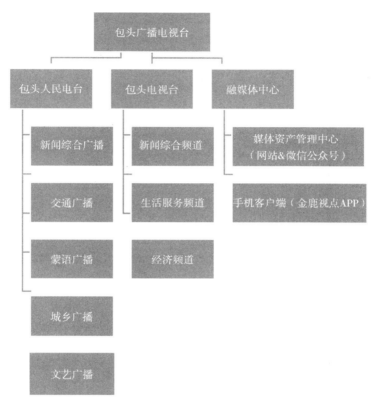

图 6-67　包头广播电视台组织架构和媒体资源

包头广播电视台早期新媒体建设的探索工作是由媒体资产管理中心负责,机构改革后继续负责推进媒体融合工作,具体发展历程如图 6-68。

截至 2019 年 8 月,融媒体中心前期基础筹建基本完成,基本人员已经就位,虽然尚未挂牌但已承担起媒体融合工作的职责,负责包头广播电视台官方微信、包头广播电视网首页和"金鹿视点"APP 的内容分发。包头广播电视台官方微信是由 5 个广播频率和 3 个电视频道各自开通的微信公众号构成的微信矩阵,因此包头广播电视网二级页面及其各自开通的微信公众号的内容由 5 个广播频率和 3 个电视频道各自负责。

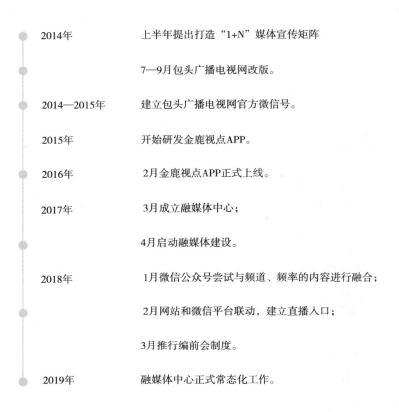

图 6-68　包头广播电视台媒体融合发展历程图

　　因为硬件设施包括技术上的一些设备还没有配置到位,所以广播电视的音频后台和视频后台尚未打通,内容采编还是依靠传统媒体采回来以后再进行二次编辑,主要是通过硬盘拷贝这种最原始的方式实现的。具体说就是电视记者把采访素材放入电视素材库中,编辑完输出之后,融媒体中心拿到素材进行二次编辑,这样的工作流程所能达到的最好效果是内容的同步发送,而不是新媒体首发。另外,通过大编前会制度实现了新闻和内容的共享,使得广播电视在内容融合上先走一步,尽管过程是人工实现的,但弥补了没有平台的缺失。2018年包头市发洪水时作了尝试性报道,取得了很好的效果。

　　渠道建设方面,包头广播电视台目前的新媒体平台(如图6-69)包括包头广播电视网、"金鹿视点"APP、包头广播电视台微信矩阵和抖音号。微信矩阵是由各频率、频道各自开通的微信公众号聚合而成(原来共有 12 个微信公众号,现正在改造升级),5 个广播和 3 套电视的格局是在广播电视发展过程中形成的,原来在宣传方面收听收视上有先天的优势;进入融媒体时代,它们各自运营微信公众号,形成各自为政、松散分散的状态,优势反而转变成一种劣势,架空了处于总台位置的融媒体中心。

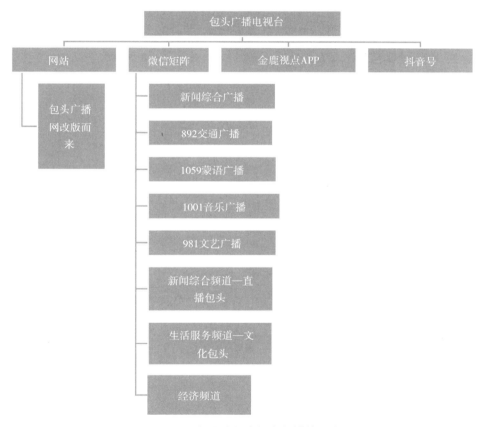

图 6-69　包头广播电视台新媒体平台

(三)人员队伍情况

包头日报社主要通过以下四个方面措施进行人才队伍转型。一是开展业务公开课进行实战培训,每两周一次,具体讲解如何制作短视频、如何利用无人机航拍等。二是改变考核机制,在保持原有报纸绩效考核的基础上,专门设立新媒体发稿奖励基金,鼓励记者采写适合新媒体使用的稿件,并以稿件点击量为主进行新媒体发稿考核,使采编人员收入与新媒体传播效果直接挂钩。三是建立工作室制度,鼓励工作人员根据选题跨部门自由组合作出适合全媒体的创意产品,目前有 3 个工作室,分别是《包头日报》的"钢铁侠工作室"、《包头晚报》的"乌兰道 20 号"、包头新闻网的"大河工作室",其中"乌兰道 20 号"推出的快闪作品《我的文明我的城》累计阅读量近 20 万。四是成立技术部,每三人一组,包括前端工程师、后端工程师和策划师,通过技术保证落实新媒体产品的想法并发布到手机端。2019 年是包头日报社进行人才队伍建设的第三年,但仍没有彻底实现转型。

包头广播电视台媒体资产管理中心和手机客户端合署办公后融媒体中心共有从业人员 7—8 人,更新广播电视的内容占据了主要的时间和精力,难有余力做别的创新。2019 年包头广播电视台通过两方面的措施进行人才队伍建设,一是在全台公开招聘采编、制作及技术维护人员,既能补充融媒体中心采编、制作及技术维护等方面人员力量的不足,又能促进台内人才流动,降低用人成本。二是改革原有组织构架,调整绩效考核方案,调动工作人员积极性,创新内部管理机制,推出如"吃遍包头"、"美拍包头"等民生类活动。

截至 2019 年 8 月,包头日报社包头新闻网参与媒体融合建设的工作人员共有 37 人,包头广播电视台融媒体中心工作人员共有 14 人,下面分别从年龄、学历、专业和编制四个维度对包头日报社、包头新闻网和包头广播电视台融媒体中心(以下简称"两大部门")现有人才队伍共计 51 人进行数据统计。如图 6-70 所示,30—39 岁占比最多,达到 49%;其次是 20—29 岁。学历结构分布相对集中(如图 6-71),本科学历占比高达 90%。从专业结构上看,专业背景人数最多的是新闻学和汉语言文学,分别是 12 人和 10 人;此外,管理类(含教育、财务、工商行政、旅游、国际商务、公共事业)和广播电视编导的人数也相对较多(如图 6-72)。编制结构上,有 30 位聘用工作人员,占比 82%,其他 7 位是编制人员,占比 18%(如图 6-73)。

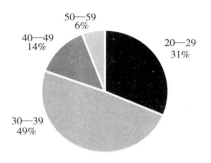

图 6-70　两大部门年龄结构分布图

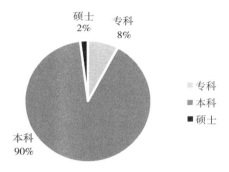

图 6-71　两大部门学历分布图

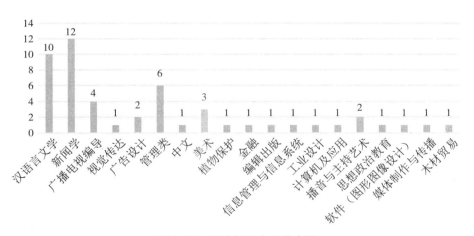

图 6-72　两大部门专业分布图

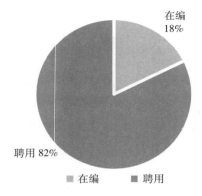

图 6-73　两大部门编制分布图

三、包头市媒体融合中的问题

自从 2014 年 8 月中央全面深化改革领导小组第四次会议通过《关于推动传统媒体和新兴媒体融合发展的指导意见》后，中央和省级媒体根据自身资源优势，已经各自探索出适合的融合模式，并逐步向外输出经验；2019 年 1 月中共中央宣传部和广电总局联合发布了《县级融媒体中心建设规划》和《技术标准》，县级融媒体中心建设工作也有条不紊的展开。地市级媒体处于非常尴尬的位置，作为少数民族聚居地和边疆地区的地区媒体也不例外，包头市必须在保有民族特殊性与舆论引导的需求下进行媒体融合的发展探索之路，也必然出现一些不容忽视的问题。

第一，包头市推进旗县区融媒体工作进程中，包头日报社和包头广播电视台两大主流媒体的参与程度存在差异。包头市积极响应内蒙古自治区大力推进旗县区融媒体中心建设的号召，出台《关于加快推进旗县区融媒体中心建设的实施方案》，依托包头日报社"黄河云"平台和"中央厨房"采编系统的技术优势，逐步完善"新闻+政务+服务"的功能，同步推进机构设置、办公场地和队伍建设，截至 2019 年 9 月已取得如图 6-60 所示的整体布局。包头市由已有转型经验的包头日报社承担主导性作用，推动旗县区融媒体中心建设；但包头广播电视台并未参与到旗县区融媒体中心建设中来，实际上在传统媒体时代，包头广播电视台的广播网与各旗县区宣传部紧密联系，建立起一套发稿系统，网站的外来内容就是由各旗区县宣传部供稿。但在媒体融合建设中包头广播电视台参与度不高，未发挥其优势。

第二,包头日报社和包头广播电视台探索媒体融合的过程中未实现资源的整合。两家独立发展,在媒体融合中容易造成资源浪费的现象,造成这种情况有两方面原因。第一,传统媒体时代各自承担的职责不同,继而形成各自的优势。包头日报社是以报纸和网站为主要宣传阵地,一直以来承担着党报的职责,文字和图片表述语态正式而且书面化;包头广播电视台的优势是音频和视频,而且承担着旗县区高清电视改造和推进广播电视"户户通"建设和运维工作。第二,他们在自我探索媒体融合的进度不一致。包头日报社从2008年开始尝试新媒体建设,从单纯"复制粘贴"日报、晚报新闻逐步过渡到短视频创作探索,进而引领包头市旗县区融媒体中心建设;包头广播电视台在2014年提出打造"1+N"媒体宣传矩阵,融媒体建设的推进断断续续也在进行,但实际上并没有独立运作,网站和"金鹿视点"APP基本上是提供了另一个收听收视的平台,相当于延伸了广播电视的播出体系。

第三,已有的技术平台没有根据实际情况的变化进行升级、调整。包头市整体媒体融合的建设规划是依托包头日报社"黄河云"平台展开的,承担起联通自治区级和县级融媒体中心的作用,也就是以"黄河云"平台为基础,向下建立旗县区融媒体中心,如"巍巍青山"、"云上昆都仑"等,向上无缝对接自治区草原云平台,最终形成自治区—市—县三级融媒体中心统一运作、三级共融共通的局面。但是,包头广播电视台目前并没有使用此平台,而是在寻找适合自己的平台,他们认为自己的平台建设比报社复杂,不但涉及视频后台素材的共享,而且高清电视拍摄的素材太大手机根本无法直接使用,必须从高码流转成低码流。如果技术平台不能根据具体情况进行升级改造、满足包头广播电视台的诉求,那么必然会造成平台建设的人力、财力的浪费,而且也不能把包头广播电视台纳入旗县区融媒体中心建设进程中来,有效地发挥其优势。

第四,进行媒体融合建设的人才力量支撑不足。具体说,就是本地从业人员传统人才居多,新媒体从业人员偏少;人才流失严重;从事媒体融合工作仍以某个部门为主进行推进。如图6-72所示,目前从业人员主要以新闻学、汉语言文学、广播电视编导、管理类等专业为主,只有个别从事计算机及应用、信息管理与信息系统等专业,专业结构上不足以对媒体融合建设形成有力支撑。

在调研中发现:(1)领导人员对人才队伍的转型和建设存在误解,认为人才队伍建设就是通过增加编制从而留住人才或者招聘适合岗位的从业者,而不是利用现有人力资源进行人才队伍的整体打通。他们普遍认为优秀的人才流失要么是因为跳槽到有编制的工作单位,要么是流动到别的薪水高或是待遇好的新媒体,所以除感情留人外,绩效考核机制和激励机制也逐步进行改革。

　　但在包头市媒体融合从业人员的问卷调查①中发现,薪酬福利、编制状况、工作时间和强度才是本地媒体人员流失的主要原因(如图6-74)。

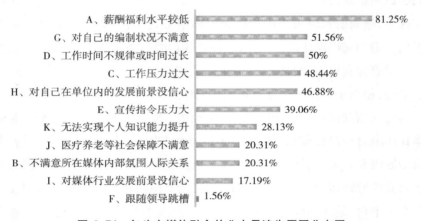

A、薪酬福利水平较低 81.25%
G、对自己的编制状况不满意 51.56%
D、工作时间不规律或时间过长 50%
C、工作压力过大 48.44%
H、对自己在单位内的发展前景没信心 46.88%
E、宣传指令压力大 39.06%
K、无法实现个人知识能力提升 28.13%
J、医疗养老等社会保障不满意 20.31%
B、不满意所在媒体内部氛围人际关系 20.31%
I、对媒体行业发展前景没信心 17.19%
F、跟随领导跳槽 1.56%

图6-74　包头市媒体融合从业人员流失原因分布图

　　(2)从业人员对身份和媒体思维的认识仍停留在过去,转型意愿不强,即使顶层设计再科学、合理,具体落实过程中必然会打折扣。包头日报社社长李某认为,媒体融合发展就是把传统报社转成全媒体机构,这是彼岸,如何渡过这个彼岸需要从四个方面来落实。但在实际操作中,有的从业人员认为自己的工作层面不涉及融合,融合是领导层面考虑的问题。

　　(3)培训、激励、晋升等制度的改革速度没有与从业人员的收入、工作压力和强度相匹配。与传统媒体相比,新媒体因其呈现方式多样和传播渠道多元,要求从业人员具有更多技能和更高的专业素养。领导层已经意识到"原

---

　　①　通过滚雪球的方式,对包头市从事媒体融合的70位工作人员进行问卷调查,对其专业背景、实际工作感受、从业人员流失原因、媒体实际使用情况等进行深入了解,以便更好地了解包头市从业人员的实际情况。

来在纸媒时代明确分工的文字记者和摄影记者,在新媒体时代开始要求一专多能,恨不得记者能把视频、音频、照片、文字的素材全都采回来,对记者的能力要求更高了",但改革速度仍需加快。包头市媒体融合从业人员问卷调查显示:超过40%的从业人员认为单位的绩效考核制度或者激励机制不合理,难以调动积极性;超过40%的从业人员认为单位组织的各种形式的技能或知识素养培训不够多;现在当地从业人员的月平均工资在3500元—4999元,;超过50%的从业人员认为工作量较大,经常需要加班。

第五,内容来源单一,本土化和生活化内容不足,包头市相关的文化、民族、地方特色挖掘不够。首先,新媒体技术运用的内容传播只停留在插入图片、视频、音频等,缺乏互动性和趣味性。基于"新闻+政务+服务"的功能设计,内容生产方面以领导活动和党政工作动态为主,辅助以本地信息和日常生活服务,看起来面面俱到但传播力和影响力有限。具体来说,党政宣传方面,虽然借助丰富的媒体资源拓展传播渠道,但内容缺乏创新、流于形式,党的政策方针等多是通过领导讲话、领导活动等展开,而不是老百姓喜闻乐见的内容和易于接受的传播方式。其次,仅关注便民服务和民声是不够的,对包头市作为旅游城市、草原文化和少数民族聚居地等特色内容挖掘不足,导致内容缺乏原创性。再次,两大主流媒体的内容生产大多是"一则新闻、多平台联动发布",不同部门之间的内容同质化也比较严重。最后,蒙古语内容的传播浅尝辄止,未能达到很好的对外传播效果,目前只有包头市人民政府蒙古语网页和包头广播电视台蒙语广播,传播渠道和内容单一。

四、包头市媒体融合发展的对策建议

包头市地处内蒙古高原,兼具独特的蒙古族风情和草原文化传承。如何立足本土实践,不断深耕内容建设,在媒体融合时代大有作为是值得深思的问题。针对包头市媒体融合存在的问题,提出以下几点对策建议。

第一,在正确理解媒体融合的基础上,解放思想、坚定转型的信心;打破固有思维、寻找发展目标。互联网技术的不断更新与智能技术的层出迭代,促使媒体产业不断尝试各类新形式以便更好地吸引读者,使得传统媒体通过拥抱先进的信息技术与新兴媒体融合发展变得日益重要。"融"是从生产源头开始的,是同种素材的不同展示样态,如视频展示样态、文字展示样态、摄影展示样态、微信展示语言等,而不是推出不同的平台进而增加展示的途径。因此,传统媒体在推进融合发展过程中,必须坚定转型的信心,在实际工作中逐步转变观念,充分发挥主观能动性,积极尝试、勇于创新。包头广播电视台一直承担着自治区"户户通"与"高清电视改造"的职责,一度因为"六大工程"而暂停媒体融合的探索,事实上应该探索出两者结合起来发展的新路径。

另一方面要敢于打破传统体制、机制的束缚,结合包头市媒体融合实际发展情况规划长远目标,在转型中摸索一条适合的道路。应该深耕本地特色,挖掘本地用户的实际需求,制定发展规划,不仅可以在内容上创新,而且能够吸引用户;还要积极消除传统媒体体制与媒体融合发展思想之间的矛盾,培养"互联网思维"。只有以开放的心态打造"双赢"的媒体生态,才能形成适合融合发展的新理念,打造地市级主流媒体"承上启下"的中流砥柱作用,摆脱"空心化、边缘化"的尴尬地位。

第二,在媒体融合发展中必须要统一技术标准,打通自治区—市—县中间环节的通用壁垒。内蒙古自治区积极推进信息化建设,为媒体融合发展提供良好的基础设施条件。技术是媒体融合发展的基本前提,为固化业务流程和实现功能与服务提供了可操作性。包头市已经形成以"黄河云"APP 为技术基础的旗县区媒体融合发展框架,当务之急是对现有系统进行升级改造,使得文字与视频系统可以兼容从而满足广播电视进行媒体融合的技术支撑,不仅可以继续发挥广播电视台在传统媒体时代固有的传播职能,而且节约成本、避免重复建设,使得包头市主流媒体打破各自为政、难以打通的局面,形成一个有机的整体。

另外,地市级主流媒体在现代传播体系中是连接省级和县级的桥梁与枢纽,包头市天然承担起向上连内蒙古自治区级技术平台、向下接旗县区融媒体中心,形成自治区—市—县三级融媒体中心统一运作。虽然包头市媒体融合之路开启略晚,但可吸收借鉴前人建设的经验,后发同样可以后发先制,在技术上从建设之初就采用同一套技术关联起来,真正打通省、市、县之间的融合技术壁垒,形成纵横联通的路径。在技术层面,可由包头市委牵头成立独立的融媒体技术部门,统一规划调度全市与技术相关的事项,包括技术标准选择、技术研发、技术升级与维护、技术人员培训、对外对内的技术衔接等工作,既能解决各家在技术上资金投入过多或者受限于资金不足而功能不全、分阶段开发的问题,也能统筹管理技术人员在培训上时间和资金的投入,打造一支包头市专属的媒体融合技术团队。

第三,要尽快推进全媒体人才队伍的建设,既是新鲜血液的注入也是传统人才队伍的打通。包头市现有媒体融合从业人员的年龄以中青年为主,学历以本科为主,专业构成较为繁杂但偏传统媒体专业。针对这一现状系统化建设人才队伍,一方面吸纳媒体融合领域内的专业人才,通过出台长期稳定的政策如薪酬、福利和长期发展规划等保证人才引进之后能留得住。另一方面建立起培训和学习机制,从理念、业务能力、技术等方面入手提升原有媒体工作人员的综合素质,可以是中长期培训也可以是短期学习交流,可以参加外部的培训学习也可以内部组织经验交流。2018 年 12 月,内蒙古自治区新媒体研究中心和蒙古语新媒体联盟在内蒙古师范大学挂牌,既有互联网基本规律和新媒体基本理论的研究,也有新媒体传播、新媒体产业政策、新媒体经营管理、网络用户行为分析、新媒体技术等领域的探索[1],包头市委宣传部可以与内蒙古师范大学相关专业建立长期合作,搭建实习基地,立足于本地实际情况培养适合本地媒体生态所需要的人才;同时利用"少数民族高层次骨干人才计划"培养一批高层次的媒体融合相关领域的领军人才。

另外,就是要通过更具竞争力的薪酬体系、更具吸引力的激励机制和更合理的晋升机制取代编制体制对人才的吸引力,营造出"多劳多得、不劳不得、晋升面前人人平等"的从业人员工作理念。在调研中"缺少编制造成人才流失"这一观点屡屡被提起,编制体制成为招聘和留住人才的"救命良方",但这种"稳定"的体制为从业人员创造了一个"安乐窝",使得他们缺乏在竞争中创新和自我学习成长的动力,成为桎梏人才队伍转型的主要原因之一。只有打破体制的桎梏,创新管理方式,建立起灵活的薪酬体系和激励机制,才能促进传统队伍整体转型。

第四,在"黄河云"APP 现有功能基础上,因地制宜继续完善服务功能、丰

---

[1] 内蒙古自治区政府网:《内蒙古自治区新媒体研究中心在内蒙古师范大学挂牌成立》,2018 年 12 月 6 日,http://www.nmg.gov.cn/art/2018/12/6/art_365_242541.html。

富内容。包头市现已上线的黄河云平台致力于打造集"数字媒体、移动政务、民生服务、企业服务、内容监管"五大功能于一体的平台,兼具新闻宣传、移动政务、智慧城市服务、舆情管理等多种功能。整体工作仍处于起步阶段,网络问政、政务公开、智慧城市的整体接入都有大量的工作要做,下一步的重点就是扎实推进这些工作,增加内容、丰富内容。

地方媒体最重要和最主要的用户就是本地居民,必须生产和传播本地居民最关注的内容,才能增加用户的黏合力。针对包头市受众的调研数据显示,本地居民在使用本地媒体时主要关注的内容(如图6-75所示)位列前五的分别是时事、教育、财经、健康医疗和科技,而内容不及时、界面设计差、内容偏庸俗、内容不丰富是本地居民不太关注本地媒体的主要原因。

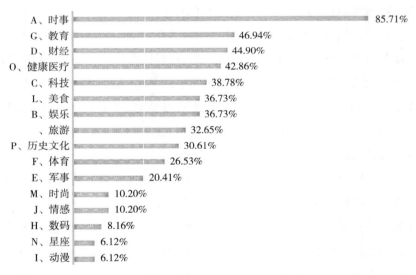

图6-75　本地媒体中关注的内容

在内容生产方面,一方面打造对外宣传品牌栏目,利用地理位置优势着力发展与蒙古、俄罗斯的交流。包头广播电视台新闻频道的蒙语直播栏目,现有三十多万的关注量,在蒙古语地区的宣传效果非常好。可以抓住国家"一带一路"、"向北开放"发展战略,依托"草原丝绸之路"、"万里茶道"的历史渊源优势,充分发挥边疆少数民族地区和草原文化遗产优势,将其打造为富有民族和地域特色的对外交流传媒品牌。另一方面,民众比较关注的惠民项目,如广播电视户户通工程、精准扶贫工程、文化遗产申遗等政策宣讲、文艺创作、社会宣传等活动,也是内容创作的主要素材。

在内容传播方面,传统媒体和新兴媒体各有其优势,只有二者有机结合、完美融合才能发挥最佳的传播效果。传统媒体开辟专版进行深度报道,认真总结和深入挖掘脱贫攻坚工作的典型做法和成功经验,形成可供借鉴推广的案例;广播电视节目则使用本盟市、本地区、本民族的语言宣传农村牧区有关养殖、种植、旅游、手工艺品制作等群众急需的脱贫致富知识;新兴媒体对相关政策宣讲、文艺创作、社会宣传等活动进行快速传播,并及时对用户留言进行答疑解惑。多种渠道有机结合,对最贴近百姓生活、百姓最关注的内容进行多方位解读,以此赢得包头市民的满意和持续关注。

在功能设计方面,一方面加强对舆情的监测、研判和回应,尤其是针对减税降费、脱贫攻坚、教育改革、卫生健康、社会保障等社会热点,及时答疑解惑,避免不必要的矛盾。另一方面,及时更新和推送最新信息,设置互动功能提升互动性,如鼓励用户评论、分享、转发与点赞、设置自动回复和意见反馈等。总之,通过丰富的内容题材、富有特色的原创内容、双向和实时的互动信息,提升本地居民的活跃度和黏性,真正的发挥本地主流媒体"引导群众、服务群众"的作用。

第五,发挥边疆省区地缘政治地位的优势,结合党和国家新闻出版"走出去"战略,构建内蒙古自治区对外传播体系。迈向世界传播体系是我国边疆省区地缘政治地位的提升赋予边疆省区传媒的历史使命①,一方面,内蒙古自治区东南西毗邻8省区,北邻蒙古国和俄罗斯,国境线长4200公里,独特的地理位置使其在对外传播中具有成熟的政治经济条件。2011年国务院出台的《关于促进内蒙古自治区经济社会又好又快发展若干意见》,明确了内蒙古作为"我国向北开放的重要桥头堡"的战略定位,这既是内蒙古区位优势向经济优势转化的客观需要,也是国家实施沿边地区开发开放战略、进一步扩大对外

---

① 参见才让卓玛:《从区域传播迈向世界传播——边疆省区党报参与构建现代传播体系研究》,经济科学出版社2018年版,第66页。

开放的需要①。

　　另一方面,生活在内蒙古自治区内的蒙、汉、满、回、达斡尔、鄂温克、鄂伦春、朝鲜等 55 个民族,有一些是跨省区、跨国家的民族,为世界传播体系提供便利的文化基础。内蒙古自治区是我国第一个成立的省级自治区,一直把维护祖国统一和民族团结作为最高目标,长期呵护"模范自治区"的崇高荣誉,不仅在发展中形成"高位推动、舆论引导、文化引领"等特色,而且为我国建立和发展民族区域自治制度作出了巨大贡献。② 因此,内蒙古自治区必须把握历史机遇,在推动区域经济发展、与各邻国友好往来的同时,客观报道自治区的真实发展情况,讲好发展故事,不仅有助于发挥主流媒体的舆论引导作用,而且能够趁机提升自身的影响力、壮大发展。

---

① 内蒙古新闻网:《把内蒙古建成我国向北方开放的重要桥头堡和充满活力的沿边经济带》,2013 年 3 月 25 日,http://gov.nmgnews.com.cn/system/2013/03/25/010937833_01.shtml。
② 参见国家民委政府网站:《王延中:推动民族团结进步创建工作向纵深发展》,2019 年 3 月 12 日,http://www.seac.gov.cn/seac/mztj/201903/1132985.shtml。

第七章　地县媒体融合发展之路

　　媒体融合这一国家发展战略如何在地县媒体融合发展之路逐层逐级落地？地县媒体融合如何因地制宜、持续发展？地县媒体如何贯彻落实党管媒体的原则，打造地县级新型党媒、壮大主流舆论阵地、确保党的声音唱响在基层，更好地引导群众、服务群众？针对这些问题，北京大学新媒体研究院研究团队从2017年开始至2019年底，持续关注我国县级融媒体中心建设及地市媒体融合发展情况，采用问卷调查与实地调研相结合的方法，同时以点面结合的思路就我国基层媒体融合的现实问题，展开了更有针对性的研究，提出了地县媒体融合更具方向性、可操作性的建议。

　　梳理总结前六章，可以清楚地了解到，北京大学新媒体研究院研究团队从2017年3月至5月，首先开展第一次全国性问卷调查《全国县级新媒体平台建设情况》，以全国2851个县为调查总体，通过电子邮件向全国31个省共2741个县发放调查问卷，旨在对当时全国县级新媒体平台建设情况进行摸底，重点考察县级新媒体的平台搭建、平台功能与内容建设、经营管理、人才队伍建设等方面的情况。随着党和国家对县级融媒体中心建设进一步要求部署，在"试点先行，全面铺开"的战略推广下，县级融媒体中心建设在全国范围内如火如荼地开展起来。研究团队于2018年10月至12月开展了第二次抽样调查《县级融媒体中心建设情况》，在全国所有县级单位中随机抽取600个县作为问卷调查对象，深入了解全国县级融媒体中心建设整体情况，同时结合先前调查结果，关注县级新媒体平台发展与融媒体中心建设间的互动关系。研究团队于2018年、2019年先后前往浙江省长兴县、江西省分宜县、甘肃省玉门市、吉林省农安县、北京市大兴区、厦门市海沧区、绵阳市游仙区，实地了解当地县级融媒体中心建设情况、工作流程、技术创新等方面的具体情况。

研究团队同时关注发挥"桥梁作用"的地市媒体融合发展具体状况，于2019年2月至5月前往江西省赣州市、山西省运城市、河北省衡水市、黑龙江省绥化市开展针对地市级主流媒体融合发展的实地调研。在调研过程中，分别向四市主流媒体机构、融媒体从业者、当地普通用户分别发放了《地市级主流媒体融合发展情况调查问卷》、《地市级主流媒体融合从业者调查问卷》、《地市级主流媒体融合发展效果调查问卷》。

研究团队近三年对地县媒体融合持续关注，掌握了大量一手数据资料与实地考察材料，同时结合政治、经济、文化等多维度视角进行分析，研究发现，目前我国地县媒体融合已响应国家号召，深入社会基层扎根：县级融媒体中心建设如火如荼，多数尝试突破旧有理念，实现技术升级；地市媒体融合则逐步完成资源重组，发展具有地方特色的融合道路。但研究亦关注到媒体融合这一涉及多方面、多层次的改革创新在具体实施时，仍需要打破体制机制的束缚，解决人才储备不足等根本问题，还需不断地完善规范和标准，否则媒体融合只会停留在单一机构的"形式融合"，无法形成由上至下、符合社会结构的协同发展；同时研究还发现，目前尚未就媒体融合传播效果有合理评价体系，这也是制约地县媒体融合发展的重要原因之一。

立足当下成果，总结发展问题，展望未来趋势，正是研究团队研究初衷所在。本章是对前文研究成果的梳理、总结，在探索地县媒体融合发展问题的同时，结合技术创新与机制改革等顶层设计大背景，对我国媒体融合的发展前景作出思考。

第一节　地县媒体融合发展成就

纵观媒体融合发展的五年历程，中央对媒体融合发展战略的重视程度不断提升，对媒体融合工作的设计和要求不断细化，对媒体融合工作的布局不断向基层纵深。一方面政策顶层设计渐次覆盖到各行政单位，另一方面县级融媒体中心建设正如火如荼，地市媒体融合正依据地方特点逐步开展工作。我国媒体融合发展已取得阶段性成果。

一、地县媒体融合向纵深发展已是必然趋势

2014 年 8 月 18 日,中央全面深化改革领导小组第四次会议审议通过《关于推动传统媒体和新兴媒体融合发展的指导意见》,吹响了全国各级媒体融合发展的集结号,媒体融合成为国家发展规划的重要组成部分。

2019 年 1 月 25 日,中共中央政治局在人民日报社就全媒体时代和媒体融合发展举行第十二次集体学习,习近平总书记主持学习并发表重要讲话,他强调,要运用信息革命成果,推动媒体融合向纵深发展,加快构建融为一体、合而为一的全媒体传播格局。推动媒体融合发展、建设全媒体成为我们面临的一项紧迫课题。由此可以看到,我国媒体融合顶层设计由上至下逐层完善,在技术层面跟进移动互联网发展步调,在体制层面关注基层媒体宣传匹配群众需求,由此形成以大带小、共同发展的趋势。

结合《第 44 次中国互联网络发展状况统计报告》①与相关研究数据显示,2019 年我国县级融媒体中心建设呈现"井喷式增长"②,已完成县级融媒体中心全部挂牌的省、直辖市包括北京、上海、天津、甘肃、贵州、江西、河南等,覆盖呈现系统性、广泛性的特点。县级融媒体中心建设同时打通与中央、省市媒体合作通道,各县通过入驻中央、省市媒体云技术平台,利用先进技术条件,共享内容资源与内容分发渠道,构建多渠道的立体传播矩阵。如人民日报"中央厨房"、新华社"现场云"等大型内容云平台都已连接近千家县级融媒体中心。

地市级媒体融合虽尚未有针对性政策发布,但响应国家政策号召,已有不少地市媒体机构开展改革创新。2019 年地市媒体以县级融媒体中心建设为突破口,积极发挥"桥梁作用",一方面联系县级单位进行资源共享,以合作等形式共建县级融媒体中心;另一方面参与省级媒体融合统筹规划中,助力构建由上至下的地区媒体融合发展路径。

---

① 中国互联网络信息中心:《第 44 次中国互联网络发展状况统计报告》,2019 年 8 月 30 日,http://www.cnnic.net.cn/hlwfzyj/hlwxzbg/hlwtjbg/201908/P020190830356787490958.pdf。

② 黄楚新:《2019 县级融媒呈井喷式增长》,《中国新闻出版广电报》2019 年 12 月 17 日。

二、县级融媒体中心建设实现理念创新与技术升级

目前,我国媒体融合发展逐步由以中央媒体机构、地方传媒集团为主体的"规模型"融合,转向县级媒体机构为单位的"精准型"融合,这要求我们深耕基层群众内容需求,自下而上地夯实我国媒体融合发展的基础构建。自 2018 年 8 月至今,县级融媒体中心建设在"试点先行,全面铺开"的战略推广下,在全国范围内如火如荼地开展着。经过一年多的发展,各省县级融媒体中心数量直线上升,同时在组织架构、技术升级、人才队伍与经营管理方面都有了新的特点,形成解决各类实际问题的发展路径与建设模式。

在组织架构上,各县的融媒体中心均对原有的媒体机构进行了调整,确立了新的组织架构和工作机制。无论是否有正式的机构番号作为统领,各县都有意识地整合了原本各自为战的媒体资源,按照功能重新划分,在实践中打破工作壁垒,统一调度资源,再造内容生产、分发机制;在技术创新方面,各县级融媒体中心初期阶段一般结合自身具体情况自建技术系统,随着省一级数据平台建设完成,2019 年各县融媒体中心与省市媒体联网互通,接入省级"云"平台,升级融合指挥调度系统(移动采编)、移动直播、音视频在线非线性编辑、内容智能推送等功能模块;人才队伍建设是县级融媒体中心的难点之一,目前除了建立人才培养制度外,有的县已在尝试打造独立运营团队,脱离传统媒体编制,提升团队专业度;在经营管理上,大部分的县级融媒体中心还未实现可持续盈利循环。

已呈现全国范围内全面铺开的县级融媒体中心主要按"全省部署"与"县级探索"两种模式探索。"全省部署"指在省委宣传部、省级传统媒体等省级单位的统一规划、指导、帮助下,以全省融媒体集群的形式规划统筹县级融媒体中心建设。"县级探索"模式则强调在建设过程中从各县的实际情况出发,整合和重组县内原有的媒体资源,激发各县自身的主动性。

目前县级融媒体中心建设主要呈现四种发展路径,第一类路径借助市场力量产业化运作,在组织架构上以事业单位企业化管理的形式运作融媒体中心,激发商业活性,一方面通过经营平台进行广告售卖与内容增值服务,另一方面延伸产业链,打造电子商务公共服务平台。第二类路径呈现机构融合倒逼媒体融合的特征,即成立建制化的县级融媒体中心,将县内主流媒体整合在一起。这一路径在体制上实现深度突破,保留正式"番号"解决行政管理归属问题,同时对原有的资源进行扁平化重组,加强内部协调,还便于获得人才培养、资金投入等方面的政策支持。第三类路径以原有的县级电视台为建设主体,整合和重组广播电视台原有的内部资源。在内部组织架构上,融媒体中心整合原有的新闻部、编辑部、新媒体部、技术部的人员力量,再造生产流程,完善管理机制。以县委宣传部主导建设县级融媒体中心为第四类路径,保证集中领导力量。

我国县级融媒体中心建设将继续加速全面铺开,在管理模式、技术发展等方面探索适合县域的创新实践,最终形成覆盖全国的融合网络,加强基层社会舆论引导与其他社会功能。

三、地市媒体融合实现资源整合与地方特色建设

我国媒体融合工作逐渐从最初由中央级媒体机构、地方传媒集团牵头融合过渡到向基层纵深融合的新阶段,最终目标是要构建"中央—省—市—县"联动互通的媒体融合传播体系,推动党的声音切实落地,真正实现引导群众、服务群众。就目前的工作部署而言,媒体融合沿着"抓两头、促中间"的渐进式发展路径展开,地市媒体融合发展是贯通省市县三级无法绕开的关键一环。目前,我国地市媒体融合实践正在政策指导下,依据地区特色有序开展建设工作。

目前多数地市媒体机构主要以行政力量为核心,采取"整体规划,有序铺开"的发展路径,由地市宣传部门牵头,将地市范围多元主体(包括宣传、网信办、文化等相关部门、地市报纸、地市广播电视台、地市新媒体平台以及当地自媒体等)和多种资源(内容、技术、渠道、资金、人才等)统筹考虑,各媒体单位自主探索媒体融合的发展路径,从内容生产与分发、技术平台选择与搭建、经营管理模式优化、工作机制完善等方面形成符合自身实际的创新做法,推动媒体融合工作真正落地,保证媒体融合发展真正发挥实际效用、解决实际问题。经充分探索和调研后形成相关工作规划,指导各主体有序开展媒体融合工作,促进资源的合理配置及其效益最大化。同时,地市媒体融合主要依靠技术手段革新旧有的内容生产与分发方式,实现流程再造和扁平化管理,构建跨主体、跨形态、跨终端、跨平台的全媒体平台,以技术为支点打破旧有的部门或平台壁垒,促进各种资源的高效流通与合理配置。

地市媒体机构作为省与县之间的中间地带,一方面更贴近现实素材与用户需求,具备特色内容挖掘上的先天接近性;另一方面地市一级的采编能力和整合能力也更强,更能形成具有区分度和品牌效应的地方特色内容和产品体系。地市媒体融合更注重以区域特点为主,以内容为主要着力点,通过挖掘地方(比如革命老区、少数民族地区、边远地区等)特色内容,形成当地凝聚民心和舆论引导的文化基点,并迸发出经营模式创新的核心竞争力,促进媒体融合发展更好地融入并服务于地方经济社会发展。

第二节　地县媒体融合存在的几个关键问题

从"媒体融合"的概念提出,到媒体融合发展成为一项"紧迫课题",反映了媒体融合的战略意义的进一步凸显,同时也反映出媒体融合工作的紧迫性在不断提升。一方面,新的媒介技术更新迭代快,持续变化的媒介生态和舆论生态为主流舆论引导和阵地建设带来挑战;另一方面,尽管媒体融合工作已经开展了五年时间,但仍然没能从根本上扭转主流媒体在传播格局中的被动地位。

媒体融合向纵深发展已是必然趋势,但我国目前媒体融合发展仍有桎梏。地县媒体融合在实践过程中有体制机制、人才储备等突出问题亟须解决,在持续发展中有协同效应与效果评价问题尚未受到关注。

一、体制机制陈旧难逃"形式融合"

在当前的媒体融合发展工作中,体制壁垒仍然根深蒂固,仍存在只重视形式忽略融合本质的做法。我国媒体机构一直呈现自上而下发展的趋势,有相当部分的地县媒体机构保留参公单位制度,在国家事业单位体制内进行管理。虽然国家在媒体融合方面加大投入,但一些媒体的传统思想观念没有转变,始终把传统媒体作为主体和主导,把新媒体业务作为附属和附庸,人力、物力、财力集中在传统体制,最终导致"形式融合"的发生。

地县媒体融合一方面出现因体制机制陈旧而缺乏顶层全盘设计,主要采取"增量改革"的方式,通过修补与加法的途径来推进媒体融合,通过"传统媒体+N"模式,如从一张报纸发展为一张报纸加一个网站、一个客户端、几个微博、微信账号。各模块之间貌合神离,对内容缺乏有效整合,没有形成统一的平台或者有机链条,不同的内容生产区块之间不能互通,导致信息不能共融共享,实际上是一种姿态性融合而非实质性融合。

另一方面则体现在只推进地县融媒体中心的挂牌数量,实际上并没有涉及生产流程、经营管理上的深度融合,甚至没有完成确立编制或"番号"。一窝蜂式建设虽然从短期看实现了媒体融合的体制建成,但从长远看,很可能由于缺乏深思熟虑而导致其在运行中沦为"空壳"机构,无法真正发挥联系群众、体察民情、传播党和政府声音等重要职能。

大范围的"铺开式"统一建设造成了严重的资源冗余,仅在形式上完成融合的表层,目前以"两微一端一号"为主的平台融合建设存在以数量多少取代质量好坏的衡量标准,政府各机关部门为了融合建设达标,纷纷开设微博账号、微信公众号等,实际上造成大量媒体资源冗余。

二、人才储备难适配全媒体需求

媒体融合发展从工作技能到思想水平上均对人才队伍提出了更高的要求。全媒体人才既要保持持续应对媒介生态快速变化的积极性和专注度,又要拥有应对新媒介技术挑战的学习力和创新力。

人才问题是地县媒体融合在实践过程持续面临的重要问题之一。现有人才储备实际难以完全适应新媒体技术的发展趋势,地县媒体融合实际存在较大的人才缺口。一方面,囿于体制机制瓶颈,传统媒体无法给予人才以充分的保障和激励机制,导致人才流失严重。对地市级主流媒体从业者的问卷调查结果显示,编制问题直接影响到媒体从业者对其工作现状和发展前景的判断,而负责新媒体或媒体融合相关业务的从业者无编制的超过六成。此外,36.5%的受访者对所在单位的薪酬待遇感到不满,个别地区还存在"同工不同酬"的现象。超八成的受访者感知到当地媒体存在不同程度的人才流失现象,薪酬福利水平较低、对编制状况不满意、对单位或行业前景不满意是其主要原因。另一方面,与媒体融合相关的培训机制以及规范性制度建设尚不健全,使得传统媒体人才的转型相对艰难,多数只能通过"自学"的方式完成,甚至出现了"知道融合,但是不知道怎么融,心有余而力不足"的畏难情绪。

县级融媒体中心建设在人才储备、培育等问题上也有难以解决的情况。在年龄上,各县从事融媒体中心工作的人员普遍年龄较大,主要集中在30—49岁。在学历上,以本科学历为主,专业结构较复杂。在编制上,基层单位编制较为紧缺,各县均有一半以上的工作人员为聘用和借调人员。除了发展较早、经济较为发达的县如长兴县和分宜县建立起了较为完善的人才培养制度外,许多县均没有建立起行之有效的人才引进和奖惩制度。这些因素均有可能影响运营团队的专职化和专业化水平。

三、媒体融合纵深协同效应还未形成

媒体融合向纵深推进,旨在构建"中央—省—市—县"的协同发展格局和媒体融合传播体系,实现各级之间联动互通的规模效应。但当前,上下级、同级之间存在一定的割裂发展态势,主要依靠自上而下的行政化手段推进,缺少自下而上的基层创新予以补充,从而实现一种良性互动,使得相关工作缺乏必要的问题导向,未能厘清媒体融合发展与处理现实问题之间的关系,容易不切实际、流于形式,自发性、自主性不强,甚至将媒体融合置于解决其生存(经营)问题的对立面,视其为"负担",实质上是一种"被动"甚至"被迫"融合。

在现阶段我国媒体融合发展大局以及"中央—省—市—县"传播体系中,地市一级处于相对边缘化的位置,呈现出"空心化"的趋势。客观条件上,中央媒体与省级传媒集团利用其体量与资金的优势,率先建立技术平台或为地县媒体融合发展提供有偿方案,这一看似合理的运行逻辑实质是资源占有的中央媒体与省级媒体的"圈地运动",裹挟地市媒体与县级融媒体中心形成互设壁垒的技术闭环,阻碍"中央—省—市—县"的协同发展及其规模效应的实现。

"空心化"还突出表现为地市级媒体融合工作在政策支持上的相对弱势,特别是随着县级融媒体中心建设率先上升为国家战略,各省主抓县一级媒体融合,省、县两级绕过地市一级直接对接,导致地市一级媒体融合工作相对滞后且发展迟缓,主管部门针对当地媒体融合工作出台的指导意见或工作规划均较为笼统和空泛,仍需等待上级的"顶层设计"、"时间表"、"路线图"。

与此同时,在"以减少层级为目标、以巩固县级层次为保障、以调整高层为方向"①的行政区划改革与变迁趋势下,从"省直管县"到"撤县设区",对行政区划层级较强的依附性导致"地市级媒体的活动空间变窄"②,功能定位逐渐模糊。一方面,在"省——市——县"的三级通路中地市一级被逐渐架空,游离于资源置换和信息流动之外,其连接作用被削弱。以黑龙江省绥化市为例,该省省级广电通过建立"智慧广电"系统直接与县一级对接,以往市县广电之间的指导和合作关系被打破,使得绥化市处于相对"孤立无援"的被动地位。另一方面,地市一级不仅在媒体融合工作中得不到省、县两级的支持,还面临着来自二者"上挤下压"的竞争压力。③

四、融合传播效果尚无合理评价

在媒体融合建设实际工作中,普遍存在"重形式,轻评估"的问题。目前县级融媒体已经出台具体的工作指导准则,但就全国媒体融合整体发展而言,融合传播效果这一由公众评价占主导的相关工作难以开展。目前评价主要停留在初级的软硬件建设阶段,难以真正发挥舆论引导、政府服务等功能,更难承担起公共服务、电子商务、人才孵化等其他多元化功能。此外,对评价工作的不重视导致媒体融合发展过程中缺乏必要的用户调研和畅通的反馈渠道,建设成果"鲜有群众知晓",不利于系统工程的良性循环。

地县媒体融合顶层设计与实际工作之间普遍存在落差,未能实现顶层设计与基层创新的良性互动,要么是依靠行政力量的机械式推动,要么是凭借自主探索的分散式发展,但媒体管理部门和媒体机构相关领导均充分认识到媒体融合发展的重要性和紧迫性。然而在具体执行过程中,一方面当地媒体融合工作规划与实际工作结合不紧密,前期调研工作不充分,未能直击实际工作的痛点,同时对困难的准备不足;另一方面媒体融合工作缺乏长远规划,缺乏针对工作执行情况本身的系统、动态评估,未能充分认识并利用实际工作的指

---

① 张永理:《我国行政区划层级历史变迁——兼谈其对省直管县体制改革的启示》,《北京行政学院学报》2012年第2期。

② 王霞:《新媒体背景下的地市报创新策略研究》,复旦大学硕士学位论文,2014年。

③ 参见许伟杰、陆怡然:《城市台媒体融合的困境与出路》,《中国广播电视学刊》2019年第6期。

导意义，未能及时发现问题以调整发展方向、优化工作策略。

媒体融合实际效果有限，突出表现在高投入与低产出的不对等上。建立"中央厨房"式的信息采集、存储与发布的统一平台是传统媒体融合发展中具体建设形式，信息平台建设需要在技术、人才、结构等各处的高成本投入。目前多数省级媒体与部分县级融媒体中心已购买信息平台的整套服务，但日常内容生成、分发仍很少使用信息平台，依然更多依赖传统流程，对信息平台所管理的各类新媒体平台也疏于管理，僵尸号也屡见不鲜。

第三节　地县媒体融合的未来发展

地县媒体融合在国家政策指导下已取到显著成绩，形成由上至下的全盘发展局面，为加强舆论引导，更好地服务群众提供了数字化平台；但地县媒体融合在发展过程中也暴露出了一些问题，甚至在理念层面还需跟上新的发展形势。立足当下发展现状，方可展望未来进步前景。

一、加强顶层设计，构建具有中国特色的现代传播体系

媒体融合是新时代主流媒体应对互联网挑战而提出的新课题，也是更好地服务中心工作的必然要求。当前互联网环境日趋复杂，主流媒体影响力面临极大挑战，急需推动媒体融合发展，扩大主流价值影响力版图，打造天朗气清的网络生态空间，最终建立具有中国特色的现代传播体系。

现代传播体系是现代传播关系（包括主体和客体）、现代传播方式（包括技术、渠道、规制等）及内容的有机结合。随着信息技术突飞猛进，人工智能被广泛运用，新兴媒体雨后春笋般涌现，每个人手拿"麦克风"成为一种常态。在纷繁复杂的网络环境中，要坚持正能量是总要求，管得住是硬道理，用得好是真本事。主流媒体应始终沿着正确方向行进，推动媒体融合发展，建设具有中国特色的、立体多样、融合发展的现代传播体系，壮大舆论声量，坚守舆论阵地。

二、实现联动机制，形成"中央—省—市—县"一体化传播格局

地县媒体融合在现代传播体系中分别发挥着不同作用，地市媒体处于承

上启下的重要位置,是中央、省级和县级基层单位联系的桥梁与枢纽,县级融媒体中心则是夯实媒体融合发展基础的"最后一公里",统筹处理好省、市、县三级媒体机构与政府宣传部门的关系,坚持传统媒体和新兴媒体优势互补、一体发展,坚持中央媒体和地方媒体分工明确、差异发展,最终形成"省——市——县"联动传播机制与多元协同的融合传播格局,更深入、更广泛、更有效地为党发声。

在政策上实现媒体融合从中央到地方基层的上下贯通,制定并出台相关的政策指导文件;在省级层面上,推进县级媒体融合发展的过程中不要忽视地市级媒体所能发挥的桥梁作用,充分调动地市级媒体融合带动县级融媒体中心发展,全盘考虑省、市、县三级的媒体融合情况再制定统一的发展方案,打通省、市、县之间的融合壁垒,规避可能发生重复建设的风险。

三、因地制宜发展,打造具有地域特色的智能化综合内容服务平台

地县媒体融合向纵深发展必须因地制宜,面向用户需求,充分发挥接近性优势,重视当地用户的信息需求偏好,扎根本地特色,制作新媒体内容产品,利用地域特色,紧跟先进技术,不断完善平台的服务功能。

地县媒体在平台建设上除以党政新闻信息为主外,应对传播地方特色文化进行一定的有益探索,着力加强对当地教育、生活和健康方面信息的深度挖掘,生产相关新媒体产品,实现内容生产靠党政和民生"两条腿"走路。此外,内容生产传播要增强互动性和分享性,充分发挥两微等社交平台的社交属性,以此提高用户的参与度,增强用户黏性的同时助推信息向更大范围扩散传播。在此基础之上,根据实际情况探索完善平台的服务功能,比如,打通与地方电子政务平台的联系,又比如,联合当地医院实现在线问诊、网上挂号、病例联网查询等诸多网上医疗服务功能等等。充分利用地县媒体融合建设中综合信息平台的功能,与智慧城市连接,为群众打造综合性服务平台,同时与其他政府部门一道打通信息壁垒。

需要注意的是,新媒体平台上的功能建设是循序渐进的,而不可一蹴而就。要分清主次,信息传播和舆论引导功能先行,服务功能完善量力而行,灵活建设。

四、跟进互联网思维,以新媒体化为媒体融合发展的最终目的

媒体融合要跟进互联网思维,从过去仅为宣传服务的媒体建设观念中解放出来,意识到信息技术的发展对于社会发展带来的变革性影响,不仅掌握先进技术的用法,还要了解技术在媒体融合中究竟发挥什么作用,理解新媒体化是传统媒体向新媒体融合的最终目的。

要深化对媒体融合的认识,树立、普及正确的融合理念。一是要认识到媒体融合是一场全方位的、深刻的媒体革命,其本质是新媒体化。这一本质意味着新媒体应成为建设的主体与核心,而不仅仅是服务于传统媒体的新渠道;也意味着媒体融合不是简单地另立山头(挂牌新媒体中心),也不是盲目投入、另起炉灶,而是复盘、盘活现有的设备、人才、资金、渠道等资源,大胆创新,将其充分整合进以新媒体为核心的融合建设中去。二是要正确认识融合建设与媒体生存之间的关系。媒体融合与媒体生存并不是此消彼长的对立关系,而是新媒体环境下主流媒体解决生存发展问题的方向与出路。要放下这种思想包袱,真正拥抱媒体融合。

参 考 文 献

一、图书

[1]习近平:《习近平谈治国理政》,外文出版社2014年版。

[2]习近平:《习近平谈治国理政(第二卷)》,外文出版社2017年版。

[3]谢新洲:《县级融媒体中心建设理论与实践》,电子工业出版社2019年版。

[4]谢新洲:《网络传播理论与实践》,北京大学出版社2004年版。

[5][丹]克劳斯·布鲁恩·延森:《媒介融合:网络传播、大众传播和人际传播的三重维度》,刘君译,复旦大学出版社2012年版。

[6]蔡雯:《媒体融合与融合新闻》,人民出版社2012年版。

[7]喻国明:《中国大众媒介的传播效果与公信力研究:基础理论、评测方法与实证分析》,经济科学出版社2009年版。

[8]北京市新闻工作者协会,梅宁华、宋建武:《中国媒体融合发展报告(2015)》,社会科学文献出版社2015年版。

[9]杨溟:《媒介融合导论》,北京大学出版社2013年版。

[10]伍刚:《传统媒体和新兴媒体融合发展的愿景与路径》,社会科学文献出版社2014年版。

[11]马涛:《中国报业数字化30年》,中国传媒大学出版社2014年版。

[12][美]哈罗德·拉斯韦尔:《社会传播的结构与功能》,何道宽译,中国传媒大学出版社2015年版。

[13]谭天:《媒介平台论——新兴媒体的组织形态研究》,中国人民大学出版社2016年版。

[14]傅玉辉:《大媒体产业:从媒介融合到产业融合:中美电信业和传媒业关系研究》,中国广播电视出版社2008年版。

[15]胡正荣:《媒介融合时代的电视新闻创新》,中国传媒大学出版社2011年版。

[16]中共上海市委宣传部新闻阅评督查组:《媒体融合与主流价值》,上海人民出版社2015年版。

[17]田丽:《媒体竞争力评价研究》,北京大学出版社2012年版。

［18］刘学义：《比较视野下的中美媒介公信力研究》，中国传媒大学出版社 2014 年版。

［19］赵焕臣：《层次分析法》，科学出版社 1986 年版。

［20］［英］詹姆斯·库兰、［美］米切尔·古尔维奇编：《大众媒介与社会》，杨击译，华夏出版社 2006 年版。

［21］谢新洲：《数字出版技术》，北京大学出版社 2002 年版。

［22］马骏、殷秦、李海英、朱阁：《中国的互联网治理》，中国发展出版社 2011 年版。

［23］中共中央宣传部新闻局：《中国媒体融合发展的实践与探索》，学习出版社 2015 年版。

［24］姜华宣、张蔚萍、肖甡：《中国共产党重要会议纪事（1921—2006）》，中央文献出版社 2006 年版。

［25］王润珏：《媒介融合的制度安排与政策选择》，社会科学文献出版社 2014 年版。

［26］熊澄宇：《媒介史纲》，清华大学出版社 2011 年版。

［27］李春：《当代中国传媒史（下）》，漓江出版社 2014 年版。

［28］中国网络空间研究院：《中国互联网发展报告（2017）》，电子工业出版社 2018 年版。

［29］曹茹：《新闻从业者职业倦怠研究》，中国传媒大学出版社 2008 年版。

［30］胥柳曼：《公共空间背景下的政务微博传播效果研究》，上海交通大学硕士学位论文，2011 年。

［31］李志伟：《政府绩效评价的主体选择及体制构建》，浙江大学硕士学位论文，2005 年。

［32］郭燕芬：《治理转型视域下我国地方政府效能评价研究》，东北师范大学博士学位论文，2018 年。

［33］郑亚楠：《地市级媒体转企改制研究》，复旦大学 2011 年学位论文。

二、期刊论文

［34］谢新洲：《我国媒体融合的困境与出路》，《新闻与写作》2017 年第 1 期。

［35］郑宇：《县级广播电视台发展研究综述》，《视听纵横》2013 年第 5 期。

［36］谢新洲、黄杨：《当理想照进现实——媒介融合的问题、原因及路径研究》，《出版发行研究》2018 年第 4 期。

［37］郝建国：《媒体融合的三重逻辑及其走向——以上海报业集团的组建实践为例》，《理论探索》2014 年第 6 期。

［38］党东耀：《互联网进化路径与媒介融合模式的变迁》，《编辑之友》2015 年第 11 期。

［39］冉华、窦瑞晴：《媒介融合的制度供给与现实路径》，《中国媒体发展研究报告》，2016 年。

［40］肖叶飞、刘祥平：《媒介融合与规制融合》，《现代传播（中国传媒大学学报）》2015 年第 3 期。

[41] 谢新洲、朱垚颖、宋琢:《县级媒体融合的现状、路径与问题研究——基于全国问卷调查和四县融媒体中心实地调研》,《新闻记者》2019 年第 3 期。

[42] 肖赞军、李玉婷、陈子燕:《媒介融合、规制融合的国际经验与中国策略》,《重庆社会科学》2012 年第 6 期。

[43] 陈肖生:《行政哲学视阈下国家治理规则的顶层设计》,《中国行政管理》2016 年第 2 期。

[44] 李强:《融媒体管理的瓶颈及突破路径》,《中国广播电视学刊》2016 年第 3 期。

[45] 李振中:《融媒体时代电视台节目管理方式研究》,《传媒》2017 年第 5 期。

[46] 代海燕:《媒体融合环境下高校新闻采编人员的职业素养提升》,《新闻研究导刊》2016 年第 7 期。

[47] 涂凌波:《探索新型主流媒体:云平台、移动政务与融合新闻——湖北广电"长江云"媒体融合访谈录》,《中国新闻传播研究》2016 年第 2 期。

[48] 谢新洲、朱垚颖:《县级融媒体中心技术应用与发展趋势》,《青年记者》2019 年第 4 期。

[49] 田丽、石林、朱垚颖:《县级融媒体中心"全省部署"和"县级探索"建设模式对比——以 A 省 Q 县和 B 省 Y 县为例》,《出版发行研究》2018 年第 12 期。

[50] 周勇、赵璇:《融媒体环境下视听传播效果评估的指标体系建构——基于 VAR 模型的大数据计算及分析》,《国际新闻界》2017 年第 10 期。

[51] 黄楚新、任芳言:《试论媒体融合发展综合评价指标体系的构建》,《新闻论坛》2017 年第 4 期。

[52] 孙光磊:《传统媒体与新兴媒体融合指标体系构建及评价分析》,《中国出版》2017 年第 2 期。

[53] 向安玲、沈阳、罗茜:《媒体两微一端融合策略研究——基于国内 110 家主流媒体的调查分析》,《现代传播(中国传媒大学学报)》2016 年第 4 期。

[54] 尚虎平:《合理配置政治监督评估与"内控评估"的持续探索——中国 40 年政府绩效评估体制改革的反思与进路》,《管理世界》2018 年第 10 期。

[55] 李垚林:《陕西基层管理体制改革及其绩效评价体系研究》,《经贸实践》2018 年第 6 期。

[56] 郑丹妮:《网站影响力评价指标体系与方法述评》,《新闻世界》2011 年第 7 期。

[57] 栾瑞英、初景利:《4 种智库影响力评价指标体系评介与比较》,《图书情报工作》2017 年第 12 期。

[58] 雷佳丽、郑军卫:《国内外智库评价方法比较分析》,《情报理论与实践》2019 年第 3 期。

[59] 曹政、王宁、杨学成:《基于层次分析法和模糊综合评判的政务微信影响力评估研究》,《电子政务》2016 年第 7 期。

[60] 刘健、孙小明:《新浪微博信息传播效果评价及实证研究——基于 DEA 方法的分

析》,《现代情报》2016 年第 9 期。

　　[61]王晓光、袁毅:《微博用户影响力构成因素分析——以媒体微博为例》,《情报科学》2016 年第 8 期。

　　[62]杨长春、王天允、叶施仁:《微博意见领袖影响力评价指标体系研究——基于媒介影响力视角》,《情报杂志》2014 年第 8 期。

　　[63]林琛:《微博个体信息传播影响力评价模型研究》,《现代图书情报技术》2014 年第 2 期。

　　[64]毕凌燕、张镇鹏、左文明:《基于微博传播信息流的微博效果评价模型及实证研究》,《情报杂志》2013 年第 7 期。

　　[65]刘清、彭赓、吕本富:《基于主成分分析法的微博影响力评估方法及实证分析——以"新浪微博"为例》,《数学的实践与认识》2014 年第 4 期。

　　[66]刘健、毕强、李瑞:《微博舆情信息传播效果评价指标体系构建研究——基于模糊数据包络分析法》,《情报理论与实践》2016 年第 12 期。

　　[67]李明德、高如:《媒体微信公众号传播力评价研究——基于 20 个陕西媒体微信公众号的考察》,《情报杂志》2015 年第 7 期。

　　[68]闫奕文、张海涛、孙思阳、宋拓:《基于 BP 神经网络的政务微信公众号信息传播效果评价研究》,《图书情报工作》2017 年第 20 期。

　　[69]岳淼、黄琬丽:《〈人民日报〉微信公众平台的传播与用户行为研究》,《现代传播(中国传媒大学学报)》2017 年第 5 期。

　　[70]姜吉栋、彭洁、赵辉:《网站影响力评价研究现状综述》,《情报科学》2015 年第 9 期。

　　[71]朱瑞:《上海推动媒体融合的战略与战术》,《网络传播杂志》2016 年第 12 期。

　　[72]汤代禄、贾立平:《媒体融合中技术的发展趋势与未来之策》,《青年记者》2018 年第 33 期。

　　[73]王向前、江汉文、郑妍、蔡宏伍:《基于省级媒体融合云平台构建省域县级融媒体中心一体化技术框架设想》,《中国有线电视》2018 年第 11 期。

　　[74]张君昌:《广电媒体融合发展的模式分析》,《新闻战线》2017 年第 5 期。

　　[75]张君昌、熊英:《广电媒体融合发展路径与前景探析》,《传媒》2017 年第 5 期。

　　[76]叶蓁蓁:《人民日报"中央厨房"有什么不一样》,《新闻战线》2017 年第 3 期。

　　[77]李天行、周婷、贾远方:《人民日报中央厨房"融媒体工作室"再探媒体融合新模式》,《中国记者》2017 年第 1 期。

　　[78]朱虹:《改革开放和中国电视》,《有线电视技术》2008 年第 12 期。

　　[79]张海涛:《按照科学发展观的要求推进"十一五"广播影视科技创新和事业发展——张海涛副局长在国家广电总局科技委七届三次会议上的报告》,《广播与电视技术》2006 年第 1 期。

　　[80]孙悦、东生、一宪、余波:《一件减轻全国基层和农民负担的大事——中央治理党

政部门报刊散滥和利用职权发行工作侧记》,《中国出版》2003 年第 12 期。

[81]孙家正:《在全国有线电视台台长会议上的讲话摘要》,《西部广播电视》1997 年第 5 期。

[82]单凌、刘璐:《新传播生态下中国传统媒体从业者的专业实践调查》,《现代传播（中国传媒大学学报）》2017 年第 10 期。

[83]唐铮:《能动的在场:融合背景下的职业权威性——对近百位中国媒体从业者的深度访谈》,《国际新闻界》2019 年第 6 期。

[84]陆晔、俞卫东:《社会转型过程中传媒人职业状况——2002 年上海新闻从业者调查报告之一》,《新闻记者》2003 年第 1 期。

[85]喻国明:《我国新闻工作者职业意识与职业道德调查报告》,《民主与科学》1998 年第 3 期。

[86]周葆华、龚萌菡、寇志红:《网络新闻从业者的职业意识——"中国网络新闻从业者生存状况调查报告"之二》,《新闻记者》2014 年第 2 期。

[87]张志安、吴涛:《"宣传者"与"监督者"的双重式微——中国新闻从业者媒介角色认知、变迁及影响因素》,《国际新闻界》2014 年第 6 期。

[88]陆晔:《新闻从业者的媒介角色认知——兼论舆论监督的记者主体作用》,《中国青年政治学院学报》2003 年第 2 期。

[89]陆晔、俞卫东:《传媒人的媒介接触和使用行为——2002 年上海新闻从业者调查报告之六》,《新闻记者》2003 年第 6 期。

[90]周葆华、胡叶楠、寇志红:《网络新闻从业者的媒介使用——"中国网络新闻从业者生存状况调查报告"之三》,《新闻记者》2014 年第 3 期。

[91]陆晔:《社会控制与自主性——新闻从业者工作满意度与角色冲突分析》,《现代传播》2004 年第 6 期。

[92]杜智涛、刘英华:《网络媒体从业者社会满意度现状及影响因素研究》,《新闻大学》2018 年第 3 期。

[93]李彪、赵睿:《传统媒体从业者职业转型意愿研究——以北京、广州两地新闻从业者调查为例》,《编辑之友》2017 年第 6 期。

[94]吴飞、白林:《新闻从业人员的职业满意度分析》,《中国人民大学学报》2006 年第 1 期。

[95]郭小安、张伟伟:《新媒体从业人员的政治效能感与政治参与意愿—— 一项针对成、渝两地新媒体从业者的调查研究》,《新闻大学》2016 年第 4 期。

[96]张伟伟、郭小安:《新媒体从业者的媒介赋权认知及其影响因素探究—— 一项针对成渝两地新媒体从业者的调查研究》,《现代传播（中国传媒大学学报）》2017 年第 2 期。

[97]李克:《西北少数民族地区新闻媒体从业人员现状调查》,《当代传播》2009 年第 2 期。

[98]蔡之国:《合并整合:媒介融合语境下地市传统媒体发展趋向》,《中国出版》2016

年第 16 期。

　　[99]唐铮:《能动的在场:融合背景下的职业权威性——对近百位中国媒体从业者的深度访谈》,《国际新闻界》2019 年第 6 期。

　　[100]韩晓宁:《体制内媒体从业者生存状态研究——以编制因素与职业忠诚度为视角》,《当代传播》2016 年第 4 期。

　　[101]谢新洲:《媒介经营与管理》,北京大学出版社 2011 年版。

　　[102]周葆华、谢欣阳、寇志红:《网络新闻从业者的基本构成与工作状况——"中国网络新闻从业者生存状况调查报告"之一》,《新闻记者》2014 年第 1 期。

　　[103]钟瑛、李亚玲:《我国网络媒体从业者基本状况调查分析》,《中国地质大学学报(社会科学版)》2012 年第 4 期。

　　[104]韩晓宁:《体制内媒体从业者生存状态研究——以编制因素与职业忠诚度为视角》,《当代传播》2016 年第 4 期。

　　[105]李贞芳、马启兵:《网络媒体从业人员工作环境满意度分析》,《鄂州大学学报》2010 年第 6 期。

　　[106]周葆华、查建琨:《网络新闻从业者生存状况调查报告》,《新闻与写作》2017 年第 3 期。

三、外文资料

　　[107]Murphy, J, *Hard News for Hard Times: Texas-based Media Giant Belo Hopes to Marry its Long Tradition of Solid Journalism with A New companywide Mandate for Convergence to Emerge from the Recession and Impress Wall Street*, Media Week, 2002.

　　[108]Beer, M. & Nohria, N, *Cracking the Code of Change*, Harvard Business Review, 2000.

　　[109]Dailey, L., Demo, L., & Spillman, M, *The Convergence Continuum: A Model for Studying Collaboration between Media Newsrooms*, Kansas City : The Association for Education in Journalism and Mass Communication Conference, 2003.

　　[110]Dreazen, Y.J. & Flint, J, *FCC Eases Media-Ownership Caps, Clearing the Way for New Mergers: But Big Companies Claim Changes aren't Enough; Fewer News Outlets Seen*, The Wall Street Journal, 2003.

　　[111]Day, G. S. &Schoemaker, P. J. H, *Avoiding the Pitfalls of Emerging Technologies*, Wharton on Managing Emerging Technologies, 2000.

　　[112]Gracie Lawson/Borders, *Integrating New Media and Old Media: Seven Observations of Convergence as a Strategy for Best Practices in Media Organizations*, New York: International Journal on Media Management, 2003.

　　[113]Daniel Sue/Michael Goodchild, *The convergence of GIS and social media: challenges for GI Science*, New York: International Journal of Geographical Information Science, 2011.

　　[114]Maxwell T Boykoff, *From convergence to contention: United States mass media represen-*

tations of anthropogenic climate change science, London：Transactions of the Institute of British Geographers, 2010.

［115］Richard Ewing, *Convergence analysis of an approximation of miscible displacement in porous media by mixed finite elements and a modified method of characteristics*, Texas：Computer Methods in Applied Mechanics & Engineering, 2015.

［116］Sarah Nettleton／Roger Burrows／Lisa O'Malley, *The mundane realities of the everyday lay use of the internet for health , and their consequences for media convergence*, York：Sociology of health & illness, 2005.

［117］Larry Dailey／Lori Demo／Mary Spillman, *The Convergence Continuum：A Model for Studying Collaboration between Media Newsrooms*, New York：Atlantic Journal of Communication, 2005.

［118］Collin R Blackman, *Convergence between telecommunications and other media：How should regulation adapt?* York：Telecommunications Policy, 1998.

［119］Daniel King／Paul Delfabbro／Mark Griffiths, *The Convergence of Gambling and Digital Media：Implications for Gambling in Young People*, Adelaide：Journal of Gambling Studies, 2010.

［120］Jacob Fish／Vladimir Belsky, *Multigrid method for periodic heterogeneous media Part 1：Convergence studies for one-dimensional case*, New York：Computer Methods in Applied Mechanics and Engineering, 1995.

［121］Tracey Benson, *Media convergence：networked digital media in everyday life*, Basingstoke：Media Culture & Society, 2013.

［122］Vincent Manzerolle, *Media Convergence：The Three Degrees of Network , Mass and Interpersonal Communication*, Ontario：Information, Communication & Society, 2013.

［123］Bum Chon／Junho Choi／ George Barnett／ James Danowski／Sung-HeeJoo, *A Structural Analysis of Media Convergence：Cross-Industry Mergers and Acquisitions in the Information Industries*, Chicago：Journal of Media Economics, 2003.

［124］SusanHerrera-Damas／AlfredHermida, *Tweeting but not Talking：The Missing Element in Talk Radio's Institutional Use of Twitte*, Madrid：Journal of Broadcasting & Electronic Media, 2014.

［125］Omid Aghili／Mark Sanderson, *Journalists' information needs , seeking behavior , and its determinants on social media*, Washington：Information Retrieval, 2017.

［126］Latzer M. *Media convergence. Working paper of the Media Change and Innovation Division*, University of Zurich, Switzerland, 2013.

［127］Alysen B. *Reporting in the 'new media' environment：How today's television journalists are recycling work practices of the past*, Global Media Journal：Australian Edition, 2009.

四、网络资料

［128］中共中央宣传部、国家广播电视总局：《县级融媒体中心建设规范》，2019 年 1

月 15 日, http://www. nrta. gov. cn/module/download/downfile. jsp? classid = 0&filename = 5f2c0b36880c4f628b466ca7d713b79c.pdf.

［129］中国吉林网:《吉林省县级融媒体中心建设工作现场会召开》,2018 年 7 月 24 日,http://www.xinhuanet.com/zgjx/2018−07/24/c_137344381.htm.

［130］湖北省新闻出版广电局:《关于开展"县级融媒体中心建设"示范案例征集活动的通知》,2018 年 10 月 12 日,http://www.hbnp.gov.cn/wzlm/gzhd/dczj/29831.htm.

［131］国家广播电视总局:《县级融媒体中心建设规范》,2019 年 1 月 15 日,http://www.nrta.gov.cn/art/2019/1/15/art_2081_40208.html.

［132］CNNIC(中国互联网络信息中心):第 44 次中国互联网络发展状况统计报告,2019 年 8 月 30 日,http://www.cnnic.net.cn/hlwfzyj/hlwxzbg/hlwtjbg/201908/P02019083035678-7490958.pdf.

［133］包头市政府网:《2019 年包头市人民政府工作报告—2019 年 1 月 21 日在包头市第十五届人民代表大会第二次会议上》,2019 年 1 月 28 日,www.baotou.gov.cn/info/egovinfo/1001/01xxgk/copy_2_xxgk_nry/011536003/2019−00028.htm.

［134］包头市政府网:《市财政局:包头财政助力融媒体建设做强主流舆论阵地》,2019 年 11 月 18 日,http://www.baotou.gov.cn/info/1145/220048.htm.

［135］国家民委政府网站:《王延中:推动民族团结进步创建工作向纵深发展》,2019 年 3 月 12 日,http://www.seac.gov.cn/seac/mztj/201903/1132985.shtml.

［136］国家统计局:《分省年度数据》,2019 年 12 月 16 日,http://data.stats.gov.cn/easyquery.htm? cn=E0103.

［137］内蒙古新闻网:《把内蒙古建成我国向北方开放的重要桥头堡和充满活力的沿边经济带》,2013 年 3 月 25 日,http://gov.nmgnews.com.cn/system/2013/03/25/010937833_01.shtml#.

［138］内蒙古自治区政府网:《内蒙古自治区新媒体研究中心在内蒙古师范大学挂牌成立》,2018 年 12 月 6 日,http://www.nmg.gov.cn/art/2018/12/6/art_365_242541.html.

后　记

　　媒体融合是传统媒体迎接互联网挑战的一次洗礼。媒体融合的生命力在于各媒体机构的创新与实践。推动媒体融合发展是党和国家作出的一项重大决策部署,对传统媒体和新兴媒体的发展带来重大而深远的影响。

　　近几年来,我们一直关注和研究媒体融合在我国的发展,希望能通过理论研究与实践观察,为我国媒体融合发展提供学术支持,为政府相关部门提供决策参考。2017 年,我们承担了国家自然科学基金重点项目"新媒体发展管理理论与政策研究",同年还承担了国家网信办委托的"全国县级'两微一端'等新媒体平台建设情况"问卷调查;2018 年承担了国家网信办委托项目"整合县域媒体资源,集中力量打造县级融媒体中心,进一步推动党的声音在基层传播";2019 年我们承担了中宣部委托项目"地市级主流媒体融合发展情况调研"。在此期间,我们做了两次全国性的县级媒体融合发展问卷调查,一次地市级媒体融合发展问卷调查,先后赴吉林省农安县、江西省分宜县、甘肃省玉门市、浙江省长兴县、河北省衡水市、山西省运城市、江西省赣州市、黑龙江省绥化市、北京市大兴区、福建省厦门市海沧区、四川省绵阳市游仙区,深入各媒体机构及管理部门进行深度访谈,访谈媒体 20 家、有关政府部门 43 个,访谈个人超 200 人;其后,我们发现边远地区媒体融合发展面临其独特的困境,进而调查了西藏自治区拉萨市、内蒙古自治区包头市的媒体融合发展现状;最近四川省仁寿县的媒体融合发展经验也引起我们的关注,或许能为当前许多县级媒体机构解决其融合发展中面临的实际问题提供启示。

　　通过近些年的持续调查和研究,我们发现一些地方的媒体机构根据自身资源和特点,走出了既切合实际又有探索创新的融合发展之路,缓解了传统媒体的生存和发展问题,让新兴媒体更具传播力和影响力。这其中不乏典型和特色经验,值得各地加以借鉴,比如秉持"内容立媒"、实行集团化运营的"长兴模式",以机构融合倒逼媒体融合的"分宜模式",以"智慧城市"为发展蓝图的"玉门经验",以市县联动促进区域协同的"衡水做法",以自有平台拓展多种业态与服务的"仁寿特色",还有拉萨、包头等边远地区通过深耕本土特色内容,凝聚社会共识,巩固舆论阵地等。

本书的形成时间比较长,研究任务重,涉及多次大型的问卷调查和超200人次的深度访谈,需要进行大量的数据分析和资料整理,参加的人员较多,在此一并感谢大家的无私奉献和忘我的学术研究精神!本书由谢新洲组织并主笔,参加撰写的还有耿瑞林、徐运红、博士研究生黄杨、朱垚颖、柏小林、宋琢、石林、杜燕、温婧,参加资料整理的有柴玥儿、李天鹏、曾卓、孙艳鹏等硕士研究生。本书为国家自然科学基金重点项目"新媒体发展管理理论与政策研究"(项目编号:71633001)的研究成果。

在此,向在调研中提供帮助的各单位和个人表示衷心的感谢。如果没有大家的支持与帮助,没有大家的齐心协力,就不可能有本书的出版!

本书旨在从生动鲜活的实际案例和数据中见微知著,为媒体融合相关工作提供从顶层设计到基层执行的有益借鉴和智力支持,为我国媒体融合发展事业作出应有的贡献。同时,本书囿于研究精力有限,不免存在案例不够充分、截面式的问卷调研数据与县级融媒体中心的快速发展存在一定时间差等问题,还请各位读者多加包涵,并欢迎大家批评指正。

责任编辑:李之美

图书在版编目(CIP)数据

见微知著:地县媒体融合创新实践/谢新洲等 著. —北京:人民出版社,2020.9

ISBN 978-7-01-022307-0

Ⅰ.①见…　Ⅱ.①谢…　Ⅲ.①县-传播媒介-研究-中国　Ⅳ.①G219.2

中国版本图书馆 CIP 数据核字(2020)第 125601 号

见微知著:地县媒体融合创新实践

JIANWEI ZHIZHU DIXIAN MEITI RONGHE CHUANGXIN SHIJIAN

谢新洲 等 著

人民出版社 出版发行

(100706　北京市东城区隆福寺街 99 号)

环球东方(北京)印务有限公司印刷　新华书店经销

2020 年 9 月第 1 版　2020 年 9 月北京第 1 次印刷

开本:710 毫米×1000 毫米 1/16　印张:23.75

字数:290 千字

ISBN 978-7-01-022307-0　定价:78.00 元

邮购地址 100706　北京市东城区隆福寺街 99 号

人民东方图书销售中心　电话 (010)65250042　65289539